"十二五"江苏省高等学校重点教材(编号:2013-1-159)

医学信息检索教程
第3版

主　编　蒋　葵　董建成
副主编　张志美　胡新平
编　者　(按姓氏笔画排序)
　　　　马　路(首都医科大学)
　　　　叶春峰(西安交通大学)
　　　　张志美(南通大学)
　　　　张燕蕾(北京大学)
　　　　陈亚兰(南通大学)
　　　　胡小君(浙江大学)
　　　　胡新平(南通大学)
　　　　施李丽(南通大学)
　　　　符礼平(复旦大学)
　　　　谢志耘(北京大学)
　　　　蒋　葵(南通大学)
　　　　董建成(南通大学)

东南大学出版社
南　京

内容提要

作为"十二五"江苏省高等学校重点教材,《医学信息检索教程》第3版在继承前两版精华的基础上,及时反映了医学信息资源和信息技术的最新进展。本书在阐述信息类型、检索语言、检索途径、检索技术、网络基础和数字图书馆等基本知识的基础上,详细介绍了各类医学信息资源及其检索方法。内容包括网络检索工具,如 Google、Yahoo、百度、Medical Matrix、Medscape 等;经典的生物医学数据库,如 CBMD、PubMed、EMBASE 和 BIOSIS 等;综合性文献数据库资源,如 CNKI、万方数据资源、维普期刊资源整合服务平台、NSTL、SciVerse Science Direct、Wiley Online Library、EBSCOhost、Springer Link 等;免费医学信息资源,如 Free Medical Journals、HighWire Press、PMC 等;特定类型的医学信息,如开放存取资源、循证医学信息、引文信息、特种文献信息和医学参考工具书。为了进一步提高读者对医学信息的分析、管理、利用和创造能力,本书将医学信息分析、文献管理软件和医学论文写作规范的有关知识纳入其中。

本书图文并茂,内容详尽,将枯燥的信息检索语言融于生动的数据库实践操作中,有利于激发读者的学习兴趣,有利于提高学习质量,便于读者自学,适用于医学高等院校的本科生和研究生、医务工作者及医药信息学相关人员作为教科书和参考书。

图书在版编目(CIP)数据

医学信息检索教程 / 蒋葵,董建成主编. —3版. —南京:
东南大学出版社,2015.10(2019.7重印)
 ISBN 978-7-5641-5908-5

Ⅰ.①医… Ⅱ.①蒋…②董… Ⅲ.①医药学—情报检索—教材 Ⅳ.①G252.7

中国版本图书馆 CIP 数据核字(2015)第 147486 号

医学信息检索教程(第3版)

出版发行	东南大学出版社
社　　址	南京市玄武区四牌楼2号(210096)
网　　址	http://www.seupress.com
出 版 人	江建中
责任编辑	张　慧
经　　销	新华书店
印　　刷	南京玉河印刷厂
开　　本	787mm×1092mm　1/16
印　　张	26.75
字　　数	715 千字
版　　次	2015 年 10 月第 3 版
印　　次	2019 年 7 月第 19 次印刷
印　　数	55501—57000
书　　号	ISBN 978-7-5641-5908-5
定　　价	50.00 元

东大版图书若有印装质量问题,请直接与营销部联系。电话(传真):025-83791830

前　言

《医学信息检索教程》第 3 版即将出版，回首走过的路程，收获颇丰。2002 年 8 月出版的第 1 版与配套的《医学信息检索》CAI 课件获得了 2004 年度江苏省高等教育教学成果二等奖；2009 年 2 月出版的第 2 版入选普通高等教育"十一五"国家级规划教材，并于 2009 年被评为国家级精品教材，2010 年被评为全国医学文献检索教学研究会优秀教材。本教材先后被上海、江苏、浙江、安徽、山东、甘肃等省市的高校选作教材。在使用过程中，本教材得到了同行专家和使用单位的充分认可，为培养医学生和医务工作者的信息素养做出了贡献。

为紧跟信息资源和信息技术的发展步伐，编写组成员在认真总结前两版编写工作和进行广泛调研的基础上，提出了修订计划，将最新的医学信息资源和最先进的信息技术呈现给大家，并于 2013 年成功申报"十二五"江苏省高等学校重点教材项目。

《医学信息检索教程》第 3 版共分 10 章，内容包括四部分：第一部分(第一～二章)，简要介绍医学信息检索的基础理论和基本概念，包括医学信息的类型，信息检索的语言、方法、途径、步骤和技术等，并对与信息检索密切相关的计算机网络、数字图书馆和网络检索工具进行了介绍。第二部分(第三～五章)，以中国生物医学文献数据库、中国知识基础设施工程、万方数据知识服务平台、维普期刊资源整合服务平台、国家科技图书文献中心和超星数字图书馆为例，介绍了中文医学信息检索的方法和途径；以 PubMed、EMBASE、BIOSIS、SciVerse Science Direct、EBSCOhost、Springer Link 和 Wiley Online Library 等为例，介绍了国外主要生物医学数据库和综合性全文数据库的最新检索技术；并向读者推荐了 Free Medical Journals、HighWire Press、PMC 等免费医学信息资源平台和 DOAJ、SciELO、教图公司 Socolar 等 OA 资源平台。第三部分(第六～九章)，着眼于专类医学信息，包括循证医学信息、引文信息和特种文献信息的检索，介绍了利用医学参考工具书进行事实检索和数据检索的方法。第四部分(第十章)，主要介绍医学文献综合利用和管理的相关知识，为医学生和医务工作者更好地利用医学信息资源提供帮助。

感谢来自北京大学、复旦大学、浙江大学、西安交通大学和首都医科大学的专家为本教材所作出的贡献。同时，本教材汲取了国内外许多专家学者的有关研究成果，在此一并致谢。限于水平，书中难免有欠妥之处，殷请广大师生和读者不吝赐教，惠予指正。

编　者
2015 年 5 月 12 日于南通大学

目 录

第一章 信息检索基础 ... 1
- 第一节 信息与信息资源 ... 1
- 第二节 信息检索 ... 5
- 第三节 信息检索技术 ... 15
- 第四节 计算机网络 ... 20
- 第五节 数字图书馆 ... 37
- 第六节 网络信息资源 ... 42

第二章 网络信息检索工具 ... 58
- 第一节 网络检索工具概述 ... 58
- 第二节 综合性搜索引擎 ... 63
- 第三节 专业性搜索引擎 ... 74
- 第四节 网络医学信息检索策略 ... 87

第三章 中文医学信息检索 ... 90
- 第一节 中国生物医学文献数据库 ... 90
- 第二节 中国知识基础设施工程(CNKI) ... 111
- 第三节 万方数据知识服务平台 ... 133
- 第四节 中文科技期刊数据库 ... 141
- 第五节 国家科技图书文献中心(NSTL) ... 152
- 第六节 超星数字图书馆 ... 161
- 第七节 中文印刷型检索工具概述 ... 165

第四章 外文医学信息检索 ... 168
- 第一节 MEDLINE 和 PubMed ... 168
- 第二节 BIOSIS Previews ... 188
- 第三节 EMBASE ... 197
- 第四节 SciVerse Science Direct ... 200

第五节	EBSCOhost	207
第六节	Springer Link	216
第七节	Wiley Online Library	222
第八节	免费医学信息资源	227
第九节	外文印刷型检索工具概述	241

第五章 开放存取资源检索 …… 244
第一节 开放存取概述 …… 244
第二节 OA 期刊 …… 248
第三节 OA 仓储 …… 257

第六章 循证医学信息检索 …… 268
第一节 循证医学概述 …… 268
第二节 研究证据的分类与分级 …… 270
第三节 循证医学证据检索 …… 272

第七章 引文信息检索 …… 281
第一节 引文概述 …… 281
第二节 《中国引文数据库》 …… 283
第三节 《维普期刊资源整合服务平台》(文献引证追踪) …… 290
第四节 美国《科学引文索引扩展数据库》 …… 298
第五节 其他引文数据库介绍 …… 305

第八章 特种文献检索 …… 309
第一节 会议文献 …… 309
第二节 学位论文 …… 319
第三节 科技报告 …… 325
第四节 标准文献 …… 330
第五节 专利信息 …… 335

第九章 医学参考工具书 …… 346
第一节 参考工具书概述 …… 346
第二节 印刷版参考工具书 …… 349
第三节 网络版参考工具书 …… 355

第十章 医学文献综合利用和管理 372
　　第一节 医学信息分析 372
　　第二节 文献管理软件 376
　　第三节 医学论文写作规范 392

附录一：MeSH 范畴表主要类目 397
附录二：MeSH 副主题词等级表 401
附录三：BA 主要概念标题等级表 404
附录四：美国《高等教育信息素养能力标准》............................... 408
附录五：本书重要名词中英文对照 413

主要参考文献 418

第一章 信息检索基础

信息检索(Information Retrieval)是指信息的有序化识别和查找的过程,即人们根据特定的信息需求,采取科学的方法,应用专门的工具,从浩瀚的信息海洋中迅速、准确地获取所需信息的过程。

早期的信息检索,人们主要根据文献的特征,用手工方式实现。以计算机为核心的信息技术,开辟了信息处理与信息检索的新纪元,计算机从处理数字信息发展到处理字符信息、静态和动态的图像信息乃至声音信息等,不仅拓展了信息检索的领域,丰富了信息检索的内容,而且极大地提高了信息检索的速度。近年来,互联网的普及,给检索工作带来了一个全新的发展空间,信息检索的对象已从过去相对封闭、由独立数据库集中管理的信息内容扩展到如今开放、动态、更新更快、分布广泛、管理松散的网络内容;网络信息检索从一开始的一般人难以学会的标准化检索发展到现在,已经成为简单的、大众化的行为方式了。信息检索已成为当今科学研究、经济活动和社会生活中的一个组成部分并发挥越来越大的作用。

第一节 信息与信息资源

一、信息的涵义

信息是许多学科广泛使用的概念,在不同的学科领域有着不同角度的解释。但人们普遍认为信息与能源、材料并列,构成现代社会的三大支柱。

在信息检索领域,一般将信息理解为关于现实世界事物存在方式或运动状态的反映。例如,作为医疗对象的某病人,年龄58岁,性别男,身高1.72 m,体重69 kg,体温37.2℃,患有糖尿病,这些都是关于某病人的信息,是某病人存在状态的反映。

信息有许多重要的特征:信息来源于物质和能量;信息是可以感知的;信息是可以存储的;信息是可以加工、传递和再生的。这些特征构成了信息的最重要的自然属性。作为信息的社会属性,信息已经成为社会上各行各业不可缺少的重要资源之一。人类获取、积累并利用信息是认识和改造客观世界的必要过程。借助信息,人类才能获得知识,才能有效地组织各种社会活动。因此,信息是人类维持正常活动不可缺少的资源。

二、信息的类型

1. 文字信息

文字是人们为了实现信息交流、通信联系所创造的一种约定的形象符号。广义的文字还包括各种编码,如ASCII码、汉字双字节代码、国际电报与单元代码以及计算机中的二进制数字编码等。

2. 图像信息

图像是一种视觉信息,它比文字信息直接,易于理解。人工创造的图像,如一张纸、一幅画、一部电影、大自然的客观景象等都是抽象或间接的图像信息。随着多媒体技术的发展,各类图像信息库将会极大地丰富人类生活。

3. 数值数据信息

数值数据是"信息的数字形式"或"数字化的信息形式"。狭义的数据是指有一定数值特性的信息,如统计数据、气象数据、测量数据以及计算机中区别于程序的计算数据。广义的数据是指在计算机网络中存储、处理、传输的二进制数字编码。文字信息、图像信息、语音信息以及从自然界直接采集的各种自然信息均可转换为二进制数码,网络中的数据通信、数据处理和数据库等就是广义的数值数据信息。

4. 语音信息

人讲话实际上是大脑的某种编码形式的信息转换成语音信息的输出,是一种最普遍的信息表现形式。音乐也是一种信息形式,是一种特殊的声音信息,它是通过演奏方式表达丰富多彩的信息内容的。

三、信息资源的涵义

信息资源是人类在认识世界与改造世界过程中所产生、整理和记录的有用信息的集合。信息资源是信息与资源两个概念整合衍生出来的新概念,它归根结底是一种信息,或者说是信息的一个子集。而资源是通过人类的参与而获取的(或可获取的)可利用的物质、能量与信息的总和。联系信息概念与资源概念来考察信息资源,可以这样认为:① 信息资源是信息的一部分,是信息世界中与人类需求相关的信息;② 信息资源是可利用的信息,是在当前生产力水平和研究水平下人类所开发与组织的信息;③ 信息资源是通过人类的参与而获取的信息。人类的参与在信息资源形成过程中具有重要的作用。总之,信息资源就是经过人类开发与组织的信息的集合,而"开发与组织"正是信息资源可利用的表征。

四、信息资源的类型

信息资源的类型可以根据多种标准来划分。

以开发程度为依据,信息资源可划分为潜在的信息资源与现实的信息资源两大类。潜在的信息资源是指个人在认知创造过程中储存在大脑中的信息资源,它们虽能为个人所利用,但一方面易于随忘却过程而消失,另一方面又无法为他人直接利用,因此是一种有限再生的信息资源。现实的信息资源则是指潜在信息资源经个人表述之后能够为他人所利用的信息资源,它们最主要的特点是具有社会性,通过特定的符号表述和传递,可以在特定的社会条件下广泛地连续往复地为人类所利用,因此是一种无限再生的信息资源。

现实信息资源以表述方式为依据,可以划分为口语信息资源、体语信息资源、文献信息资源和实物信息资源。

口语信息资源是人类以口头语言所表述出来而未被记录下来的信息资源,它们在特定的场合被直接利用并且能够辗转相传而为更多的人所利用,如谈话、聊天、授课、讲演、讨论、歌唱等活动都是以口语信息资源的交流和利用为核心的。

体语信息资源是人类以手势、表情、姿势等方式表述出来的信息资源。它们通常依附于特定的文化背景,如舞蹈就是一种典型的体语信息资源。

实物信息资源是人类通过创造性的劳动以实物的形式表述出来的信息资源。这类信息资源中物质成分较多,有时难于区别于物质资源,而且它们的可传递性一般较差。实物信息资源有产品样本、模型、碑刻、雕塑等。

文献信息资源是以语言、文字、图像、声频、视频等方式记录在特定载体上的信息资源,最主要的特征是拥有不依附于人的物质载体,只要这些载体不损坏或消失,文献信息资源就可以跨越时空无限往复地为人类所利用。

文献信息资源以记录方式和载体的形式为依据可划分为印刷型、缩微型、声像型、电子型等。

1. 印刷型

印刷型文献又称纸质型文献,是指以手写或印刷技术为主要手段、以纸张为信息记录载体的文献。其优点是可以直接阅读,携带方便,是目前人类信息交流活动中最常用的工具。与现代信息载体相比,印刷型文献存储信息密度低,占用收藏空间大,不宜长期保存,难以实现自动化输入和自动检索。印刷型文献可分为三类:

(1) 图书　图书(Book)通常提供比较系统、成熟的知识,一般包括专著、教科书、丛书、论文集和参考工具书等。专著是对某一个专题有较深入的研究和独到见解的学术著作,如《心血管药理学》《休克》等。教科书是某个专业或学科的研究总结,反映较成熟的专业理论,具有严格的系统性与逻辑性,内容可靠性强,是医学生和医学工作者进行专业学习的主要医学文献。论文集是由多位作者的论文或会议论文、报告等汇编而成的出版物。参考工具书是供日常工作、学习或写作中随时查阅用的一类图书,其内容有序,便于查考,主要包括字典、词典、年鉴、手册、名录、图谱、百科全书等。

(2) 期刊　期刊(Journal)也叫杂志,是指具有相对固定的刊名、编辑机构及版式装帧的连续出版物,如美国的《科学》(Science)、英国的《自然》(Nature)、我国的《中华医学杂志》等。期刊的内容通常是能够反映学科领域最新的理论、方法、技术的论文(Journal Article)、综述(Review)、病例报告(Case Report)等。期刊论文包括研究报告、论著、著述等,是反映最新科研成果,具有学术性、创新性和科学性特点的信息。综述是综合描述某一专题或学科在一定时间内的研究现状和进展的文献,其综合性强,权威性高,能够直接反映专业领域内科研的动向和进展。

(3) 特种文献　特种文献又称非书非刊资料,包括除图书、期刊以外的其他出版物,常为不定期出版,多数具有连续性。其特点是数量大、种类多、内容广、参考价值大。

① 政府出版物:是指国家各级政府部门及其所属机构出版的文献信息资料,主要包括社会科学与自然科学两大类。其中行政文件,如讨论会记录、各种法令、外交文件、统计数据占大多数,科技资料数量相对较少。

② 会议文献:是指在国内外学术团体举行的专业会议上发表的论文或学术报告,其特点是信息传播速度快,反映研究成果新。会议文献主要通过会议论文摘要、论文集、期刊特辑或增刊等形式予以刊载。

③ 专利文献:专利(Patent)是指受到法律保护的技术发明。专利文献是指发明人向政府部门(专利局)递交的、说明自己创造的技术文件,同时也是实现发明所有权的法律性文件,包括专利说明书、专利公报、商标等,具有新颖性、创造性、实用性等特征。

④ 科技报告:是指各学术团体、科研机构、高等院校的研究报告及其研究过程的记录,

其理论性较强，是反映某一专业领域科研进展和动态的重要信息。但科技报告保密性强，通常难以获取。

⑤ 技术标准和规范：又称标准文献，是有关产品或工程质量、规格、生产过程、检验方法的技术文件，具有一定法律约束力。主要包括技术标准、技术规范、操作规程、准则、术语等。

⑥ 学位论文：指高等院校的博士或硕士研究生攻读学位而撰写的毕业论文。

⑦ 其他：如报纸、手稿、内部刊物、病历档案、技术资料、产品样本等等。

2. 缩微型

缩微型信息载体是指以感光材料记录信息的载体，如缩微胶卷、缩微胶片、计算机存取载体的输出胶片(Computer Output Microfilm，COM)等。缩微型信息载体体积小、存储信息密度高、成本低廉、便于保存是其优点，但使用时必须借助于阅读机或阅读复印机。

3. 声像型

声像型信息载体又称视听型信息载体，是指记录声音、图像信息的载体，如照片、录音带、录像带、幻灯片、影视片、视听光盘等。声像型信息载体可以让人们通过自己的视觉、听觉感受到直观、形象、生动、逼真、丰富多彩的信息世界。

4. 电子型

电子型文献也称机读型文献、数字型文献，是采用电子手段并以数字形式存储、利用计算机及现代通讯方式提供信息的一种新型信息载体，如光盘数据库、网络数据库、电子图书、电子杂志、电子地图等。数字型信息载体的问世是信息时代的重要标志，它改变了旧有书刊的物理形态，开辟了一种新的信息传播渠道，极大地提高了信息的传递速度，加速了社会信息化的进程。与传统信息载体相比，其优点是信息容量大，传递速度快，便于检索且效率高。电子型文献与印刷型文献共同成为当前科学信息的两大主流载体。常见的电子型文献有：

(1) 数据库　数据库(Database,DB)可以直观地理解为存放数据的仓库，只不过这个仓库是在计算机的大容量存储器上，如磁盘数据库、光盘数据库(CD-ROM)、联机数据库、网络数据库等。数据库中的数据可以是数字，也可以是文字、图形、图像、声音等，虽然有多种表现形式，但它们都是经过数字化后存入计算机的。

(2) 网络文献　网络文献的出版、传递、检索和利用是通过 Internet 得以实现的。通常利用 WWW(信息浏览)、FTP(文件传输)、Telnet(远程登录)、Gopher(信息查找)、Archie(文件名查询)、USENET(网络新闻)、E-mail(电子邮件)等方式检索 Internet 上的各种各样的信息。

(3) 印刷型文献的数字化　主要是将印刷型文献数字化后，制成可供计算机阅读、检索和利用的电子出版物，主要有电子图书、电子杂志、电子地图等等。

另外，有学者按对信息加工深度的不同将文献划分为一次文献、二次文献和三次文献。一次文献即原始文献，是作者以生产或科研成果为依据而创作的原始文献，如专著、期刊论文、研究报告、学位论文、发明专利等。二次文献是根据一次文献的内容和外表特征进行加工整序后的文献，如目录、索引、文摘、书目数据库、搜索引擎等，常被视为信息检索工具的主体。三次文献是对一次和二次文献进行综合、分析后编辑而成的文献，如综述、评论、科技动态、进展、指南等。

五、信息资源的特征

信息资源是可利用的信息，它具有除"无限性"之外信息的所有性质。相对于其他非资源型信息,信息资源具有4个明显的特征。

1. 智能性

信息资源是人类所开发与组织的信息,是人类脑力劳动或者说认知过程的产物。人类的智能决定着特定时期或特定个人的信息资源的量与质,智能性也可以说是信息资源的"丰度与凝聚度"的集中体现。信息资源的智能性要求人类必须将自身素质的提高和智力开发放在第一位,必须确立教育和科研的优先地位。

2. 有限性

信息资源只是信息的极有限的一部分,比之人类的信息需求,它永远是有限的。从某种意义上说,信息资源的有限性是由人类智能的有限性决定的。有限性要求人类必须从全局出发合理布局和共同利用信息资源,最大限度地实现资源共享,从而促进人类与社会的发展。

3. 不均衡性

由于人们的认识能力、知识储备和信息环境等多方面的条件不尽相同,他们所掌握的信息资源也多寡不等;同时,由于社会发展程度不同,对信息资源的开发程度不同,地球上不同区域信息资源的分布也不均衡,通常所谓的信息领域的"马太效应"就是与这种不均衡性有关的现象。不均衡性要求有关信息政策、法律和规划等必须考虑导向性、公平问题和有效利用问题。

4. 整体性

信息资源作为整体是对一个国家、一个地区或一个组织的政治、经济、文化、技术等的全面反映。整体性要求对所有的信息资源和信息资源管理机构实行集中统一的管理,从而避免人为的分割所造成的资源的重复和浪费。

第二节 信息检索

广义的信息检索包括信息的存储和信息的检索,往往又称为"信息存储与检索"(Information Storage and Retrieval)。信息的存储主要是在一定专业范围内的信息选择基础上进行信息特征描述、加工并使其有序化,或建立数据库,以便在检索时借助一定的设备与工具,从中查找出所需的信息。存储是检索的基础,检索是存储的反过程。在现代信息技术的条件下,信息检索从本质上讲,是指人们从任何信息系统中高效、准确地查找到自己所需的有用信息,而不管它以何种形式出现,或借助于什么样的媒体,此即狭义的信息检索。本书所讲的信息检索主要指的是后者。

一、信息检索系统

信息检索系统是根据社会发展需要和为达到特定的信息交流目的而建立的一种有序化的信息资源集合体。它通常是一个拥有选择、整理、加工、存储、检索信息的设备与方法,并能够向用户提供信息服务的多功能开放系统。下列要素构成信息检索系统。

1. 信息资源

信息资源是系统存储与检索的对象。它可以是全文信息,也可以是题录、索引或文摘;可以是文字信息,也可以是图形、图像、数值数据或语音信息。

2. 设备

即实现信息存储与检索活动的一切设备。如手工检索的卡片、印刷型检索工具、计算机、交换机、服务器、通讯网络、软件,等等。

3. 方法与策略

包括检索语言、标引方法、信息的组织与管理方法、信息的检索策略与技巧等。

4. 人

人是检索系统的能动因素。充当信息与用户媒介的检索人员,将随着社会网络化程度的不断提高而逐步退出系统,由具有自主检索能力的最终用户取而代之。

二、信息检索类型

1. 按信息检索的对象分

(1) 文献检索　文献检索就是从大量的文献集合中查找出符合特定需要的相关文献的过程。一般是先查找出相关文献的线索,如题录、文摘等,然后进一步查寻原始文献进行阅读参考。文献检索的结果是有关某课题或特定需要的一组相关性文献。

(2) 数据检索　数据检索是以特定的数值型数据为检索对象的检索过程。包括各种统计数字、图表、化学结构式、计算公式等等,如胰岛素的理化常数、结构式、常用剂量等。

(3) 事实检索　事实检索是利用特定的参考工具书或事实型数据库查找出能够直接解答某一提问的事实,例如,什么是基因工程？何谓生物芯片？何人何时在何处首先提出了人类基因组计划？等等。

综上所述,数据检索、事实检索是一种确定性检索,其检索结果可以直接回答有或无,正确或错误;而文献检索是一种相关性检索,其检索结果只提供与之相关的文献以供参考,不直接回答用户提出的问题。文献检索是信息检索的一个重要组成部分,科技人员在进行信息检索的过程中,通常以文献检索为主。

2. 按信息组织的方式分

(1) 目录检索　目录检索是指通过卡片式目录、书本式目录、机读目录(Machine Readable Catalog, MARC)或联机公共检索目录(Online Public Access Catalog)查询单位出版物(如一本书、一种杂志、一件专利)的名称、著者、出版事项等文献外表特征的过程,供人们了解出版或收藏机构是否拥有所需的图书、期刊等出版物的情况。

(2) 题录检索　题录检索类似于目录检索,但其检索结果不是单位出版物,而是单位出版物中单篇文献的外表特征。如美国的《医学索引》(Index Medicus, IM)、《中国生物医学文献数据库》(Chinese BioMedical Disc, CBMDisc)等。

(3) 文摘检索　文摘检索是在题录检索的基础上,增加了反映文献的主题范围、目的、方法、结果等内容特征的摘要。有利于引导用户阅读原文,节约阅读时间,确定所获文献与用户需求的相关程度。如 Medline 数据库、美国《生物学文摘》(BA)、荷兰《医学文摘》(EM)等。

(4) 全文检索　全文检索是用户根据特定的需要,从存储有整篇文章乃至整本图书的信息检索系统中获取全文或有关章节信息的过程。利用全文信息检索系统,还可以进行各种信息的频率统计和内容分析。随着计算机容量与运行速度的不断增大与提高,全文检索正迅速由最初的法律、文学领域扩大到几乎所有的学科和专业领域。

(5) 超文本检索　超文本的基本组成元素是节点(Nodes)和节点间的逻辑联接链

(Links),每个节点中所存储的信息以及信息链被联系在一起,构成相互交叉的信息网络。与传统文本的线性顺序不同,超文本检索强调中心节点之间的语义联接结构,依靠系统提供的复杂工具作图示穿行和节点展示,提供浏览式查询。其检索模式是从"哪里"到"什么"。而传统的文本检索系统则强调文本节点的相对自主性,其检索模式是从"什么"到"哪里"。

(6)超媒体检索 超媒体检索是对超文本检索的补充。其存储对象超出了文本范畴,融入了静态或动态的图形、图像、声音等多种媒体信息。信息的存储结构从单维发展到多维,存储空间亦在不断地扩大。

三、信息检索语言

信息检索语言是为建立信息检索系统而创建的专门用来描述文献特征(内容特征或外表特征)和表达检索提问的一种人工语言,又称为信息存储与检索语言、标引语言、索引语言等。它的主要功能是:① 简单明了而又较为专指地描述信息的主题概念;② 容易地将概念进行系统排列;③ 便于检索时将标引用语与检索用语进行相符性比较。因此,信息检索语言不但须排除一词多义、多词一义和词义含糊的现象,而且要显示出概念间的相互关系,这也是信息检索语言规范化的主要内容。

信息检索语言是决定检索系统中大量信息排检序列的关键。它可以是一系列概括信息内容的概念及其相互关系的标识系统,如分类号码;也可以是自然语言中选择出来并加以规范化的一套词汇,如主题词表。世界上有许多种信息检索语言,人们常用的有以下两种。

1. 分类检索语言

分类检索语言是以学科分类为基础,结合信息内容特征的一种直接体现知识分类概念的检索语言。其采用概念逻辑分类的一般规则进行层层划分,构成具有上位类和下位类之间隶属关系、同位类之间并列关系的概念等级体系。例如:

  R5 内科学
  R51 传染病
  R52 结核病
  R53 寄生虫病
  R54 心脏、血管(循环系统)疾病
   R541 心脏疾病
    .1 先天性心脏血管病
    .2 风湿性心脏病
    .3 高血压性心脏病
    .4 冠状动脉(粥样)硬化性心脏病(冠心病)

分类检索语言的"语词"就是它的类目及相应的分类号。分类号主要用于明确各类目之间的先后顺序。如上例的分类号排序是 R5,R51,R52,R53,R54,R541,R541.1,R541.2,R541.3,R541.4……

分类检索语言既可以用于期刊论文的分类,也可以用于图书等其他文献信息的分类。国内外有多种广泛使用的著名分类检索语言,如美国《国会图书馆图书分类法》(Library of Congress Classification,LC)、《国际十进分类法》(Universal Decimal Classification,UDC)、《杜威十进分类法》(Dewey Decimal Classification and Relative Index,DC 或 DDC)、《中国图书馆分类法》(中图法)。《中国图书馆分类法》是我国使用最普遍的一种分类检索语言。

《中国图书馆分类法》共分 22 个基本大类(表 1-2-1),"R 医药、卫生"类下分 17 个二级类目(表 1-2-2)。

表 1-2-1 《中国图书馆分类法》基本大类

A	马克思主义、列宁主义、毛泽东思想、邓小平理论	N	自然科学总论
B	哲学、宗教	O	数理科学和化学
C	社会科学总论	P	天文学、地球科学
D	政治、法律	Q	生物科学
E	军事	R	医药、卫生
F	经济	S	农业科学
G	文化、科学、教育、体育	T	工业技术
H	语言、文字	U	交通运输
I	文学	V	航空、航天
J	艺术	X	环境科学、安全科学
K	历史、地理	Z	综合性图书

表 1-2-2 "R 医药、卫生"的二级类目

分类号	类 目	分类号	类 目
R1	预防医学、卫生学	R74	神经病学与精神病学
R2	中国医学	R75	皮肤病学与性病学
R3	基础医学	R76	耳鼻咽喉科学
R4	临床医学	R77	眼科学
R5	内科学	R78	口腔科学
R6	外科学	R79	外国民族医学
R71	妇产科学	R8	特种医学
R72	儿科学	R9	药学
R73	肿瘤学		

2. 主题检索语言

主题检索语言是用表达文献主题内容的词语作为标识的信息检索语言。应用较多的是主题词和关键词。

(1) 主题词 主题词(Subject Heading)又称叙词(Discriptor),是以规范化为基础,以揭示事物对象及其特征为出发点的信息检索语言。最具代表性的主题词法是美国国立医学图书馆(National Library of Medicine,NLM)的《医学主题词表》(Medical Subject Headings,MeSH)。MeSH 是医学领域内使用最多的一种主题检索语言。MeSH 用于标引和揭示医学文献的主题内容,对于提高医学信息检索的准确率具有十分重要的意义。

随着 Internet 的不断发展、人类信息需求的日益增长,人们在日常的信息检索过程中,

越来越重视的是事物的概念和语义,而不容易理解数据库系统的特定句法。所以,自然语言的检索更容易为人们所接受。但传统的自然语言检索,由于检索词与著者使用的文本词不统一,容易造成漏检和误检。因此,在计算机信息检索数据库中,出现了检索词自动转换系统、智能检索系统等来方便用户进行检索。这些系统是将用户输入的概念和语义自动转换成满足相对查全和查准的数据库系统语言进行检索。如美国国家医学图书馆(NLM)自1986年起研究和开发的一体化医学语言系统(Unified Medical Language System,UMLS),就是在 MeSH 基础上,应用先进的计算机信息技术建立的一个全新的生物医学信息检索语言的集成系统和机读信息资源指南系统,可用于跨数据库的词汇转换,具有一定的数据库集成检索功能和自然语言词语转换等智能检索功能。

UMLS 通过将大量的检索词(包括规范词和自由词)累积输入系统中,进行检索词自动转换处理,使用户能够不必考虑检索词的规范性或知识分类属性,不受人工语言和自然语言的束缚与限制,更自由地在电子病案、文献数据库、图像数据库、专家系统等各种信息资源库中检索和获取特定的信息。UMLS 包括四个部分:

① 超级叙词表(Metathesaurus):有人译为元辞典,是 UMLS 的核心部分,2001 年版收录了 80 万个概念共 190 万个词汇。这些概念和词汇来自包括 MeSH 在内的 60 多个生物医学词表、分类表、术语表、专家系统等。其目的是要构建一个整合各来源词表中的生物医学概念、术语、词汇及其等级范畴的集成系统,解决因为各系统的差异性和信息资源的分散性所造成的检索困难。

② 语义网络(Semantic Network):语义网络把概念进行分型或分类,构建概念之间的相互关系,并提供相关信息的获取。例如,查找某病毒的概念时,不但可以获取该病毒的概念和信息,还可以找到该病毒可能引起的疾病或综合征的相关概念和信息。

③ 信息资源图(Information Source Picture):是各种生物医学数据库的信息资源集合图,图中描述了各信息资源的范围、定位、词汇、句法和访问条件。其信息资源既可以供人类阅读,也可以被机器处理。

④ 专家词典(Specialist Lexicon):是为超级叙词表中的许多术语提供各种构成词的句法信息,也包括没有出现在超级叙词表中的英语单词,如动词。

(2) 关键词 关键词(Keyword)是指出现在文献的题名、摘要或全文中,能够反映文献主题内容的专业名词或术语。关键词直接取自原文,不作规范化处理,可以提供更多的检索入口,适合计算机系统自动编制索引的需要。但由于词语没有规范化,不能进行选择和控制,容易造成漏检和误检。

分类检索语言和主题检索语言是典型的基于文献内容特征的检索语言,也是信息检索领域使用最多的检索语言。除此之外,人们在日常的信息检索过程中,经常用到的检索语言还有代码检索语言,如美国《化学文摘》(CA)中的分子式检索语言,依据文献外表特征而设计的各种检索语言,如题名、著者、文献序号、引文检索语言,等等。

四、信息检索工具

信息检索工具是将大量分散无序的信息经过搜集、加工和整理,按照一定的规则和方法进行组织和系统排列,用以报道、存储和查找信息的工具,主要由使用说明、正文(或数据库)、辅助索引和附录 4 个部分组成。正文(或数据库)部分是信息检索工具的主体部分,它是将收入检索工具的每一文献著录成为题录、文摘或数据库的记录,并将它们按照一定的方式(如学科分类、主题或序号)组织排列而成的一个有序结合体。辅助索引通常有多种,如主题索引、著者索引、关键词索引、药物名称索引、分子式索引等等,以提供更多的与主体部分不同的检索途径。常见的检索工具有如下类型。

1. 手工检索工具

手工检索工具是由检索者直接利用查找的一类工具,如各种手检目录卡、书本式检索刊物。

2. 机械检索工具

机械检索工具是指应用力学、光学等手段帮助查找文献线索的工具,如机械穿孔卡及其辅助设备。

3. 计算机检索工具

计算机检索工具是指以计算机检索软件和数据库为核心的检索系统。常见的有国际联机检索系统和光盘检索系统。

(1) 国际联机检索系统　联机检索系统是指用户在计算机检索系统的终端上,通过通讯系统,使用特定的指令和算符,以人机对话方式,查询远程计算机主机系统的数据库,从中获取所需信息的计算机检索系统。如 Dialog、OCLC(Online Computer Library Center,美国联机图书馆中心)、STN(The Scientific and Technical Information Network-International,国际科学技术网络)等。联机检索系统自 20 世纪 70 年代投入商业运营以来,其检索技术已发展得较为系统和完善,已经成为一种使用广泛的计算机信息检索方式。国际联机检索具有 3 个优点:① 检索速度快,检索效率高。一般课题均可在几分钟之内完成检索过程,且在一系列系统的检索技术、检索策略的保证下能达到较为理想的查全率和查准率。② 信息资源丰富且质量较高。各大联机检索系统不仅是数据库经销商,而且也是数据库生产者,所提供的一般是各领域的核心、权威数据库,数量从几十个到数百个不等,信息资源丰富且经过严格的加工、处理和组织,质量较高。③ 可及时提供最新信息。一些大型联机检索系统数据库的更新速度较快,有季更新、月更新、周更新,甚至每日更新,用户可以及时得到最新信息。但由于其检索费用较高,又要求检索者熟悉系统的一整套检索指令和检索技术,以致难以在国内普遍使用。

(2) 光盘检索系统　光盘是 20 世纪 80 年代出现的一种新的信息载体,其全称为高密度光盘(Compact Disk),主要是利用激光、计算机及光电集成等技术实现信息存储的数字化。目前应用于信息检索的主要是只读光盘(CD-ROM),一张 4.75 英寸的光盘可存储 600 多兆字节甚至更多的信息,相当于十几万张印刷页的文字容量,其容量大且存取速度快。光盘检索系统是由计算机、光盘驱动器、光盘数据库及其检索软件组成的信息检索系统,不但可以单机使用,而且还可与通信技术相结合,实现光盘检索的网络化,提高光盘信息资源的利用率。其优点有:① 使用方便快捷。光盘检索系统是独立的检索系统,随时可以启动使用。② 检索界面友好,检索功能强大。光盘检索系统是直接面向用户的检索系统,系统所提供的帮助信息可以使用户很方便地学会检索;功能键的普遍使用、窗口式直观界面和鼠标控制等,使光盘检索操作简单。③ 一次购买,可以无限制使用,检索费用低廉。④ 可以将文本、声音、图形和动态图像结合在一起,实现多媒体检索。⑤ 检索结果的输出方式灵活。用户在光盘数据库中检索到的信息可以根据自己的需要选择多种方式输出,如打印、拷盘、套录建库或网上传输。但光盘检索系统有 4 个方面的局限:① 数据更新有一定的周期,时效性、灵活性比不上联机检索。② 目前光盘数据库的容量有限,一般都是按专业和学科领域建库的,收录范围不够广泛。③ 适用对象的局限性。一次性购买的费用高,对使用频率不高的单位或个人来说成本较高。④ 设备和软件的兼容性较差,各种光盘数据库检索系统目前还难以实现标准化和统一化。

4. 网络信息检索工具

网络信息检索工具是指在 Internet 上提供信息检索服务的计算机系统,其检索的对象是存在于 Internet 信息空间中各种类型的网络信息资源。当前,除了基于文件名和目录名检索的 Archie、基于关键词检索的 WAIS、基于菜单检索的 Gopher 等,最主要且最常用的网络信息检索工具是基于超文本的搜索引擎(Searching Engines),它是由自动索引程序、数据库和检索代理软件三部分构成的。其工作原理是:通过自动索引程序或人工来广泛搜集网络信息资源,经过一系列的判断、选择、标引、加工、分类、组织等处理后形成供检索用的数据库,创建目录索引,并以 Web 页面的形式向用户提供有关的资源导航、目录索引及检索界面;用户可以根据自己的信息检索要求,按照该搜索引擎的句法要求,通过检索界面输入想要查找的检索项、提问式;系统检索软件接受用户提交的检索提问后,按照该搜索引擎的句法规定对用户输入的字符串、运算符、标识符、空格等进行识别和判断后,代理用户在数据库中检索,并对检索结果进行评估比较,按与检索结果的相关程度排序后提供给检索者。

搜索引擎可以是一个独立的网站,也可以是附属在其他类型网站或主页上的一个搜索工具。它具有信息检索服务的开放性、超文本的多链接性和操作简易性的特点。一般可分为两类:一类是通用搜索引擎,如 Yahoo、Sohu、Google、新浪等,另一类是专业搜索引擎,即针对某个专门领域或主题采取自动或人工方式进行资源搜集、整理而成的搜索引擎。由于通用搜索引擎没有针对医学专业进行优化,因此,检索得来的信息不能充分满足医学用户的查询需求。20 世纪 90 年代中期,人们把数据库技术、Web 技术、传统医学信息组织的有关理论和方法有机地结合起来,以致专门用于搜索网络医学信息资源的医学专业引擎应运而生,如 Medical Matrix、HealthWeb、CliniWeb 等。

根据不同的划分标准,同一种检索工具可以分入不同的类型。例如:按照对原始文献的揭示程度,可分为目录式检索工具(如专题目录、馆藏目录、联合目录、国家书目等)、索引式检索工具(如《医学论文累积索引》《放射医学题录》《中文科技资料目录》、美国的 Index Medicus 等)、文摘式检索工具(如《中国医学文摘》、美国的 Biological Abstracts、荷兰的 Excerpt Medica 等)、文献指南、书目之书目;按照出版形式,可分为卡片式检索工具(如书名卡、著者卡、主题分类卡等)、书本式检索工具(如单卷式、期刊式、附录式)、缩微式检索工具(如缩微胶片、缩微胶卷)、机读式检索工具(如光盘数据库、联机数据库等);按照收录文献的范围,可分为专题性检索工具(如《艾滋病文摘》、美国的 Chemical Abstracts 等)、综合性检索工具(如《全国报刊索引》、美国的 Science Citation Index 等)。

五、信息检索方法

医学信息检索方法多种多样,检索者应根据不同的检索目的和要求,选择不同的检索方法。常见的检索方法有以下几种。

1. 顺查法

顺查法是按照确定的起始年代由远及近、顺序查找,直到获得最新所需信息的一种检索方法。此法适合于研究主题较为复杂、研究范围较大、研究时间较久的科研课题的信息检索,可以系统地了解某一课题的发展情况。例如,欲全面了解艾滋病(AIDS)的流行和防治信息时,在确认有关 AIDS 的第一篇文献发表于 1982 年后,即可逐年查找所有 AIDS 的相关文献。应用顺查法的查全率高,漏检的可能性小,但耗时费力,工作量大,效率较低。

2. 倒查法

倒查法与顺查法正好相反,它是从当前开始逐年向前,逆时间顺序查找,直到获取满意信息的一种检索方法。此法主要用于了解某些课题的最新研究进展或寻找研究工作中所遇特定问题的解决方法。应用倒查法的检索效率要比顺查法高,且节省时间,但容易造成漏检。

3. 抽查法

抽查法是针对某一学科的发展特点,选择其特定的研究阶段或学科发展高峰期检索所需信息的一种检索方法。此法是在检索者必须了解某课题研究发展的历史背景或学科发展峰期的前提下,用以解决在较短时间内快速查到较多相关文献的检索方法。一般抽查几年或十几年,检索时间短,检索效率高。

上述 3 种检索方法是信息检索领域经常使用的检索方法,故有人将之合称为常用法。

4. 追溯法

追溯法又称引文法,是直接利用某些文献(如综述、述评或专著)后所附的参考文献作为线索,找到所需的相关文献,再根据这些相关文献后的参考文献,逐级追溯检索所需信息的方法。利用引文索引工具检索信息的方法,又称为引文索引追溯法。应用追溯法检索信息时的漏检率高,所获文献不全面,且往前追溯的年代越远,所获得的信息就越陈旧。

5. 分段法

分段法又称循环法、交替法,是常用法与追溯法的综合,故也有人称为综合法。它是在检索信息时,首先利用检索工具查出一批相关文献,然后通过筛选,选择与课题针对性较强的文章,再按其后所附的参考文献进行追溯查找,分期分段地交替使用这两种方法,直到满意为止。分段法兼有常用法和追溯法的优点,可以得到较高的查全率和查准率。

六、信息检索途径

一般而言,文献的特征有二:一是文献的内容特征,指的是文献所论述的主题、观点、见解、结论及文献内容所属的学科范围等,通常使用主题词、关键词或分类号等形式来表达文献的主题概念,揭示文献的内容特征,并建立严格有序的排检序列,为检索者提供重要的检索途径。二是文献的外表特征,包括题名、作者、出版者以及某些特种文献自身的特征标识,如专利号、标准号、报告号等。而检索者的检索要求通常也不外乎两种:一是要查找具有已知文献外表特征的文献,如由书名、著者等检索信息;二是要检索具有所需内容特征的文献,即根据所需文献的主题概念检索信息。为此,在信息检索系统的设计和建设时,正是按照文献的内容特征和外表特征进行标引,形成不同的索引系统,以建立满足检索者这两种需求的各种不同的检索途径。检索途径主要有以下几种。

1. 分类途径

分类途径是按照文献信息的主题内容所属学科分类体系的类目、分类号及分类索引进行信息检索的途径。大多数检索工具或检索系统的正文是按分类编排的,其目录或分类表即是分类索引,提供了从分类角度检索信息的途径。使用分类途径的关键在于正确理解检索工具中的分类体系(如《中图法》),明确课题的学科属性,从而获得相应的分类号,然后按照分类号逐级查找。该途径便于从学科体系的角度获得较系统的文献线索,具有族性检索的功能。

2. 主题途径

主题途径是根据文献内容的主题特征,利用各类主题索引进行信息检索的途径。主题索引指的是将表达文献内容特征的主题词按字顺(字母顺序、音序或笔画顺序等)组织起来的索引系统。检索时只要根据课题确定主题词,便可像查字典一样逐一检索,从主题词之下的索引款目查到所需的文献线索。使用主题途径的关键在于分析课题,提炼主题概念,确定主题词。该途径具有直观、专指、方便的特点,能够满足复杂概念的课题或交叉边缘学科的信息检索需要,具有特性检索的功能。

3. 关键词途径

关键词途径是指以关键词作为检索标识,通过关键词索引来检索信息的一种途径。检索时,只要根据课题要求选择关键词(包括同义词、近义词、形容词形式、不同拼写法等),按字顺在关键词索引中找到该关键词后,再根据其说明语或上下文,即可找到所需的文献线索。

4. 著者途径

著者途径是以著者姓名、学术团体、机构名称作为检索标识,通过利用著者索引来检索文献信息的一种途径。通过著者索引可以查到同一著者的多种著作或论文,对于全面了解某一著者或团体机构的学术观点、研究成果和科研动态极有帮助。著者索引是按照著者姓名的字顺排列的,容易编制,检索直接,查准率高。但由于世界各国的文种繁多,风俗各异,对姓名的写法也不一样,故在使用著者途径检索文献时应遵循著者索引的编制规则。其编制规则主要有以下几点:

(1) 著者姓名的次序　欧美国家的著者发表文献时的署名习惯是名在前,姓在后,但在检索工具中,必须按照姓在前名在后的次序组织排列,与中国著者的署名习惯相同,且规定姓不能缩写,名字可以缩写,名字缩写之间加圆点,姓名之间加逗号。

(2) 合著者与多著者　一篇文献只有2个著者时,按原文献著者的次序著录;3个或3个以上著者时,只著录第一著者的姓名,其余的用"et al"表示,并在其姓名下著录文献的篇名;不是第一著者的其他著者,无论多少,只在索引中著录姓名,不著录篇名,而用"see"引见到第一著者名下查找原文线索。

(3) 团体著者　团体机构著者按原名著录,加国别以示区别,按名称字顺排列。

(4) 音译规则　因语言文字不同,拼音发音各异,为了统一标准,许多国家的检索工具常将各种文字的著者姓名加以翻译,以便统一著录,且各自都制定了音译规则。比较常用的有日本黑本式《日英字母音译表》和国际标准化组织编辑出版的《英俄文音译对照表》,中国人的姓名,均按汉语拼音著录。

(5) 前缀　姓前有前缀冠词的,与姓名一起著录,并按字顺排列;姓名中的前缀"Mc""M""Mac"均按"Mac"排在一起;姓名中的"De""Della""Des""La""Van""Vander""Von"等前缀,与姓名一起作为姓名整体排列。

(6) 家族和宗教称呼　含有"Jr""Sr"等家族称呼的著者,将家族称呼附在著者姓名之后;有等级制家族称号的著者,排在无等级制家族称号的著者姓名之后;有宗教称呼的著者,宗教称呼作为姓名的一部分对待,其称呼连同姓名作为整体排列,不予倒置。

(7) 无著者的文献,按文献篇名字顺附在有著者的文献之后。

5. 题名途径

题名途径是以书名、刊名或文献题名作为检索标识,通过书名目录、刊名目录或篇名索引检索文献的途径。

6. 序号途径

序号途径是指利用文献的各种序号作为检索标识,如专利号、标准号、报告号、化学物质登记号、国际标准书号(ISBN)、国际标准刊号(ISSN)等检索所需信息的途径。使用序号途径进行信息检索,具有明确、简短、唯一的特点,是一种较为实用的检索途径。

7. 其他检索途径

如利用化学分子式索引、生物体索引、药品名称索引的途径,等等。

七、信息检索步骤

1. 分析研究课题,制定检索策略

检索者首先要了解课题的目的、意义,明确课题的主题和研究要点以及主要特征,然后根据课题研究的特点和检索要求制定检索策略。

检索策略是根据检索要求所采取的检索方针和检索方式。包括检索概念的组配、检索工具的选择以及检索范围(专业、时间、地理、语种和文献类型)的限定等等,具体表述为检索式(Formula)。检索式将各个检索概念之间的逻辑关系、位置关系等用检索系统规定的各种组配符(Operator,也称算符)连接起来,成为人与机器可识别和执行的命令形式。检索词是构成检索式的基本单元,能否准确选择是至关重要的。检索词应满足形式匹配和内容匹配两方面的要求。内容匹配要求,即由主题概念转化而成的检索词须准确、完整地表达检索课题的内容,这是由信息需求决定的。形式匹配要求,即检索使用的语言和检索系统中使用的语言一致,检索词才能被系统"认识",这是由检索系统来决定的。

2. 确定检索方法,利用检索工具

检索方法的确定要根据课题研究的需要以及所能利用的检索工具和检索手段。在拥有大型检索系统或检索工具较为丰富的情况下,多选择顺查、抽查或倒查的常用方法;在已获得针对性很强的文献时可选择追溯法。在已有的检索系统中,根据检索课题的主题和学科范围再选择对口的检索工具或数据库。这就要求检索者对各种检索系统或数据库所覆盖的学科范围有所了解,从文献的类型、文种、出版时间等方面来考虑选择利用哪种检索系统。选择检索系统也可以通过《工具书指南》《书目指南》《数据库目录》等获取帮助。

3. 选择检索途径,查找文献线索

根据已经构成的检索式,选择相应的检索途径查找有关的索引,如主题索引、分类索引、作者索引等;再根据索引指示的地址(如文摘号、题录号)在正文部分查得相应的文献线索,如题目、摘要、作者、作者单位、文献来源等。

4. 评价检索结果,索取原始文献

在检索过程中,检索者对每次检索的结果要做出评价和判断,并对检索策略做出相应的修改和调整,直至获得比较满意的结果。例如,当文献检出量太多时,需要考虑适当缩小检索范围,可通过增加限定性检索词或选用概念较专指的检索词等方法,以减少文献检出量;反之,如果文献检出量太少,则应考虑相反的措施。

由于目前的检索手段所获得的文献信息,一般是文献的题录或文摘。题录的信息量很少,根本不能满足检索者的研究需要,即使是文摘,也不能代替原始文献。因此,如何利用检索到的文献线索获取原始文献,成为当今信息检索者必须关注的最后一个步骤。首先,要根据文献线索中已有的信息,判断文献的出版类型;同时整理好文献出处,将文献出处中的缩略语、音译刊名等还原成全称或原刊名。然后,利用文献收藏机构(如图书馆、情报所)的馆藏目录、联合目录或全文信息检索系统确定所需文献的国内外收藏情况,联系索取。亦可向作者本人索取,一般都会得到大力帮助。

八、信息检索效果

检索效果(Retrieval Effectiveness)是检索系统实施信息检索的有效程度,反映检索系统的能力。检索效果包括技术效果和经济效果。技术效果是由检索系统完成其功能的能力确定的,主要指系统的性能和服务质量;经济效果是由完成这些功能的价值确定的,主要指检索系统服务的成本和时间。英国情报学家克兰弗登(Canfield)在分析用户基本要求的基础上,提出了6项评价系统性能的指标,即收录范围、查全率、查准率、响应时间、用户负担和输出形式。其中,查全率和查准率是2个最主要也是最常用的指标。

1. 查全率(Recall Ratio)

查全率又称检全率、命中率,是指检出的相关文献数与检索系统中相关文献总数之比。可用下式表示:

$$查全率(R) = \frac{检出的相关文献数}{检索系统中相关文献总数} \times 100\% = \frac{a}{a+c} \times 100\%$$

2. 查准率(Precision Ratio)

查准率又称检准率、相关率,是指检出的相关文献数与检出的文献总数之比。可用下式表示:

$$查准率(P) = \frac{检出的相关文献数}{检出的文献总数} \times 100\% = \frac{a}{a+b} \times 100\%$$

式中 a 为检出的相关文献数,b 为检出的非相关文献数,c 为未检出的相关文献数。由此可见,查全率和查准率之间存在着互逆关系。如果检索时所用检索语言的泛指性强,检出的文献多,那么查全率将会提高,但误检率也同时增大,因而查准率降低。如果检索语言的专指性强,查准的文献多,则查准率提高,但漏检率也同时增大,因而查全率降低。所以,欲达到较好的检索效果必须兼顾二者,不能单纯追求其中某一个评价指标。实践证明,在通常的检索过程中,查全率在60%~79%之间,查准率在40%~50%之间,检索效果较佳。

第三节 信息检索技术

20世纪80年代,光存储技术的应用促进了传统信息检索系统模式的改观。90年代,Internet的普及应用彻底改变了人类的生活和工作方式。在信息检索领域,传统检索的中介代理服务功能正在逐步减弱,成千上万的各行各业的人都将成为计算机网络系统的最终用户。Internet系统中存储的信息除传统检索工具的内容外,已出现越来越多的全文本数据、事实数据、数值、图像和其他多媒体信息资源。计算机及其网络环境和各种先进技术使信息的可获得性、传递速度大大增强。跨文件、跨文档、跨数据库以及在多媒体数据库中自由查询已成为现实。在这种情况下,传统的检索方式,用同一界面应付不同水平和不同要求的检索者,用静态的同一标准去衡量检索效果等技术已是远远不够的。全文检索、多媒体检索、超媒体及超文本检索、联机检索、光盘检索、网络检索等先进的检索技术正迅速发展起来。

一、全文检索

全文检索技术是20世纪50年代末产生的一种新的信息检索技术。最早的全文检索系统是1959年美国匹兹堡大学卫生法律中心研制的。全文检索系统的出现为人们获取原文而非文献线索信息提供了一条有效的途径。近年来,全文检索的应用范围不断拓展,它与出版技术的结合,使各种科技书刊、专利文献、新闻报纸等全文数据库应运而生。如我国的《人民日报》、美国《纽约时报》、加拿大《多伦多环球邮报》等都出版了机读全文数据库,每天更新。一些年鉴、手册、百科全书、参考书、文学作品等也成为全文检索系统的处理对象,如《中国法律法规大典》《中国大百科全书》《金庸全集》等层出不穷。

全文检索以全文数据库存储为基础。所谓全文数据库即是将一个完整信息源的全部内容转化为计算机可以识别、处理的信息单元而形成的数据集合。而且全文检索系统还必须对全文数据库进行词(字)、句、段等更深层次的编辑、加工,同时,允许用户采用自然语言表达,借助截词、邻词等匹配方法直接查阅文献原文信息。其基本的检索技术有5种。

1. 内容与外表特征组合检索

全文检索系统既可以满足某一外表特征或某一内容特征的单独检索,也可以是2种特征的组合检索,还可以进行外表特征和内容特征各自之间或更多组合的检索。

2. 全文分类专题检索和二次检索

全文分类专题检索是指用户可以在某一分类专题表中选择专题号进行检索,凡被赋予该号的文献均被命中输出;还可以在专题检索基础上进行二次检索,即由用户通过输入某一关键词,利用在专题检索中获得的有限文献集合内直接进行文中的扫描匹配检索。

3. 全文关键词单汉字检索

即当用户需要检索的关键词未在标引短句库和后控词表中出现时,可以通过全文关键词单汉字检索。

4. 位置限定检索

位置限定检索包括同句、同段、同篇位置的限定检索。

5. 后控词表检索

后控词表检索是指具备后控关键词智能检索及后控关键词分类检索的功能。

由于全文检索系统存储的对象是信息源本身,而不是信息的线索,因而占用空间大,系统响应速度慢;同时还由于其采用自然语言标引与检索,规范化程度低,因而误检、漏检在所难免。此类问题,正是当前全文检索系统研究的热点。

二、联机检索

传统的联机检索技术在Internet发展潮流的强烈冲击下,正在克服它以系统自身为出发点的种种弊端,许多世界著名的联机检索系统纷纷加盟了Internet,如Dialog、OCLC、STN等,开通了利用Internet的国际联机检索业务,实现了网上对话方式的信息检索。其技术特点是:① 实时性:用户能将个人的提问与系统所存储的信息进行实时的检索,并可立刻看到检索结果,随时修改提问,直到满意为止。② 完整性:用户不仅能检索到文献的摘要,还可以检索到文献的全文。③ 共享性:不仅可以检索到本地的数据库,而且可以与外地,乃至国际联机网络互通有无,实现信息资源共享。④ 广泛性:由于现代通信网络的发展,用户不再限于系统操作人员,每一个社会成员都可以根据个人的需要直接进行联机操作。当前,主要的联机检索技术有 2 种。

1. WWW 联机检索

WWW(World Wide Web)是一个可以查询 Internet 上几乎所有信息资源的检索系统。WWW 网中的所有主机都安装 TCP/IP(Transfer Control Protocol/Internet Protocol)、客户服务程序和 HTTP(Hyper Text Transfer Protocol)。前者用于浏览或管理超文本文件(Hyper Text Markup Language,HTML),后者则用来传输超文本文件。这些协议和程序使得世界上 WWW 网中所有不同类型的计算机之间都可以用同一种语言互相访问和显示文档。WWW 的超文本文档不仅限于文本,而且还是一个图文声并茂的超媒体巨型信息库,可通过不同网址直接访问。如 OCLC 的网址:http://www.ref.oclc.2000,Dialog 的网址:http://www.dialog.com/dialog,STN 系统中美国《化学文摘》的网址:http://www.info.cas.org/online.html。

2. Telnet 联机检索

Telnet(远程登录)是 Internet 3 个基本功能(另 2 个为 FTP 和 E-mail)中最强的一个,通过 Telnet 可以登录到世界各大联机检索系统,查寻不同的名录数据库、电子公告牌(BBS)、图书馆馆藏目录及其原始文献等。远程登录有 2 种方式:①直接拨号:即通过本地的调制解调器(Modem)与远程系统的 Modem 直接连接,不需要 IP 地址和主机名。②TCP/IP方式:即使用 TCP/IP 协议的连接方式,其传输速度要比直接拨号明显提高。在使用 Telnet 登录联机服务时,应申请一个账号,进入主机登录时必须输入用户名和密码(口令),系统对不同的账户给予不同的权限。

三、光盘检索

光盘是 20 世纪后期人类发明的最有影响的信息技术之一,没有任何技术能像它那样对信息服务产生如此广泛的影响。它使数据库检索大众化,革新了信息传播和服务的方式。光盘作为机检的新品种,不但具备了多种计算机检索的共同属性,如布尔逻辑检索、位置检索、数值限定检索等,还具有自己的特色与优势,如光盘可以由联机(On-line)演变为现场(On-site),更为个性化服务打开了方便之门。现今,主要的光盘检索技术有以下几种。

1. 光盘工作站

光盘工作站由普通计算机、光盘数据库和检索软件构成。被检索的数据库可以是在光盘驱动器中的光盘上或建立在计算机硬盘上的虚拟光盘中;与光盘数据库配套的检索软件可以直接安装在硬盘上,运行后即可进行检索。光盘工作站的计算机读取信息的速度快,平均响应时间短,如果利用虚拟光盘技术,还可以同时检索几个或十几个光盘数据库,省却了逐个更换光盘的麻烦。从光盘数据库中检索出来的信息可以转存在计算机的硬盘或软盘上,也可以在打印机上直接打印出来。

2. 光盘网络

光盘数据库可以在网络上通过光盘塔、光盘阵列、光盘镜像或存储区域网络(SAN)提供网上用户的检索服务。它不仅可以提高光盘数据库的利用率,实现一人同时检索多个数据库,而且还可以多人共享同一光盘数据库。目前,国内大多数的图书馆都在网络环境下,利用文件服务器和光盘服务器或专用网络文件服务器实现了光盘的网络检索功能,取得了良好的利用效果。

3. 点对点光盘检索

点对点光盘检索是通过电话拨号来实现对远程光盘数据库进行检索,主要借助调制解调器和电话线,通过异步通信方式实现。其优点是对设备要求不高,费用少,实用性强。

4. 多媒体光盘检索

多媒体光盘检索系统通常由个人主机、工作站、超级微机及声像输入输出设备、功能卡、控制设备、视频信息实时多任务支撑软件等构成。它要把文字、图像、声音信息放在一起处理,需要很大的存储空间,较高的实时要求,较复杂的数据压缩和复原技术及其传输设备。而 CD-ROM 容量大、费用低,是一种理想的存储多媒体信息的介质,代表着多媒体技术的发展方向。

四、多媒体检索

多媒体检索技术是把文字、声音、图像等多种信息进行数字化加工处理后供检索的一种综合技术,一般分为三类。

1. 视频检索

视频检索是在大量的视频数据中查找所需要的视频片断的过程。其用途广泛,如人体心脏的跳动、卫星云图的变化等;往往具有层次化特征,比如要检索关于某一个镜头中的某个主题的视频段,或某些图像帧等。因此,视频系统的层次化结构处理是视频检索的关键,采用的技术主要有:

(1) 框架检索 框架的组织是对一个数据对象或类似于传统数据库中的记录进行结构层次处理,可按视频主题或按内容特点安排。主题框架的最高层次是主题目录,其下可定义超类、类及子类等。内容框架的最高层次是视频镜头的源,如名称、地点及拍摄时间等,其下分别为背景、对象的运动情况等。框架检索是基于对框架的填充技术,每个检索首选最高层,一旦命中,则按内容的填充框架提供给用户。其检索接口是一个基于框架层次结构的表格。

(2) 特征描述检索 特征描述检索是针对视频的局部特征(事物的颜色、形状、纹理等)及视频中目标的运动情况的检索。其中,基于主色调的检索在视频检索中效率较高。用户可选用系统提供的调色板,指出所需检索的镜头或代表帧的主色调,也可以通过调色板调整其所需颜色。对于目标运动情况的检索有两种方式:一是通过 SQL 语言方法查询;二是可采用手绘的方法描述、检索。

(3) 浏览检索 层次化浏览是视频检索常用的方法,如利用分层场景转移图进行浏览,获取整段视频的场景图之后,再用分层方法对代表帧聚类,并将每类选取的代表帧作为浏览节点再依次向下一层浏览。

2. 声音检索

声音检索包括:用序号查找一段声音;以匹配方式检索给定样值的声音;对声音文本的检索等。常用的技术有:

(1) 特征描述法 包括自然语言描述法和声音解释法。自然语言描述法是将原始的声音录制成文件形式保存,通过对文本的自然语言描述(如题目、内容特征介绍等),提供声音检索。声音解释法是把对声音特征所做的适当索引与声音数据一起存入多媒体数据库中,根据对每个声音解释中的结果来建立声音索引的方法。

(2) 内容检索法 包括:① 赋值检索:即按用户指定某些声学特征的值或范围的说明进行检索。② 示例匹配检索:即由用户根据选择示例的声音或在对声音的某些特征进行描述基础上的检索。③ 浏览检索:即将某种或某些声音的内容分割为若干节点,用链路连接,用户可按任意顺序通过链路进行检索。④ 语言识别与合成方式的检索:该方法是由语言识别装置将原始语言转化为计算机可以理解的数据,存入语言数据库,将语言与文本信息统一起来,由数据库管理系统统一描述、编辑、存储与检索。

3. 图像检索

基于内容的图像检索技术是一种综合集成技术。它通过分析图像的内容,如颜色、纹理等建立特征索引,并存储在特征库中。用户查询时,只要把自己对图像的模糊印象描述出来,即可在大容量图像信息库中找到所要的图像。

用户对图像检索的要求一般分为:① 准确的图像实例检索;② 模糊实例检索;③ 描绘示例检索。对于系统来说,不管是哪种检索要求,都要对图像特征进行匹配。因此,图像检索的技术通常是基于颜色特征的检索、基于纹理特征的检索或基于形状特征的检索。

五、超媒体及超文本检索

传统的文本都是线性的,用户必须顺序阅读,而超媒体和超文本却与此不同,它们是一个非线性的网状结构,用户要沿着交叉链选择阅读自己感兴趣的部分。早期的超文本以文字为主,随着多媒体技术的发展,开始容纳包括图像、视频、声频等各种动态和静态的信息,通称为超媒体系统或超文本系统。目前,主要提供两种检索技术。

1. 基于浏览的检索方式

超媒体系统的数据库是一个多维空间结构的文献链路网。链路网将同一篇文献或不同文献的相关部分结构化地连接起来,这是传统的检索系统所无法实现的。这种组织结构决定了它主要通过非线性浏览获取信息,即通过跟踪信息节点间的链路在网络中移动的过程,并非直接检索。通过浏览不但可以了解数据库的组织,从中查询与课题相关的信息,而且可以不断得到新节点的启发,重新调整检索的目标,使获取的信息更切题,或者通过浏览信息片段,动态地建立新的检索路径。但是,该技术目前仍存在明显的不足:① 基于浏览的检索方式不适合于大型的超媒体检索系统,因为大型系统中存储文献量大,随着节点和链路的不断增加,用户"迷路"现象在所难免;② 超媒体系统不提供直接检索,仅靠用户自行浏览发现相关的主题内容,面对复杂多变的联想、选择链路、查看节点内容和判断取舍,需要花费大量的时间和精力,影响检索的速度和效率;③ 超媒体系统节点间的链路是由系统设计者根据关键词之间的关系预先设计好的,即链接是静态的,无法满足用户按照自己的思路去创造、删除或修改,不是真正意义上的自由联想和动态检索。

2. 基于提问的检索方式

即检索者按照规定的格式要求在终端输入检索提问式,交由超媒体系统自动检索获取所需信息的技术。该技术目前正在试用的模型有分类提问模型、双层结构模型、似然推理模型等。与基于浏览的检索方式相比,基于提问的检索方式查找目标明确,获取信息的准确度高,较适于大型检索系统。但该方式对检索者的要求较高,检索者必须熟悉专门化的检索语言和检索策略。

六、网络信息检索

网络信息检索是利用 Internet 的网络资源,通过交互式的图形界面,为检索者提供友好的信息查询要求,由系统自动向适当的服务器提出请求,获取用户特定需求信息的技术。一般具有检索服务的开放性、超文本的多链接性和操作简易性的特点,详见第二章。

(董建成)

第四节 计算机网络

随着人类社会的不断进步、经济的迅猛发展以及计算机的广泛应用,信息种类和信息数量急剧增加,为了更有效地传送和处理信息,计算机网络应运而生。到 20 世纪 90 年代,Internet 的兴起和极其快速的发展,使越来越多的人对计算机网络产生了兴趣。

一、计算机网络概述

计算机网络是计算机技术和通信技术紧密结合的产物,是将分布在不同地理位置上的、具有独立工作能力的计算机、终端及其附属设备利用通信设备和通信线路彼此互连,并配以功能完善的网络软件,实现相互通信和资源共享的计算机系统。

近年来,计算机技术和通信技术的迅猛发展为计算机之间信息的快速传递、资源共享和协调合作提供了强有力的手段。网络已经渗透到人们生活的各个角落,影响到人们的日常生活,计算机网络提供给人们几乎所有可能的需要。

1. 计算机网络的发展

计算机网络技术的发展速度与应用的广泛程度是惊人的。20 世纪 50 年代,人们开始将彼此独立发展的计算机技术与通信技术结合起来,完成数据通信技术与计算机通信网络的研究,为计算机网络的产生做好了技术准备,并奠定了理论基础。整个计算机网络的发展大体可分为以下 4 个阶段。

(1) 面向终端的计算机通信网时代　其特点是计算机是网络的中心和控制者,终端围绕中心计算机分布在各处,各终端通过通信线路共享主机的硬件和软件资源。

(2) 分组交换网时代　分组交换网由通信子网和资源子网组成,以通信子网为中心,不仅共享通信子网的资源,还可共享资源子网的硬件和软件资源,形成了计算机网络的基本概念。

(3) 互联互通时代　为了使不同体系结构的计算机网络都能互联,国际标准化组织 ISO 提出了一个能使各种计算机在世界范围内互联成网的标准框架——开放系统互连基本参考模型 OSI。这样,只要遵循 OSI 标准,一个系统就可以和位于世界上任何地方的也遵循同一标准的其他任何系统进行通信。

(4) 高速计算机网络时代　其特点是采用高速网络技术,综合业务数字网的实现,多媒体和智能型网络的兴起。计算机网络发展成为社会重要的信息基础设施,网络功能不断完善、速度更快、更普及。

2. 计算机网络的分类

计算机网络的广泛使用,已经出现了多种形式的称呼,根据不同分类标准,同一种网络,我们会得到各种各样说法,例如局域网、总线网、或者是 Ethernet(以太网)及 Netware 网等。常见的网络分类有以下几种:

(1) 根据网络的覆盖范围进行分类　由于网络覆盖的地理范围不同,所采用的传输技术也不相同,因而形成了不同技术特点和服务功能的计算机网络。按覆盖地理范围的大小,可以把计算机网络分为广域网、城域网、局域网和互联网。

① 广域网(Wide Area Network，WAN)：广域网的作用范围通常为几十到几千千米，是一个可在广阔的地理范围内进行数据、语音、图像信号传输的通信网。广域网上一般联有数百、数千、数万台各种类型的计算机和子网络系统，并提供广泛的网络服务。中国公网CHINANET、中国教育科研计算机网CERNET均属于广域网。

② 局域网(Local Area Network，LAN)：局域网一般限定在一个较小的区域内，从几十米到几千米，通信距离一般小于10千米。局域网的特点是组建方便、使用灵活。随着计算机技术、通信技术和电子集成技术的发展，现在的局域网可以覆盖几十千米的范围，传输速率可达万兆。局域网发展迅速，应用日益广泛，是目前计算机网络中最活跃的分支。

③ 城域网(Metropolitan Area Network，MAN)：城域网是介于广域网与局域网之间的一种高速网络。城域网设计的目标是满足几十千米范围内的企业、机关、公司的多个局域网互联的需求，以实现大量用户之间的数据、语音、图形与视频等多种信息的传输功能。

④ 互联网(Internet)：互联网是将不同的物理网络按某种协议互连起来的一种技术。广域网与广域网、广域网与局域网、局域网与局域网之间的互联，形成了局部处理与远程处理、有限地域范围资源共享与广大地域范围资源共享相结合的互联网络。目前，世界上发展最快的网络就是Internet，它是世界上最大的互联网。

(2) 按网络拓扑结构分类　将网络中计算机、网络连接设备等看作一个节点，网络中各个节点相互连接的方法和形式称为网络拓扑。拓扑设计是建设计算机网络的第一步，也是实现各种网络协议的基础，它对网络性能、系统可靠性、可扩展性、网络管理模式与通信费用都有重大影响。

按照网络的拓扑结构，可把网络分成总线型网络、星型网络、环型网络和任意互连型网络(图1-4-1)。

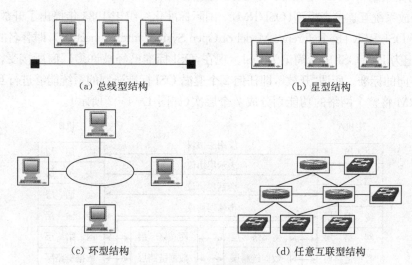

图1-4-1　网络拓扑结构

(3) 根据传输介质分类　按传输介质不同可以将网络分为有线网和无线网。
① 有线网主要通过同轴电缆、双绞线和光纤来连接计算机实现数据传输。
② 无线网主要通过采用空气作传输介质，用电磁波作为载体来传输数据。无线网由于联网方式灵活方便，目前，已发展成为一种很常见的网络接入方式。

(4) 按网络的使用范围分类　按照网络使用范围分为公用网和专用网。

① 公用网（Public Network）是为所有用户提供服务的大型网络，一般由国家电信部门组建、管理和控制。愿意按规定交纳网络费用的用户都可以使用公用网。

② 专用网（Private Network）是某部门为本单位特殊业务需要建造的网络。这种网络不向本单位以外的人提供服务，如军队、铁路、电力等系统均拥有本系统的专用网。

除以上常见的分类外，还有其他一些分类方法，例如，按照网络的交换功能可分为电路交换网、报文交换网、分组交换网、混合交换网等。

3. 计算机网络协议和体系结构

(1) 网络协议　计算机网络是由多种类型的计算机和终端通过通信线路连接起来的复合系统。这些计算机和终端就是通常所说的计算机网络中的节点，节点之间需要不断地交换数据和控制信息。要在计算机网络中有条不紊地交换数据，做到信息的正确传输，就要求信息的内容、格式、传输顺序等有一整套的规则、标准和约定。这些为网络数据交换而制定的规则、约定与标准被称为网络协议（Protocol）。

一个网络协议主要由以下3个要素组成：

- 语法：用来描述数据与控制信息的结构或格式。
- 语义：描述控制信息的含义，需要做出的动作及做出何种响应。
- 同步：规定了操作的执行顺序。

(2) 计算机网络体系结构　由于计算机网络涉及不同的计算机、软件、操作系统、传输介质等，为了实现这样复杂的计算机网络，人们提出了网络层次的概念，这是一种"分而治之"的方法。通过分层可以将庞大而复杂的问题转化为若干简单的局部问题，以便于处理和解决。网络的每一层都具有其相应的层间协议。计算机网络的分层及其协议的集合称为计算机网络的体系结构 CAN（Computer Network Architecture）。

(3) 开放系统互连参考模型（OSI/RM）　国际标准化组织于1983年提出了开放式系统互连参考模型 OSI/RM（The Reference Model of Open System Interconnection），即著名的ISO7498国际标准，记为 ISO/OSI-RM，简记为 OSI。现在，OSI 标准已经被许多厂商所接受，成为指导网络发展方向的标准。所谓"开放"，即任何2个遵循 OSI 标准研制的系统能够进行互连。

OSI/RM 将整个网络的功能划分成7个层次（如图 1-4-2 所示）。

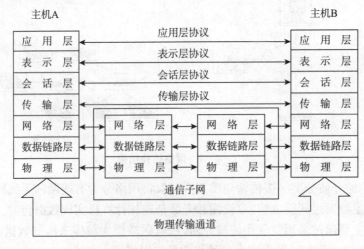

图 1-4-2　OSI 参考模型及协议

各层功能简述如下：

① 物理层：物理层是 OSI 参考模型中的最低层，它向下直接与传输介质相连接。物理层通过物理介质传送和接收原始的二进制比特流。物理层协议为物理连接提供了机械特性、电气特性、功能特性和规程特性。

② 数据链路层：数据链路层实现实体间数据的可靠传送，利用物理层所建立起来的物理连接形成数据链路，将具有一定意义和结构的信息即二进制信息块正确地在实体间进行传输，同时为其上的网络层提供有效的服务。数据链路层的功能包括成帧和帧同步、差错控制、流量控制和链路管理。

③ 网络层：网络层主要负责提供连接和路由选择，为信息包的传送选择一条最佳路径，亦即为节点之间相互通信提供连接的建立、保持和释放，包括交换方式、路径选择、流量控制、阻塞与死锁等。

④ 传输层：传输层提供可靠的端到端的通信，它从会话层接收数据，进行适当处理之后传送到网络层。在网络另一端的传输层从网络层接收对方传来的数据，进行逆向处理后交给会话层。

⑤ 会话层：会话层负责建立、管理、拆除进程之间的通信连接，"进程"是指如电子邮件、文件传输等一次独立的程序执行。

⑥ 表示层：表示层负责处理不同的数据在表示上的差异及其相互转换，如 ASCII 码和 Unicode 码之间的转换，不同格式文件的转换，不兼容终端的数据格式之间的转换以及数据加密、数据压缩等。

⑦ 应用层：应用层是 ISO/OSI 参考模型的最高层，也是用户访问网络的接口层。在 OSI 环境下，应用层为用户提供各种网络服务，例如电子邮件、文件传输、远程登录等。应用层的内容完全取决于用户，各用户可以自己决定要完成什么功能和使用什么协议，用户可以根据一定标准自己开发。

二、国际互联网

1. Internet 概述

Internet 在字面上讲就是计算机互联网的意思，它是一个全球性计算机网络的网络。1969 年，美国国防部高级计划研究局(Defense Advanced Research Program Agency, DARPA)开始建立一个试验性的网络(称为 ARPANET)来支持它的国防研究。ARPANET 的指导思想是要研制一个能经得起故障考验(战争破坏)而且能维持正常工作的计算机网络。经过 4 年的研究，1972 年 ARPANET 正式亮相，该网络建立在 TCP/IP 协议之上。1983 年以后，人们把 ARPANET 称为 Internet。1986 年美国国家科学基金会 NSF 把建立在 TCP/IP 协议集上的 NSFNET 向全社会开放。1990 年 NSFNET 取代 ARPANET 称为 Internet。20 世纪 90 年代以来，随着 WWW 技术及其服务的推广和普及，Internet 逐步被人们接受。

Internet 在我国的发展经历了 2 个阶段。第一阶段是 1987—1993 年，这一阶段实际上只是少数高等院校、研究机构使用了 Internet 的电子邮件服务，还谈不上真正的 Internet；第二阶段从 1994 年开始，实现了和 Internet 的 TCP/IP 连接，从而开通了 Internet 的全功能服务。根据国务院当时的规定，有权直接与国际 Internet 连接的网络有 4 个：中国科技网 CSTNET、中国教育科研网 CERNET、中国公用计算机互联网 CHINANET 和中国金桥信息网 CHINAGBN。

Internet 的商业化发展为社会所瞩目,政府部门通过 Internet 发布国家发展计划和各种统计信息;公司企业通过 Internet 开拓市场、介绍产品、与客户建立联系;科研机构通过 Internet 开展全球性的科技合作和交流;教育单位通过 Internet 实施远程教育;图书馆通过 Internet 实现馆际互联,向读者提供在线服务;娱乐界通过 Internet 向大众推出多种形式的电子娱乐产品。人们可以利用 Internet 相互发送电子邮件,进行个人通信,订阅电子出版物,实现电子购物,获取信息情报等。

Internet 是由众多计算机网络互相连接而组成的一个世界上最大的网络。一种灵活的、可靠的、能够对异种网络实现无缝连接的体系结构是非常必要的,这直接导致了 TCP/IP 参考模型的诞生。

2. TCP/IP 参考模型

(1) TCP/IP 概述 TCP/IP 是 Transmission Control Protocol/Internet Protocol(传输控制协议/互联网协议)的缩写。美国国防部高级研究计划局 DARPA 为了实现异种网络之间的互联与互通,大力资助互联网技术的开发,并于 1977—1979 年间推出 TCP/IP 体系结构和协议。到 20 世纪 90 年代初期,Internet 已经逐渐流行开来,并得到了广泛的支持和应用,而 OSI 还在制定。OSI 所定义的网络体系结构虽然从理论上比较完整,是国际公认的标准,但是由于其实现起来过分复杂,而且 OSI 标准的制定周期较长,导致世界上没有哪个厂家生产出符合 OSI 标准的商品化产品。而 TCP/IP 适用于连接多种机型,多种操作系统,既可用于局域网,又可用于广域网,许多厂商的计算机操作系统和网络操作系统产品都采用或含有 TCP/IP 协议。因此,TCP/IP 协议已成为目前事实上的国际标准和工业标准。

(2) TCP/IP 的体系结构 TCP/IP 协议在硬件基础上分为 4 个层次,自下而上依次是网络接口层、网际层、传输层和应用层。它与前面讨论的 OSI 参考模型有着很大的区别,表 1-4-1 是 TCP/IP 与 OSI 的对应关系。

表 1-4-1 TCP/IP 和 OSI 模型的对比

OSI 模型	TCP/IP 模型	
应用层	应用层	DNS、SMTP、FTP、TFTP、TELNET
表示层		
会话层		
传输层	传输层	TCP、UDP
网络层	网际层	ICMP、IP、ARP、RARP
数据链路层	网络接口层	Ethernet、Token Ring、ATM、FDDI 等
物理层		

① 网络接口层:由于 TCP/IP 设计时考虑要与具体的物理传输媒体无关,因此在 TCP/IP 中将最低的一层取名网络接口层,与 OSI 数据链路层和物理层相当,主要为网卡及设备驱动程序。它负责接收数据报,并把数据报发送到指定网络上。实际上,TCP/IP 体系结构中并没有真正描述这一部分的内容,因此,可以说 TCP/IP 实际上只有 3 个层次。

② 网际层:网际层与 OSI 网络层相当,是整个 TCP/IP 体系结构的关键部分,它解决 2 个不同 IP 地址的计算机之间的通信问题。该层最主要的协议就是无连接的互联网协议 IP。

③ 传输层:对应于 OSI 的传输层,它的功能是使源端和目标端主机上的对等实体可以进行会话。传送层有 2 个端到端的协议:面向连接的传输控制协议 TCP(Transmission Control Protocol)和面向无连接的用户数据报协议 UDP(User Datagram Protocol)。TCP 提供了一种可靠的数据传输服务,具有流量控制、拥塞控制、按序递交等特点。而 UDP 的服务是不可靠的,但其协议开销小,在流媒体系统中使用较多。

④ 应用层:TCP/IP 高层协议大致与 OSI 参考模型的会话层、表示层和应用层对应,它们之间没有严格的层次划分,这些协议已被广泛地使用。在这一层中有许多著名协议,如远程终端通信协议 TELNET(Telecommunication Network)、文件传输协议 FTP(File Transfer Protocol)、简单邮件传送协议 SMTP(Simple Mail Transfer Protocol)和域名服务 DNS(Domain Name Service)等。

3. IP 地址和域名

(1) 网际协议(Internet Protocol,简称 IP)　IP 协议是 Internet 中最重要的协议,对应于 TCP/IP 参考模型的网络层。IP 协议详细定义了 IP 数据报(Datagram)的组成格式。数据报由数据报正文和报头两部分组成。报头包括发送主机的网络地址、接收主机的网络地址、数据报的报头校验和、数据报的长度等。

IP 协议的主要功能包括数据报的传输、数据报的路由选择和拥塞控制。IP 协议用统一的 IP 数据报格式在帧格式不同的物理网络之间传递数据。数据报的传递采用一种所谓的"无连接"方式,这里的无连接指两台主机在通信之前不需要建立好确定的连接。一台主机发出一个数据报,如果目的主机是同一子网内的一台计算机,那么它将直接被送到那台计算机上。如果这个数据报是送往子网外的另一台主机的,该数据报被送往子网中一台路由器,然后被路由器送到 Internet 上进行传递。IP 数据报在 Internet 上的传输过程有点类似于邮局送信的过程。邮局在处理信件时,如果是发往本邮局辖区的信件就直接将信件送给收信人,如果是送往外地的信件,邮局只需要根据规则把信件送到邮递路径上相邻的下一家邮局,而不需要知道信件到达收信人手上的全部过程。信件通过一系列邮局的传送将送到收件人所在地的邮局,最后送到收件人的手中。路由器就类似于这一系列的邮局。

(2) IP 地址　所有 Internet 上的计算机都必须有唯一的编号作为其在 Internet 的标识,这个编号称为 IP 地址。IP 地址是一个 32 位二进制数,即 4 个字节,为方便起见,通常将其表示为 w.x.y.z 的形式。其中 w、x、y、z 取值范围是 0~255 的整数。IP 地址是由 Internet 的 NIC(Network Information Center)来统一分配的。

(3) IP 地址的分类　IP 地址采用层次方式按逻辑网络的结构进行划分。一个 IP 地址由网络类型、网络地址和主机地址三部分组成。其结构见图 1-4-3。

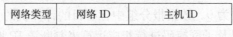

图 1-4-3　IP 地址结构

为了便于对 IP 地址进行管理,同时还考虑到网络规模的差异很大,因此因特网的 IP 地址分成五类,即 A 类到 E 类。D 类地址是多播地址,该地址中无网络地址和主机地址之分,用来识别一组计算机。E 类地址保留为今后扩展使用。目前,大量使用的 IP 地址仅 A 至 C 类 3 种(图 1-4-4)。

A 类 IP 地址的最高位为"0",表示网络地址的有 7 位。一个 A 类地址最多可容纳 2^{24} (约 1 600 万)台主机,全世界最多可有 $2^7 = 128$ 个 A 类地址。A 类地址的第一个十进制整数的值在 0~126 之间。

B 类 IP 地址的前 2 位为"10",表示网络地址的有 14 位。一个 B 类网络最多可容纳 2^{16} 即 65 536 台主机,全世界最多可有 2^{14}(约 1.6 万)个 B 类地址。B 类地址的第一个十进制整数的值在 128~191 之间。

C 类 IP 地址的前 3 位为"110",表示网络地址的有 24 位。一个 C 类网络最多可容纳 $2^8 - 2$ 即 254 台主机,全世界共有 2^{21}(约 209 万)个 C 类地址。C 类地址的第一个十进制整数的值在 192~223 之间。

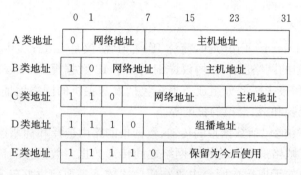

图 1-4-4 IP 地址的分类

(4) 特殊 IP 地址 并不是所有的 IP 地址都能分配给主机,有些 IP 地址具有特定的含义,因而不能分配给主机。

• 回送地址:指前 8 位为 01111111(十进制的 127)的 IP 地址。这个地址用于网络软件测试和用于本机进程间通信。无论什么程序,如果它向回送地址发送数据,TCP/IP 协议软件立即将数据返回,不做任何网络传输。这个规定使得"A 类地址"127.0.0.0 不能分配给网络,减少了 2^{24} 个可用的 IP 地址。

• 子网地址:主机地址全为 0 的 IP 地址为子网地址,代表当前所在的子网。例如,当人们提到网络 150.24.0.0 时,指的是整个子网,150.24.0.0 这个地址不会分配给网络中的任何一台主机。

• 广播地址:主机地址为全 1 的 IP 地址为广播地址,向广播地址发送信息就是向子网中的每个成员发送信息。例如,在 A 类网络 16.0.0.0 中向地址 16.255.255.255 发出一条信息时,网络中的每台计算机都将接收到该信息。

(5) 子网掩码 每个独立的子网有一个子网掩码,子网掩码的表示形式与 IP 地址相似。如果一个子网的网络地址占 n 位(当然它的主机地址就是 32-n 位),则该子网的子网掩码的前 n 位为 1,后 32-n 位为 0。数据报分组中含有目的计算机的 IP 地址,IP 协议根据主机的 IP 地址、目的 IP 地址以及子网掩码进行相应运算来判断源 IP 地址与目的 IP 地址是否在同一子网内。

IP 协议首先将主机自己的 IP 地址与子网掩码做与运算,再用运算结果同目的地址做异或运算,如果子网掩码的前 n 位为 1,而运算结果的前 n 位全为 0,IP 软件就会认为该目的地址与主机在同一子网内,否则认为目的地址与主机不在同一子网内。

例如所有 A 类网络的子网络掩码一定是 255.0.0.0,所有 C 类网络的子网掩码一定是255.255.255.0。

(6) IPv6 现行的互联网协议大约是30年前制订的,其中网络层协议是IPv4(Internet Protocol Version 4)。随着网络规模的迅速发展,当初设计IPv4时考虑不周所带来的缺陷日益显露出来,地址即将耗尽和路由表的过度膨胀是IPv4面临的突出问题。

IPv6采用128位层次化的地址结构,能够提供近乎无限的IP地址,满足任意数量设备的上网需求,不仅可以解决IPv4的地址短缺问题,同时即插即用的连网方式、网络层的认证与加密、对服务质量的支持和对移动IP的支持等优势,使其将逐渐取代IPv4成为下一代网络的核心协议。

(7) 域名地址 IP地址是访问Internet网络上某一主机所必须的标识,但是这种枯燥的数字很难记忆,因此,Internet采用另一套字符型地址方案,即域名地址。它是用具有一定意义的字符串来标识主机地址,Internet使用域名系统DNS来进行主机名字与IP地址之间的转换。

DNS是一个分层的名字管理查询系统,有两种方法给Internet上的站点命名。

① 组织分层(Organizational Hierarchy):组织分层的指导思想是首先将Internet网络上的站点按其所属机构的性质,粗略地分为几类,形成第一级域名。

.com 用于商业机构或公司
.edu 用于大中小学等教育机构
.gov 用于各级政府机构
.int 用于国际性组织
.mil 用于军事组织或机构
.net 用于网络服务或管理机构
.org 用于非营利慈善组织及其他机构

在第一级域名的基础上,再依据该机构本身的名字,形成第二级域名。第三级域名通常是该站点内某台主机或子域的名字,至于是否还需要有第四级,甚至第五级域名,则视具体情况而定。域名组织分层结构如图1-4-5所示。

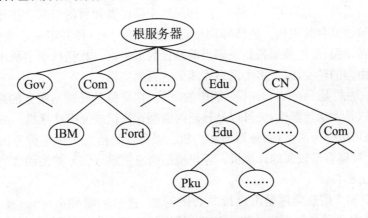

图1-4-5 域名组织分层结构示意图

② 地理分层(Geographical Hierarchy):按照站点所在地的国名的英文名字的两个字母缩写来分配第一级域名的方法叫地理分层。由于Internet网已遍及全世界,因此地理分层是一种更好的域名命名方法。然后在此基础上,再按上述组织分层方式命名。例如,www.

pku.edu.cn 就是中国北京大学 WWW 服务器的域名,cn 是中国的缩写。

(8) 中文域名　由于互联网起源于美国,使得英文成为互联网上资源的主要描述性文字,这一方面促使互联网技术和应用的国际化,另一方面,随着互联网的发展特别在非英文国家和地区的普及,又成为非英语文化地区人们融入互联网世界的障碍。

为使用中文的人可以在不改变自己的文字习惯的前提下,使用中文来访问互联网上的资源,包括中国互联网络信息中心(CNNIC)在内的一些研究和服务机构积极争取。2009 年 10 月 30 日,在韩国闭幕的 ICANN 第三十六届会议上,国际互联网名称与数字地址分配机构(ICANN)表决通过了《".中国"等非英文域名后缀快速通道实施计划》,终于使中文域名得以在互联网上使用,从而使国人用中文上网的夙愿得以实现。2014 年 7 月开始,中文新通用顶级域名".公司"".网络"正式开放注册,这是继 2009 年".中国"作为国家顶级域名、也是第一个中文顶级域名被正式纳入全球互联网根域名体系以来,中文顶级域名在全球战略部署取得的又一重大进展。

4. Internet 的组成

Internet 主要是由通信线路、路由器、主机与信息资源等部分组成的。

(1) 通信线路　通信线路是 Internet 的基础设施,它负责将 Internet 中的路由器与主机连接起来。Internet 中的通信线路可以分为两类:有线通信线路与无线通信信道。

可以使用"带宽"与"传输速率"等术语来描述通信线路的数据传输能力。所谓带宽,是指信道的频带宽度,单位是赫兹(Hz)。所谓传输速率,指的是每秒钟可以传输的比特数,它的单位为位/秒(bps)。通信线路的最大传输速率与它的带宽成正比,通信线路的带宽越宽,它的传输速率也就越高。在数字传输方面,常用带宽来表示数据的传输能力,它指的就是传输速率。

(2) 路由器　路由器是 Internet 中最重要的设备之一,也是一台专用计算机,它负责将 Internet 中的各个局域网或广域网连接起来,并负责进行路由选择。路由选择也叫做"寻径",就是在网络中找到一条最合适的传输路径将分组从发送端子网送往接收端子网的过程。路由器接收到一个分组后,取出其中报头部分的有关目的地址的信息,根据目的地址将数据报转发到合适路径上的下一个路由器,如果这个路由器和目的子网直接相连,那么这个数据报就直接被送到目的主机。就像邮局处理信件一样,路由器并不关心数据报送往目的主机的整个路径,而只是把数据报转发到当前路径的下一站。数据从原主机出发后,往往需要经过多个路由器的转发,经过多个网络才能到达目的主机。

(3) 主机　主机是 Internet 中不可缺少的成员,它是信息资源与服务的载体。Internet 中的主机既可以是大型计算机,又可以是普通的微型计算机或便携计算机。按照在 Internet 中的用途,主机可以分为两类:服务器与客户机。服务器是信息资源与服务的提供者,它一般是性能较高、存储容量较大的计算机。客户机是信息资源与服务的使用者,它可以是普通的微型机或便携机。

(4) 信息资源　信息资源是用户最关心的问题,它会影响到 Internet 受欢迎的程度。Internet 的发展方向是如何更好地组织信息资源,并使用户快捷地获得信息。WWW 服务的出现使信息资源的组织方式更加合理,而搜索引擎的出现使信息的检索更加快捷。图 1-4-6 显示了"搜狐网"站点,它是国内知名的门户站点之一,也是一个典型的中文搜索引擎。

图 1-4-6 WWW 服务实例:搜狐网主页(选自 2014 年 12 月 25 日)

5. Internet 接入

Internet 无疑是现阶段发展最快也是最大的一个网络,只要接入 Internet 网络,就可以访问 Internet 上的所有资源。普通用户接入 Internet 的方式,除了传统的"电话拨号""局域网连入"外,还有正在迅速推广的宽带接入"ADSL"。目前,无线上网也正在兴起,一些大宾馆、候机室、候车室都提供无线上网服务,为用户提供了方便。

(1) 通过电话拨号接入 Internet 拨号接入是个人用户接入 Internet 最早使用的方式之一,它的接入非常简单。用户只要具备一条能打通 ISP(Internet 服务供应商)特服电话(比如 16900,16300 等等)的电话线,一台计算机,一台接入的专用设备调制解调器(MODEM),并且办理了必要的手续后,就可以轻轻松松上网了。

电话拨号方式致命的缺点在于它的接入速度慢。由于线路的限制,它的最高接入速度只能达到 56kbps。而其他几种接入方式速率可以达到 1M、2M、10M,乃至百兆、千兆。

(2) 通过 ADSL 宽带入网 ADSL 是 DSL(数字用户环路)家族中最常用、最成熟的技术,它是英文 Asymmetrical Digital Subscriber Loop(非对称数字用户环路)的英文缩写。它是运行在原有普通电话线上的一种新的高速、宽带技术。所谓非对称主要体现在上行速率(最高 640kbps)和下行速率(最高 8Mbps)的非对称性上。

ADSL 接入 Internet 有虚拟拨号和专线接入两种方式。所谓虚拟拨号是指用 ADSL 接入 Internet 时同样需要输入用户名与密码。采用专线接入的用户只要开机即可接入 Internet。

(3) 通过局域网接入 Internet 即用路由器将本地计算机局域网作为一个子网连接到 Internet 上,使得局域网的所有计算机都能够访问 Internet。这种连接的本地传输速率可达 10～1 000Mb/s,但访问 Internet 的速率要受到局域网出口(路由器)的速率和同时访问 Internet 的用户数的影响。

利用局域网可以很好地实现数据和资源的共享,而且随着网络的普及和发展,局域网和 Internet 接口带宽的扩充,高速度正在成为使用局域网的最大优势。

采用局域网接入非常简单,只要用户有一台电脑、一块网卡、一根双绞线,然后再向网络管理员申请一个 IP 地址就可以了。

(4) 以无线方式入网 无线接入使用无线电波将个人电脑、手持设备(如 PAD、手机)等终端和无线访问接入点(Access Point,AP)连接起来,目前,WiFi 是一种典型的可以将移动终端以无线方式互相连接的技术,一般架设无线网络的基本配备就是无线网卡及一个无线访问接入点,配合既有的有线架构就可共享访问网络资源,架设费用和复杂程度远远低于传统的有线网络。图 1-4-7 为典型的无线设备访问因特网的应用模式。

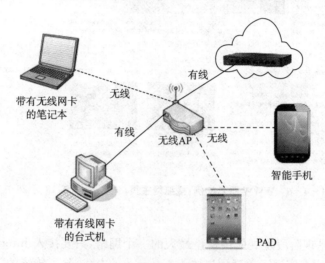

图 1-4-7 无线方式访问 Internet

(5) 以 GPRS 方式入网 GPRS 是 GSM 移动电话用户可用的一种移动数据业务,与打电话连续在频道传输的方式不同,GPRS 是以封包的形式来传输数据,因此使用者所负担的费用是以其传输资料单位计算,并非使用其整个频道,费用上较为便宜。GPRS 的传输速率可提升至 56kbps 甚至 114kbps。随着移动通信技术的发展,目前的 4G 移动上网能够以 100Mbps 以上的速度下载,比目前的家用宽带 ADSL(4 兆)快 25 倍,能够满足几乎所有用户对于无线服务的要求。

6. INTERNET 网络服务

随着 Internet 的高速发展,目前 Internet 上的各种服务已多达几万种,而且随着 Internet 商业化的发展,它所能提供的服务将会进一步增多。Internet 的基本服务主要有万维网 WWW、域名系统 DNS、电子邮件 E-mail、文件传输 FTP。除此之外,还有远程登录 Telnet、新闻小组 Usenet、电子公告栏 BBS、网络会议、IP 电话、电子商务等应用。

(1) WWW 服务

① 万维网概述:WWW(World Wide Web,简写为 Web)简称 3W,有时也称为万维网,是目前 Internet 上最方便最受用户欢迎的信息服务类型。它的影响力已远远超出了计算机领域,并且已经进入广告、新闻、销售、电子商务与信息服务等各个行业。Internet 的很多其他功能,如 E-mail、FTP、Usenet、BBS、WAIS 等,都可通过 WWW 方便地实现。万维网的出现使 Internet 从仅有少数计算机专家可使用的工具变为普通大众也能利用的网络工具,是 Internet 发展中的一个非常重要的里程碑。

超文本文件是 WWW 信息服务中的重要内容,是用超文本标注语言(Hypertext

Markup Language,HTML)格式写成的文本文件。文件中的每个元素都可以设置超级链接,将鼠标移到超级链接上点击,Web 就可根据超链接所指向的 URL 地址跳到不同站点、不同文件。链接同样可以指向声音、影像等多媒体。超文本与多媒体一起构成了超媒体(Hypermedia),因而万维网是一个分布式的超媒体系统。

WWW 由浏览器(Browser)、Web 服务器(Web Server)和超文本传输协议(HTTP Protocol)三部分组成。浏览器向 Web 服务器发出请求,Web 服务器向浏览器返回其所需的万维网文档,然后浏览器解释该文档并按照一定的格式将其显示在屏幕上。浏览器与 Web 服务器使用 HTTP 协议进行互相通信,浏览器发出的请求采用 URL 形式描述。

② 超文本传输协议(HTTP):超文本传输协议 HTTP(Hyper Transfer Protocol)是 Web 客户机与 Web 服务器之间的应用层传输协议。HTTP 是用于分布式协作超文本信息系统的、通用的、面向对象的协议,它可以用于域名服务或分布式面向对象系统。作为基于 TCP/IP 之上的协议,HTTP 会话过程包括以下四个步骤:连接(Connection)、请求(Request)、应答(Response)和关闭(Close)。当用户通过 URL 请求一个 Web 页面时,在域名服务器的帮助下获得要访问主机的 IP 地址,浏览器与 Web 服务器建立 TCP 连接,使用默认端口 80。浏览器通过 TCP 连接发出一个 HTTP 请求消息给 Web 服务器,该 HTTP 请求消息包含了所要的页面信息,Web 服务器收到请求后,将请求的页面包含在一个 HTTP 响应消息中,并向浏览器返回该响应消息。浏览器收到该响应消息后释放 TCP 连接,并解析该超文本文件显示在指定窗口中。

③ 统一资源定位器 URL:统一资源定位器 URL(Uniform Resource Locators)用来定位信息资源所在位置。URL 描述了浏览器检索资源所用的协议、资源所在计算机的主机名以及资源的路径与文件名。Web 中的每一页,以及每页中的每个元素(图形、热字、帧)也都有自己唯一的 URL。

标准的 URL 由访问的协议类型、主机名、端口号、文件目录和文件名组成,如:http://www.ntu.edu.cn/index.html,这个例子表示的是:用户要连接到名为 www.ntu.edu.cn 的主机上,采用 http 方式读取名为 index.html 的超文本文件。Internet 采用超文本和超媒体的信息组织方式,将信息的链接扩展到整个 Internet 上。

(2) 电子邮件(E-mail)服务

① 电子邮件概述:电子邮件(Electronic Mail)简称为 E-mail,它是一种通过 Internet 与其他用户进行联系的快速、简便、价廉的现代化通信手段。电子邮件最早出现在 ARPANET 中,是传统邮件的电子化。它建立在 TCP/IP 的基础上,将数据在 Internet 上从一台计算机传送到另一台计算机。

一个电子邮件系统主要由三部分组成:用户代理(User Agent)、邮件服务器和电子邮件使用的协议(图 1-4-8)。

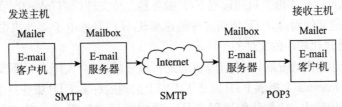

图 1-4-8　SMTP 客户机/服务器模型

用户代理是用户和电子邮件系统的接口,也叫邮件客户端软件,它让用户通过一个友好的界面来发送和接收邮件。如 Windows 平台上的 Outlook Express、Foxmail 等,目前很多邮件收取采用 Web 界面的网页程序实现。用户代理应具有编辑、发送、接收、阅读、打印、删除邮件的功能。

邮件服务器是电子邮件系统的核心构件,其功能是发送和接收邮件,还要向发信人报告邮件传送的情况。邮件服务器需要使用 2 个不同的协议:SMTP(Simple Message Transfer Protocol,简单邮件传输协议)用于发送邮件,POP3(Post Office Protocol Version 3)邮局协议用于接收邮件。

由于电子邮件采用存储转发的方式,因此用户可以不受时间、地点的限制来收发邮件。传统的电子邮件只能传送文字,目前开发的多用途 Internet 电子邮件系统已经将语音、图像结合到电子邮件中,使之成为多媒体信息传输的重要手段。

② 电子邮件的格式:电子邮件格式的正确填写是发送电子邮件的第一步。每一个电子邮件主要有发件人 Mail 地址、收件人 Mail 地址、抄送第三者的 Mail 地址、邮件主题、发件日期、附件和邮件正文几部分组成。如李同学要向张老师、王老师发送一封圣诞快乐的祝贺邮件,那么这封电子邮件的格式如下:

收件人(To):zhang@ntu.edu.cn

抄送(Cc):wang@ntu.edu.cn

主题(Subject):祝贺老师圣诞快乐

正文:……………

邮件日期和发件人 Mail 地址一般由邮件系统自动添加。有的邮件可以再添加附件,但附件大小不能超出发信人和收信人的邮件系统规定。

③ 电子邮件地址:用户的某个具体的电子邮件地址在 Internet 中具有唯一性,当然一个用户可以拥有多个邮件地址。电子邮件的格式为:用户名@计算机名.组织机构名.网络名.最高层域名。其中,用户名即用户在申请电子信箱时所取的名字,@ 即为英文的 at("在"的意思),@后面的是用户电子信箱所在的邮件服务器的域名。

(3) 文件传输(FTP)服务

① 文件传输的概念:FTP(File Transfer Protocol)意为文件传输协议,它是 TCP/IP 协议应用层上的一个协议,用于管理计算机之间的文件传送。FTP 服务可以在 2 台远程计算机之间传输文件,提供服务的计算机称为 FTP 服务器,用户可以通过安装、运行一个 FTP 客户端程序,来实现对 FTP 服务器的访问。FTP 服务是基于 TCP 的连接,默认端口号为 21。若想获取 FTP 服务器的资源,需要拥有该主机的 IP 地址(主机域名)、账号、密码。但许多 FTP 服务器允许用户用 anonymous 用户名登录,口令任意,一般为电子邮件地址。

FTP 是一个双向的文件传输协议,用户既可以从远程 FTP 服务器向本地主机下载文件(即 Download),也可以从本地主机向远程 FTP 服务器上传文件(即 Upload)。FTP 是专业的文件传输协议,就传送文件而言,FTP 传送文件的速率较 HTTP 和电子邮件快很多,HTTP 和电子邮件一般适合传送比较小的文件。

近几年,随着计算机的发展,个人计算机的配置越来越高,个人用户只要安装了 FTP 服务器软件,就可以在 Internet 上提供 FTP 服务了。网上出现的许多 FTP 服务是由个人提供的。

② FTP 文件传输方式:文件传送服务是一种实时的联机服务。在进行文件传送服务时,首先要登录到对方的计算机上,登录后只可以进行与文件查询、文件传输相关的操作。

使用FTP可以传输多种类型的文件,如文本文件、二进制可执行程序、声音文件、图像文件与数据压缩文件等。

尽管计算机厂商采用了多种形式存储文件,但文件传输只有两种模式:文本模式和二进制模式。文本传输使用ASCII字符,并由回车键和换行符分开,而二进制不用转换或格式化就可传字符。二进制模式比文本模式更快,并且可以传输所有ASCII值,所以系统管理员一般将FTP设置成二进制模式。应注意在用FTP传输文件前,必须确保使用正确的传输模式,按文本模式传二进制文件必将导致错误。

为了减少存贮与传输的代价,通常大型文件(如大型数据库文件)、讨论组文档、BSD UNIX(全部源代码等)都是按压缩格式保存的。由于压缩文件也是按二进制模式来传送的,因此接收方需要根据文件的后缀来判断它是用哪一种压缩程序进行压缩的,那么解压缩文件时就应选择相应的解压缩程序进行解压缩。

③ FTP的常用工具:常用的FTP软件有CuteFtp、LeapFtp等专业FTP软件,也有FlashGet等只有下载功能的软件,或者直接用浏览器实现文件传送。下面简要介绍一下CuteFtp的用法。

运行好CuteFtp后,出现如图1-4-9所示的操作界面,可以使用快速连接接入需要连接的FTP服务器。在主机栏中输入FTP的主机名或IP地址,依次输入用户名、密码和端口号,点击右侧的连接按钮,就可以连接到指定的FTP服务器了。

当成功连接到FTP服务器时,CuteFtp的窗口被分成左右2个窗格,左边的窗格显示本地硬盘上的文件列表,右边窗口显示远程FTP服务器上的文件列表,其显示方式与Windows中资源管理器类似。下载与上传可以通过简单的拖拽文件或文件夹来实现。选定文件或文件夹后,将右边的文件或文件夹拖动到左边去,就是下载,反之,将左边的文件或文件夹拖动到右边去,就是上传。

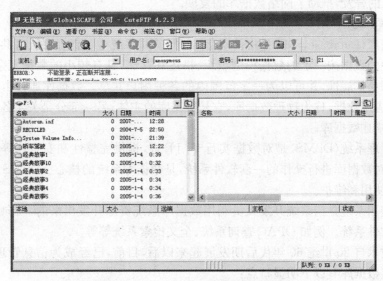

图1-4-9 CuteFtp软件的操作界面

在直接使用FTP服务时,用户在文件下载到本地之前无法了解文件的内容,为了克服这个缺点,人们越来越倾向于直接使用WWW浏览器去搜索所需要的文件,然后利用WWW浏览器所支持的FTP功能下载文件。

(4) 网络云存储服务

云存储是在云计算(Cloud Computing)概念上延伸和发展出来的一个新的服务,是指通过集群应用、网络技术或分布式文件系统等功能,将网络中大量各种不同类型的存储设备通过应用软件集合起来协同工作,共同对外提供数据存储和业务访问功能的一个系统。云存储是一个以数据存储和管理为核心的云计算系统,使用者可以在任何时间、任何地方,透过任何可连网的装置连接到云上方便地存取数据。

云存储服务典型的应用就是网盘,又称网络 U 盘、网络硬盘,是由互联网公司推出的在线存储服务,向用户提供文件的存储、访问、备份、共享等文件管理功能。用户可以把网盘看成一个放在网络上的硬盘或 U 盘,不管在家中、单位或其他任何地方,只要能连接到因特网,就可以管理、编辑网盘里的文件。不需要随身携带,更不怕丢失。目前国内外许多网络服务商提供收费或免费的网盘存储服务。如百度公司 2012 年正式推出的一项免费云存储服务百度云网盘,首次注册即可获得 5GB 的空间,首次上传一个文件可以获得 1GB,登录百度云移动端,就能立即领取 2048G 永久免费容量。目前有 Web 版、Windows 客户端、Android 手机客户端、Mac 客户端、IOS 客户端和 WP 客户端。用户可以轻松将自己的文件上传到网盘上,普通用户单个文件最大可达 4G,并可以跨终端随时随地查看和分享。百度网盘提供离线下载、文件智能分类浏览、视频在线播放、文件在线解压缩、免费扩容等功能。其他的还有 360 网盘、金山快盘等。

三、网络数据库

随着计算机应用的发展,数据量急剧增长,使得数据共享的需求日益增强,传统的人工管理和文件管理模式已不能适应数据应用的实际需求。20 世纪 60 年代后期,数据库管理技术应运而生。数据库技术是计算机应用领域的重要分支,其核心任务是进行数据管理。网络和 Internet 的普及,推动了网络数据库的发展。

1. 数据库概述

所谓数据库(Database,DB)是指长期存储于计算机系统中、有组织的、可共享的数据集合。数据库中的数据按一定的数据模型组织、描述和存储,具有较小的数据冗余度,较高的数据独立性和易扩展性,并可以为一定范围内的各种用户共享。数据库通常由两大部分组成:一部分是应用数据,称为物理数据库,它是数据库的主体;另一部分是关于各级数据结构的描述,称为描述数据库。

数据库管理系统(DBMS)是对数据实行专门管理,提供完整性和安全性等统一控制机制,方便用户对数据库进行操作的一套软件系统,是数据库系统的核心。DBMS 可以实现数据库的建立、使用和维护。

数据库应用系统是指系统开发人员利用数据库系统资源开发出来的,面向某一类实际应用的应用软件系统。例如 OPAC 查询系统、全文检索系统等等。

数据库技术自 20 世纪 60 年代后期发展起来以后,目前,已经成为信息管理的最新、最重要的技术。数据库有以下明显特点:

(1) 数据结构化 数据库中的数据不再像文件系统中的数据那样从属特定的应用,而是按照某种数据模型组织成为一个结构化的数据整体。它不仅描述了数据本身的特性,而且描述了数据与数据之间的种种联系,这使数据库具备了处理复杂数据的内部组织结构。

(2) 实现数据共享 这是数据库技术先进性的重要体现。由于数据库中的数据实现了按某种数据模型组织为一个结构化的数据,实现了多个应用程序、多种语言及多个用户能够共享一个库中的数据,甚至在一个单位或更大的范围内共享,大大提高了数据的利用率,提高了工作效率。

(3) 减少数据冗余度　在数据库技术之前,许多应用系统都需要建立各自的数据文件,即使相同的数据也都需要在各自的系统中保留,造成大量的数据重复存储,这一现象称为数据的冗余。由于数据库实现了数据共享,减少了存储数据的重复,节省了存储空间,减少了数据冗余。

(4) 数据独立性　数据库技术中的数据与程序相互独立,互不依赖,不因一方的改变而改变另一方,这大大简化了应用程序设计与维护的工作量,同时数据也不会随程序的结束而消失,可长期保留在计算机系统中。

2. 数据库分类

数据库管理系统可以按照多种不同的标准进行分类。

(1) 按数据模型分类　数据模型是数据库的核心内容,按照四类不同数据模型设计实现的数据库管理系统可称为层次数据库管理系统、网状数据库管理系统、关系数据库管理系统和面向对象数据库管理系统,对应则有层次数据库系统、网状数据库系统、关系数据库系统和面向对象数据库系统。

目前关系数据库仍然占据着数据库的主要市场,面向对象数据库也逐步发展起来。同时关系数据库也在不断扩充面向对象的数据类型,在市场上形成了过渡的对象-关系数据库系统。由于对象-关系数据库系统是建立在关系型数据库技术之上的,可以直接利用发展较成熟的关系数据库技术,所以发展也相当迅速。例如,Visual FoxPro 就是典型的微机对象-关系数据库管理系统,它集成了许多面向对象的技术,增加了存储多媒体数据的字段,如支持声音、图像等文件。

(2) 按数据库网络分类　为适应不同的网络和数据管理方式,可以将数据库管理系统分为单用户数据库管理系统、主从式数据库管理系统、分布式数据库管理系统、客户/服务器数据库系统。目前客户/服务器数据库逐渐成为数据库应用的主流。

(3) 按通用性分类　数据库管理系统按照适用的范围不同分为通用数据库和专用数据库。

随着计算机技术的不断发展和许多特定的应用领域对数据库技术的要求,新一代数据库技术得到迅速的发展。数据库技术与其他学科的结合,涌现出各种新型的数据库,例如,数据库技术与分布式处理技术相结合出现了分布式数据库,数据库技术与多媒体技术相结合出现了多媒体数据库。

(4) 按存放文献内容分类　按存放文献内容分类可分为:目录型数据库、题录型数据库、文摘型数据库、索引型数据库、全文型数据库。随着全文检索和存储技术的发展,全文型数据库逐步成为数字文献资源服务的主流代表。

3. 网络数据库

网络数据库就是以后台数据库为基础,加上一定的前台程序,通过浏览器完成数据存储、查询等操作的数据库系统,通常也称为 Web 数据库。通俗地讲,一个网络数据库就是用户利用浏览器作为输入接口,输入所需要的数据,浏览器将这些数据传送给网站服务器,网站服务器再对这些数据进行处理,例如,将数据存入数据库,或者对数据库进行查询操作等,最后网站服务器将操作结果传回给浏览器,通过浏览器将结果告知用户。

网络数据库使信息共享更加方便。网络数据库大多采用 IP 控制方式,订购单位所属的 IP 地址内的上网计算机均被授权允许远程使用。因此,网络数据库有着更大的用户共享范围,尤其适用于具有多个校区的大学、具有多个隶属单位的研究机构,其不受局域网限制的服务方式是以往的光盘数据库不易达到的。

网络数据库信息更新迅速。光盘数据库通常为月或季更新,而网络数据库的优势则在于报道迅速,更新快,通常为周更新,甚至可每日更新。通过远程访问,用户随时可得到最近更新的信息。

网络数据库便于整合资源,实现"一站式"文献服务。网络数据库近年来的发展,着重于突破数据库信息孤岛状态,利用网络优势,为订购单位提供各种链接,使数据库与全文电子文献之间、数据库与馆藏目录之间、数据库与互联网相关站点之间、数据库与文献传递中心之间、数据库与最终用户之间建立起直接联系。数据库不再孤立,形成立体交织的网络信息通道,可直接向用户提供原文全文、馆藏信息、文献传递、最新目次推送等服务。这是只有以互联网作为载体才能实现的创新服务,是以往任何载体都无法实现的信息服务方式。网络具有无穷的发展空间,将来会出现更多、更便捷的信息服务模式。这是引发数据库争相上网的根本原因。

从数据库资源建设和使用来说,网络数据库可以采用远程访问和镜像访问两种方式来实现。从远程网络数据库取得服务时,无须本单位的专门技术支持,管理容易得多,也经济得多。但在经费不足而停止购买某网络数据库时,该虚拟资源便荡然无存。因此,目前在引进网络数据库的同时,应要求提供商赠送相应光盘,作为现实馆藏,可在网络出现问题时作为备份资源。同时,为了提供更加可靠的信息服务,很多图书馆也逐步开始采用镜像服务器方式提供信息服务。

网络数据库可以实现方便廉价的资源共享,因而网络数据库技术自然而然成为互联网的核心技术。随着计算机、通信网络与信息技术的不断发展,未来几年网络数据库将继续呈现出良好的发展势头,成为图书馆发展电子馆藏、开展电子信息服务的重要资源与基础。

4. 全文数据库

(1) 全文数据库概述　全文数据库(Full Text Database)是存储文献全文或其中主要部分并能提供全文检索的数据库,又称全文信息库或源数据库(Source Database)。它是将经典著作、学术期刊、重要的会议录、法律法规、新闻报道以及百科全书、手册、年鉴等的全部文字和非文字内容转换成计算机可读形式。全文数据库可以解决用户获取一次文献所遇到的困难,能向用户提供一步到位的查找原始文献的信息服务。近年来,全文数据库发展很快,在各类数据库建设中异军突起。

全文数据库的主要特点:

① 包含信息的原始性。库中信息基本上是未经信息加工的原始文本,具有客观性。

② 信息检索的彻底性。支持中英文混合检索,可对文中任何字、词、句进行检索,还提供多种检索手段,包括各种逻辑组合检索、布尔运算、位置邻接运算,以及多步检索结果之间的历史组配等。

③ 检索语言的自然性。不作标引,借助截词、邻接等匹配方法,以自然语言检索所需文献。这是与传统主题词检索方法的根本区别。

④ 检索速度的快速性。海量数据的存储、管理技术和超大规模数据库的快速索引和检索技术,在数百万篇文献中查询全文信息可达到秒级响应时间。

⑤ 数据相对的稳定性。全文数据库有相对固定的信息来源，数据拥有量能逐年稳步增长。

⑥ 数据结构的非结构性。

(2) 全文数据库的分类

① 按应用领域划分，全文数据库可分为如下类型：

- 期刊全文数据库，如 British Medical Journal、ProQuest Medical Library、CNKI 等。
- 图书全文数据库，如超星电子图书、阿帕比电子图书、Netlibrary 等。
- 学位论文、会议论文全文数据库，如 PQDD 博硕士论文、中国优秀博硕士论文、中国学术会议论文等。
- 研究报告全文数据库，如 NTIS 美国政府报告数据库、《国研报告》全文数据库等。
- 参考工具书全文数据库，主要用于事实检索，其中百科全书占有很大比例，如 Encyclopedia Britannica Online、Knovel Library 等。
- 法律法规全文数据库，如 LEXIS、WESTLAW、中国法律信息库等。
- 新闻资料全文数据库，包括报纸、新闻周刊、通讯社新闻、广播和电视节目文档。如 NEXIS、《人民日报》全文数据库等。
- 政府文件、规定、专利和其他官方出版物全文数据库。如中国专利全文数据库、Commerce Business Daily 等。
- 文学作品全文数据库，如《红楼梦》《全唐诗》Gale 全文数据库等。

② 按出版方式可以分为两类：

- 与印刷型文献平行出版的全文数据库，如 Harvard Business Review、Time、Science。
- 纯电子出版物全文数据库，无相应的印刷文本，如 Online Journal of Current Clinical Trails、Journal of Computing in Higher Education。

③ 按存储内容划分：

- 原文型全文数据库，指将文献全文，甚至参考文献、脚注和文摘等全部收录的数据库。
- 摘录型全文数据库，指对文献进行压缩，保留其主要内容，使其成为篇幅不太长并有一定结构的摘录，如 IRCS Medical Science。

第五节　数字图书馆

随着现代信息技术的高速发展，传统图书馆开始发生巨大的变革。图书馆文献信息资源的数字化、网络化，推动着图书馆管理与服务方式的变革和发展，导致了图书馆内涵与外延的变化，出现了电子图书馆、虚拟图书馆及数字图书馆。

一、数字图书馆的概念

数字图书馆(Digital Library, DL)是人类社会进入信息化时代的产物。数字图书馆概念的提出始于 20 世纪 90 年代。随着研究和建设的深入，人们对于数字图书馆逐渐有了一个明晰的认识，数字图书馆是利用计算机技术、网络技术、数字化技术形成的跨地区、跨国家的信息空间和分布式资源库系统，它能够实现海量电子信息资源组织、存储和网络化检索，从而达到不受时间、空间限制的信息资源共享。其本质是一个利用现代数字化技术和网络技术实现的信息资源分布式组织和共享使用的环境。数字图书馆已不像传统图书馆那样，它超出了"馆"的概念，突破了传统图书馆是"藏书建筑"的认识。

数字图书馆是传统图书馆的继承和发展。世界各国目前正在进行的数字图书馆建设的核心就是将传统图书馆馆藏的精华部分进行数字化，形成各种数据库集合。这就说明了数字图书馆是传统图书馆的继承。此外，数字图书馆通过引进和共享其他单位的数字资源，使得数字图书馆馆藏内容更为丰富。由于数字图书馆在服务手段、服务质量、提供信息的广度和深度等方面都比传统图书馆有质的提高，例如，用户可以不受时间、空间的限制，用户获取信息更加迅速、准确，因此，完全可以这样认为：数字图书馆能把传统图书馆的社会功能进一步增强和扩展，数字图书馆的社会地位和社会价值将远远高于传统图书馆，建设数字图书馆是现代图书馆事业发展的必然之路。

二、数字图书馆的特征

数字图书馆是一个开放式的硬件和软件的集成平台，通过对技术和产品的集成，把当前大量的各种文献载体数字化，将它们组织起来在网上服务。从理论上讲，数字图书馆是一种引入管理和应用数字化技术的方法。根据国内外对数字图书馆研究的成果，并与传统图书馆比较，数字图书馆的特征主要表现在以下几方面：

（1）信息实体虚拟化　网络环境下，各类文献为载体的知识信息都转化为数字形式并在全球范围内传输。原来的读者逐步减少进入传统图书馆的次数，用户对信息知识的利用不受地理位置的限制，只要上网，在任何时候都可以利用。

（2）信息资源数字化　文献信息资源数字化主要利用现代信息技术，对传统的文献信息进行数字化处理。它不仅包括个体文献信息的数字化，而且包括整体文献信息资源的数字化。它涉及信息转换技术、信息识别技术、信息压缩技术、信息储存技术和信息保护技术等。

（3）信息制作协同化　文献信息资源数字化，要有计划地开发和利用，具有跨行业、跨地区、跨部门的特点，各行各业要协同作战，统一组织，共同努力，不搞重复建设，减少资源浪费。

（4）信息传递网络化　数字图书馆的服务，通过以网络为主的信息基础设施来实现，高速、大容量、高保真的计算机网络系统是基础。信息传递网络化带来了信息服务的跨时空、信息利用的开放化和信息传递的标准化和规范化。从美国数字图书馆的发展实践看，应先从建立局域网开始，进行局部信息资源传播与共享，然后向广域网推进，逐步实现文献信息资源社会化。

（5）信息利用共享化　数字图书馆通过提供网上的交互服务，使联网者均可随时查阅利用数字图书馆的信息，服务对象扩及馆外及国内国外的使用者，实现真正意义上的资源共享。

（6）信息提供知识化　数字图书馆是可以实现智能检索的知识中心，它有别于传统图书馆，不仅提供文献，还将提供更深层次的信息服务。通过对信息的分析和重组，提高信息的使用价值，形成符合用户需求的知识或帮助其找到解决方案，并对提供的知识产品的质量进行评价。

（7）信息人员专家化　正如美国学者所认为的，今后的图书馆员将逐渐成为网络信息导航专家和信息咨询专家。图书馆员的角色将逐步朝这一方向转移。

三、中外数字图书馆建设进展

（1）国外数字图书馆建设进展　20世纪90年代开始，西方发达国家对数字图书馆建设就比较重视，有关数字图书馆的理论研究蓬勃发展，由各国政府支持的数字图书馆的试验也有计划、大规模地开展。

美国是最先倡导进行DL研究的国家之一。1994年，美国提出了数字图书馆先导计划（Digital Library Initiative Project，DLI）。DLI一期工程的目标是推动收集、存储、组织数字化资源的技术手段的发展，使数字化信息能通过网络进行查询、存取与管理，侧重于研究和建立DL原型，然后再将原型放大。其资料形态涉及文字、影像、音频、视频、地图及多媒体等，该研究计划目前已全部完成。1998年又启动了DLI二期工程，开展数字图书馆相关课题的基础性、前沿性研究，侧重于DL中信息生成、获取、使用、归档和保存的整个生命周期；开发下一代数字图书馆，推动全球化、分布式信息资源的利用，鼓励在创新应用领域的发展，设立了针对美国本土文化、财富、教育、科技领域、特殊数据等数字图书馆的项目。

美国记忆（American Memory）即美国国会图书馆正式启动的国家数字图书馆项目（National Digital Library Program，NDLP）。该项目旨在让"所有的学校、图书馆、家庭同那些公共阅览室的长期读者一样，能够在所在地便捷地接触到这些对他们来说崭新而重要的资料，并按个人要求理解、重新整理和使用这些资料"。它集中反映美国200年来的历史遗产与文化，目前，网站含有100个不同主题的资源库，超过900万条款目的数字化文献。其网站页面（http://memory.loc.gov/ammem/index.html）如图1-5-1所示。

图1-5-1　美国往事网站页面（选自2014年12月25日）

俄罗斯科技部于1998年启动俄联邦数字图书馆规划,计划参加单位除图书馆、信息中心、通讯社、博物馆、档案馆外,还吸收大批的科研团体与组织、高等院校和出版社参加。尤其重视标准和工程方案,以及数字图书馆职能的法律问题的研究。

7国集团(加拿大、法国、德国、意大利、日本、英国、美国)于1995年成立了G7全球数字图书馆集团,1998年俄罗斯也参加了这个全球信息社会电子图书馆项目。该项目由法国国家图书馆及日本国会图书馆协调实施,目标是从现存的数字化项目中组织一个大型的人类知识的虚拟馆藏,通过网络为广大公众服务。目前有6个新的参加国(比利时、捷克、瑞士、西班牙、葡萄牙及荷兰)。联合国教科文组织及欧盟以观察员身份参加。

2002年日本将国会图书馆关西新馆建成日本最大的数字图书馆。采取分工协作方式,通产省着重开发数字图书馆通用系统及应用软件;邮政省研究解决将B-ISDN用于多媒体电子图书馆的应用技术关键问题;国会图书馆着重于资源建设,并参加各种合作与协作试验;文部省主要推动高校图书馆及其网络向电子图书馆转化。日本正在建立全国性元数据库与主题网关,目前已在网上提供"公共图书馆数字图书馆系统"。

新加坡、中国台湾等也投入巨资进行数字图书馆相关技术和资源建设。新加坡数字图书馆的建设可以说是从整体的国家信息化的角度来考虑的。早在1994年,新加坡政府就提出了国家"智能岛"计划,准备将新加坡所有公共图书馆和500多个学术机构和软件业等连接,实现真正意义上的国家网络化信息中心,目前已取得了很大的进展。

(2) 中国数字图书馆建设进展 中国数字图书馆建设以1997年的"中国试验型数字式图书馆项目"为开端。经过几年的运作,我国数字图书馆的建设已取得了以下几个方面的成就。

国家试验型数字图书馆项目,组织了国内比较著名的公共图书馆参加,为我国数字化图书馆的建设提供实践依据。除了国家图书馆作为组长单位外,上海图书馆、深圳图书馆、中山图书馆、辽宁图书馆和南京图书馆等在国内图书馆界有一定影响力的单位也积极参与,对我国数字图书馆的建设起着一定的区域辐射作用。

1998年,国家图书馆向文化部提出申请,由国家立项实施"中国数字图书馆工程",并开始了中国数字图书馆工程的筹备工作。同时文化部于2000年开始在全国倡导实施中国数字图书馆工程,该工程旨在建设超大规模的优质中文信息资源库群,并通过国家高速宽带网向全国及全球提供服务,最终形成世界上最全面、最系统的网上中文信息基地和服务中心。这是一项跨地区、跨部门、跨行业的民族文化工程,得到了江泽民同志、李岚清同志等党和国家领导人的关注。李岚清同志曾做出重要批示:建设数字图书馆工程的主要目的,是有效利用和共享图书信息资源,有巨大的社会效益。2000年4月成立了以文化部为召集单位、22个相关部委单位组成的"中国数字图书馆工程建设联席会议",并相继成立了"资源建设指导委员会""标准规范指导委员会""法律法规指导委员会"与"技术指导委员会",初步搭建起了中国数字图书馆工程的管理架构。2001年10月,"国家图书馆二期暨国家数字图书馆基础工程"经国务院批准立项,该项目将在国家图书馆新馆内建成"国家数字图书馆国家中心"。这个项目的成功立项是中国数字图书馆工程发展历史上极为关键的一步。

中国数字图书馆工程按照国际上数字图书馆的主流技术方案,采取自主开发与引进相结合的方式,建设分布式、可扩充的、具有自主版权的中国数字图书馆系统,它组织全国有关单位,联合建设超大规模资源库群,建设知识网络,使其不但为科技、文化、教育服务,而且在提高国民素质和知识经济中发挥重要作用。目前,中国国家数字图书馆已通过网络对外开展服务。图1-5-2是中国国家数字图书馆主页。

图1-5-2　中国国家数字图书馆主页（选自2014年12月25日）

中国数字图书馆有限责任公司是经国务院批准成立，隶属于中国国家图书馆，服务于中国国家图书馆二期工程暨国家数字图书馆工程的高新技术企业，于2000年4月18日正式运营。中国数字图书馆有限责任公司的成立，为我国数字化图书馆建设向市场化迈进提供实践准备。中国数字图书馆有限责任公司采用企业管理模式，其体制结构在我国图书馆界是前所未有的，它的成立为我国数字图书馆建设向市场化方向发展提供了借鉴之处。

随着计算机技术、通信技术的发展，信息资源建设与管理的标准的完善，目前已涌现了提供多种多样服务的数字图书馆。

四、数字图书馆的基本服务功能

数字图书馆具有搜集信息、组织信息、管理信息、提供信息服务等功能，这一点同传统图书馆一样。不同的是数字图书馆是一个开放式的硬件和软件的集成平台，通过对技术和产品更新换代的集成，把当前大量的各种文献载体数字化后，将它们组织起来在网上提供服务。数字图书馆能实现多形式、多层次的开放式服务，形成了一个不受时空限制的全方位的数字信息服务体系。其基本服务功能包括：

① 我的图书馆服务，包括借阅情况、网络续借、网络催还、网络荐购、信息发布、书目查询。

② 电子资源服务，提供本地存储电子出版物、传统馆藏的数字化转换信息、镜像数字资源以及远程数字资源的在线阅读、在线展览、在线讲座、在线视听等服务。

③ 虚拟咨询服务，包括通过数字图书馆的主页导航和常见问题解答的常规咨询服务，也包括通过E-mail、BBS、即时通信等方式实现的实时参考咨询。

④ 科研信息服务，包括科技查新、文献传递、定题跟踪、学科馆员。

⑤ 用户教育服务，在数字图书馆条件下，用户教育的概念更加宽泛，内容涉及各种数字资源载体形式、网络检索技术、数据库技术、现代化技术设备使用及信息素养的培养等诸多方面。

第六节　网络信息资源

一、网络信息资源概述

1. 网络信息资源含义

网络信息资源又称电子信息资源、因特网信息资源等,它是以电子化、数字化的形式存储在网络节点中,借助于计算机网络进行传播和利用的信息产品与信息系统的集合体。简言之,网络信息资源就是通过计算机网络可以利用的各种信息资源的总和。目前网络信息资源以因特网信息资源为主,同时也包括其他没有连入因特网的信息资源。

2. 网络信息资源的特点

与传统的信息资源相比,网络信息资源在数量、结构、分布和传播的范围、载体形态、内涵、传递手段等方面都显示出新的特点,这些新的特点赋予了网络信息资源新的内涵。网络信息资源具有如下特点:

① 信息存储数字化:信息资源由纸张上的文字变为磁性介质上的电磁信号或者光介质上的光信息,使信息的存储和传递、查询更加方便,而且所存储的信息密度高,容量大,可以无损耗地被重复使用。以数字化形式存在的信息,既可以在计算机内高速处理,又可以通过信息网络进行远距离传送。

② 信息源丰富:Internet 是一个开放的信息传播平台,任何机构、任何人都可以将自己拥有的且愿意让他人共享的信息上网。在这个庞大的信息供应源中,起主导作用的主要有公共图书馆、网络信息服务商、传统媒体、传统联机服务商、高等院校、科研机构和各类商业公司等。

③ 信息内容多样性:网络是信息的载体,信息是网络的灵魂。没有信息,网络就没有使用价值。Internet 是信息的海洋,信息内容几乎无所不包,有科学技术领域的各种信息,也有与大众日常生活息息相关的信息;有严肃主题信息,也有体育、娱乐、旅游、消遣和奇闻趣事;有历史档案信息,也有显示现实世界的信息;有知识性和教育性的信息,也有消息和新闻的传媒信息;有学术、教育、产业和文化方面的信息,也有经济、金融和商业信息。

④ 信息表现形式多样化:传统信息资源主要是以文字或数字形式表现出来的信息。而网络信息资源则可以是文本、图像、音频、视频、软件和数据库等多种形式,包含的文献类型从电子报刊、电子工具书、商业信息、新闻报道、书目数据库、文献信息索引到统计数据、图表、电子地图等。

⑤ 信息时效性:利用 Internet 信息制作技术,能很快地将信息传播到世界各地。由于几乎在事件发生的同一时间内,就能将信息快速制作、上网,因此,网上信息的更新周期短、内容新颖。

⑥ 信息交互性:Internet 是交互性的,不仅可以从中获取信息,也可以向网上发布信息。Internet 提供讨论、交流的渠道。在 Internet 上可以找到提供各种信息的人,如科学家、工程技术专家、医生、律师、教育家、明星以及具备各种专长和爱好的人,也可以找到一些专题讨论小组,通过交流、咨询获得专家和其他用户的帮助,同时也可发表个人的见解。

⑦ 信息关联性:Internet 的信息组织是基于超文本的,因此,有关联的信息之间通过链

接形成一个相互联系的信息渠道,人们可以由此及彼,由远而近,顺藤摸瓜,找到想要的信息。

⑧ 信息的开放性:由于 Internet 是一个全球性分布的结构,大量信息分别存储在世界各地的服务器与主机上,随着时间的推移和知识的更新,在不断补充新信息的同时不断淘汰旧信息,以保证其信息的整体数量和使用价值及网络灵活性。

⑨ 免费信息资源丰富:Internet 大部分是免费的,只要有时间、有一定的检索经验,就可以从网上找到大量的、自己所需要的免费信息。

⑩ 信息组织的局部有序性与整体无序性:各搜索引擎和站点目录都收集大量 Internet 的站点,并按照专业和文献信息类型分类,实现了信息组织的局部有序化。但是,由于 Internet 急剧膨胀,仍有大量信息被淹没在信息的海洋里,这种无序性必将影响信息检索的系统性、完整性和准确性。

二、网络信息资源组织形式与分类

在 WWW、Telnet、FTP、用户服务组、Gopher 这些资源中,发展最快的是 WWW。WWW 的超媒体、超文本的特性使之在 Internet 信息存储与检索领域独占鳌头。目前,Internet 大多数信息的组织与发布均采用超文本这种特殊的信息组织方式。

所谓超文本(Hypertext),就是非线性文本。一般人们阅读的文本(Text)都是从上而下,从左到右排列,但在超文本中,内容是按超链接(Hyperlink)组织。用户单击文本中加以标注的一些特殊的关键词或图像,就能打开另一个文本。

超媒体又进一步扩展了超文本所链接的信息类型,利用超级链接将超文本和各种媒体信息连接在一起。用户不仅能从一个文本跳到另一个文本,而且可以激活一段声音,显示一个图形,或播放一段视频图像。在 Internet 中,每个 Web 服务器不仅提供其自身拥有的信息数据,还利用超级链接指向其他的拥有相关信息的 Web 服务器,而这些服务器又指向更多服务器,通过这种内部的链接机制,使遍布全球的主机形成了一个相互联系、资源共享的有机整体。

网络信息资源可按照信息来源、信息类型或网络传输协议来分类。

1. 按信息来源划分

① 政府信息资源:各国政府纷纷在 Internet 上发布有关该国家与政府的各种公开信息,进行国家与政府的形象展示。政府信息主要包括各种新闻、统计信息、政策法规文件、政府档案、政府部门介绍、政府取得成就等。

② 公众信息资源:公众信息资源,即为社会公众服务的机构所拥有的信息资源,包括公共图书资源、科技信息资源、新闻出版资源、广播电视信息资源等。

③ 民众信息资源:由广大网民创建发布的各类信息资源。随着 Web3.0 时代的到来,以去中心化、共同创作、混合创作和长尾效应为特征的全民织网将极大地丰富网络信息资源。书签(Bookmark)、即时通信(Instant Messaging)、信息聚合(RSS)、博客(Blog)和维基(Wiki)等信息资源创建和共享服务模式将得到长足的发展和应用。

④ 商用信息资源:商用信息资源,即商情咨询机构或商业性公司为生产经营者或消费者提供的有偿或无偿的商用信息,包括产品、商情、咨询等类型的信息。

2. 按信息内容类型划分

① 电子邮件型信息资源:凡是通过电子邮件方式进行交流的信息都属于 E-mail 型的信

息资源。它并不局限于个人之间的通信,还包括报告、论文、文献目录,甚至整本书、整本期刊。

② 图书馆目录资源:网络上的图书馆目录不再受时空限制,用户可以在家里或办公室查阅、检索。

③ 索引资源:Internet 上有大量历史、政治、经济、物理、化学、矿业、化工、建筑等许多学科的书目与期刊索引资源。

④ 全文资料及电子出版物资源:全文资料及电子出版物已越来越多地通过 Internet 提供有偿或无偿使用。

⑤ 数据库信息资源:数据库信息资源是 Internet 中最为庞大的部分,又可分为科学技术数据库、商业广告数据库、教育娱乐数据库等。

3. 按网络传输协议划分

① WWW 信息资源:建立在超文本、超媒体技术以及超文本传输协议基础上的 WWW 信息资源非常丰富,借助 WWW 浏览器浏览阅读。

② Telnet 信息资源:Telnet 信息资源是指借助远程登录,在网络通信协议(Telecom-munication Network Protocol)的支持下,可以访问共享的远程计算机中的资源。Telnet 使用户可以在本地计算机上注册到远程计算机系统中,使 Telnet 用户可以与全世界许多信息中心、图书馆及其他信息资源联系。

③ FTP 信息资源:FTP 信息资源是指利用文件传输协议可以获取的信息资源。FTP 是目前 Internet 上获取免费软件和共享软件资源不可缺少的工具。

④ 用户服务组信息资源:Internet 上各种各样的用户通信或服务组是最受欢迎的信息交流形式,包括新闻组(Usenet News Group)、邮件列表(Mailinglist)、专题讨论组(Discussion Group)、兴趣组(Interest Group)等。这些讨论组都是由一组对某一特定主题有共同兴趣的网络用户组成的电子论坛,在电子论坛中所传递与交流的信息就构成了 Internet 上最流行的一种信息资源。

⑤ Gopher 信息资源:Gopher 是一种基于菜单的网络服务,它为用户提供了丰富的信息,并允许用户以一种简单的、一致的方法快速找到并访问所需的网络资源。全部操作是在一级级菜单的指引下,用户只需在菜单中选择项目和浏览相关内容,就可完成 Internet 上远程联机信息系统的访问,无须知道信息的存放位置和掌握有关的操作命令。

三、网络信息资源的管理与利用

1. 网络信息资源的管理

网络信息资源在社会发展中将日益占据主导地位,网络信息资源的管理水平将直接影响到它的合理利用,只有对网络信息资源进行有效的管理,才能使网络信息环境变为有序的信息空间,实现信息资源效用的最大优化。

网络信息资源管理的内容核心是数据库建设。在网络信息资源管理活动中,数据库技术具有非常广泛的应用领域,它是实现资源共享,节省开支,提高系统的反应能力、工作质量和服务水平的重要手段和技术保证。世界提供的大型数据库有万余个,总记录数十亿,这些数据库通过发达的网络向机关、团体、学校、公司以及个人提供各类科技信息、金融信息、商业信息、文化信息等。虽然与发达国家相比,我国的数据库建设还不太令人满意,但是我国的网络信息资源的开发建设工作也有相当的成就,如国家科委西南信息中心,重庆维普资讯公司出版的"中文科技期刊数据库",万方数据集团公司推出的"万方数据库",特别是中国学术期刊电子杂志社开发的"中国学术期刊光盘数据库"等更是将我国的网络信息资源开发与建设工作推向了一个新的阶段。

同时,网络资源的开放性不可避免地带来网络信息资源的无序性,因此,良好的搜索引擎和语义 Web 等技术的发展将会减轻网络资源管理和利用的难度。

2. 网络信息资源的利用

① 利用搜索引擎:搜索引擎是指利用一种被称为"蜘蛛"的软件工具在 Web 上搜索,将找到的文献编入自己的数据库中。用户检索时直接输关键词,搜索引擎根据一定的规则将检索式与其数据库中的文献进行匹配,从而生成结果清单。常用的搜索引擎主要有 google、百度等。

② 利用搜索目录:它将各站点按主题内容组织成等级结构,检索者依照目录逐层深入,直至找到所需文献。由于搜索目录的标引工作需要人工来完成,并且通常只标引主页,它的数据库比搜索引擎小得多,但也正因为如此,其检索结果的相关度很高。但要求检索者对所检索内容的分类较为了解,选择正确的目录才能检索到需求的结果。

③ 利用专业的文献数据库系统:专业的文献数据库系统不但收录的内容有针对性,而且一般拥有一套高效的检索系统,是获得信息资源的主要途径之一。

四、电子期刊

电子期刊是一种以连续性方式出版并通过电子媒体发行的期刊。近年来电子期刊的发展十分迅速,国内外的电子期刊数量越来越多,高质量的电子期刊以其使用的方便性和获取的高效性等特点赢得了广大应用者的青睐,特别是数据库型全文电子期刊已成为科研及管理人员获取学术性信息的主要途径。

1. 网络全文电子期刊的类型

(1) 数据库型电子期刊　数据库型电子期刊一般都是把印刷本期刊数字化和网络化,并形成一整套检索和浏览的规范化系统,提供全文服务的一般有自己的全文阅读格式,大都免费提供文章题录信息的检索与浏览服务,全文信息采用 IP 地址或账号等方式来限制用户使用。它具有收录内容学术性强、时间跨度长、提供的检索点多等特点。这些电子期刊一般由大型出版商、学术团体和科研机构出版发行,对学术交流起到非常重要的作用。国外著名的有 Elsevier ScienceDirect、Kluwer Online、Spinger Verlag、EBSCOhost、Uncover、OLOC等,我国的万方、中国期刊网、维普资讯等都提供数据库型期刊。数据库型期刊大多数比印刷本的发行要晚,但随着数据库技术的发展将逐步实现同步发行。由于此种电子期刊的价格比较高,尤其是外文版,主要由单位订购。图 1-6-1 是 Elsevier 数据库系统界面。

(2) 网站型期刊　具有较强实力的学术性期刊通过建立专有网站或依托其他网站来发行与印刷版期刊相对应的电子期刊或纯粹的电子期刊,如 Nature、Science、中国科学系列杂志、中国科技论文在线等。大多不以商业为目的,只是为了进行学术交流。它们具有精心设计的主页,可以依次查看各期的栏目、目录或近期全文,并设有投稿咨询、本刊介绍等信息。与数据库型期刊一样,其内容都是经过严格审查的,具有较高的学术水平和一定的参考价值。近年来还有一些新创期刊不再出版印刷版本,只有电子版本,当期在网站上发布全文,一年或数年累积后另行出版光盘,既有很强的时效性,又可作为图书馆馆藏资源,如国际分子多样性保护组织创办的"Molecules"和《国际网上化学学报》等,SCI 和 CA 也收录这类刊

图 1-6-1　Elsevier 数据库系统界面（选自 2014 年 12 月 25 日）

物。网站型期刊多数可以通过电子函件来订阅全文。我国的神州学人（China Scholars Abroad）和今日中国（China Today）也属于此类，它们的特点是汇集网络信息，内容简短，更新快，影响面广，使用方便，通过 Internet 可以免费浏览全部内容。图 1-6-2 是免费提供全文的网站型期刊中国科技论文在线。

图 1-6-2　中国科技论文在线（选自 2014 年 12 月 25 日）

（3）简短型期刊　该类期刊是收集大量不同主题网页的简短信息或少数学术性较强的文章，如房地产、娱乐、计算机、股市、财经、英语、商业、求职、法制等，并定期更新而形成的一种网络电子期刊。许多著名的网站，如搜狐、Yahoo、163 等都提供此类电子期刊。专门收集此类网络期刊的网站也有很多，如免费杂志网（http://www.hao1111.cn/）、ZCOM 电子杂志（http://www.zcom.com）、电子期刊联盟（http://mag.iebook.cn）等。它们都是免费提供的，大多以 E-mail 的形式来订阅。图 1-6-3 为电子杂志 IEbook 的网站界面。

图1-6-3　IEbook电子杂志的网站界面（选自2014年12月25日）

2. 全文电子期刊数据库的使用

目前，通过网络检索和浏览电子期刊尤其是全文电子期刊已成为各行业了解学术信息的主要途径。使用这些期刊主要通过以下方法获取。

（1）远程访问模式　首先访问电子期刊发行商或研究机构主页，然后进入相应检索系统。商业网络全文电子期刊一般提供免费的题录检索和浏览服务，要获得全文则采用包库方式或按流量、篇数收费。由于目前Internet上没有一种检索工具能覆盖所有的网络信息，因此，收集重要的网络电子期刊网址，全面地了解各种电子期刊数据库对获取学术信息有重要的意义。

① IngentaConnect文献检索系统（http://www.ingentaconnect.com）

Ingenta的前身是建于1988年的Uncover，2001年5月，Uncover并入Ingenta公司。Ingenta数据库是目前世界最大的期刊数据库之一，覆盖了农业与食品科学、人文艺术科学、生物与生命科学、化学、计算机与信息科学、地球与环境科学、经济工商、工程技术、数学与统计学、医学、护理、哲学与语言学、物理与天文学、心理与精神病学以及社会科学等15个学科，分为Online Article、Uncover Plus、Science Direct 3个数据库。数据库更新及时，基本与印刷本期刊出版时间保持同步，因此可以检索到最新的文献信息。可以免费检索数据库获得论文标题、关键词、摘要和出处等信息，所有标题前带有F标识的论文即为免费资源，标题前带有O标识的论文为开放存取的论文，标题前带有S标志的论文，如果个人或相关机构已经订阅，则无须额外付费就可以浏览全文，否则需支付费用购买单篇论文才能获取所需文献。

IngentaConnect提供简单检索、高级检索和限定检索。通常可以在IngentaConnect首页中的检索文本框中，输入检索词，即可在论文标题、关键词和摘要中进行检索。在默认状态下，系统会立即在平台上的电子数据库或电子论文范围中执行检索，查找出满足条件的记录，获得相关检索结果。检索者也可以根据自己不同的需求、爱好来选择不同的浏览方式，包括按出版物的首字母顺序、按出版机构名称的首字母顺序，或者按学科浏览。当按出版物的首字母顺序浏览时，可以将范围限定在已购买的资源，或者已订购并且免费的资源，从而减少检索时间。

② OCLC 全文电子期刊系统(http://www.oclc.org)

OCLC 全名为 Online Computer Library Center(联机计算机图书馆中心),是一个面向图书馆、非营利性质、成员关系的组织,也是世界上最大的提供网络文献信息服务和研究的机构,创建于 1967 年,总部在美国俄亥俄州都柏林。OCLC 以推动更多的人检索世界范围内的信息、实现资源共享并减少信息的费用为目的,主要提供以计算机为基础的联合编目、参考咨询、资源共享和保存服务。

FirstSearch 是 OCLC 的一个联机参考服务系统,收录的数据库绝大多数由一些美国的国家机构、联合会、研究院、图书馆和大公司等单位提供。数据库的记录中有文献信息、馆藏信息、索引、名录、文摘和全文资料等内容。资料的类型包括书籍、连续出版物、报纸、杂志、胶片、计算机软件、音频资料、视频资料、乐谱等。用户通过账号方式(http://firstsearch.oclc.org)或 IP 方式(http://firstsearch.oclc.org/FSIP)浏览、检索。

③ Blackwell Synergy 数据库(http://www.blackwell-synergy.com)

Blackwell Synergy 为 Blackwell Publishing(世界最主要的出版商之一,总部在英国牛津)推出的电子期刊数据库。Blackwell 以出版国际性期刊为主,包含很多非英美地区出版的英文期刊,涉及社会科学、自然科学与医学方面的期刊。

读者可以用"simple"和"advanced" 2 种方式检索相关文献,浏览期刊目次,阅读文摘,在线阅览下载全文。全文为 HTML 和 PDF 2 种格式,通过参考文献可链接到相关研究内容。用户免费注册后,还可以保存检索策略、设置最新检索通告服务、建立和管理"My Synergy"(主要功能包括设置和管理"Favorite Journals""Favorite Articles""E-mail Alerts""Registration Details"等)。在期刊列表前凡是有绿色圆点图标的,表示该刊可以访问全文。Blackwell Synergy 另提供 CrossRef Search,读者在 Blackwell Synergy 检索平台可以利用 Google 的搜索引擎搜索几十家出版社的学术研究信息。

除上述全文数据库外,国内现在使用较多的中外文全文数据库有 Springer Link 数据库、Ovid 数据库、Elsevier 数据库、Wiley InterScience 数据库、EBSCO 数据库、中国生物医学文献服务系统、中国知网 CNKI、万方数据服务平台和重庆维普期刊资源整合服务平台等,关于这些数据库使用的详细介绍参见本教材第三章、第四章和第八章等相关章节。

(2) 镜像访问模式 由于远程访问模式要求用户能够连入 Internet,同时访问速度较慢,因此,许多高校和科研机构图书馆对常用的数据库采用镜像模式提供文献服务。用户可以通过局域网直接进入期刊系统来检索和浏览中外文全文电子期刊。目前,许多单位通过开发"一站式"检索系统或资源导航系统协助用户获得文献资源。

(3) 开放存取 开放存取(Open Access,简称 OA),是 20 世纪 90 年代在国外发展起来的一种新的出版模式,旨在促进学术交流,扫除学术障碍。它依托网络技术,采用"发表付费,阅读免费"的形式,通过自归文档和开放存取期刊 2 种途径,实现开放期刊、开放图书、开放课件和学习对象仓储等内容的知识共享。读者引用开放存取作品而生成新的学术成果,必须注明其来源。开放存取的详细介绍见本书第五章。

五、电子图书

网络技术和数字化技术的发展,使得传统的书籍阅读和传播方式发生了革命性的变化,电子图书以其便捷的阅读方式和快速的传播速度,赢得了人们的青睐,成为出版业的一个重要的发展方向。

1. 电子图书概述

电子图书,即 Electronic Book,简称 eBook,也称电子书、E 书。它是利用现代信息技术将文字、图画以及音频、视频、动画等多种形式的信息以电子数据的形式存储于光、磁存储介质上并通过计算机网络传播的著作物。

电子图书突破了传统书籍的含义,是一种全新的出版方式。由于电子图书打破了传统图书内容的线性顺序,向读者提供的是一种动态的立体信息组合,并通过超链接加入相关的各种知识和信息,因此电子图书的信息量可以是传统图书的数百倍。更具体的表现是:

E-book 的出现,使纸质文献不再成为文字传播的唯一途径,其图像、文字、声音所集成的"超文本"形式,改变了人们传统的手持图书的阅读方式,通过充分调动读者的视觉和听觉来加深记忆,形成了全方位、多媒体的阅读方式,使人们在阅读的过程中获得更为丰富的知识,从而明显地提高阅读的效果。

E-book 的出现,使读者主动地去选择和控制所需信息。读者通过"超级链接"的方式在文本间跳跃阅读,它改变了传统阅读中强调按章节页码顺序阅读的习惯,激发了人们的跳跃性思维,促成了读者发展丰富的联想能力,培养了读者快速阅读和跳跃阅读的阅读习惯。

E-book 的出现,既省去了图书出版过程中印刷、发行、销售的各个环节,又减少了人们去书店、图书馆排队、等待、费力选择现象的发生。它凭借网络的传播,使人们在网络延伸的每个角落,随时随地下载、保存和更换图书。读者只需上网查询,就可获得原文并进行阅读,极大地扩展了人们的阅读空间。电子图书有如下特性:

① 电子图书内容新颖,不需要印刷,可随时从网上下载、更新和储存。

② 功能齐全,互动性强,具有内码识别、自动翻译、自动朗读、全文检索等多种功能。

③ 传播速度快,不受时间和空间的限制,可在光线暗淡或黑暗中阅读。

④ 它的体积小、重量轻、容量大、无库存、无退货,减少了库存图书的物理空间,降低了成本。

⑤ 它易于管理收藏,不会发生被撕、被挖现象,更不会出现像纸质图书那样的破烂不堪的情况,既节约了大量的纸张,又符合环保要求。

正是基于上述特性的存在,电子图书将会成为人们获取知识和信息的重要来源。

2. 电子图书的获取

电子图书的出现不仅改变了传统图书的纸张发行模式,改变了人们的阅读习惯,还极大地推动了网络出版和信息传播的发展,对出版业、图书馆事业都产生了深刻的影响。目前,电子图书主要通过以下 3 种手段获取。

(1) 个人网站　网上有许多网友出于个人爱好,或出于商业目的,把自己收藏的电子书或网友提供的电子图书整理后免费提供给公众,主要提供现代文学、古典名著、世界文学、科幻侦探、经营管理、电脑教程、科普哲学、英文经典、传记纪实、儿童文学等 20 多类内容丰富的电子书籍。如白鹿书院(http://www.oklink.net)、亦凡公益图书馆(http://www.shuku.net)、时代书城(http://www.mypcera.com/book/index.htm)等。这类免费图书的网站非常多,图 1-6-4 为亦凡公益图书馆的主页。

(2) 公益性的网站　公益性的网站出于公共利益的目的,提供各种各样的免费资源和服务,其中许多都提供免费的电子图书资源,它们主要是图书情报机构网站、学校网站、教育网站、政府网站等。

例如"古登堡计划"(http://www.gutenberg.org),古登堡计划(Project Gutenberg,简称

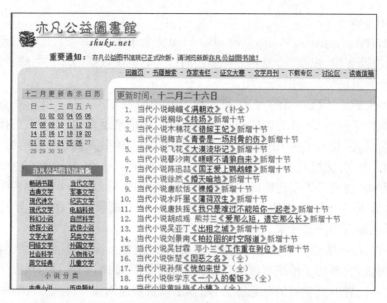

图 1-6-4　亦凡公益图书馆主页界面（选自 2014 年 12 月 25 日）

PG)是一个以自由的和电子化的形式，基于互联网，大量提供版权过期而进入公有领域书籍的一项协作计划。最初是在 1971 年 7 月由 Michael Hart 发起的。它是世界上第一个数字图书馆，所有书籍的输入都是由志愿者来完成的，并将这些书籍文本化。到 2013 年 12 月，古登堡工程已经收录了 44 556 部书籍，平均每周新增 50 部，其志愿者人数也超过了 2 000 名。

古登堡计划首先将书籍通过扫描数字化，再交由软件文本化，然后交由 2 个不同的志愿者校对两次。如果原来的书籍质量很差，例如书籍太古老，那么还会通过手工进行逐词的录入。最初的书籍都是英文的，到目前已经有超过 25 种语言的书籍。古登堡计划是一个完全志愿性的组织，这一点上和维基百科很相似。古登堡计划的目标是保证未来能免于贷款和其他资金的控制，不受短暂的政治或文化优先性的影响，避免任何来自政治家或经济利益集团的压力。捐赠只被用来购买设备和补给品，大多数是计算机和扫描仪。

"大学数字图书馆国际合作计划"（China Academic Digital Associative Library，CADAL)由国家投资建设，作为教育部"211"重点工程，由浙江大学联合国内外的高等院校、科研机构共同承担，项目负责人为浙江大学潘云鹤院士。CADAL 项目建设的总体目标是：构建拥有多学科、多类型、多语种海量数字资源的，由国内外图书馆、学术组织、学科专业人员广泛参与建设与服务，具有高技术水平的学术数字图书馆，成为国家创新体系信息基础设施之一。CADAL 项目建立了 8 个数据中心、33 个服务中心、2 个数字化加工基地和 40 余个数字化加工中心，形成了全世界最大的资源数字化网络，建成的全文数据库总量达 250 万册（件），主要来源于国内外研究型大学的馆藏文献，囊括中外文图书、音视频资料以及报刊论文等重要文献，其中从国外、境外组织的英文图书逾 50 万册进行数字化加工。这是一个以数字化图书期刊为主、覆盖所有重点学科的学术文献资源体系，对高校教学科研起到了巨大的支撑作用。逾 250 万册 CADAL 数字资源中，60％尚在版权保护期内，为了尊重著作人的知识产权，同时向所有合作单位提供在线服务，CADAL 网站在数字版权保护（DRM）技术基础之上，实现了一套模拟实体图书馆借阅业务的数字图书借阅服务模式，服务规则如下：对于版权图书，如果来访用户的 IP 地址属于项目合作单位 IP 地址范围内，则该用户可以借阅任何一本书的任何一个章节。但是如果来访用户的 IP 地址不在项目合作单位 IP 地址范围内,则该用户可以浏览该书目录,不能借阅。对于无版权图书,允许公众自由访问。目前,该服务可免费提供约 100 万册数字化资源的在线浏览。图 1-6-5 为 CADAL 服务网站(http://www.cadal.zju.edu.cn/index)。

图 1-6-5　CADAL 主页界面(选自 2014 年 12 月 25 日)

美国国立生物技术信息中心(National Center for Biotechnology Information,NCBI,http://www.ncbi.nlm.nih.gov/entrez/query.fcgi?db=Books)书橱提供了约 3 000 种可在线检索的有关生物学、医学和生命科学的书籍、报告、数据库和其他学术文献。书橱中的文献还与 NCBI 的其他信息资源库(PubMed、PMC、PubChem Substance、Gene and OMIM)建立了关联链接,以方便读者发现生物医学信息之间的相互关系。图 1-6-6 为 NCBI 书橱提供的资源服务界面。

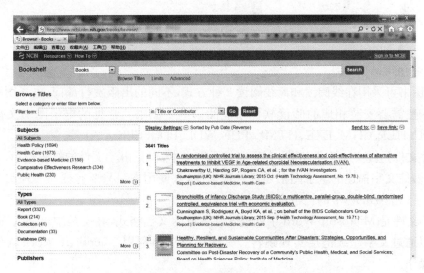

图 1-6-6　NCBI 书橱资源网站界面(选自 2014 年 12 月 25 日)

(3) 商业性网站　商业性网站主要提供收费电子图书,有些网站提供少量免费电子图书,它们一般依托丰富的馆藏资源建立起数字化的图书检索和阅览系统,必须依靠相应的浏览器才能阅读或下载,提供的图书学科门类齐全,数量庞大,因此也称数字图书馆。一般个人可以通过购买读书卡阅读,机构可以购买其整个图书数据库,在局域网范围内使用。

如由我国民营计算机高科技企业北京世纪超星信息技术有限公司创建的超星数字图书馆(http://www.caoxing.com),它是国家"863"计划中国数字图书馆示范工程。超星数字图书馆开通于1999年,是全球最大的中文数字图书馆,向互联网用户提供数十万种中文电子书免费和收费的阅读、下载、打印等服务。同时还向所有用户、作者免费提供原创作品发布平台、读书社区、博客等服务。提供的电子图书涉及文学、经济、计算机等几十余大类,并且每天在不断地增加与更新,是目前世界上最大的中文在线数字图书馆之一。专门为非会员构建开放免费阅览室,可以阅读免费图书馆的图书和非免费图书馆中的图书的前17页。读者可通过多种途径购买超星读书卡,注册成为其会员而方便地在线或离线阅读。超星数字图书馆镜像站点的使用方法参见本书第三章第六节。图1-6-7即国内最大的超星电子书店网站。其他的商业性网站有北大方正数字图书馆、书生之家等。

图1-6-7 超星电子书店(选自2014年12月25日)

3. 电子图书的阅读

电子图书可采用在线阅读和离线阅读2种方式,不同的出版发行部门,电子图书的格式也不同,一般需要安装相应的阅读软件才能阅读电子图书。常见的电子图书文件格式有TXT、DOC、HLP、CHM、EXE、HTML、PDF、WDL、PDG、EBK、CAJ等。

TXT文件是纯文本文件格式,它只能显示纯文本,但是由于文件的体积较小,在进行理论阐述或做纯文字描述的电子图书还经常被采用,其使用方法只要有任何一种文本处理工具就可以了(如Windows的记事本)。

DOC文件是Microsoft Word字处理软件生成的文档格式,在文档中可插入图形、图表等,也可以通过文字超级链接实现跳转。其使用方法为利用Microsoft Word软件进行编辑、打开操作。

HLP一词为英文单词Help的缩写。HLP文件最初产生的背景是作为早期Microsoft Windows的帮助文件。这种文件格式出现较早,文件欠缺图文、多媒体等功能,但由于其操作简单方便,不需要特定的软件支持浏览阅读,而且采用该文件格式的文件目的明确,所以至今仍旧是很多软件帮助文件的首选。

CHM 文件格式和 HLP 文件格式功能相似。CHM 文件格式也是基于软件的帮助文件格式。该文件格式由 Microsoft 公司于 1998 年推出,针对 HLP 文件格式的美观程度问题,CHM 文件格式通过支持多种脚本语言和 ActiveX 控件技术,结合丰富的多媒体技术使得该格式文件图文并茂,形象生动。浏览 CHM 文件,无须特殊浏览工具,应用方便,易于推广。

EXE 文件,采用 EXE 文件格式的电子图书阅读方便快捷,不需要软件支持,一直是被广泛采用的电子图书格式。这种格式文件的制作需要专门的制作工具,如 E 书工场(EBook Workshop),就是可以将 HTML 页面文件、图片、Flash 等捆绑成 EXE 电子文档的制作软件,同时还可以对文件进行部分或全部加密,从而保护制作者的利益。

HTML 超文本文件格式是网上在线教程选用最多的一种电子图书格式。这种格式的电子图书依靠超文本文件的特性,使得页面的显示效果、表现力和文件兼容性都可达到用户要求,同时这种格式文件比较紧凑,不会占用太多的磁盘空间,只要系统安装任何一款 Internet 浏览器就可以阅读。

PDF 格式是 Adobe 公司推出的电子图书专用格式。Adobe 公司发挥了图形处理的特长,使得该格式文件形式美观、便于阅读。同时,由于采用嵌入式的字体设置,PDF 格式具有很好的针对不同语言操作平台的跨越性。但是,到目前为止,该文件格式只适合于静态的电子图书。文件的阅读和制作编辑都需要特定的软件工具(Adobe Acrobat Reader 和 Adobe Acrobat)来完成。

WDL 文件格式由北京华康信息技术有限公司开发研制,该格式最大的特点就是很好地支持中文,图文混排,保持原来的版面设计,同时文件压缩程度高,支持在线和下载阅读方式。和 PDF 格式文件一样,该文件的阅读和制作编辑也都需要特定的软件工具(DynaDoc Free Reader 和 DynaDoc)来完成。

PDG 格式文件是用超星数字图书馆技术制作的数字图书的保存格式,阅读 PDG 文件格式电子图书要用免费下载的超星图书阅览器(SSReader),它是国内外用户数量最多的专用图书阅览器之一。主要用到文字识别功能及剪贴图像功能。由于在 SSReader 图书阅览器中显示的都是以 PDG 格式存储的图片,而不是文本,所以 SSReader 图书阅览器嵌入了汉王 OCR 识别系统,用户可以将图像格式的图书资料转换成文本文件加以利用。通过 SSReader 图书阅览器还可以将图像放入剪贴板当中,经过粘贴后保存。

CAJ 为中国学术期刊全文数据库英文缩写(China Academic Journals),同时也是中国学术期刊全文数据库中文件的一种格式,可以使用 CAJ 全文浏览器来阅读 CAJ 格式的文件,CAJ 全文浏览器还支持中国期刊网的 NH、KDH 和 PDF 等格式文件的阅读。

六、其他电子信息资源

1. 随书光盘

所谓随书光盘就是指在印刷型图书(期刊)中夹带的光盘或软盘。现在图书馆采购的图书中含光盘的数量越来越多。随书光盘需用计算机辅助阅读,随着读者越来越多地拥有自己的电脑,读者不需在图书馆电子阅览室阅读,更多的愿意把随书光盘借出,拷贝在自己的机器里慢慢学习。随书光盘作为图书的内容补充,越来越多地受到读者的欢迎。现在的随书光盘除了一些是图书的电子版外,更多的盘提供了书面文字不能提供的可视性、直观性很强的内容,如操作演示、动画设计、辅助教学、过程的演绎等,另外盘中的网页素材、程序实例、源代码、控件、免费软件、共享软件、应用软件插件、软件模块、图片、声音、视频资料也是读者难得的收藏资料。很多图书只有通过配备光盘的讲解与演示,读者才能更好地了解和掌握书中的内容,因此随书光盘已成为学生学习的一种宝贵资料。目前大多数数字图书馆通过自建或引进的随书光盘管理系统,提供随书光盘的网络下载或阅读。

2. 多媒体电子音像

多媒体电子音像是指以声音、图像、动画、视频、文本等元素为内容,以电子化形式存储在光盘、磁盘上的文献资源,是现代图书馆的重要馆藏之一。目前,许多高校通过建立电子阅览室和"非书资料"管理系统,实现了基于内容的跨媒体检索功能和各种多媒体电子音像资源的整合。

3. 电子报纸

所谓的电子报纸一般是指传统报纸通过因特网发行的电子版。与传统的印刷报纸相比,电子报纸是所有传播媒介的集大成者,不仅可以传播文字,也可传播图像、声音等多媒体信息。图1-6-8为《人民日报》海外版电子化报纸阅读界面(http://paper.people.com.cn/rmrbhwb/html/2014-12/25/node_865.htm)。

图1-6-8 电子报纸——《人民日报》海外版(选自2014年12月25日)

电子报纸包括以下几个方面的内容:

报纸电子化:即报纸的内容、形式、载体及存储方式电子化,把欲刊登的内容输进计算机,形成电子信息,其内容可以是文字、表格、彩色图像,甚至可以带有声音、动画等多媒体信息。

出版电子化:包括电子投稿、电子排版、电子编辑,利用电子传输和计算机信息处理方式将电子化的信息编辑、排版制作成完整的电子报纸。

发行电子化:利用计算机网络传送电子报纸,速度快,节省时间和经费。读者可在任一时刻和地点接收或阅读电子报纸。

阅读电子化:读者直接利用计算机阅读、剪报、摘录、存储、检索,可选择报纸、栏目和文章,查阅背景材料,还可以利用媒体技术看到图文并茂的彩色动画,或带有声音的报纸,或参加读者评论和讨论。

4. 博客

博客(Blog)又称网络日志,是一种通常由个人管理、不定期张贴新文章的网站。一个Blog就是一个网页,它通常是由简短且经常更新的Post所构成,这些张贴的文章都按照年份和日期排列。Blog的内容从对其他网站的超级链接和评论,到发表有关公司、个人的新闻、日记、照片、诗歌、散文,甚至科幻小说,许多专业性博客则专注于提供特定主题的评论或新闻。简言之,Blog就是以网络作为载体,集丰富多彩的个性化信息展示和及时有效轻松地与他人交流于一体的综合性平台。博客作用表现在三个方面:即个人自由表达和出版、知识过滤与积累、深度交流沟通的网络新方式。常见的博客发布平台如综合性的新浪博客、网易博客、搜狐博客发布平台,也有内容相对集中的专业性博客发布平台,如39健康博客、科学网博客等。

5. 论坛

论坛的全称为电子公告板(Bulletin Board System,BBS)或者公告板服务(Bulletin Board Service),是Internet上的一种电子信息服务系统。它提供一块公共电子白板,每个用户都可以在上面书写,可发布信息或提出看法。它是一种交互性强,内容丰富而及时的Internet电子信息服务系统,用户在BBS站点上可以获得各种信息服务、发布信息、进行讨论、聊天等。

丁香园BBS(http://www.dxy.cn/bbs/index.html)是医学、药学、生命科学专业人士获取最新进展、交流专业知识的网络平台。目前,总注册用户数达400多万,总帖子达2 800多万条。该论坛设立了包括丁香园信息发布区、临床医学、基础医学和生命科学、药学、实验技术、公共卫生与预防医学、科研与学习交流、考试交流等多个主题鲜明的讨论区。

小木虫BBS(http://emuch.net/bbs)是中国最有影响力的学术站点之一,创建于2001年,会员主要来自国内各大院校、科研院所的博硕士研究生、企业研发人员,这里拥有旺盛的人气、良好的交流氛围及广阔的交流空间,已成为聚集众多科研工作者的学术资源、经验交流平台。内容涵盖化学化工、生物医药、物理、材料、地理、食品、信息、经管等学科,除此之外还有基金申请、专利标准、留学出国、考研考博、论文投稿、学术求助等实用内容。目前有注册用户361万,帖子7 100多万篇。

6. 网络文库

百度文库是百度发布的供网友在线分享文档的平台。百度文库的文档由百度用户上传,需要经过百度的审核才能发布,百度自身不编辑或修改用户上传的文档内容。网友可以在线阅读和下载这些文档。百度文库的文档包括教学资料、考试题库、专业资料、公文写作、法律文件等多个领域的资料。百度用户上传文档可以得到一定的积分,下载有标价的文档则需要消耗积分。当前平台支持主流的.doc(.docx)、.ppt(.pptx)、.xls(.xlsx)、.pot、.pps、.vsd、.rtf、.wps、.et、.dps、.pdf、.txt文件格式。平台于2009年11月12日推出,2010年7月8日,百度文库手机版上线。2010年11月10日,百度文库文档数量突破1 000万。2011年12月文库优化改版,内容专注于教育、PPT、专业文献、应用文书四大领域。2013年11月正式推出文库个人认证项目。截至2014年4月文库文档数量已突破1亿。

豆丁网(www.docin.com)创立于2008年,致力于打造全球最大的中文社会化阅读平台,为用户提供一切有价值的可阅读之物。目前豆丁网拥有分类广泛的实用文档、众多出版物、行业研究报告,以及数千位行业名人贡献的专业文件,各类读物总数超过2亿,是目前全球最大的中文文档库,成为提供垂直服务的优秀网站之一。

7. 网络百科

维基百科(Wikipedia)是一个自由内容、公开编辑且多语言的网络百科全书协作项目,通过Wiki技术,使所有人都可以简单地使用网页浏览器修改其中的内容。维基百科一词取自于本网站核心技术"Wiki"以及具有百科全书之意的"encyclopedia"共同创造出来的新混成词"Wikipedia",当前维基百科是由维基媒体基金会负责营运。维基百科主要是由网络上志愿者共同合作编写而成,任何使用互联网进入维基百科者都可以编写和修改里面的文章,但是在一些情况下为了避免扰乱或者破坏可能会限制编辑功能。人们可以自由选择使用匿名、化名或者直接用真实身份来编辑维基百科。与传统的百科全书相比,在互联网上运作的维基百科,其文字和绝大部分图片使用GNU自由文件许可协议和"知识共享－署名－相同方式共享"3.0协议(CC-BY-SA 3.0)来提供每个人自由且免费的信息,任何人都可以成为条目的作者,以及在遵守协议并标示来源后直接复制、使用以及发布这些内容。截至2014年12月,中文维基已有条目80多万篇,注册成员190万人,活跃成员7 000人,管理员人数80人。

百度百科是百度公司推出的一部内容开放、自由的网络百科全书平台,其测试版于2006年4月20日上线,正式版在2008年4月21日发布。百度百科旨在创造一个涵盖各领域知识的中文信息收集平台。百度百科强调用户的参与和奉献精神,充分调动互联网用户的力量,汇聚上亿用户的头脑智慧,积极进行交流和分享。同时,百度百科实现与百度搜索、百度知道的结合,从不同的层次上满足用户对信息的需求。截至2014年12月,百度百科收录词条数量已达1 000万个,注册用户520万。

360百科是一个中文百科,是360搜索的重要组成部分,其测试版于2013年1月5日上线,内容涵盖了所有领域知识。其宗旨是帮助用户更加及时、便捷地获得最为准确、权威的信息,并且通过和360搜索的结合,以及同专业网站的合作给予用户最全面的服务。

人卫医学网百科数据库是人民卫生出版社利用多年来积淀的优质内容资源和权威的医学健康领域专家资源搭建的医学百科网站。内容涵盖临床医学、预防医学、药学、中国医学等领域,包括疾病百科、症状体征百科、手术操作百科、实验室检查百科和药物百科等,用规范的语言和丰富的图表予以阐述,可满足用户对权威、可信度高的医学健康内容的需求。截至2014年12月,总共有25 135个词条。

8. 专题网站

(1) 生物谷　生物谷(BioonGroup)创始于2001年,隶属于上海北岸信息技术有限公司。生物谷旗下共有五大网站群,分别是生物谷网站、生物在线、生命科学论坛、医药生物人才网、医药生物汇展网、制药在线。另外还包括园区在线、生物医药大词典、谷友之家、生物医药大百科等。在注重科学性、实用性和权威性的前提下,及时、全面、快速发布生物医药有关的新闻和信息。经过多年不断的发展,目前已成为国内乃至整个亚太地区最重要的生物医药门户之一。

(2) 丁香园　丁香园原名"丁香园医学文献检索网""丁香园医学主页",始建于2000年7月23日,初期以向大家介绍检索经验,传授检索方法和技巧,普及知识共享为建网目标,目前已发展成为中国最大的面向医生、医疗机构、医药从业者以及生命科学领域人士的专业性社会化网络,提供医学、医疗、药学、生命科学等相关领域的专业知识、最新信息的交流与发布平台。丁香园旗下网站有丁香园论坛、丁香人才、丁香通、丁香客、丁香博客、丁香会议、用药助手、PubMed 中文网、调查派等多个网站产品。

其他有关医学信息的专题网站还有 37 度医学网、中华医学会网站、中国医学生物信息网、中国医学健康网、科学网、中国学术会议在线等。

9. 微博

微博（Weibo），微型博客（MicroBlog）的简称，即一句话博客，是一种通过关注机制分享简短实时信息的广播式的社交网络平台。用户可以通过 WEB、WAP 等各种客户端组建个人社区，以 140 字（包括标点符号）的文字更新信息，并实现即时分享。微博作为一种分享和交流平台，其更注重时效性和随意性。

除上述的网络电子资源外，常用的电子信息资源还有会议文献、科技报告、标准文献、学位论文和专利信息等在后续章节中详细介绍。

（胡新平）

第二章 网络信息检索工具

随着计算机网络的发展,网上医学信息资源的不断丰富,网络在医学科研、医疗、教学和交流等各个领域的应用越来越广泛。广大医学工作者面对漫无边际的网络感到茫然,迫切需要掌握快速获取网上信息资源的技术和知识。本章学习目标:了解网络检索工具的组成和基本类型,熟悉搜索引擎的功能和检索规则,掌握常用搜索引擎的使用方法。重点内容:常用搜索引擎的使用,如 Google、百度、Medical Matrix、Medscape。

第一节 网络检索工具概述

网络检索工具是指将 Internet 上大量分散无序的信息经过搜集、加工和整理,按照一定的规则和方法进行组织和系统排列,用以提供信息检索服务的计算机系统。当前,除了基于文件名和目录名检索的 Archie、基于关键词检索的 WAIS、基于菜单检索的 Gopher 外,最主要且最常用的网络信息检索工具是基于超文本的搜索引擎(Searching Engines)。搜索引擎可以是一个独立的网站,也可以是附属在其他类型网站或主页上的一个搜索工具。它具有信息检索服务的开放性、超文本的多链接性和操作简易性的特点。近年来,由于以超文本技术建立起来的 Web 已成为网络信息资源的主流形式,而且 Web 检索工具既以 Web 形式提供服务,又以 Web 资源为主要检索对象,检索范围还涉及其他网络资源形式,如 Usenet、Gopher、FTP 等。因此,基于超文本的搜索引擎已显得格外重要,并成为人们获取网络信息资源的主要检索工具,也几乎成了网络检索工具的代名词。

一、搜索引擎的构成

搜索引擎通过自动索引程序或人工广泛搜集网络信息资源,经过一系列的判断、选择、标引、加工、分类、组织等处理后形成供检索用的数据库,创建目录索引,并以 Web 页面的形式向用户提供有关的信息资源导航、目录索引及检索界面;用户可以根据自己的信息检索需求,按照该搜索引擎的句法要求,通过检索界面输入想要查找的检索项、提问式;系统检索软件接受用户提交的检索提问后,按照本系统的句法规定对用户输入的字符串、运算符、标识符、空格等进行识别和判断后,代理检索者在数据库中查找,并对检索结果进行评估比较,按与检索结果的相关程度排序后提供给检索者。搜索引擎一般由搜索器、索引器、检索器和用户接口 4 个部分组成(图 2-1-1)。

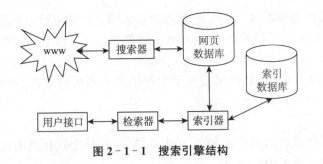

图 2-1-1 搜索引擎结构

1. 搜索器

搜索器的功能是在互联网中漫游,发现和搜集信息。早期的网络用户查找信息时,大多是从一个 WWW 服务器中的某一个 URL 开始,沿着其中的超链(Hyperlink)连接到其他 URL 进行网上信息检索。但由于 Internet 是一个无限、无序、浩瀚无边的信息空间,全世界的 WWW 服务站点数量不计其数,由人工进行的这种网络信息检索既费时费力,又效率低下。到 1994 年,便出现了机器人(Robot)、蜘蛛(Spider)、爬虫(Crawlers)等网络自动跟踪索引程序。它可自动在 Web 上按照某种策略穿行于网络信息空间,访问网络中公共区域的各个站点,记录其网址,标引其内容,进行远程数据的搜索与获取,生成本地索引,并组织建立索引文档,形成供检索的数据库。Robot 等自动索引程序还定期巡视各个网站,不断采集各服务器上新出现的信息并进行标引,及时更新数据库的内容。值得注意的是,不同的自动索引软件所采用的标引和搜索策略不同,其搜寻和标引网页的方式对信息检索的质量亦有直接的影响。

2. 索引器

索引器的功能是理解搜索器所搜索到的信息,从中抽取出索引项,用于表示文档以及生成文档库的索引表。索引表的建立主要包括四个方面,关键词的提取、"镜像网页"(重复网页)、"转载网页"("近似镜像网页")的消除、链接分析和网页重要程度的计算。关键词的提取就是要提取出源网页所含内容的关键词。对于中文来说,就是要根据一个词典 Σ,用一个"切词软件",从网页文字中切出 Σ 所含的词语来,这样,一篇网页就可由一组词来近似代表了,$p = \{t_1, t_2, \cdots, t_n\}$。Web 上的信息存在大量的重复现象,它不仅在搜集网页时要消耗机器时间和网络带宽资源,而且如果在查询结果中出现,也会引来用户的抱怨。因此,消除内容重复或主题内容重复的网页是索引表建立时的一个重要任务。一个网页中一般含有大量链接,HTML 文档中所含的指向其他文档的链接信息不仅给出了网页之间的关系,而且还对判断网页的内容有很重要的作用。如通过链接分析,可以分析出当前网页中哪些信息更为重要。网页重要程度计算的核心思想就是"被引用多的就是重要的",作为 Google 创立核心技术的 PageRank 就是这种思路的成功体现。

3. 检索器

当用户提出查询要求时,检索器将其转换为计算机执行命令,在索引数据库中检索符合查询条件的网页记录,并将检索结果按其相关度进行排序后返回给用户;或者通过层层浏览主题指南系统,获取所需信息。相关度排序(Relevance Ranking)是检索器综合运用某些检索模型(如模糊逻辑、向量空间或概率模型等)对检索结果进行处理,按检索结果与检索要求的相关程度进行计算和评估比较,根据计算结果对文档进行排序,将最相关、最重要的信息排在较前面的位置,优先向用户提供。不同的搜索引擎所采用的检索机制、算法有所不同,布尔逻辑检索是较普遍采用的一种机制,即按照检索项之间的逻辑关系使用布尔逻辑符(如AND、OR、NOT等)来组合检索项,形成检索式后提交查询。除了布尔检索外,许多搜索引擎还提供了一些其他的检索机制,如自然语言检索,即允许用户以短语、句子等自然语言的形式输入检索提问式,而检索软件可根据其中的语义关系进行分析、判断后形成检索策略检索。

4. 用户接口

用户接口的作用是接纳用户查询、显示查询结果、提供个性化查询项等。如简单检索、高级检索等界面就称之为用户接口。

搜索引擎即在由网页组成的文档集合中检索出与用户查询相关的文档。因此,可用衡量传统信息检索系统的性能参数召回率(查全率)和精度(查准率)来衡量搜索引擎的性能,搜索引擎系统其他的衡量指标还包括响应时间、支持峰值查询能力、易用性、返回结果的有效性等。影响一个搜索引擎系统性能的因素很多,主要集中在信息搜集策略和检索模型,包括索引库的更新频率和策略、文档和查询的表示方法、评价文档和用户查询相关性的匹配策略、查询结果的排序方法和用户进行相关度反馈的机制等。

二、搜索引擎的检索功能

1. 布尔检索

布尔检索在网络信息检索中使用得相当广泛,几乎所有的搜索引擎都具备布尔检索功能,如在 Baidu 的简单检索中,"＋"表示"AND","－"表示"NOT",缺省值为"OR"。而有些搜索引擎则完全省略了任何符号和算符,直接把布尔算符隐含在菜单之中。如 Lycos 以"match all terms"表示"AND",以"match any term"表示"OR"。

2. 截词检索

由于截词检索可以提高网络信息检索的查全率,所以绝大多数的网络检索工具都支持截词检索。有的搜索引擎(如 Lycos)是自动截词,而有的搜索引擎(如 AltaVista)则是在一定条件下才能截词。在允许截词的检索工具中,一般是指右截词,部分支持中间截词,左截词十分罕见。

3. 词语检索

在网络信息量相当庞大的今天,单纯依赖关键词检索和布尔检索难以满足多种检索需要,同时由于 Internet 上的网络信息不分字段,所以,AltaVista 等搜索引擎引进了词语检索功能,即邻近(NEAR)算符的具体体现。其在查找人名、专有名词等情况下具有特别的功能。

4. 字段检索

虽然 Internet 上的网络信息不分字段,但是以检索 Web 和用户网信息为主的检索工具设计了类似于字段检索的功能。依据这类功能,用户在检索 Web 信息时,可以把检索范围限制在标题、统一联网地址(URL)或超文本链接点等部分;在检索用户网信息时可把检索范围限制在"来自"、主题或网络讨论小组类别等部分。显然,这种字段检索不能与书目文献数据库中的著者、篇名或主题等检索同日而语。

5. 区分大小写检索(Case-Sensitivity)

区分大小写这一检索特性有助于提高查准率,为此,许多网络检索工具可让用户选择是否要求分辨检索词的大小写。例如,"Web"专指万维网,而"web"表示蜘蛛网。

6. 概念检索

网络检索工具目前所支持的概念检索主要是同义词和近义词检索。例如,在查找"public transportation"这一概念时,使用"bus"或"subway"也能达到检索目的。在此意义上,概念检索实现了受控语言的一部分功能,即控制同义词、广义词或狭义词。

三、搜索引擎的类型

1. 根据检索内容分类

（1）综合性搜索引擎　综合性搜索引擎主要以 Web 网页和新闻组为搜索对象,不受主题和信息类型的限制,信息覆盖范围大,适用用户广。一些常用的综合性搜索引擎如下：

Google(http://www.google.com)

雅虎(http://www.yahoo.com)

微软必应(http://cn.bing.com/)

百度(http://www.baidu.com)

搜狗(http://www.sogou.com)

搜搜(http://www.soso.com)

有道(http://www.youdao.com)

近年来,综合性搜索引擎有超大规模发展趋势,如 Google 就是一个杰出的代表,其具体的使用方法详见本章第二节。

（2）专业性搜索引擎　专业搜索引擎是根据学科专业特点,针对某一专门领域或主题将 Internet 上信息资源进行搜集、整理而成的搜索引擎,一般经过人工筛选和评价,针对性较强,适用于专业人员查找专业信息。由于综合性搜索引擎没有针对医学专业进行优化,因此,检索得来的信息不能充分满足医学用户的查询需求。在 20 世纪 90 年代中期,人们把数据库技术、Web 技术、传统医学信息组织的有关理论和方法有机地结合起来,使得专门用于搜索网上医学信息资源的医学专业引擎应运而生。一些常用的医学专业搜索引擎如下：

Medical Matrix(http://www.medmatrix.org)

Medscape(http://www.medscape.com)

MedExplorer(http://www.medexplorer.com)

Health on the Net,HON(http://www.hon.ch/)

医生指南(Doctors' Guide,http://www.docguide.com)

具体使用方法详见本章第三节。

2. 根据检索功能分类

（1）目录式搜索引擎　目录式搜索引擎,亦称为 Web 目录或 Web 指南(Web Directory 或 Web Guides),是利用传统的信息分类方式,采用人工干预,将各个网络站点按其内容特征逐级划分为不同主题的类目,最终组成一个树状结构的系统目录；用户检索时,只要点击其树状结构的顶层,即可逐层展开,直到查到所需信息。Yahoo 是最早的也是最具代表性的目录式搜索引擎。这种搜索引擎在信息采集、编排、HTML 编码等方面大多由人工编制和维护,以致其数据库收集的网站有限,查全率偏低,但查准率较高。因此有人称之为"专题查询"或"分类查询",特别适合于那些希望了解某一方面或范围内信息但又没有明确搜索目的的用户使用。

（2）全文式搜索引擎（网页级）　全文式搜索引擎(Full-Text Search Engine)是指能够

对网站的每个网页或网页中的每个单词进行查询的搜索引擎。它利用自动索引程序定期对网络信息资源进行搜索,然后自动排序并建立索引数据库,而且不断更新。用户使用全文式搜索引擎时,在输入检索词后,数据库将与检索词相关网页地址的超链接信息迅速反馈给用户。这种方式构成的数据库不需要人工干预,数据库庞大,搜索范围广泛,提供的信息多且全,查全率较高,但查准率偏低,缺乏清晰的层次结构,查询结果中的重复链接也较多。

(3) 元搜索引擎　元搜索引擎就是通过一个统一的用户界面帮助用户,同时在多个搜索引擎上进行搜索,并将结果返回给用户。

(4) 垂直搜索　垂直搜索引擎为2006年后逐步兴起的一类搜索引擎。不同于通用的网页搜索引擎,垂直搜索专注于特定的搜索领域和搜索需求(例如机票搜索、旅游搜索、生活搜索、小说搜索、视频搜索、购物搜索等等),在其特定的搜索领域有更好的用户体验。相比通用搜索动辄数千台检索服务器,垂直搜索需要的硬件成本低,用户需求特定,查询的方式多样。

(5) 集合式搜索　集合式搜索引擎类似元搜索引擎,区别在于它并非同时调用多个搜索引擎进行搜索,而是由用户从提供的若干搜索引擎中选择。

(6) 门户搜索　门户搜索引擎如AOLSearch、MSNSearch等虽然提供搜索服务,但自身既没有分类目录也没有网页数据库,其搜索结果完全来自其他搜索引擎。

四、搜索引擎常用的检索符号和规则

1. 布尔逻辑算符

AND表示逻辑"与",在2个或2个以上检索词的情况下使用,检索结果中必须同时包括这些检索词,其作用是限制检索范围,提高查准率。

OR表示逻辑"或",同样用于检索2个或2个以上检索词的情况,但检索结果中只要有其中至少一个检索词即可,其作用是扩大检索范围,提高查全率。

NOT和ANDNOT二者均表示逻辑"非",即从A检索词中去除B检索词的内容,检索结果中只要A词不要B词,其作用也是缩小检索范围。

以上3种逻辑算符在使用时一般不区分大小写,但其使用具有优先级,其顺序是()＞ANDNOT＞AND＞OR。

ADJ表示2个检索词之间紧邻,后一个检索词紧接着上一个检索词。

2. 空格

不少搜索引擎在输入的检索词之间使用空格,其检索结果相当于使用布尔逻辑算符的AND;用户在输入检索词时要注意对一个意思完整的词不要随意添加空格,否则系统将按多个词检索。

3. 双引号

一般用于对短语或专有名词的检索,可对内容进行精确检索。

4. 逗号

一般在多个词之间用逗号隔开,表示检出结果同时包括这些词。

5. 加号和减号

加号(＋)表示检出结果必须包括的检索词,其作用相当于布尔逻辑算符的AND;减号(－)表示要去除的检索词,其作用相当于布尔逻辑算符的NOT。

6. 通配符

在词干的后面加上通配符（用"*"表示），可将词干相同的词均作为检索词一同检出，如输入 physi*，检出结果将包括 physiatrics、physician、physics、physiology、physiotherapy 等以 physi 开头的检索词。通配符多在简单检索时使用。

7. 检索词位置限定符

常用的有"u:"和"t:"。在检索词前面加"u:"，表示其后的检索词被限定在网址 URL 中进行；在检索词前面加"t:"，表示其后的检索词被限定在网页的题目中进行。

第二节　综合性搜索引擎

一、Google(网址:http://www.google.com)

Google 是由英文单词 googol 变化而来。"googol"是美国数学家 Edward Kasner 的侄儿 Milton Sirotta 创造的一个词，表示 1 后边带有 100 个零的巨大数字，隐喻了 Google 公司试图征服 Internet 上无穷无尽信息资料的雄心壮志。Google 由美国 Stanford 大学计算机科学系的 Larry Page 和 Sergey Brine 博士于 1998 年 5 月创建，当年 9 月发布测试版，一年后正式开始商业运营，以其强大的功能、丰富的资源赢得了越来越多的用户。

Google 富于创新的搜索技术和典雅的用户界面设计使其从当今的第一代搜索引擎中脱颖而出。Google 主页简洁明晰（图 2-2-1），页面左上角设有所有登录用户、图片、地图、Play 应用商店、YouTube 视频、新闻、邮箱（Gmail）以及更多选项，便于用户直接按其所需进行检索。

图 2-2-1　Google 主页（选自 2014 年 12 月 26 日）

1. 网页检索

（1）基本检索（Google Search）　在主页检索框内直接输入检索词后，按回车键（Enter）或单击"Google Search"按钮，即可检出所需相关网站，且每个搜索结果都包含从该网页抽出的一段摘要，提供了搜索关键词在网页中的上下文。Google 检索不仅简洁方便，而且严谨细致，可帮助用户找到最重要、最相关的信息。例如，当 Google 对网页进行分析时，它还会考虑到与该网页链接的其他网页上的相关内容，并优先列出与检索关键词相距较近的网页。

值得一提的还有 Google 的"手气不错"设置。单击"手气不错"按钮后，系统将检出 Google 推荐的最佳相关网站，用户完全看不到其他的搜索结果。使用"手气不错"检索时，系统用于搜索网页的时间较少,而用于检查网页的时间较多。例如,要查找 Stanford 大学的主页,只需在搜索字段中输入"Stanford"后,Google 将直接带检索者进入 Stanford 大学的主页 www.stanford.edu。

Google Search 的检索规则主要有:

① 自动使用"and"进行查询,即关键词之间默认逻辑关系为"and",不需要在关键词之间加"and"或"＋"号;如果想缩小检索范围,只需输入更多的关键词,只要在关键词中间注意留空格就行了。例如,检索"SARS 的预防",只需输入"SARS prevention"或"非典型肺炎 预防"即可。

② Google 会自动忽略"http"".com"和"的"等最常用的字符以及数字和单字,因为这类字词(Google 称之为忽略词)不仅无助于缩小查询范围,而且会大大降低检索速度。但使用双引号可将这些忽略词强加于检索项,以达到精确检索或短语检索的目的。例如:输入"柳堡的故事"时,加上双引号会使"的"强加于检索项中;再如:输入"hepatitis B virus"时,可以准确查询乙肝病毒方面的信息。此法在查找专用名词时也格外有用。

③ 为了提供最准确的信息,Google 不使用"词干法",也不支持通配符"＊"搜索。也就是说,Google 只搜索与输入的关键词完全一样的字词。例如:搜索"googl"或"googl＊",不会得到类似"googler"或"googlin"的结果。因此,在检索时需经常试用不同写法的关键词。

④ Google 检索不区分英文字母大小写。所有的字母均当作小写处理。例如:输入"MEDLINE""Medline"或"medline",得到结果都是一样的。

⑤ 有一些词后面加上冒号对 Google 具有特殊的含义。

"site:"表示要在某个特定的域或站点中进行搜索。例如在 Google 检索框中输入"汽油调价 site:www.sohu.com",将找出 Sohu 站点上的所有"汽油调价"内容。

"link:"表示将显示所有指向其网址的网页。例如,在 Google 检索框中输入"link:www.google.com"将找出所有指向 Google 主页的网页,但要注意"link:"搜索不能与普通关键词结合使用。

(2) 高级检索(Advanced Search) 点击右下角的设置,选择"高级检索",进入 Google 高级检索界面(图 2-2-2),该界面设置了 10 多个选项,读者只需按其显示的菜单提示即可完成检索。其内容包括:

① 搜索条件设定。以下所有字词:输入的全部字词之间是 and 关系;与以下字词完全匹配:精确短语,相当于用引号将输入词引起,即需要完全匹配的字词;以下任意字词:在所需字词之间添加 OR;不含以下任意字词:排除的字词,相当于使用逻辑 not。

② 搜索结果精炼。可通过网页的语言、发布的地区、时间、网站、网页中的位置等来提升搜索结果的精度。

③ 语言。查找特定语言的网页,下拉菜单提供 47 种语言选择,包括简体中文和繁体中文。

④ 地区。查找在特定地区发布的网页,下拉菜单提供 200 多个国家和地区选择。

⑤ 最后更新时间。查找在指定时间内更新的网页。

⑥ 网站或域名。搜索某个网站(例如 wikipedia.org),或将搜索结果限制为特定的域名类型(例如.edu、.org 或.gov)。

⑦ 字词出现位置。在整个网页、网页标题、网址或指向您所查找网页的链接中搜索字词。

⑧ 安全搜索。指定安全搜索针对色情内容的过滤等级。

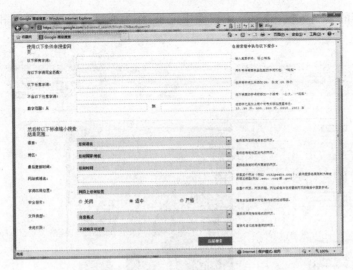

图 2-2-2　Google 高级检索界面(选自 2014 年 12 月 26 日)

⑨ 文件类型。查找采用检索者指定格式的网页，可指定搜索(.pdf)、(.ps)、(.dwf)、(.kml)、(.xls)、(.ppt)、(.doc)等多种格式文件。

⑩ 使用权限。查找可自己随意使用的网页。

用户还可以使用查找类似网页或相应网页、搜索访问过的网页、在搜索框中使用运算符、自定义搜索设置等功能。

此外，Google 的网页快照可以让用户较快地预览网站内容，做出结果判断。

网页快照(Cached)：Google 在访问网站时，会将看过的网页复制一份网页快照，以备在找不到原来的网页或网页服务器暂时中断时使用。单击搜索结果链接最后的倒三角"网页快照"图标时，检索者将看到 Google 将该网页编入索引时的页面。Google 依据这些快照来分析网页是否符合检索者的需求。在显示网页快照时，其顶部有一个标题，用来提醒检索者这不是实际的网页。符合搜索条件的词语在网页快照上突出显示，便于检索者快速查找所需的相关资料。尚未编入索引的网站没有网页快照。如果网站的所有者要求 Google 删除其快照，这些网站也没有网页快照。

另外，在主页右侧的"语言工具"中，可帮助用户选择搜索特定语言或国家的网页。它支持包括简体中文和繁体中文在内的多达 88 种的界面语言，尤其是它将英文与其他语种的检索界面合二为一，如中英文检索界面合为一体，既可要求检索所有网站，也可只搜索其他语种的网站。通过"使用偏好"设置，可将所有网页的内容转换成用户熟悉的语言，并可提供中文简体和繁体文本之间的自动"翻译"转换。即 Google 运用智能型汉字简繁自动转换系统，为用户找到更多的相关信息。该系统不是简单的字符变换，而是中文简体和繁体文本之间的"翻译"转换。例如简体的"计算机"会对应于繁体的"電腦"。当检索者搜索所有中文网页时，Google 会对搜索项进行简繁转换后，同时检索简体和繁体的网页，并将搜索结果的标题和摘要转换成与搜索项相同的文本，以便检索者阅读。

2. 图书检索

在 Google 大全中，点击图书搜索，即进入图书检索界面，输入检索关键字检索后，点击某一图书搜索的结果的链接将打开新的页面，用户可以查看书籍中的部分页面内容以及相关链接到出版商的网站和书店的广告。Google 以限制网页的浏览数量来阻止书籍被打印和保护文字内容的复制版权,并追踪用户使用记录,作为通过各种准入限制和保障措施的依据(图2-2-3)。

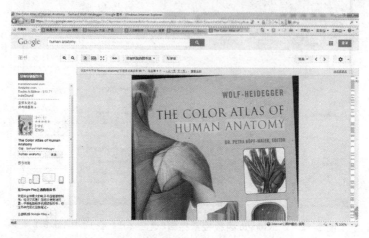

图2-2-3　Google图书检索结果页面(选自2014年12月26日)

3. 图片检索

要使用图片检索,只需在主页上点击"图片"按钮,即进入图片检索界面。使用Google图片检索可以搜索超过几十亿个图像、照片信息。用户在检索框内输入检索词后回车或点击"Google搜索"按钮,即可看到以缩略图形式排列的检索结果(图2-2-4),还可以通过单击页面左侧的"尺寸""颜色""类型"等参数选择,过滤搜索结果。单击要查看图片的缩略图,就会看到放大的图像,还可以看到原始图像所在的页面(图2-2-5)。图像检索还提供高级检索界面,可对查询页面、图像大小、图像类型、图像颜色及网域等内容进行限定检索。检索结果可采用gif、jpg、pdf等格式下载,并有相关网页的链接。

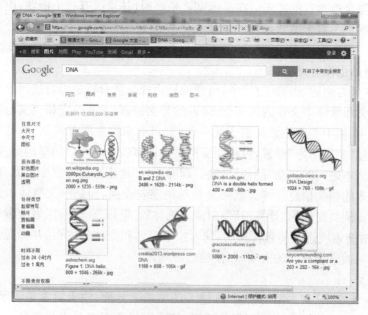

图2-2-4　Google图片检索结果页面(选自2014年12月26日)

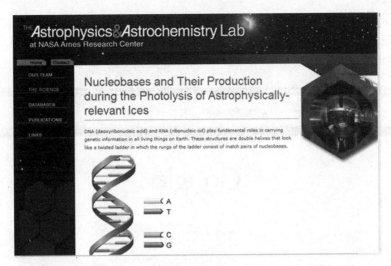

图 2-2-5 Google 检索的原始图像页面(选自 2014 年 12 月 26 日)

4. 视频检索

在 Google 大全中,点击视频搜索,即进入视频检索界面,输入检索关键字检索后,即出现搜索结果页面(图 2-2-6),用户还可以对搜索结果利用视频时间长短、更新的时间范围、视频画质、视频来源等对搜索结果进一步精炼,也可以利用高级检索来设置自己的检索要求。

图 2-2-6 Google 视频检索结果页面(选自 2014 年 12 月 26 日)

5. 学术搜索概述

Google 学术搜索提供了一种可广泛搜索学术文献的简便方法。用户可以通过 Google 学术搜索引擎,检索到来自学术著作出版商、专业性社团、预印本、各大学及其他学术组织的众多学科的经同行评论的论文、图书和摘要,并可帮助用户在整个学术领域中确定相关性最强的研究。Google 学术搜索(https://scholar.google.com/? hl=zh—CN)的初始界面如图 2-2-7 所示。Google 学术搜索主页上提供了"我的图书馆""我的著作引用情况""快讯""统计指标"和"设置"等功能。

图 2-2-7　Google 学术检索首页(选自 2014 年 12 月 26 日)

"我的图书馆":使用"我的图书馆"功能,必须先申请 Google 账户,并登录。当用户通过 Google 学术搜索检索到相关学术资料后,点击检索结果下方的"保存",则可将结果保存到图书馆,供日后阅读或引用。点击"我的图书馆",查看图书馆中的所有文章和搜索文章全文。如果用户创建了学术搜索个人学术档案,则可将自己撰写的文章自动放入"我的图书馆",同时还可以导入自己引用过的所有内容。

"我的著作引用情况(Google Scholar Citation,个人学术档案)":个人学术档案为作者提供了一种简单的方式来跟踪自己文章的引用情况。用户可以查看谁引用了自己的出版物,并可以图表形式查看各个时段的引用情况,同时可计算多项引用指标。作者也可以将个人学术档案公开,当其他人搜索作者姓名时,作者的个人学术档案就可以显示在 Google 学术搜索的结果中。用户可以一次添加数组相关的文章,而不是一次只添加一篇文章,用户甚至可以选择自动更新文章列表。当 Google 学术搜索发现网络上有对自己作品的新引用时,会自动计算并更新作者的引用指标。注册 Google Scholar Citations 个人学术档案分为 5 个步骤:首先,创建常规 Google 账户,或登录已有的 Google 账户。建议使用私人账户而不是工作账户,这样可以根据自己的需要长期保留个人学术档案。其次,登录 Google 账户后,Citations 注册表单会要求确认姓名的拼写是否正确,并要求输入所在单位机构、兴趣爱好等内容,建议同时输入大学电子邮件地址,以便个人学术档案有资格出现在 Google 学术搜索的搜索结果中。第三步,Google 自动搜索用户的作品,在显示的页面上可看到由和前面输入姓名相近的作者所写的数组文章,点击每个所属文章组旁边的"添加所有文章",或点击"查看所有文章"可从该组添加特定的文章。如果未在这些组中看到作者自己的文章,可点击"搜索文章"通过 Google 学术搜索进行常规搜索,然后添加文章,一次一篇。添加完文章后,在 Google 学术搜索中的文章数据发生变化时,可以将这些更新自动应用到个人学术档案,也可以选择先查看更新。最后,将看到自己的个人学术档案,上传照片,访问提供的大学电子邮件收件箱并点击验证链接,仔细查看文章列表,可选择将个人学术档案公开,当有人搜索作者自己的姓名时,个人学术档案便能够出现在 Google 学术搜索中了(图 2-2-8)。

图 2-2-8　Google 个人学术档案界面(选自 2014 年 12 月 26 日)

"快讯":Google"快讯"可通过设置相关关键词,系统会自动检索相关信息,并在学术快讯栏中显示并更新。

"统计指标":谷歌统计指标提供了作者快速判断在学术出版物上最近发表的文章的影响力的一个简单的方法。"统计指标"可帮助作者选择在何种学术出版物上发布他们的最新研究。

"学术搜索设置":可对每页搜索结果数、搜索结果打开方式、选用何种参考书目管理软件、界面语言等参数进行设置。

6. 学术搜索使用

Google 学术搜索提供简单搜索和高级搜索两种功能。通过添加优化搜索字词的"操作符",可以提高在 Google 学术搜索检索的准确性和有效性。某些情况下,可以直接在 Google 学术搜索的搜索框中添加操作符;有时,需要使用"高级学术搜索"页,点击搜索框右侧的"倒三角",则可弹出高级学术搜索(图 2-2-9)。

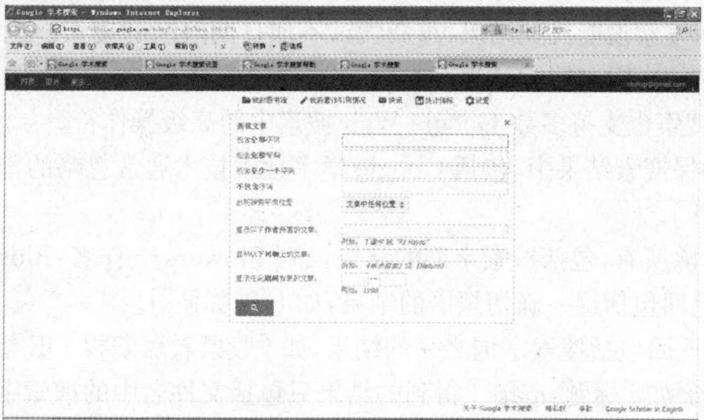

图 2-2-9　Google 高级学术搜索界面(选自 2014 年 12 月 26 日)

最常见的 Google 学术搜索操作符有"作者搜索""出版物限制""日期限制"和"其他操作符"。

"作者搜索"是找到某篇特定文章最有效的方式之一。如果知道要查找的文章作者,只需将其姓氏添加到搜索字词中。例如:搜索［friedman regression］(弗里德曼 回归)会返回以"regression"为主题的、由名为"Friedman"的人撰写的文章。如果检索者想搜索某位作者的全名或姓氏及首字母,则输入加引号的姓名:["jh friedman"]。如果某个词既是人名也是普通名词,最好使用"作者:"操作符。该操作符只影响到紧挨其后的搜索字词,因此"作者:"和搜索字词之间不能有空格。例如:[作者:flowers](人名弗劳尔,也是花的意思)会返回由名为"Flowers"的人撰写的文章,而 [flowers — 作者:flowers] 会返回关于花的文章,而忽略由名为"Flowers"的人撰写的文章[搜索字词之前的减号(—)会排除包含这一搜索字词的搜索结果]。也可以使用将作者全名加引号的操作符,来进一步缩小搜索范围。尽量使用首字母而不要使用全名,因为 Google 学术搜索编入索引的某些来源仅提供首字母。例如:要查找 Donald E. Knuth(唐纳德·E. 克努特),检索者可以尝试 [作者:"d knuth"]、[作者:"de knuth"]或[作者:"donald e knuth"]。

出版物限制搜索(该选项只适用于高级学术搜索页)只返回来自特定出版物、针对特定字词的搜索结果。例如,如果要在《金融研究》上搜索有关共同基金的文章,可以进入高级学术界面,在"查找文章"输入框中输入"基金",在"显示以下刊物上的文章"输入框中输入"金融研究"即可。Google 学术搜索从许多来源收集书目数据,包括从文字和引言中自动提取,信息可能不完整甚至不准确;例如,许多预印本没有介绍文章是在哪里(甚至是否最终出版)。通常情况下,如果确定自己在找什么,出版物限制的搜索是有效的,但搜索范围比期望值要窄。例如:比较两种搜索方法,一种是在所有出版物上搜索["共同基金"],另一种是只在《金融研究》上搜索"基金",可能会发现前者会提供更多有用的搜索结果。同时,一本杂志名称可能会用多种方式进行拼写,例如 Journal of Biological Chemistry(《生化杂志》)经常被简写为 J Biol Chem,因此为了得到完整的搜索结果,需要对同一出版物多尝试几种拼写方法。

日期限制(该选项只出现在"高级学术搜索"页中):在寻找某一特定领域的最新刊物时,日期限制搜索可能会比较实用。例如:想要搜索从 2004 年陆续出版的超导薄膜方面的文章,在"查找文章"输入框中输入"超导薄膜",在"显示在此期间发表的文章"输入框中输入"2004"即可。有些网站资源没有标注出版日期,而日期限制搜索是无法搜索到合适结果的。如果通过日期限制搜索没能找到结果,重新尝试不加日期限制的搜索。也可以先搜索,再通过左边的"时间设置"来限制搜索结果。

Google 学术搜索也支持多数 Google Web 搜索中的高级操作符。

"+"操作符确保搜索结果中,包括 Google 学术搜索技术通常忽略的普通字词、字母或数字,如 [+de knuth]。

"—"操作符排除所有,包括搜索字词的结果,如 [Flowers —作者:Flowers]。

短语搜索只返回包括这一确切短语的结果,如 ["随你便"]。

"OR"操作符 返回包括搜索字词之一的结果,如 [股票看涨期权 OR 看跌期权]。

"标题:"操作符 如 [标题:mars] 得到的结果只包括文件名中的搜索字词。

Google 学术搜索的结果显示界面如图 2-2-10 所示。

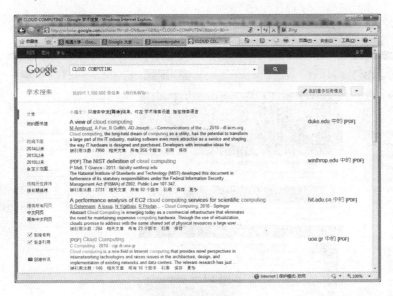

图 2-2-10　Google 学术检索结果页面（选自 2014 年 12 月 26 日）

对于 Google 学术搜索的每个搜索结果，一般包含来源网页、被引用次数、相关文章、所有版本、引用和保存等几个链接。

被引用次数：点击该链接，则显示引用该文献的所发表的文献。

相关文章：点击该链接，可以看到与该文相关的文章列表。对列表中的相关文章进行排名时主要依据的是这些文章与原始结果的相似程度，但也考虑每篇论文的相关性，找到一系列相关的论文和书籍通常是新手熟悉某个主题的最佳方法。

所有版本：点击该链接，显示 Google 学术搜索搜索结果的多个来源。

引用：点击该链接，显示该文章的引用格式，复制并粘贴一种已设定格式的引用格式，或利用 BibTeX、EndNote、RefMan、RefWorks 其中一个链接导入到参考书目管理软件中。

保存：点击该链接，可将该文章链接保存到"我的图书馆"。

图书馆搜索：点击"更多"中的图书馆搜索链接，可以通过 OLOC 的 World Cat 搜索到离你最近的保存该文章的图书馆。

二、Yahoo（网址：http://www.yahoo.com）

Yahoo 是因特网上最早的一个分类搜索引擎，由美国 Stanford 大学电机工程系的费罗（David Filo）和杨致远（Jerry Yang）博士于 1994 年 4 月创建。2014 年 9 月 28 日，雅虎公司宣布 Yahoo Directory 将与 Yahoo Education、视频分享 Qwiki 等服务一起被关闭。目前，Yahoo 主要提供基于网页的信息检索服务（图 2-2-11）。

三、百度

百度搜索是全球最大的中文搜索引擎，2000 年 1 月由李彦宏、徐勇两人创立于北京中关村，致力于向人们提供"简单，可依赖"的信息获取方式。百度搜索包括网页搜索、图片搜索、视频搜索、音乐搜索、地图搜索、新闻搜索、词典搜索等（图 2-2-12）。

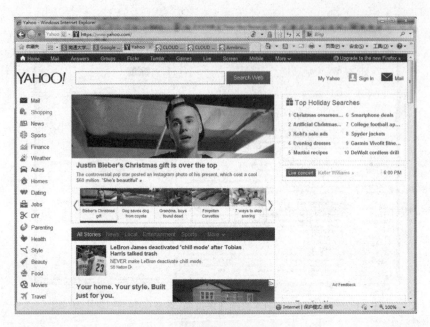

图 2-2-11 Yahoo 主页（选自 2014 年 12 月 26 日）

图 2-2-12 百度主页（选自 2014 年 12 月 26 日）

1. 百度快照

每个未被禁止搜索的网页，在百度上都会自动生成临时缓存页面，称为"百度快照"。当遇到网站服务器暂时故障或网络传输堵塞时，可以通过"快照"快速浏览页面文本内容。百度快照只是临时缓存网页的文本内容，网页中图片、音乐等非文本信息仍是存储于原网页。当原网页进行了修改、删除或者屏蔽后，百度搜索引擎会根据技术安排自动修改、删除或者屏蔽相应的网页快照。

2. 相关搜索

选择不妥当的查询词经常会导致搜索结果不佳，百度"相关搜索"提供一系列参考查询词来实现启发搜索。百度"相关搜索"的提示按搜索热门度排序排布在搜索结果页的下方。

3. 拼音提示

如果只知道某个词的发音,却不知道怎么写,或者嫌某个词输入麻烦,只要输入查询词的汉语拼音,百度就能把最符合要求的对应汉字提示出来。拼音提示显示在搜索结果上方。

4. 错别字提示

当输入一些错别字进行搜索时,百度会自动给出错别字纠正提示,错别字提示显示在搜索结果上方。如,输入"唐醋排骨",提示如下:您要找的是不是:糖醋排骨。

5. 英汉互译词典

百度网页搜索内嵌英汉互译词典功能。如果想查询英文单词或词组的解释,可以在搜索框中输入想查询的"英文单词或词组"+"是什么意思",搜索结果第一条就是英汉词典的解释,如,received是什么意思。如果想查询某个汉字或词语的英文翻译,可以在搜索框中输入想查询的"汉字或词语"+"的英语",搜索结果第一条就是汉英词典的解释,如,龙的英语。

6. 计算器和度量衡转换

百度网页搜索内嵌的计算器功能能快速高效地解决计算需求。只需简单地在搜索框内输入计算式,回车即可得到计算结果。百度计算器支持的运算包括加法(+或＋)、减法(-或－)、乘法(*或×)、除法(/)、幂运算(^)、阶乘(！或!),支持的函数包括正弦、余弦、正切、对数,还支持上述运算的混合运算。

在百度的搜索框中,还可以做度量衡转换。格式如下:换算数量换算前单位=? 换算后单位。例如:-5摄氏度=? 华氏度。百度支持如长度、面积、体积、重量和温度等类别的不同单位转换。

7. 专业文档搜索

在互联网上很多有价值的资料并非是普通的网页,而是以 Word、PowerPoint、PDF 等格式存在。百度支持对 Office 文档(包括 Word、Excel、Powerpoint)、Adobe PDF 文档、RTF 文档进行全文搜索。在普通的查询词后面,加"filetype:"进行文档类型限定,即可搜索这类文档。"Filetype:"文件格式有 DOC、XLS、PPT、PDF、RTF、ALL。其中,ALL 表示搜索所有这些文件类型。也可以通过百度文档搜索界面(http://file.baidu.com/),直接使用专业文档搜索功能。

8. 股票、列车时刻表和飞机航班查询

在百度搜索框中输入股票代码、列车车次或者飞机航班号,就能直接获得相关信息。例如,输入深发展的股票代码"000001",搜索结果上方,显示深发展的股票实时行情。也可以在百度常用搜索中进行上述查询。

9. 天气查询

在百度搜索框中输入要查询的城市名称加上天气这个词,就能获得该城市当天的天气情况。例如:搜索"北京天气",就可以在搜索结果上面看到北京今天的天气情况。百度支持全国多达 400 多个城市和近百个国外著名城市的天气查询。

10. 货币换算

在百度网页搜索框中键入需要完成的货币转换,单击"回车"键或点击"百度一下"按钮即可。例如:查 100 美元等于多少人民币,输入 1USD=? RMB 即可。

11. 高级搜索语法

Intitle:把搜索范围限定在网页标题中。例如,找林青霞的写真,输入:写真 intitle:林青霞,intitle:和后面的关键词之间不要有空格。

site:把搜索范围限定在特定站点中。例如,在天空网下载 msn 软件,输入:msn site:skycn.com,"site:"后面跟的站点域名,站点域名不要带"http://";另外,site:和站点名之间不要带空格。

inurl:把搜索范围限定在 url 链接中。例如,找关于 photoshop 的使用技巧,可以这样查询:photoshop inurl:jiqiao。上面这个查询串中的"photoshop",是可以出现在网页的任何位置,而"jiqiao"则必须出现在网页 url 中。inurl:语法和后面所跟的关键词不要有空格。

双引号和书名号:精确匹配。例如,搜索"上海科技大学",如果不加双引号,搜索结果被拆分,效果不是很好,但加上双引号后,"上海科技大学"获得的结果就全是符合要求的了。书名号是百度独有的一个特殊查询语法。在其他搜索引擎中,书名号会被忽略,而在百度,中文书名号是可被查询的。加上书名号的查询词,有两层特殊功能,一是书名号会出现在搜索结果中;二是被书名号包含的内容,不会被拆分。书名号在某些情况下特别有效果,例如,查找电影"手机",如果不加书名号,很多情况下出来的是通讯工具——手机,而加上书名号后,《手机》的搜索结果就都是关于电影方面的了。

"-":搜索结果中不含特定查询词。例如,搜神雕侠侣,希望是关于武侠小说方面的内容,输入:神雕侠侣 -电视剧。前一个关键词和减号之间必须有空格,否则,减号会被当成连字符处理,而失去减号语法功能。减号和后一个关键词之间,有无空格均可。

高级搜索和个性设置:使用百度集成的高级搜索界面,可以方便地做各种搜索查询。还可以根据自己的习惯,在搜索框右侧的设置中,改变百度默认的搜索设定,如搜索框提示的设置,每页搜索结果数量等。

12. 搜索框提示

百度会根据输入的内容,在搜索框下方实时展示最符合的提示词。只需用鼠标点击想要的提示词,或者用键盘上下键选择自己想要的提示词并按回车,就会返回该词的查询结果。

第三节 专业性搜索引擎

一、Medical Matrix(网址:http://www.medmatrix.org/index.asp)

Medical Matrix 是由美国医学信息学会(American Medical Informatics Association,AMIA)于1994年创建并负责维护的世界著名医学搜索引擎,它以搜集 Internet 上的临床医学信息为主,收录了 6 000 多个医学网站,1 500 多万个链接。它所收录的网站全部经过AMIA 资深专家的认真筛选和审定,以保证质量,其目标是建成"21世纪的多媒体临床医学数据库"(图 2-3-1)。

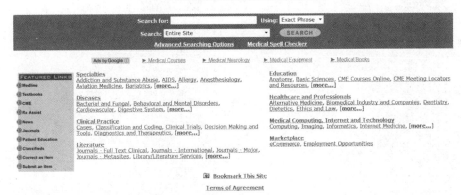

图 2-3-1　Medical Matrix 主页（选自 2014 年 12 月 25 日）

1. Medical Matrix 质量分级标准

Medical Matrix 采用 5 个星号对所收录的网络资源进行质量分级。其标准如下：

★ 表示该网站的内容是经过精心编辑的，有一定实用价值，但内容不够丰富（评分：1～10）。

★★ 表示该网站的内容通常是可靠的，更新维护及时，站点设计比较合理，但作为常规临床信息资源的可参考价值不大（评分：11～20）。

★★★ 表示该网站的内容参考价值较大，站点设计好，更新维护及时，具备多种功能，使用方便（评分：21～30）。

★★★★ 表示该网站是该领域的杰出网站，内容丰富，参考价值大（评分：31～40）。

★★★★★ 表示该网站是在 Internet 医学领域获得成功的最优秀网站之一（评分：41～50）。

2. Medical Matrix 主题分类

Medical Matrix 按内容分为 8 个大类：

① 专业（Specialties）：按学科、专业领域进行的分类。

② 疾病（Diseases）：按疾病进行的分类。

③ 临床实践（Clinical Practice）：主要包括病例、临床试验、医学伦理、患者教育、临床讨论等分类。

④ 文献（Literature）：主要包括医学期刊的全文、文摘、医学文献检索、教科书等文献资源网站。

⑤ 教育（Education）：主要收录了与医学教育有关的内容，如解剖学、基础科学、医学继续教育在线课程、医学院校等网站。

⑥ 卫生保健与职业（Healthcare and Professionals）：主要包括替代医学、生物医学工业与公司、伦理与法律、护理、物理治疗等医疗职业分类。

⑦ 医用计算机、互联网和技术（Medical Computing，Internet and Technology）：主要包括远程医学、医学影像、信息学、医学软件等分类。

⑧ 市场（Marketplace）：收录了电子商务、工作机会等网站。

每个大类下又分二级类目，如"专业"下分 66 个二级类目，使用时逐层点击即可。每个二级类目名称后面括号里的数字表明该类目所收录的站点数（图 2-3-2）。

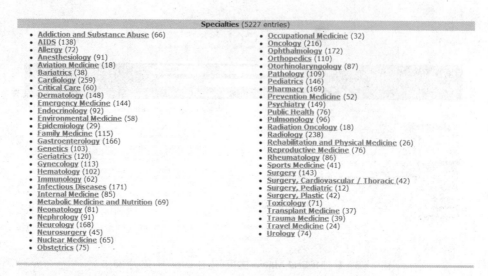

图 2-3-2　Medical Matrix 二级类目（选自 2014 年 12 月 26 日）

在分类页面的左侧，还有一个"featured links"分类栏目，包括 Medline、Textbooks（教科书）、CME（继续医学教育）、News（新闻）、Journals（期刊）、Patient Education（患者教育）等。点击此分类目录，可直接进入检索，了解该类目下收录的所有网站情况，如在教科书链接中可直接检索著名的药物手册、医学百科全书（The Gale Encyclopedia of Medicine）等。同时，这些类目也是上述主题分类的亚类目，如在疾病分类中的每一疾病类目中，都包含有 News、Journals、Textbooks、Patient Education 等亚类。系统对每一收录内容均有简明扼要的描述，并按上述 1～5 个星号进行相关性质量分级。

3. 检索方式

用户首次进入 Medical Matrix 时，系统会提示在主页 Registration 栏中注册。在注册页中按表格提示逐项填写后，点击"Submit"即完成注册。Medical Matrix 提供的免费邮件列表，要求用户在第一次使用时注册用户名和地址，此后即可定期收到网上新增医学站点及最新动态的消息。

Medical Matrix 提供分类检索和关键词检索 2 种查询方式。

分类检索非常详细，层次结构严密，在大类下点击所需的下位类，检索结果则按信息的不同类型提供与该类目有关的新闻（News）、杂志（Journals）、教科书（Textbooks）、主要站点/主页（Major Sites/Home Pages）、临床指南/常见问题解答（Practice Guidelines/FAQs）、影像，病理/临床（Images, path./clinical）、继续医学教育（CME）、教材（Educational Materials）、全文/多媒体（Full Text/Multimedia）、热点问题（Forums）等。

关键词检索又分简单检索和高级检索。简单检索只需在检索框（Search for）中直接输入检索词，可利用检索框右侧的下拉菜单选择精确短语（Exact Phrase）、所有词（All words）或任何词（Any words），亦可在检索框下方的下拉菜单中用资源类型进行限定检索，如只要新闻消息、病理/临床影像资源、X-ray 信息、医学继续教育等。选择后点击绿色的"Search"按钮即可执行检索，获得相关信息。其高级检索（Advanced Searching Options）除提供检索词选项外，还有文摘、杂志、多媒体、病例、新闻等，可对检索结果进行多项选择，以达到精确检索的目的（图 2-3-3）。

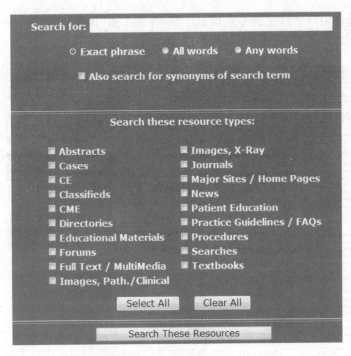

图 2-3-3 Medical Matrix 高级检索界面(选自 2014 年 12 月 26 日)

值得注意的是,Medical Matrix 的主题分类浏览方式是查全某类信息的较好工具,而采用关键词检索往往要注意选词适当,以免影响检索质量。另外,其特有的单词拼写检查"Medical Spell Checker"功能,可帮助用户判断输入的检索词是否准确(图 2-3-4)。

图 2-3-4 Medical Matrix 单词拼写检查界面(选自 2014 年 12 月 26 日)

二、Medscape(http://www.medscape.com)

1. 概述

Medscape 为由美国 WebMD 公司研制开发的 Heart.org 和 eMedicine.com 专业性的卫生健康网络的一部分,为行业专家、初级保健医生和其他卫生专业人员提供最强大的和综合的基于 Web 的医疗信息与教育工具。通过简单免费的注册,Medscape 将根据注册资料,自动提供一个最适合用户个性化的专业网站。Medscape 由"News & Perspective""Drugs & Diseases"和"CME & Education"三部分组成(图 2-3-5)。

图 2-3-5　**Medscape 主页**(选自 2015 年 1 月 8 日)

2. Medscape 新闻和观点

Medscape 的 News & Perspective 提供多个医学专业相关内容,每一个专业都有自己的定制的专业网站。专业内容在 WebMD 项目主任和医学专家咨询委员会的指导下评估、创建和发布。各个专业网站的风格基本相同,以便用户在访问不同专业网站的过程中,知道在哪里找到喜欢的栏目或内容。每个网站通常包含以下几个部分:① 焦点(In Focus):本周的头条文章(一般每周更新两次);② 今日新闻(Today's News):当天的头条新闻(每日更新);③ 新闻和观点(News & Perspective):特定兴趣或主题;④ 专家角(Expert Corner)或专栏(COLUMNISTS):基于关心的话题,专家开辟的专栏内容或问答;⑤ 会议中心:发布最新医学会议信息;⑥ 期刊和热点论文:提供一些最新或关注的论文全文。

3. Medscape 药物与疾病

Medscape 的临床参考是为医生和医疗保健专业人士提供最权威和最方便的医疗参考信息,这些内容可通过大多数的移动设备在线获取,并且都是免费的。临床信息来自于美国和世界各地的领先的学术医疗中心的高级医师及药师的专业知识与实践知识(图 2-3-6)。

本主题提供了综合的超过 30 个医学专业的临床参考,包括内容如下:

药品、非处方药和草药:提供 7 100 多种处方药、非处方药、草药和补品的临床参考,包括其剂量和用法、药物反应、副作用、用药提醒、哺乳和孕妇用药注意、药理作用、药物品牌及图片和患者用药手册等(图 2-3-7)。

疾病和健康状况:提供 6 000 篇以上循证和医师审查过的疾病和健康状况的文章,可快速、全面地回答临床问题,并且提供更深入的信息以帮助临床诊断、治疗和其他临床决策。提供的文章内容丰富,含 40 000 多个临床照片、视频、图表和 X 影像学图像(图 2-3-8)。

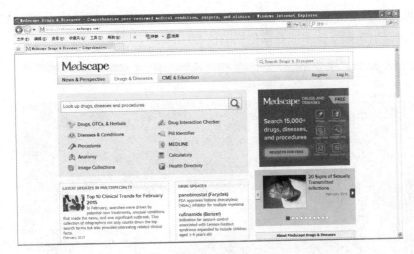

图 2-3-6　Medscape 药物与疾病界面（选自 2015 年 1 月 8 日）

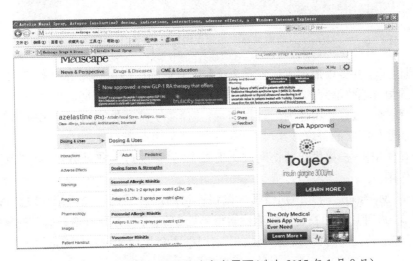

图 2-3-7　Medscape 药物临床参考界面（选自 2015 年 1 月 8 日）

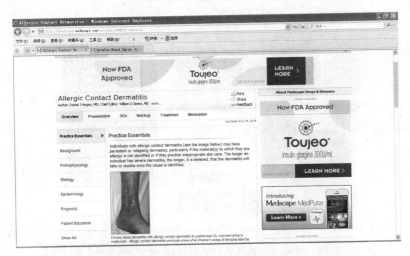

图 2-3-8　Medscape 变应性接触性皮炎循证论文界面（选自 2015 年 1 月 8 日）

临床规程:提供1 000多篇临床规程的文章,通过一步一步的清晰的指示,包括教学视频和图片,让临床医生掌握新技术或提高他们的技能(图2-3-9)。

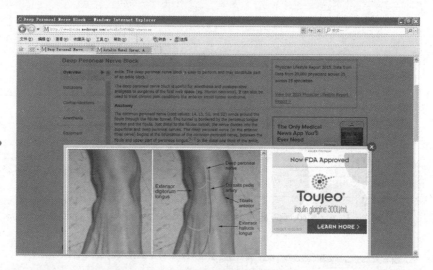

图2-3-9　Medscape腓深神经阻滞临床规程界面(选自2015年1月8日)

解剖:提供了100多篇描述人体主要系统和器官的临床影像和图解的解剖学文章,有助于从解剖学的角度理解治疗的具体情况和执行的临床规程,还可以促进医患的讨论。

图像收藏:提供数百个图像的幻灯片演示,让读者了解常见疾病和罕见疾病的知识,介绍相关案例和目前医学的争议。

药物相互作用检查:提供快速访问成千上万个品牌处方药、非处方药、草药及其增补物之间的相互作用。

药丸识别:Medscape药丸识别检索可以快速帮助用户通过药丸印记、颜色、形状、包装等,从超过10 000种片剂和胶囊中快速检索得到处方药、非处方药及增补物。检索结果提供药品名称、详细的药丸的特征、药物剂量、相互作用、不良反应和警告信息等(图2-3-10)。

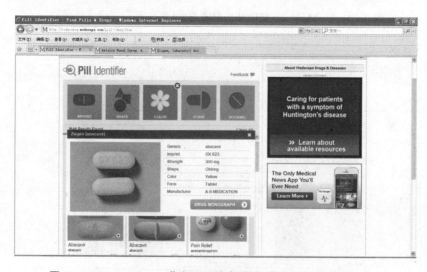

图2-3-10　Medscape药丸识别检索界面(选自2015年1月8日)

计算器:Medscape提供了超过600种参考药物的剂量计算器,帮助临床医师计算患者用药剂量(图2-3-11)。

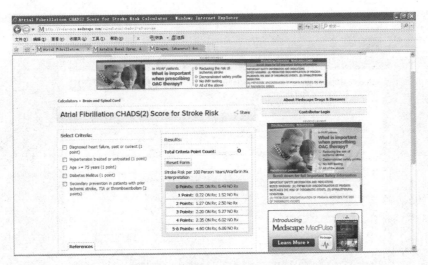

图2-3-11　Medscape用药剂量计算器界面(选自2015年1月8日)

4. Medscape教育

Medscape教育(Medscape.org)以持续的专业发展为主要目标,包括30多个专业网站,为医生、护士和其他医护人员提供上千门免费的CME／CE课程(从0.25学分到2个AMA PRA学分)和没有学分的继续教育活动。通过桌面和移动平台,Medscape教育通过包括临床新闻简报、患者模拟、临床病例、专家评论视频、会议报道等多种形式培养临床医生。

Medscape LLC是ACCME(美国医学继续教育认证委员会)医学继续教育、美国护士资格认证中心的评审委员会护理学继续教育和美国药学教育认证委员会药学继续教育的提供者。所有的认证活动是由一个专门的科学团队负责与各领先的专业学术机构的合作,包括在肿瘤学、心脏病学、糖尿病及内分泌、神经病学等领域的杰出医学专家(图2-3-12)。

图2-3-12　Medscape CME & Education界面(选自2015年1月8日)

用户可直接浏览或检索选择标有红色"CME"或"CME/CE"的课程进行学习,通过考核测试后,即可获得相应学分(图 2-3-13 和图 2-3-14)。

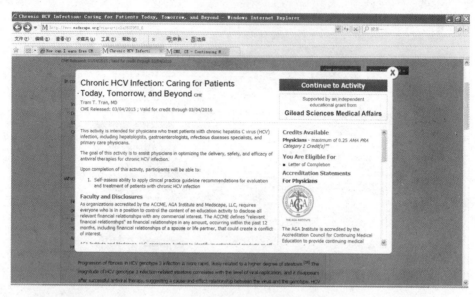

图 2-3-13　Medscape CME & Education 课程学习界面(选自 2015 年 1 月 8 日)

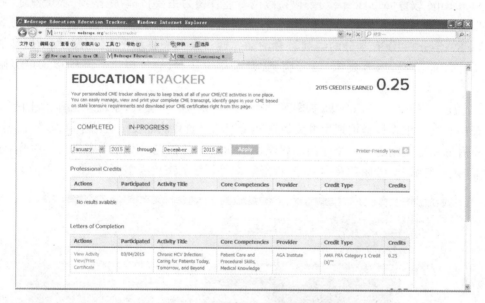

图 2-3-14　Medscape CME & Education 学分查询界面(选自 2015 年 1 月 8 日)

5. Medscape 检索

Medscape 网站右上角提供简单检索。在检索中,可对"News & Perspective""Drugs & Diseases""CME & Education"及 Medline 多个数据库进行检索。检索结果可通过左边的过滤器对检索结果进行精炼(图 2-3-15)。

图 2-3-15　Medscape 检索界面（选自 2015 年 1 月 8 日）

三、Health on the Net，HON(http://www.hon.ch)

1. Health on the Net 概述

HON 是瑞士日内瓦市政府资助的非营利基金会，并和日内瓦大学医院和瑞士生物信息学研究所密切合作，创建于 1995 年，其目标是推动和指导在线健康信息的满意度且可靠地部署及合理有效地使用。HON 提供 HONcode、HONsearch、HONtools 和 HONtopics 4 种服务。HONcode 的目的是有效提高网络上的医疗保健信息的质量。这是一个主要用于医疗网站开发者和出版商基于"主动鉴定"的自愿性认证制度，可以帮助用户识别可靠的信息源。HONsearch 为专业的医学搜索引擎，方便用户查找，并提供可靠的和可信赖的检索结果。HONtools 提供各种工具，以便于提高用户互联网经验，确保可靠的在线健康信息的访问。HONtopics 提供各类健康文章和医疗信息及培训课程、调查统计报告等内容。根据用户的不同身份（患者、医疗专家和 Web 出版者），网站的 4 种服务提供不同内容的信息服务（图 2-3-16）。

2. Health on the Net 检索（HONselect，http://www.hon.ch/HONselect）

HONselect 是一个全新的整合搜索引擎，它包含一个详尽的医学主题词集，并提供相应的医学图片、参考文献、新闻和网站。美国国家医学图书馆编制的 33 000 个 MeSH（医学主题词表）主题词为其核心部分。这些主题词可以用英文、法文、德文、西班牙语或葡萄牙语进行检索或浏览。这种多语功能连同其他一些特点，使 MeSH 词典成为了一个强大的搜索工具。它不仅允许使用者检索并浏览医学主题词的分类和定义，同时加入了 4 个单独的数据库。它们分别是：① MEDLINE，用于搜索医学主题词对应的参考文献，并可以选择"治疗措施""发病机理""预后""诊断"等分类来进一步优化搜索结果。② HONmedia，包含 HON 自己的 6 800 个医学图片的精选集，涉及 1 700 个不同主题。这些主题按照 MeSH 命名法分类。③ NewsPage，用于搜索每日医学新闻。④ MedHunt，由健康在线基金会开发的一个全文搜索引擎，由 HON 所有的 MARVIN 提供技术支持。HONselect 的数据库也包括被 HON 审查过的网站，以及那些遵守 HON 的医学和健康网站之行为准则（HONcode）的网站。

图 2-3-16 Health on the Net 主页(选自 2015 年 1 月 8 日)

HONselect 搜索功能可以自动检查 3 种语言的拼写错误。搜索结果分类显示,显示语言和搜索语言一致。同样地,相关的网站也是如此。使用翻译功能,可以很容易的从一种语言转换到另外一种语言,以获得更完整的信息和另外 2 种语言的医学主题词列表(图 2-3-17)。

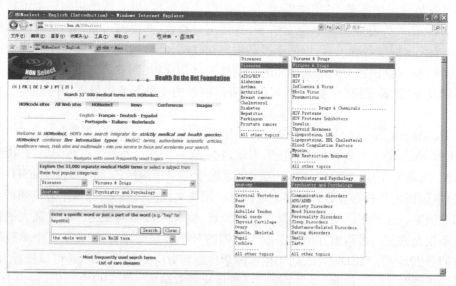

图 2-3-17 HONselect 检索界面及下拉列表内容(选自 2015 年 1 月 8 日)

HONselect 提供了分类目录式和关键词 2 种检索方法。分类目录式检索有 4 个入口: Disease(疾病)、Viruses & Drug(病毒和药物)、Anatomy(解剖)和 Psychiatric and Psychology(精神病学和心理学)。关键词检索可以在检索框中输入单词和词组,其中的虚词一般会被忽略,也可通过下拉列表进一步限定。

HONselect 的分级结构给非专业人士以深入了解的机会。例如,搜索"糖尿病(diabetes)",结果列出"糖尿病""胰岛素依赖型糖尿病""非胰岛素依赖型糖尿病""脂肪萎缩性糖尿病""实验性糖尿病""糖尿病妊娠""妊娠糖尿病""肥胖糖尿病"和"家族性低血磷酸盐"等等。使用者可以从中选择自己感兴趣的主题词,再优化搜索。如果 MeSH 词中有不止一个含有输入的检索词,则全部列出;与检索词密切相关的主题词也全部列出。用户可根据需要选择一个主题词进入(图 2-3-18)。选定主题词后,可以直接点击"HONcode sites""Khresmoi — new""HONselect""News""Conferences"和"Images"等几个数据库链接,即可检索相应数据库(图 2-3-19)。

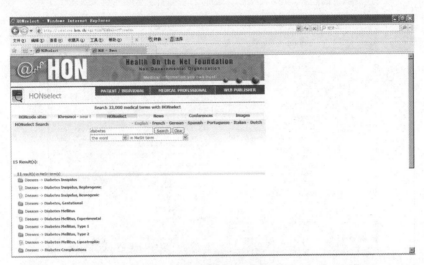

图 2-3-18　HONselect MeSH 词检索结果界面(选自 2015 年 1 月 8 日)

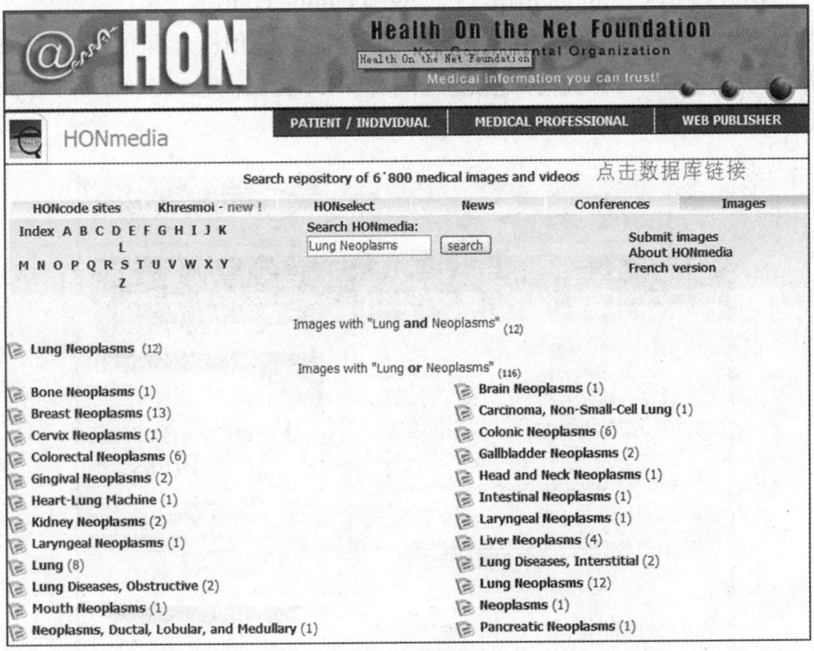

图 2-3-19　HONselect Image 数据库检索结果界面(选自 2015 年 1 月 8 日)

四、其他专业性搜索引擎

1. MedExplorer(http://www.medexplorer.com)

MedExplorer 是由美国 MedExplorer 公司 1995 年创建的免费全文型搜索引擎,提供关键词检索和分类检索,近 30 个类目按字顺排列,通过下拉式菜单提供亚类。除检索医学信息外,还可检索 250 多个医学新闻组信息和世界各地召开的会议信息、新闻、书店等。其检索结果仅为分类类目和网站列表的标题,需点击超链接方可进一步获取详细信息(图 2-3-20)。

图 2-3-20　MedExplorer 主页(选自 2014 年 12 月 26 日)

2. 医生指南(Doctors' Guide,http://www.docguide.com/)

医生指南为临床各学科或专题提供最近期刊论文或其他医学新闻信息,它所提供的病例讨论常引导医生深入学习。此外,它提供各学科国际会议消息,比较全面,综合医学、综述论文多(图 2-3-21)。

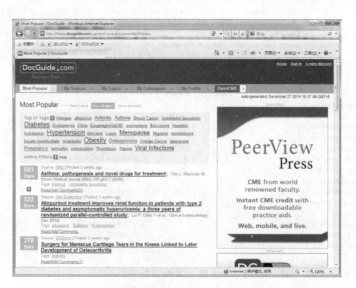

图 2-3-21　Doctors' Guide 主页(选自 2014 年 12 月 27 日)

生物医学信息资源多而且广,既有不断丰富发展的精华,又有大量为商业利润而沉浮的糟粕,必须有动态与网络观念,在信息海洋此消彼长的波涛下淘取精华信息。本章推介的搜索引擎较多,需用户亲身应用体会,还有许多政府与学术机构,如 WHO、NIH、CDC、FDA,各著名医学院或学协会综合或专题网页常有的 related Links,它们都是各具特色的导航员。用户根据专业特需,利用好导航工具,在上网实践中勤于对比思索,定能形成一套更为有效的学习与研究思路。

(胡新平)

第四节 网络医学信息检索策略

Internet 的发展已成为人类有史以来最大的全球信息资源系统,包含的信息浩如烟海。由于生命科学的研究正成为人类所有科学研究活动中最活跃的领域,使得 Internet 上的生物医学信息资源已占整个网络信息资源的 30% 左右,是人类所有学科信息资源中数量最为庞大、分布最为广泛、更新最为迅速的网络信息资源,成为医学工作者获取专业信息不可缺少的基本工具之一。然而,如何利用 Internet 获得满意的信息检索效果,却使很多人感到困惑。究其原因,正如一位哲人所说:"绝对的光明与绝对的黑暗对于一个人来说,结果是一样的——什么也看不见。"同样,没有信息与拥有无限多的信息,结果也一样——在无限多的信息中,将无法或很难找到自己真正想要的信息。Internet 在为人们利用信息提供快捷通道的同时,其无限增长的信息源也为查找特定信息带来了不便。Internet 上的信息资源数量庞大,信息内容分布离散,组织形式多种多样,规范化程度相对不高,检索方式灵活多变,等等,均给检索者在为实现检索目标时制定检索策略和实施检索过程带来了许多困难。这些成为当前人们普遍关注的研究热点之一。本节旨在从检索方针、搜索引擎、检索方式、在线数据库和检索结果 5 个方面对网上医学信息的检索策略进行初步探讨。

一、检索方针的确定

网上医学信息的检索策略是根据 Internet 上医学信息资源和网络技术的发展变化所采取的检索方针和检索方式。其检索方针的确定是关系到制定整个检索计划和方案的关键因素,直接影响检索结果的查全率和查准率。检索者在从事某项课题检索时,首先要弄清检索的主题,明确检索目标。① 分析课题所需的信息内容、性质和水平情况。例如,是要取得具体的文献资料还是要掌握某一地区或国家对某一问题发表过的文献资料,是要查找某一年限内对某一问题发表过的文献资料还是要获得有关某一问题的全部文献资料,等等。② 在分析的基础上形成主题概念,包括所需信息的主题概念有几个,概念的专指度是否合适,哪些是主要的,哪些是次要的,等等,力求检索的主题概念准确反映检索需要。③ 根据检索主题概念的学科性质,确定检索的学科范围,学科范围越具体越有利于检索。如果主题范围较为广泛,一度难以确定其学科类型或专业范围时,可以使用网上的通用主题指南或搜索引擎的分类目录选择满意的主题概念,在此基础上进一步明确检索目标,并同时确定所需文献的类型、年代、语种和数量等具体要求。

二、搜索引擎的应用

搜索引擎被认为是目前 Internet 上提供信息检索服务最重要的检索工具,可按分类和关键词 2 种方式进行检索,但基本上都是"关键词搜索",不能处理复杂的语义信息,功能较强的也只是提供一些基本的条件组合查询和简单的语义查询。在 Internet 上,信息资源建设者由于不同的出发点和不同的工作程序,形成了许多不同的数据库及其检索系统,而这些数据库及其系统的标引和检索方式亦可能各不相同,最终导致了使用相同的检索关键词而不同的搜索引擎所得到的结果却不一样。

当前,Internet 上可用于医学信息检索的搜索引擎可分为两大类:一类是通用搜索引擎,如 Google、Yahoo、百度、搜狗等;另一类是医学专业的搜索引擎,如 Medical Matrix、Medscape、Health on the Net 等。对于大多数的搜索引擎来说,检索时只需要读者简单地键入关键词即可,但了解某一搜索引擎是如何工作的,及其提供了哪些选项仍然十分重要。除了根据不同的学科专业决定选择关键词外,应仔细阅读某一搜索引擎的使用说明或在线帮助,因为任何一种搜索引擎都有其独到的使用方法。一般来说,由于通用搜索引擎没有针对医学专业进行优化,检索得来的信息不能充分满足医学专业的查询需求,但对了解某一课题在整个科学领域内与其他学科之间的相互关系、制定宏观的检索方针可能有所帮助。而 Internet 上的医学专业搜索引擎是医学信息资源检索的重要工具。

三、检索方式的选择

大多数的网上搜索引擎都提供基本检索和高级检索 2 种检索方式。基本检索对检索提问式的构造要求较低,比较直观,检索过程相对简单,但对检索策略的优化和检索结果的精度所提供的途径不够,适合于网络检索经验较少的用户使用。高级检索往往需要用户按照搜索引擎的检索规则和检索语法去设计和构造完整的检索提问式,检索过程相对较复杂,但由于高级检索提供的可以限制检索的途径较多,对检索需求的表达功能更强,检索更为快捷,因此其检索效率和检索结果的精度都比较高,适合于对网络检索较为熟悉的用户使用。在制定检索策略时,不但要考虑自身对网络检索的熟练程度,还要注意不同的搜索引擎各自具有的检索功能。检索功能主要有:① 单词检索:这是最基本的检索功能;② 词组或短语检索:是提高检索结果精确度的首选方法;③ 布尔逻辑检索:几乎所有的网上检索系统都具有布尔逻辑检索功能,提供利用布尔运算符(and、or、not 等)进行 2 个或多个检索词的组配检索,这种检索可获得比单词检索更高的查准率;④ 词间位置限定检索:可以大大提高检索的准确性和灵活性,但在 Internet 上具有词间位置限定检索的搜索引擎并不多;⑤ 嵌套检索:可采用括号或多层括号来改变检索词间的逻辑运算优先级;⑥ 字段检索:可以有效地限制检索的范围,进一步提高检索的准确率,但各种搜索引擎所支持的可检字段的种类各不相同,即使同一字段所采用的字段标识符也可能相异;⑦ 截词检索和通配符检索:是为了避免漏检、提高查全率而采取的一种比较有效的方法,目前使用较多的是前方一致;⑧ 大小写敏感检索:区分大小写对人名检索、专有名词检索有特殊的功效,可提高查准率;⑨ 概念检索:是通过网上的叙词(主题词)表来检索出同义词、广义词、狭义词等相同概念的信息,能有效提高查全率,但目前能提供此功能的搜索引擎并不多。

四、在线数据库的利用

在线数据库技术的发展,不仅充分利用了 Internet 强大的传播优势,而且极大地推动了网上信息的规范化程度。如美国国立医学图书馆的医学文献联机数据库 MEDLINE、荷兰《医学文摘》数据库 EMBASE、中国医学科学院的 CBMDisc 等等,其最主要的特点是建立了主题词检索功能,能够明显提高检索时命中文献的准确率。如 PubMed 和 IGM(Internet Grateful Med,因特网友好检索软件)都有自动词汇匹配功能(Automatic Term Mapping),即系统会自动将检索词与规范化的主题词表、常见词组表、刊名索引、作者索引逐次对照查找并自动转换。如果输入的检索词与词表中的主题词互相匹配,系统将对主题词和检索词同时进行检索。这种自动主题转换功能对不熟悉主题法的检索者尤有帮助,可明显提高初学者的查准率。由于同时使用了非规范的文本检索词进行查找,也避免了漏检。如果需要进一步提高查准率,还可在使用主题词的同时选择副主题词加以限定。

在选择利用在线数据库时,要注意首先阅读不同数据库的用户指南、FAQ 或帮助文件,了解如何进行简单检索、主题检索、限定检索等;有的检索系统还具有分析检索功能,可以帮助检索者找出不准确的检索词,并用适当的检索词来代替或增加同义词的检索以便指定最佳检索路径,提高检索的准确率。网上信息检索的限定,除可以利用上述提到的多种限定外,还有语种限定、年代限定、期刊限定、出版物限定,等等,可进一步缩小检索范围,提高查准率。

五、检索结果的优化

查全率和查准率是判断网上信息检索的 2 个重要的指标,"全"和"准"是相对的,没有绝对的"全",也不能离开"全"来谈"准",只有在"全"的范围内追求"准",在"准"的基础上力求"全"。由于 Internet 上信息量的巨大和信息描述的不规范,网上医学信息检索的过程往往是多次检索、不断完善、不断优化的过程。检索者主要是根据自己的检索目的不断调整查全率和查准率,并最终确定满意的检索结果,进一步获取原始论文全文信息。

提高查准率的途径主要是缩小检索范围,具体的方法主要有:① 提高检索式的专指度:增加或换用专指度较高的检索词(如下位词),增加副主题词或其他概念进行限制;② 限制检索词的概念范围:将自由词换成主题词,规定检索词出现的可检字段,增加 AND 检索或利用 NOT 限制一些不相关的概念;③ 使用进阶检索功能:即利用前一次检索的结果作为再一次检索的范围,选择"search within results",实现在已有检索结果基础上的进一步检索;④ 对专有名词或名称,应使用首字母大写。而提高查全率的途径主要是扩大检索范围,除了可采用与上述提高查准率的相反方法外,还可使用多元搜索引擎或截词检索等方法获得更多的相关信息。

网上医学信息检索的结果大多以题录的形式提供,如需原始论文全文文献,则须通过原文链接后注册、付费获取,如 MEDLINE 中的原文大多可以通过链接得到,而 CBMDisc 则不支持原文链接服务。免费获取全文文献的方法可参考第五章开放存取的相关内容。

(董建成)

第三章 中文医学信息检索

我国医学载籍繁浩,医学检索工具也源远流长。在我国历史上,西汉时期出现的第一部目录学著作《七略》中,就为医书设置了独立部类——方技略;《隋书·经籍志》中的《四时采药及合目录》是书籍最早的医书专科目录;明代伊仲春《医藏书目》是现存最早的一部医书专科目录,其中收录了400余种医学典籍。

我国现代医学检索工具在解放后得到了迅速发展,《生理科学》《解剖学》和《微生物学》等杂志开辟了国外著者提要专栏。1956年,中国科学技术情报研究所成立,标志着我国检索刊物的编辑出版工作开始走上有组织、有计划的发展道路。60年代初,中国科学技术文献编译委员会出版了《科学技术文献索引》和《国外医学文摘》系列检索刊物。随着现代信息技术进入检索领域,80年代末至90年代初,中文软盘数据库问世。1992年使用了更为先进的光盘检索系统。1997年5月,中国科技信息研究所大型全文数据库 WWW 查询服务率先开通,用户可以使用浏览器在网上对不同专业的80多个数据库直接进行查询。从此,中文文献检索进入了网络检索阶段。随着我国大型网络数据库建设的蓬勃发展,网络检索资源日趋丰富,并呈现出数据量巨大、增长速度快、实时更新的态势。

第一节 中国生物医学文献数据库

一、数据库概述

《中国生物医学文献数据库》(China BioMedical Literature Database,简称 CBM)是中国医学科学院医学信息研究所/图书馆开发研制的综合性医学文献数据库。该数据库是国内第一个综合性中文生物医学文献光盘数据库,也是目前国内最大的医药卫生专业文献数据库。它收录了1978年以来1 800余种中国生物医学期刊,以及汇编、会议论文的文献题录860多万篇,年增长文献50余万篇,学科覆盖范围涉及基础医学、临床医学、预防医学、药学、中医学及中药学等生物医学的各个领域,数据库每月更新。中国生物医学文献数据库一贯注重数据的深度加工和规范化处理,全部题录均根据美国国立医学图书馆的《医学主题词表(MeSH)》、中国中医科学院中医药信息研究所出版的《中国中医药学主题词表》以及《中国图书馆分类法·医学专业分类表》进行主题标引和分类标引,对文献内容进行全面、准确的提示。同时对作者机构、发表期刊、基金等进行规范化加工,支持在线引文检索,辅助用户开展引证分析、机构分析等学术分析。自1995年起的题录,约70%的文献带有文摘,并与维普全文数据库实现链接,可直接通过链接维普全文数据库获取1989年以来的全文。

《中国生物医学文献数据库》现已作为主要内容之一被整合到中国生物医学文献服务系

统(SinoMed)中,网址是 http://sinomed.ac.cn/(图 3-1-1)。SinoMed 系统是由中国医学科学院医学信息研究所/图书馆开发,涵盖资源丰富、专业性强,能全面、快速反映国内外生物医学领域研究的新进展,是集检索、统计分析、开放获取、个性化定题服务、全文传递服务于一体的生物医学中外文整合文献服务系统。现整合了中国生物医学文献数据库(CBM)、西文生物医学文献数据库(WBM)、中国医学科普文献数据库、北京协和医学院博硕士学位论文数据库、日文生物医学文献数据库、俄文生物医学文献数据库、英文文集汇编文摘数据库、英文会议文摘数据库等 8 种资源,学科范围广泛,年代跨度大,更新及时。

图 3-1-1 中国生物医学文献服务系统主页(选自 2015 年 4 月 26 日)

二、数据结构与检索规则

1. 数据结构

中国生物医学文献数据库(CBM)中包括 30 多个可检索字段,主要字段的英文标志符和中文注释如下:

AB	文摘
AD	著者地址
AU	著者
CN	国内期刊代码
CL	分类号
CT	特征词
FS	资助类别
IS	ISSN(国际标准刊号)
LA	语种
MH	主题词
MMH	主要概念主题词
PG	页码
PP	出版地

PT	文献类型
PY	出版年
RF	参考文献
SO	文献来源(包括刊名、年、卷、期、页码)
TA	期刊名称
TI	中文题目
TT	英文题目
TW	关键词
UI	流水号

CBM的检索入口多,检索方式灵活,并提供主题、分类、期刊、著者等多种词表辅助查询功能,可满足简单检索和复杂检索的需求,且与PubMed具有良好的兼容性,以获得较高的查全率和查准率。

2. 检索规则

(1) 布尔逻辑检索

中国生物医学文献数据库常用的逻辑运算符有AND,OR,NOT 3种,分别表示"逻辑与""逻辑或"和"逻辑非",三者的优先级顺序为NOT>AND>OR,如加括号则改变优先运算顺序,圆括号中的检索式最先运算。

(2) 截词检索

中国生物医学文献数据库允许使用单字通配符"?"和任意通配符"％"进行截词检索。每个单字通配符"?"替代任一半角字符或任一中文字符,如"血?动力",可检索到含有"血液动力""血流动力"等字符串的文献。任意通配符(％)替代任意个字符,如检索式"肝炎％疫苗",可检索出含有"肝炎疫苗""肝炎病毒基因疫苗""肝炎灭活疫苗""肝炎减毒活疫苗"等字符串的文献。

(3) 模糊检索与精确检索

模糊检索也称包含检索,即在检索结果中命中的字符串包含输入的检索词。模糊检索能够扩大检索范围,提高查全率。如果无特殊说明,中国生物医学文献数据库中默认进行的是模糊检索。

精确检索是检索结果中命中的字符等同于检索词的一种检索,适用于关键词、主题词、特征词、分类号、作者、刊名、期等字段。

(4) 短语检索

短语检索也称强制检索,对检索词用半角双引号进行标识,中国生物医学文献数据库将其作为不可分割的词组、短语在数据库中的指定字段进行检索,便于检索含"-""()"等特殊符号的词语,如"β-内酰胺"。

(5) 字段限制检索

字段限制检索用IN或=,IN后可用中文标志也可用英文标志,如"艾滋病IN TI""尼群地平IN中文题目",均可检索到文献题目中含有"艾滋病"或"尼群地平"的文献。也可用"="进行精确检索,字段标志符=检索词,如"AU=王华"。

(6) 范围限制检索

范围限制检索可以运用范围运算符,>(大于),<(小于),>=(大于等于),<=(小于等于),—(指定范围),仅用于数字字段的检索,如"PY<2009""PY>=2011""PY=2012—

2015"。

三、检索方法

在中国生物医学文献服务系统主页,系统默认的快速检索为"中国生物医学文献数据库""中国医学科普文献数据库""北京协和医学院博硕学位论文库"3个库的跨库检索(图3-1-1)。在检索框中直接输入检索词即可获得检索结果,是该系统最简单、最直接的方式。

如只需检索"中国生物医学文献数据库",可直接点击主页检索框下的数据库名,或者在主页右上角"选择数据库"下拉菜单中选择该库,则进入"中国生物医学文献数据库"的检索界面(图3-1-2)。

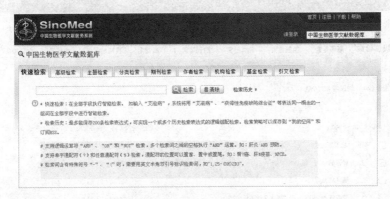

图3-1-2 中国生物医学文献数据库检索界面(选自2015年4月26日)

中国生物医学文献数据库检索方式有快速检索、高级检索、主题检索、分类检索、期刊检索、作者检索、机构检索、基金检索和引文检索等。

1. 快速检索

快速检索是SinoMed系统默认的检索方式,是在数据库的全部字段中进行检索,并且集成了智能检索功能。

(1) 输入检索词或检索式 在检索框中输入检索词或检索式,检索词本身可使用通配符,检索词之间可用逻辑运算符构建检索式。检索词可以是单词、词组、主题词、关键词、字母、数字等。

① 任意词检索:在检索框中可输入任意中英文字、词、带有通配符的字词和检索历史中的序号,例如肝癌、liver cancer、PCR、乙肝％疫苗、♯2。

② 全字段智能检索:系统默认在全部字段执行智能检索。例如,输入"艾滋病",点击"检索"按钮,系统将自动用"艾滋病""aids""获得性免疫缺陷综合征"等表达同一概念的一组词在全部字段中进行检索(图3-1-3)。智能检索基于自由词—主题词转换表,能将输入的检索词转换成表达同一概念的一组词的一种检索方式,即自动实现检索词、检索词对应主题词及该主题词所含下位词的同步检索。智能检索不支持逻辑组配检索。

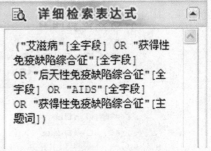

图3-1-3 "艾滋病"智能检索表达式
(选自2015年4月26日)

③ 逻辑运算:输入多个检索词时,词间用空格分隔,默认为"AND"逻辑组配关系。也可使用逻辑运算符"AND""OR""NOT",如:糖尿病 NOT 2 型。

④ 精确检索:需要将多个英文单词作为一个检索词时,或者检索词含有特殊符号"—""("时,需要用英文半角双引号标识检索词,如:"hepatitis B virus""1,25-(OH)2D3"。

(2) 二次检索　是在已有检索结果基础上再检索,逐步缩小检索范围,2 个检索式之间的关系为"AND"运算。在再次输入检索式之后选择检索框右侧的"二次检索"。

(3) 检索历史　如图 3-1-4 所示,可以查看检索过程、检索词,并进行逻辑组配。一项课题的检索常常需要不断地调整检索策略才能完成。

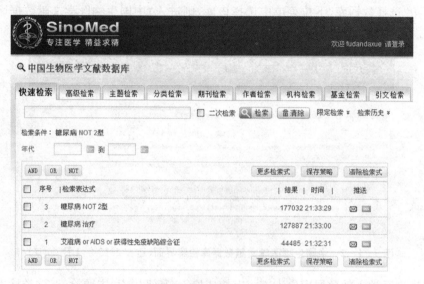

图 3-1-4　检索历史(选自 2015 年 4 月 26 日)

2. 高级检索

高级检索支持多个检索入口、多个检索词之间的逻辑组配检索,方便用户构建复杂检索表达式。通过文献类型、年龄组、性别以及研究对象限定检索,提高查准率(图 3-1-5)。

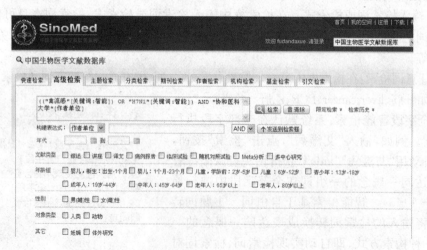

图 3-1-5　高级检索界面(选自 2015 年 4 月 26 日)

检索步骤:选择"高级检索"标签,在"构建表达式"中选择检索字段,输入检索词,点击"发送到检索框";继续在"构建表达式"中选择检索字段,输入检索词,在逻辑组配选择框中选择逻辑算符后,点击"发送到检索框"后再执行"检索"操作。

(1) 构建表达式　每次只允许输入一个检索词,同一检索表达式里不支持逻辑运算符检索。

(2) 常用字段　指的是中文标题、摘要、关键词、主题词的组合。

(3) 智能检索　自动实现检索词及其同义词(含主题词)的扩展检索。

(4) 精确检索　检索结果与检索词完全匹配的一种检索方式,适用于关键词、主题词、作者、分类号、刊名等字段。例如:中华医学杂志[刊名]。

(5) 限定检索　可以对文献的年代、文献类型、年龄组、性别、研究对象等特征进行限定。

(6) 检索历史　最多能保存 200 条检索表达式,可实现一个或多个历史检索表达式的逻辑组配检索。检索策略可以保存到"我的空间"和订阅 RSS。

例:在中国生物医学文献数据库(CBM)中查找协和医科大学发表的关键词含有"禽流感"或"H5N1"的文献。操作如下:

第一步:在"构建表达式"中选择"关键词",输入"禽流感",点击"发送到检索框"。

第二步:在"构建表达式"中选择"关键词",输入"H5N1",在逻辑组配选择框中选择"OR",点击"发送到检索框"。

第三步:在"构建表达式"中选择"作者单位",然后输入"协和医科大学",在逻辑组配选择框中选择"AND"后,点击"发送到检索框"后再执行"检索"操作,即可获得所需文献。

3. 主题检索

所谓主题检索,指采用规范化的主题词基于主题概念进行检索,与"关键词检索"相比,"主题检索"有效提高查全率和查准率。选择页面上方的"主题检索"标签,即进入主题检索页面(图3-1-6)。主题检索是中国生物医学文献服务系统的特色检索方式,与著名的 PubMed 检索方式相似,是该数据库与常用的 CNKI、维普、万方等全文数据库最大的区别。

图 3-1-6　主题检索界面(选自 2015 年 4 月 26 日)

主题检索可用中文主题词、英文主题词及同义词进行检索,还可通过下方的主题浏览主题词注释信息和树形结构,帮助确定合适的主题词。通过设置是否加权、是否扩展,选择合适的副主题词,使检索结果更加符合用户的需求。对于较为复杂的检索要求,还可以同时设置多个主题词,并使用逻辑运算符"AND""OR""NOT"组配检索。

(1) 主题词表　SinoMed 依据《中文医学主题词表》进行"主题检索"。《中文医学主题词》包括两部分:美国国立医学图书馆《医学主题词表(MeSH)》中译本(由中国医学科学院医学信息研究所翻译出版)和《中医药学主题词表》(中国中医科学院中医药信息研究所出版)。

(2) 主题词注释表　包括所选主题词的中文名称、英文名称、款目词、树状结构号、相关词、可组配的副主题词、药理作用主题词、检索回溯注释、标引注释、历史注释、范畴注释等内容,认真阅读主题词的注释信息,确认是否和检索主题一致。

(3) 主题词　主题词是自然语言的规范化用语,如主题词"获得性免疫缺陷综合征"涵盖了"艾滋病""AIDS""爱滋病"等词语。在检索课题时,应尽可能采用规范化的主题词进行检索,以提高查全率和查准率。

(4) 副主题词　副主题词用于对主题词的某一特定方面加以限定,强调主题概念的某些专指方面。如:"肝/药物作用"表明文章并非讨论肝脏的所有方面,而是讨论药物对肝脏的影响。

(5) 主题词扩展检索与非扩展检索　扩展检索指对当前主题词及其下位主题词进行检索;非扩展检索则仅限于对当前主题词进行检索。系统默认状态为扩展检索,若不进行扩展检索则需选择"不扩展"选项。如:对主题词"HIV 感染",扩展检索指对该主题词及其 10 个下位主题词检索,不扩展检索仅对"HIV 感染"进行查找。

(6) 副主题词扩展检索与非扩展检索　部分副主题词之间也存在上下位关系。如副主题词"副作用"的下位词有"毒性""中毒"。扩展检索指对当前副主题词及其下位副主题词进行检索;非扩展检索则仅限于对当前副主题词进行检索。系统默认状态为扩展。

(7) 主题词加权检索与非加权检索　主题词"加权"表示主题词的重要程度,反映文章论述的主要内容。"加权检索"表示仅对加星号(∗)主题词(主要概念主题词)检索;"非加权检索"表示对加星号和非加星号主题词(非主要概念主题词)均进行检索。系统默认状态为非加权检索,若进行加权检索需勾选"加权检索"选框。

(8) 主题词与副主题词的组配规则　副主题词一共有 94 个,表明同一主题的不同方面。主题词与副主题词组配有严格的规定,不是所有副主题词均能与每个主题词组配。"可组配副主题词"列出了当前主题词可以组配的所有副主题词。每个副主题词前面都有一个多选框,可以同时选择多个副主题词。点击某个副主题词可弹出该词的注释窗口,有助于正确使用副主题词。

例:在 CBM 的"主题检索"中查找"糖尿病并发症白内障的治疗"方面的文献。操作如下:

第一步:进入 CBM 的主题检索页面,在检索入口选择"中文主题词",输入"糖尿病"后,点击"查找"按钮。浏览查找结果,在列出的所有款目词和主题词中选择"糖尿病并发症",点击主题词"糖尿病并发症"(图 3-1-7)。

第二步:在主题词注释详细页面,显示了该主题词可组配的副主题词、主题词的详细解释和所在的树形结构。可以根据检索需要,选择是否"加权检索""扩展检索"。"糖尿病并发症的治疗"应选择副主题词"治疗",点击"添加"后,点击"发送到检索框"(图 3-1-8)。

第三步:在检索入口选择"中文主题词",输入"白内障"后,点击"查找"按钮,在列出的所

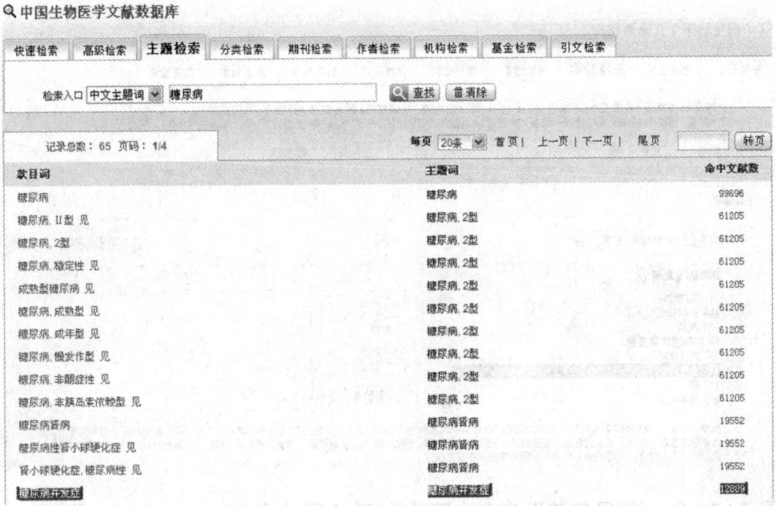

图 3-1-7　主题词浏览查找(选自 2015 年 4 月 26 日)

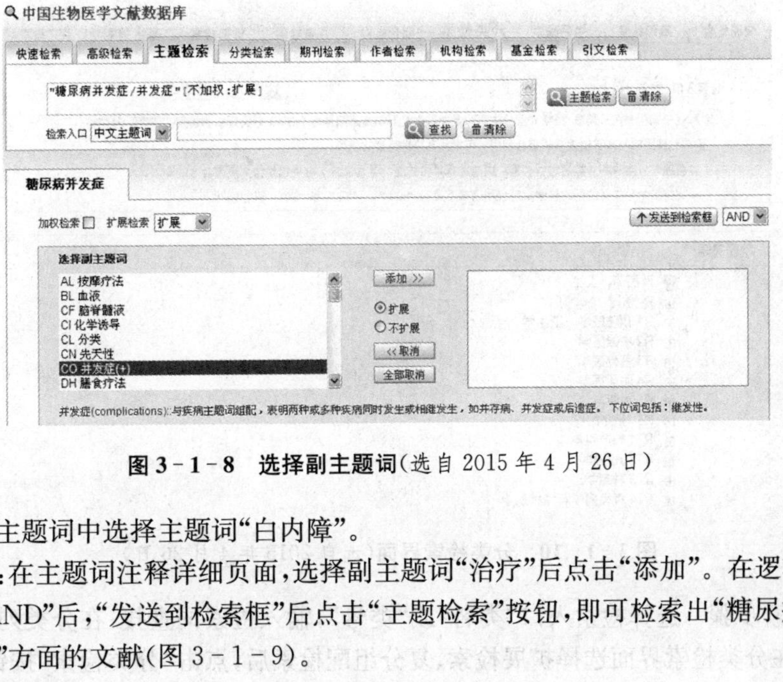

图 3-1-8　选择副主题词(选自 2015 年 4 月 26 日)

有款目词和主题词中选择主题词"白内障"。

第四步:在主题词注释详细页面,选择副主题词"治疗"后点击"添加"。在逻辑组配选择框中选择"AND"后,"发送到检索框"后点击"主题检索"按钮,即可检索出"糖尿病并发症白内障的治疗"方面的文献(图 3-1-9)。

4. 分类检索

分类检索,即从文献所属的学科体系进行检索,具有族性检索的功能。检索入口包括类名和类号。系统将在《中国图书馆分类法·医学专业分类表》中查找对应的类名或类号,通过选择是否扩展、是否复分,可使检索结果更加符合需求。选择"分类检索"标签,即进入分类检索方式(图 3-1-10)。

分类检索单独使用或与其他检索方式组合使用,可发挥其族性检索的优势。也可同时查找多个分类号,并使用逻辑运算符"AND""OR""NOT"组配检索。

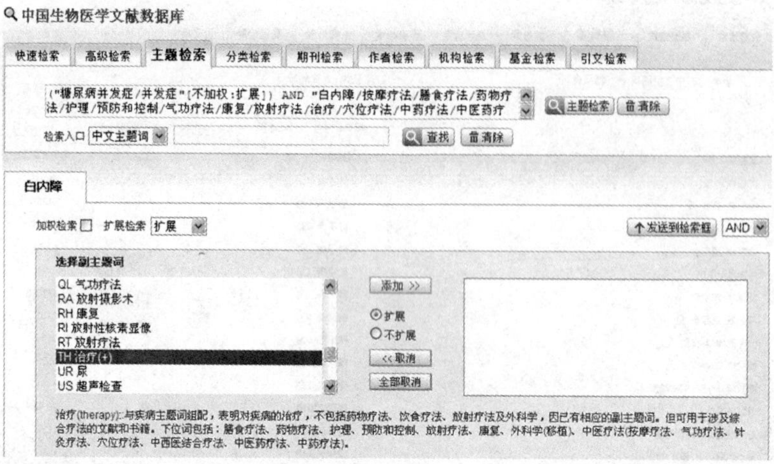

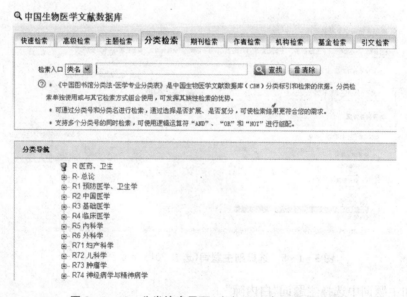

图 3-1-9 "糖尿病并发症白内障的治疗"主题检索（选自 2015 年 4 月 26 日）

图 3-1-10 分类检索界面（选自 2015 年 4 月 26 日）

（1）检索步骤　选择检索入口"类名"或"类号"，输入检索词查找；在分类列表中选择合适的类名，在分类检索界面选择扩展检索、复分组配检索后，点击"分类检索"按钮，系统自动进行检索并显示检索结果。

（2）检索选项的功能　扩展检索表示对该分类号及其全部下位类进行检索，不扩展检索表示仅对该分类号进行检索；复分组配检索表示"选择复分号"是供用户选择相应的复分号与主类号组配，其作用类似于主题检索时选择副主题词。复分组配用于对主类号某一特定方面加以限制，选择某一复分号，表示仅检索当前主类号的某一方面文献。

例：在 CBM 的"分类检索"中查找"肺肿瘤的药物疗法"方面的文献。操作步骤如下：

第一步：在 CBM 的分类检索页面的检索入口选择"类名"，输入"肺肿瘤"后"查找"，在列出的所有分类名中查找"肺肿瘤"，点击分类名"肺肿瘤"（图 3-1-11）。

图 3-1-11　检索类名"肺肿瘤"(选自 2015 年 4 月 26 日)

第二步:在分类词注释详细页面,显示了该分类可组配的复分号、详细解释和所在的树形结构。可以根据检索需要,选择是否"扩展检索"。"肺肿瘤的药物疗法"应选择复分号"药物疗法、化学疗法"。"添加"后"发送到检索框",再点击"分类检索"按钮,即可检索出"肺肿瘤的药物疗法"方面的文献(图 3-1-12)。

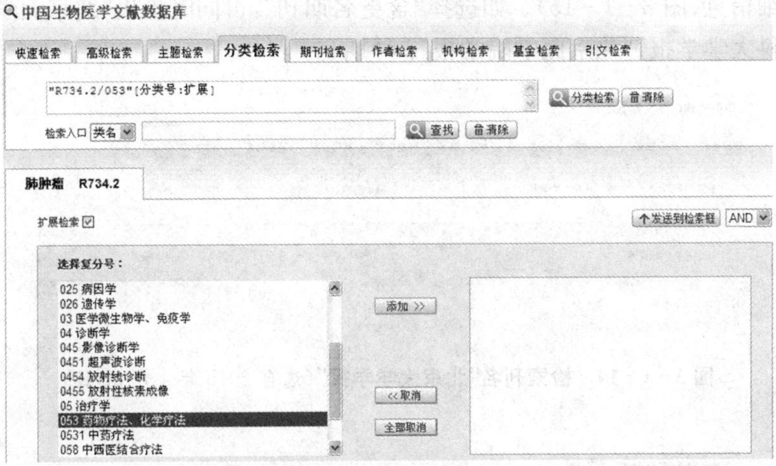

图 3-1-12　"肺肿瘤的药物疗法"分类、扩展检索(选自 2015 年 4 月 26 日)

5. 期刊检索

期刊检索提供从期刊途径获取文献的方法,并能对期刊的发文情况进行统计与分析。通过 CBM 的期刊表,浏览数据库中收录期刊的详细信息,可以从刊名、出版地、出版单位、ISSN 号以及期刊主题词等途径查找期刊。选择"期刊检索"标签,即进入期刊检索方式(图 3-1-13)。

检索步骤:在期刊检索界面,选择检索入口,即刊名、出版单位、出版地、ISSN 或期刊主题词,输入检索词,点击"查找"按钮。如选择"刊名"字段,输入待查刊名或刊名中的任何字和词,点击"查找"即可显示含有检索字、词的所有期刊刊名、ISSN 和命中文献数。如选择"出版地"字段检索,输入某一地名,点击"查找"即显示该地出版的所有期刊刊名,从含有该检索词的期刊列表中选择合适的期刊。如选择"含更名期刊",可以检索出该刊和更名期刊。设置年代及刊期(默认为全部),屏幕下方还提供该刊的基本信息,包括主办编辑单位、编辑部地址、刊号、创刊日、邮发代号、邮编、电话等,点击"浏览本刊"按钮执行检索。

例:检索"北京大学学报·医学版"2014 年第 6 期的文献。

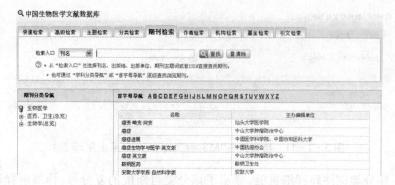

图 3-1-13　期刊检索界面(选自 2015 年 4 月 26 日)

第一步:进入 CBM 的期刊检索页面,在检索入口选择"刊名",输入"北京大学学报"后,点击"查找"。在列出的所有期刊中查找"北京大学学报·医学版"(图 3-1-14),点击刊名,显示该刊详细信息(图 3-1-15)。如选择"含更名期刊",可同时检出"北京大学学报·医学版""北京医科大学学报""北京医学院学报"3 种期刊。

图 3-1-14　检索刊名"北京大学学报"(选自 2015 年 4 月 26 日)

图 3-1-15　期刊详细信息页面(选自 2015 年 4 月 26 日)

第二步:在期刊详细注释信息页面里,在"全部年"的下拉列表中选择"2014 年",在"全部期"中选择"第 6 期"。点击"浏览本刊",即检索出"北京大学学报·医学版"2014 年第 6 期的文献。若在输入框中输入文字,则意味着在该刊的限定卷期内查找特定主题的文献。

6. 作者检索

通过作者检索,可以查找某作者署名发表的文献,还能查找该作者作为第一作者发表的文献。并能通过指定作者的单位,准确查找所需文献。选择"作者检索"标签,即进入作者检索界面(图3-1-16)。

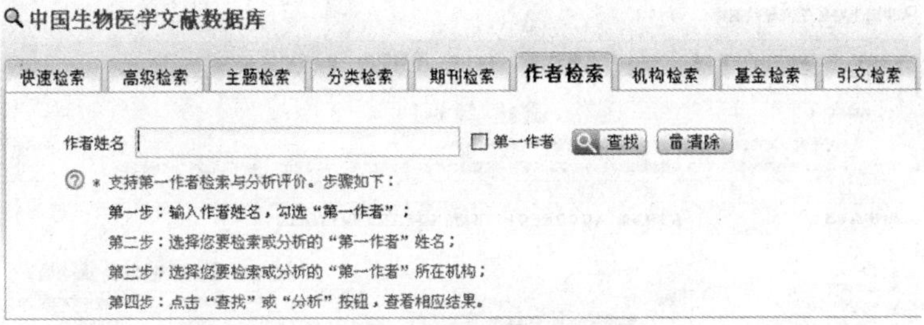

图3-1-16 作者检索界面(选自2015年4月26日)

一般来说,我们在检索文献时常会遇到这样的困扰:① 同名同姓作者数量众多,怎样才能全面准确地定位到某一机构某一作者在该领域的研究情况;② 检索结果太多,但只想了解某人以第一作者身份发表的论文情况。对此,SinoMed系统提供的"作者检索"可以有效地解决这些问题。

例:检索"中国医学科学院基础医学研究所沈岩教授以第一作者身份发表的论文"。

第一步:进入作者检索界面,输入"沈岩",勾选"第一作者",点击"查找"按钮。之后,从系统返回的作者列表中选择作者"沈岩",进入"下一步"。

第二步:从系统显示的作者机构列表中,选择该作者所在机构"中国医学科学院基础医学研究所"(图3-1-17),然后点击"查找"按钮,获得所需检索结果。

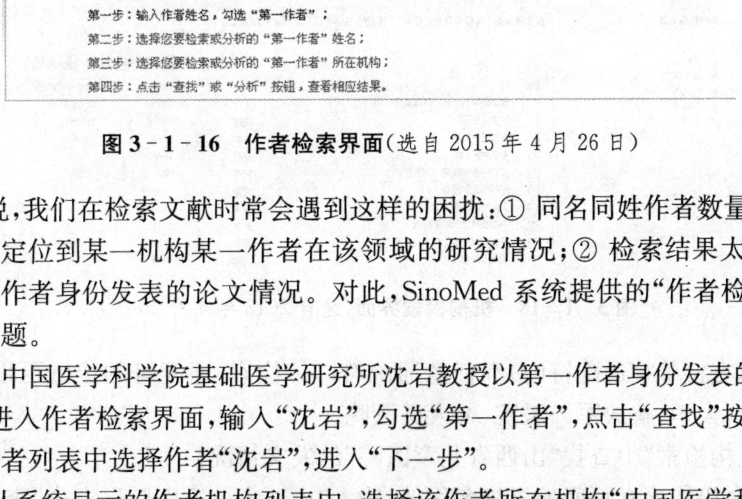

图3-1-17 "作者机构列表"选择页面(选自2015年4月26日)

由此可见,SinoMed"作者检索"功能的突显优势在于:① 支持精确定位作者;② 能够比较有效地解决"同名著者""同机构异名"等问题,从而提高查准率与查全率。

7. 机构检索

机构检索是 CBM 新增的功能,可以了解指定机构及其作为第一机构时论文发表情况和被引用情况。选择"机构检索"标签即进入机构检索界面,页面分为左右两栏,左侧是机构分类导航,右侧是机构名称首字母导航(图 3-1-18)。可通过输入机构名称,直接查找机构;也可通过分类导航,逐级查找所需机构。

图 3-1-18　机构检索界面(选自 2015 年 4 月 26 日)

机构名称支持单字通配符(?)和任意通配符(%)检索,通配符的位置可以置首、置中或置尾。如:北?大学、解放军%医院、%人民医院。

例:在"机构检索"中查找"山西省儿童医院"的发文情况。

第一步:在机构检索页面的机构名称处,输入"山西省儿童医院",点击"查找"。

第二步:浏览查找结果,在列出的所有机构名称中,查找"山西省儿童医院"。点击机构名称、命中文献数或勾选机构前面的方框,再点击"检索",即可查看该机构的发文情况,点击"第一机构命中文献数",则可查看该机构作为第一作者机构的发文情况(图 3-1-19)。

图 3-1-19　机构检索结果浏览页面(选自 2015 年 4 月 26 日)

8. 基金检索

基金检索是 CBM 新增的另一项功能,可帮助用户查找特定基金项目成果发表情况。选择"基金检索"标签即进入基金检索界面,页面左侧是基金分类导航,右侧显示基金名称、基金管理机构以及命中文献数(图 3-1-20)。可通过输入基金名称或者基金项目("项目名称"或"项目编号")直接查找基金,也可通过分类导航逐级查找浏览。基金名支持单字通配符(?)和任意通配符(%)检索,通配符的位置可以置首、置中或置尾,如:教育?基金、国家%基金、%大学基金。

图 3-1-20　基金检索界面(选自 2015 年 4 月 26 日)

例:检索教育部资助的"长江学者奖励计划"基金的发文情况。

第一步:在 CBM 基金检索界面,输入"长江学者奖励计划",点击"查找"。

第二步:浏览基金查找结果,在列出的所有基金名称中,选择"长江学者奖励计划"。点击基金名称、命中文献数或勾选基金前面的方框,再点击"检索",均可查看该基金资助项目的成果发表情况(图 3-1-21)。

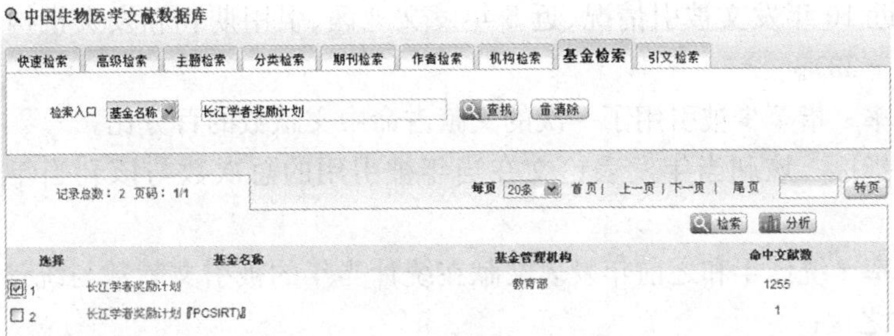

图 3-1-21　基金检索结果浏览页面(选自 2015 年 4 月 26 日)

9. 引文检索

引文检索是 CBM 新增的一项重要功能。支持从被引文献题名、主题、作者/第一作者、出处、机构/第一机构、资助基金等途径查找引文,帮助用户了解感兴趣的文献在生物医学领域的引用情况。选择"引文检索"标签,即进入引文检索方式(图 3-1-22)。

在引文检索方式下,常用字段包括被引文献题名、被引文献出处和被引文献主题 3 个检索项；被引文献主题包括被引文献题名、关键词和主题词3个检索项。检索历史最多能保存200条检索表达式，可实现一个或多个历史检索表达式的逻辑组配检索。检索策略可以保存到"我的空间"和订阅 RSS。

在引文检索结果界面，用户还可对检索结果做进一步的限定，包括限定被引频次、被引年代、引文发表年代等。

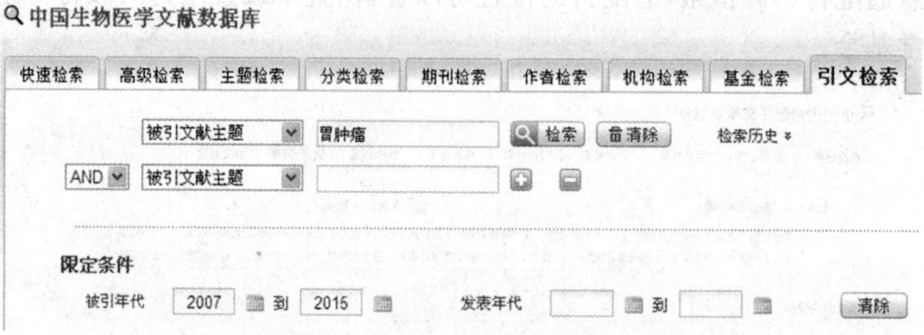

图 3-1-22 引文检索界面（选自 2015 年 4 月 26 日）

例：检索 2010—2015 年间被引文献主题包含"胃肿瘤"的引文。

进入 CBM 的引文检索页面，在被引年代处选择"2010"和"2015"，检索入口选择"被引文献主题"，输入"胃肿瘤"，点击"检索"，即可查看到所需结果。

四、学术分析

CBM 库新增从引证角度开展的期刊分析、第一作者分析、机构分析、基金分析和引文分析学术分析，帮助用户从中洞察隐含的学科领域发展趋势。

1. 期刊分析

期刊分析，能为用户提供全面翔实的期刊内容和被引情况统计，可用于医学核心期刊的筛选与评价。查找到所需期刊进入期刊注释详细页面后，点击页面中部的"分析"按钮，即可生成期刊分析报告。期刊分析报告由历年发文和被引情况柱状统计图、分析文献综合统计信息、近 10 年发文被引情况、近 5 年发文地区、引用期刊和发文机构分布几大部分组成（图 3-1-23）。

（1）被引率 指至少被引用了一次的文献占命中文献数的百分比。

（2）即年指标 该刊当年发表论文在当年被引用的总次数与该刊当年发表论文总数之比。

（3）被引率 统计年和之前年发表文献在统计当年的被引文献数与统计年和之前年发表文献的总数之比；

（4）影响因子 期刊前 2 年发表的论文在统计年的被引用总次数与该刊在前 2 年内发表的论文总数之比。

2. 第一作者分析

第一作者分析，能分析某机构作者以第一作者身份发表的论文情况。查找到同名第一作者机构分布列表后，点击页面中部的"分析"按钮，即可生成第一作者分析报告，仍以"沈岩"为例。第一作者分析报告由历年发文和被引情况柱状统计图、分析文献综合统计信息、主要研究领域和主要合作作者几大部分组成（图 3-1-24）。

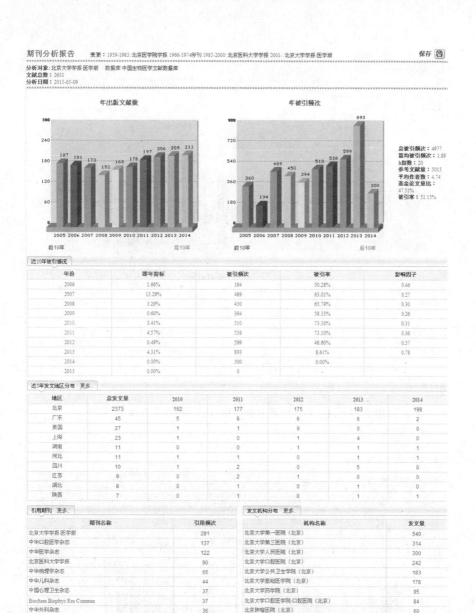

图 3-1-23　期刊分析报告（选自 2015 年 4 月 26 日）

H 指数是指某个人的学术文章中有 N 篇论文分别被引用了至少 N 次，H 指数就是 N。其目的是量化科研人员作为独立个体的研究成果。

3. 机构分析

机构（和第一机构）分析，是对各个机构发文及被引情况进行统计分析，可用于机构科研成果的综合评价。查找到机构列表并勾选所需机构后，点击页面中部的"分析"按钮，即可生成机构（和第一机构）分析报告。机构（和第一机构）分析报告由历年发文和被引情况柱状统计图、分析文献综合统计信息、机构主要研究领域、主要合作机构和机构内主要作者几部分组成（图 3-1-25）。在此页面上，可直接切换查看机构分析报告和第一机构分析报告。

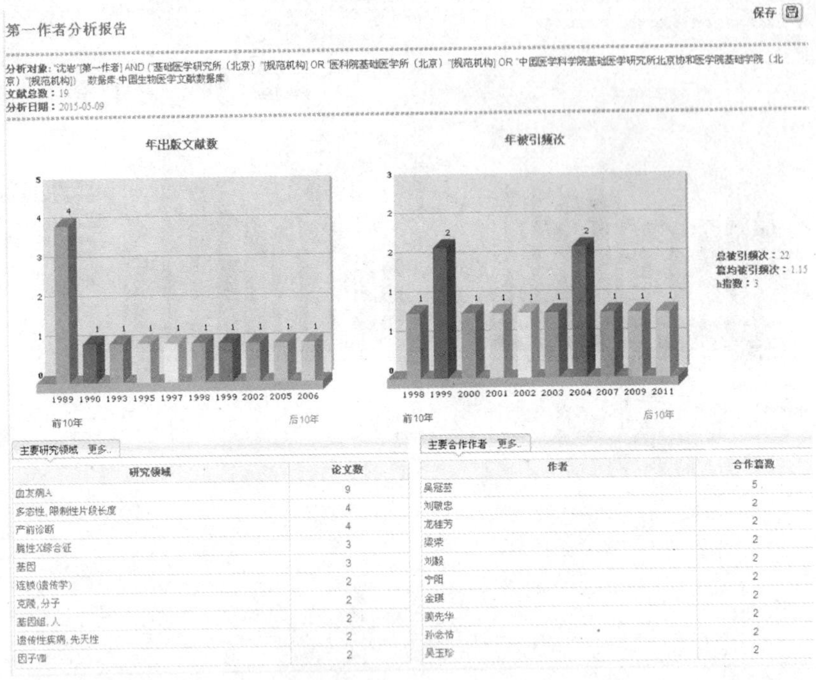

图 3-1-24　第一作者分析报告（选自 2015 年 4 月 26 日）

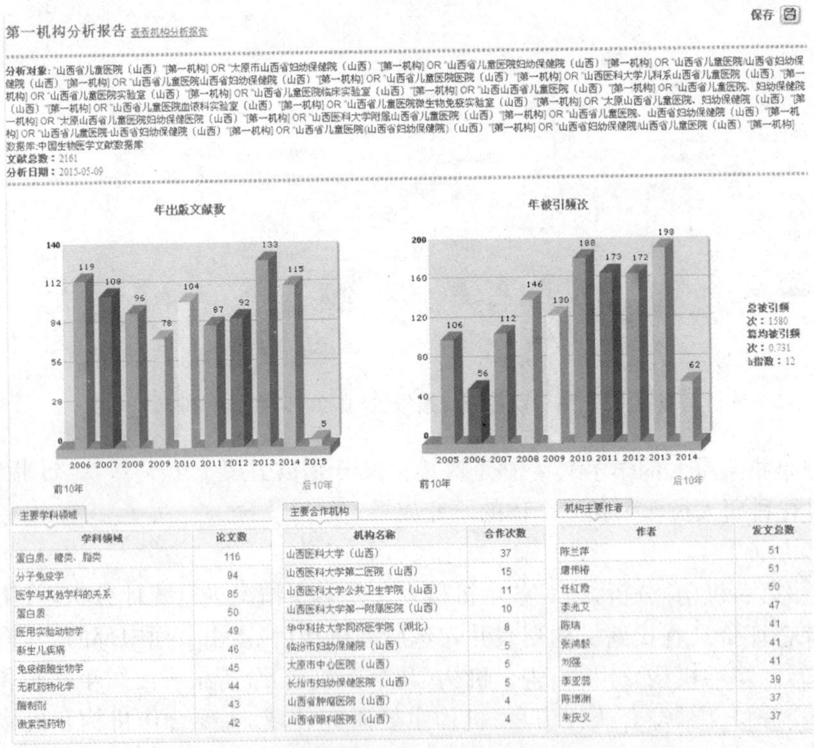

图 3-1-25　第一机构分析报告（选自 2015 年 4 月 26 日）

4. 基金分析

基金分析,是对各项基金的发文情况和资助研究概况进行统计分析。查找到所需基金并勾选后,点击页面中部的"分析"按钮,即可生成基金分析报告。基金分析报告由历年发文和被引情况柱状统计图、分析文献综合统计信息、该基金资助的项目、主要资助机构和资助成果的主要学科领域几部分组成(图 3-1-26)。

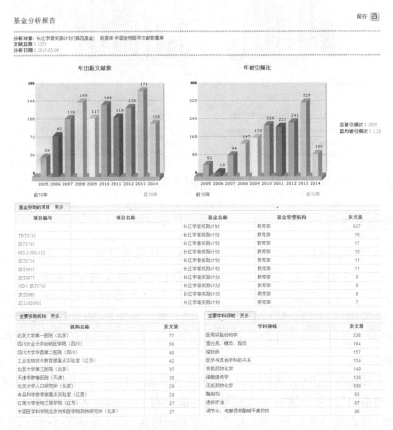

图 3-1-26　基金分析报告(选自 2015 年 4 月 26 日)

5. 引文分析

引文分析是 CBM 新增的一项重要功能。在引文检索结果界面的右上角,点击"创建引文报告",即可对检索结果的所有引文结果进行分析,生成引文分析报告。引文分析报告由检索结果集历年发文和被引情况柱状统计图、分析文献综合统计信息和论文近 5 年被引用情况统计三部分组成(图 3-1-27)。需要注意的是,当引文检索结果超过 10 000 条时,引文分析报告只分析排序在前 1 万位的记录。

综合统计信息里的 h 指数是基于"论文历年被引情况"表中"总被引频次"降序排序的文献列表。其含义是论文中有多少篇文章至少被引用了多少次,h 指数即为多少。此度量标准减少了为高度引用的论文或尚未被引用的论文分配的不当权重。h 指数值的计算仅包括 CBM 数据库中的项目,不包括未收录期刊中的书籍和论文。

论文近 5 年被引用情况按照引文被引频次大小降序排列。表中的"年均引用频次"表示引文自发表后的年均被引频次(计算公式为年均引用频次=总被引频次/已发表的年代数)。选择记录前面的复选框时,可以只保存标记记录的引文分析结果。

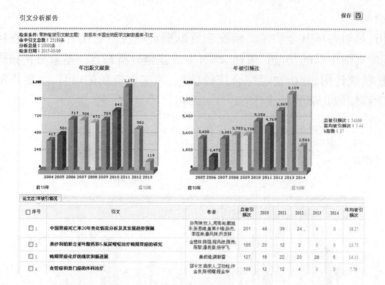

图 3-1-27 引文分析报告(选自 2015 年 4 月 26 日)

五、个性化服务

"我的空间"是 SinoMed 系统为用户提供的个性化服务功能。SinoMed 系统用户有集团用户和个人用户 2 种类型。所谓"集团用户",是指以单位名义或 IP 地址进行系统注册的用户,某一集团用户下可以有多个子用户。"个人用户"则是指以个人名义进行系统注册的用户,下面不再设子用户。SinoMed 的"个人用户"无须二次注册,直接使用系统注册时所用的用户名和密码即可登录"我的空间";但"集团用户"下的子用户则需要单独注册"我的空间"后才可登录使用。

登录,点击页面右上方的"我的空间"进入注册界面,设置个人用户名和登录密码并提交即可注册"我的空间"。用户注册个人账号后方能拥有 SinoMed 系统"我的空间"权限,享有检索策略定制、检索结果保存和订阅、检索内容主动推送、邮件提醒等个性化服务。

1. 我的检索策略

在已登录"我的空间"前提下,从检索历史页面勾选一个或者多个记录,保存为一个检索策略,并且可以为这个检索策略赋予贴切的名称。保存成功后,可以在"我的空间"里对检索策略进行导出和删除操作。点击策略名称进入策略详细页面,可对策略内的检索表达式进行"重新检索""删除""推送到邮箱"和"RSS 订阅"。通过策略详细页面的"重新检索",可以查看不同检索时间之间新增的文献数量。

2. 我的订阅

在已经登录了"我的空间"的前提下,从检索历史页面,可以对历史检索表达式进行邮箱订阅或者 RSS 订阅。邮箱订阅是指将有更新的检索结果定期推送到用户指定邮箱,可以设置每条检索表达式的推送频率,并可浏览和删除任意记录的邮箱推送服务。RSS 订阅则支持对每条 RSS 订阅记录的浏览和删除。

3. 我的数据库

在登录了"我的空间"的前提下,从检索结果页面,可以把感兴趣的检索结果添加到"我的数据库"。在"我的数据库"中,可以按照标题、作者和标签查找文献,并且可以对每条记录添加标签和备注信息。通过标签和备注，可以从课题、项目、学科、主题等角度，对所收藏的文献进行分类组织和标注。

4. 引文追踪器

引文追踪器用于对关注的论文被引情况进行追踪。当有新的论文引用此论文时，用户将收到登录提示和邮件提示。对于单篇文献，在登录了"我的空间"的前提下，可以创建"引文追踪器"，并发送到"我的空间"，追踪该引文的最新被引情况。

5. 我的写作助手

医学写作助手（Medical Writing Assistant，MWA）是一款文献管理与辅助写作的个性化软件工具，依托 SinoMed 医学文献资源，为用户提供专业、全面的医学类文献收集、管理、写作、投稿的一条龙服务。

可以从 SinoMed 的主页上的"辅助写作"链接进入，也可以直接输入网址 http://mwa.sinomed.ac.cn 登录。个人用户的用户名和密码与您在 SinoMed 中的一样，集团用户可以免费自行注册自己的用户名和密码。

医学写作助手的功能：

① 个性化文献管理（"我的文献"）可建立个人文献管理体系，能分类管理收集到的文献题录与全文资料。

② 文献收集提供对 SinoMed 以及 PubMed 资源的一站式检索与检索结果保存到个性化文献管理体系中。

③ 用户也能将在 CNKI、维普、万方、Google scholar 等系统中检索出的文献题录信息导入到文献管理体系中。

④ 论文投稿提供按学科领域将相关的核心期刊进行分类查询，并提供该期刊的基本信息和征稿信息以及可以通过邮件和在线投稿的网络链接。

六、检索结果输出与原文获取

1. 检索结果显示格式

检索结果页面可以设置显示的格式（题录、文摘）、每页显示的条数（20 条、30 条、50 条、100 条）、排序的规则（入库、年代、作者、期刊、相关度、被引频次），并且可以进行翻页操作和指定页数跳转操作（图 3-1-28）。点击论文标题右侧的 PDF 图标，可获得来自维普全文数据库的原文。

图 3-1-28　检索结果页面（选自 2015 年 4 月 26 日）

2. 检索结果输出格式

在检索结果页面,用户可根据需要,点击结果输出,选择输出方式、输出范围和保存格式(图 3-1-29)。

图 3-1-29 检索结果输出格式选择(选自 2015 年 4 月 26 日)

3. 检索结果分类

中国生物医学文献数据库对检索结果从 3 个方面进行了分类,分别为核心期刊、中华医学会期刊、循证文献(如图 3-1-30 所示)。

图 3-1-30 检索结果分类(选自 2015 年 4 月 26 日)

核心期刊指被《中文核心期刊要目总览》或者《中国科技期刊引证报告》收录的期刊;中华医学会期刊是由中华医学会编辑出版的医学期刊;循证文献指 SinoMed 系统对检索结果进行循证医学方面的策略限定所得结果。

4. 检索结果统计分析

检索结果页面右侧,按照主题、学科、期刊、作者、时间和地区 6 个维度对检索结果进行统计(图 3-1-31),点击统计结果数量可以在检索结果页面中展示所需内容。中国生物医学文献数据库最大支持 200 000 条文献的结果统计。

图 3-1-31 检索结果统计分析(选自 2015 年 4 月 26 日)

主题统计是按照美国国立医学图书馆《医学主题词表(MeSH)》中译本进行展示的,主题统计最多可以展示到第6级内容。

学科统计是按照《中国图书馆分类法·医学专业分类表》进行展示的,学科统计最多展示到第3级内容。

期刊、作者和地区的统计是按照由多到少的统计数量进行排序的,默认显示10条,点击更多,显示统计后的前50条。

时间统计是按照年代进行排序的,默认显示最近10年,点击更多,显示最近50年。

点击"结果浏览",可查看限定后的结果。系统还通过统计图来展示限定检索后的详细内容,并提供保存或打印功能。

5. 原文索取

原文索取是SinoMed系统提供的一项特色服务。用户可以对感兴趣的检索结果直接进行原文索取,也可以通过填写"全文申请表""文件导入"等方式申请所需要的文献。SinoMed将在发出原文请求后2个工作日内,以电子邮件、普通信函、平信挂号、传真或特快专递方式,提供所需原文。如果用户所在单位订购了维普中文数据库,可以通过SinoMed提供的维普中文全文链接功能直接获取原文。

第二节 中国知识基础设施工程(CNKI)

国家知识基础设施(CNKI)的概念,源于世界银行《1998年度世界发展报告》,该报告指出,发展中国家应该着重建设国家知识基础设施(National Knowledge Infrastructure,NKI),以尽快缩小与发达国家的差距,提高国家知识和技术的创新能力,增强国际竞争力。CNKI工程是以实现全社会知识资源传播共享与增值利用为目标的信息化建设项目,由清华大学、清华同方发起,始建于1999年6月,CNKI工程集团经过多年努力,采用自主开发并具有国际领先水平的数字图书馆技术,建成了世界上全文信息量规模最大的"CNKI数字图书馆",并成功建设了"中国知识资源总库",目前已容纳包括CNKI系列数据库和来自国内外加盟的数据库2600多个,涵盖学术期刊、博硕士学位论文、会议论文、报纸、工具书、年鉴、专利、标准、国学等多种类型的文献资源,全文和各类知识信息数据超过了5000万条,是目前中国收录最全、文献信息量最大的动态资源体系和中国最先进的知识服务平台与数字化学习平台,网址为http://www.cnki.net。

一、CNKI数据库产品介绍

CNKI集中国和世界科学知识与优秀文化资源之大成,拥有学术文献、国际文献、特色文献与行业数字图书馆四大产品系列。

学术文献,包括学术期刊、博硕士论文、会议论文、科技成果、统计年鉴、中外标准、专利、图书、报纸、工具书等。

国际文献,包括NSTL外文期刊论文、NSTL外文学位论文、NSTL外文会议论文及德国Springer公司期刊数据库。

特色文献,包括高等教育、基础教育、科普文献、政报公报、经济信息、党建文献、精品文化、文艺作品、国学宝典以及哈佛商业评论数据库。

行业数字图书馆是为各行业提供专业化知识和个性化服务的平台,主要包括中国医院数字图书馆、中国农业数字图书馆、中国城建数字图书馆、中国企业数字图书馆、中国法律数字图书馆以及中国党政数字图书馆。

1. 中国学术期刊网络出版总库(CAJD)

《中国学术期刊网络出版总库》(China Academic Journal Network Publishing Database,简称 CAJD),是世界上最大的连续动态更新的中国学术期刊全文数据库,以学术、技术、政策指导、高等科普及教育类期刊为主,内容覆盖自然科学、工程技术、农业、哲学、医学、人文社会科学等各个领域。数据库收录自 1915 年以来出版的期刊,部分期刊回溯至创刊,如 1915 年创刊的《清华大学学报(自然科学版)》《中华医学杂志》等。截至 2015 年 3 月,收录国内学术期刊 8 053 种,全文文献总量 43 073 696 篇。

2. 中国博士学位论文全文数据库(CDFD)

《中国博士学位论文全文数据库》(China Doctoral Dissertations Full-text Database,简称 CDFD),是目前国内相关资源内容完备、数据规范、实用方便的博士学位论文全文数据库。收录 1984 年以来全国"985"、"211"工程等重点高校,中国科学院、社会科学院等研究院所的博士学位论文,内容覆盖基础科学、工程技术、农业、医学、哲学、人文、社会科学等各个领域。

3. 中国优秀硕士学位论文全文数据库(CMFD)

《中国优秀硕士学位论文全文数据库》(China Master's Theses Full-text Database,简称 CMFD),是目前国内内容最全、质量最高、出版周期最短、数据最规范、最实用的硕士学位论文全文数据库。重点收录 1984 年以来全国"985"、"211"工程等重点高校,中国科学院、社会科学院等科研院所的优秀硕士论文,内容覆盖基础科学、工程技术、农业、哲学、医学、哲学、人文、社会科学等各个领域。

4. 国内外重要会议论文全文数据库

国内外重要会议论文全文数据库的文献是由国内外会议主办单位或论文汇编单位书面授权并推荐出版的重要会议论文,由中国学术期刊(光盘版)电子杂志社编辑出版的国家级连续电子出版物专辑,包括《中国重要会议论文全文数据库》和《国际会议论文全文数据库》。

《中国重要会议论文全文数据库》重点收录 1999 年以来,中国科协、社科联系统及省级以上的学会、协会、高校、科研机构、政府机关等举办的重要会议上发表的文献。其中,全国性会议文献超过总量的 80%,部分连续召开的重要会议论文回溯至 1953 年。

《国际会议论文全文数据库》重点收录 1999 年以来,中国科协系统及其他重要会议主办单位举办的在国内召开的国际会议上发表的文献,部分重点会议文献回溯至 1981 年。

5. 中国重要报纸全文数据库

《中国重要报纸全文数据库》收录了 2000 年以来中国国内重要报纸刊载的学术性、资料性文献的连续动态更新的数据库,主要收录报纸上具有较为重要的情报信息与研究价值的各学科文献。

6. 中国年鉴网络出版总库

《中国年鉴网络出版总库》是目前国内最大的连续更新的动态年鉴资源全文数据库,收录 1949 年以来国内的中央、地方、行业和企业等各类年鉴的全文文献,内容覆盖基本国情、地理历史、政治军事外交、法律、经济、科学技术、教育、文化体育事业、医疗卫生、社会生活、人物、统计资料、文件标准与法律法规等各个领域。

年鉴内容按国民经济行业分类,可分为农、林、牧、渔业、采矿业、制造业、电力、燃气及水的生产和供应业、建筑业、交通运输、仓储和邮政业、信息传输、计算机服务和软件业、批发和零售业、住宿和餐饮业、金融业、房地产业、租赁和商务服务业、科学研究、技术服务和地质勘查业、水利、环境和公共设施管理业、居民服务和其他服务业、教育、卫生管理、社会保障与社会福利业、文化、体育和娱乐业、公共管理和社会组织、国际组织等行业。

地方年鉴按照行政区划分类,可分为北京市、天津市、河北省、山西省、内蒙古自治区、辽宁省、吉林省、黑龙江省、上海市、江苏省、浙江省、安徽省、福建省、江西省、山东省、河南省、湖北省、湖南省、广东省、广西壮族自治区、海南省、重庆市、四川省、贵州省、云南省、西藏自治区、陕西省、甘肃省、青海省、宁夏回族自治区、新疆维吾尔自治区、香港特别行政区、澳门特别行政区、台湾省共34个省级行政区域。

7. 中国科技项目创新成果鉴定意见数据库(知网版)

《中国科技项目创新成果鉴定意见数据库(知网版)》主要收录正式登记的中国科技成果,按行业、成果级别、学科领域分类。每条成果信息包含成果概况、立项、评价、知识产权状况及成果应用,成果完成单位、完成人等基本信息。核心数据为登记成果数据,具备正规的政府采集渠道,权威、准确。数据库收录从1978年至今的科技成果,部分成果回溯至1920年。

8. 中国引文数据库

《中国引文数据库》(Chinese Citation Database,简称CCD),收录了中国学术期刊(光盘版)电子杂志社出版的所有源数据库产品的参考文献,涉及期刊、学位论文、会议论文、图书、专利、标准、报纸等超千万次被引文献。该库通过揭示各种类型文献之间的相互引证关系,不仅可以为科学研究提供新的交流模式,同时也可以作为一种有效的科学管理及评价工具。

9. CNKI外文文献数据库

CNKI外文文献数据库,收录了40多家国际著名出版商的期刊文献题录数据,其中包括Springer,Taylor & Francis,John Wiley & Sons,Wolters Kluwer,Emerald,剑桥大学出版社,ProQuest,PubMed,英国皇家物理学会(Institute of Physics),美国数学学会(American Mathematical Society),英国皇家学会(The Royal Society),Informa Healthcare,J-STAGE,DOAJ等。文献量共计超过5 000万篇,可以通过篇名、关键词、作者、DOI、作者单位、刊名、ISSN等项进行检索,免费浏览题录信息。文献最早可追溯至1840年,为国内用户提供跨平台、一站式外文检索服务,部分OA(Open Access)期刊可实现全文免费下载。

二、CNKI检索体系

2012年9月,CNKI在原知识网络服务平台(KNS)的基础上进行了全新改版,推出知识网络发现平台(Knowledge Discovery Network,KDN)(图3-2-1)。

KDN不同于传统的搜索引擎,它利用知识管理的理念,实现了知识汇聚与知识发现,结合搜索引擎、全文检索、数据库等相关技术达到知识发现的目的,可在海量知识及信息中发现和获取所需信息,简洁高效、快速准确。KDN的主要目标是更好地理解用户需求,提供更简单的用户操作,实现更准确的查询结果。KDN着重优化页面结构,提高用户的体验度,实现平台的易用性和实用性;实现检索输入页面、检索结果页面的流畅操作,提供多角度、多维度的检索方式,帮助用户快速定位所需文献。

新版 KDN 知识发现网络平台的新特性有一框式检索、智能输入提示、智能检索与智能排序、文献分析、CNKI 指数分析、平面式分类导航、修改资源分类导航、组合在线阅读、跨平台文献分享等。

图 3-2-1　CNKI 平台首页(选自 2015 年 4 月 27 日)

1. 一框式检索

(1) 数据库的选择

CNKI 首页提供了一框式检索,可进行集各类资源于一体的检索。选择数据源为"文献"进行检索时,默认在期刊、博士硕士学位论文、会议、报纸、年鉴库中同时进行检索。如选择源为"期刊",则是指在学术期刊范围内进行检索,非学术期刊(如党建期刊、基础教育、高等教育、科普、文艺等类期刊)在这里检索不到,可以进入期刊导航或者在资源总库中选择相应的非学术期刊单库检索。若要改变检索的资源类型,直接切换检索框上方的资源标签即可,单击"更多>>"可查看更多的可选数据库,如需同时检索多种资源,可打开检索框右侧的"跨库选择"针对所需数据库进行勾选(图 3-2-2)。

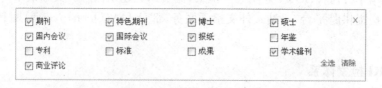

图 3-2-2　跨库选择界面(选自 2015 年 4 月 27 日)

(2) 检索字段的选择

打开检索字段下拉列表(图 3-2-3),可切换不同检索字段来提高检索的查全率和查准率。选择"主题"检索项,是指同时在题名、关键词、摘要 3 个字段中检索,不同数据库提供不同的检索字段。在一框式检索时,不支持 OR、AND 等逻辑检索式。

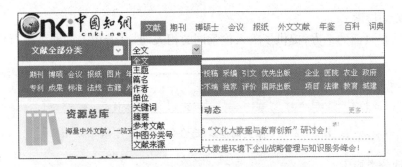

图 3-2-3 检索字段选择(选自 2015 年 4 月 27 日)

(3) 检索词的智能提示

当用户输入部分检索词时,系统会根据用户已经输入的检索词智能提示可能符合用户需求的检索词(图 3-2-4),输入"糖尿病",系统自动提示"糖尿病肾病""糖尿病足""糖尿病治疗""糖尿病并发症"等检索词,同时还会提示后方一致的检索词,如"2 型糖尿病""二型糖尿病""Ⅱ型糖尿病""妊娠期糖尿病""妊娠糖尿病"等,这些能够帮助用户查全相关概念的不同表述方式,以提高查全率。此外,系统还能根据检索词属性判断其是否符合检索字段,当两者不一致时,系统将建议用户更换检索字段。如图 3-2-5 所示,选择"篇名"字段,输入检索词"南京大学",系统提示是否想查找"单位:南京大学"的文献。

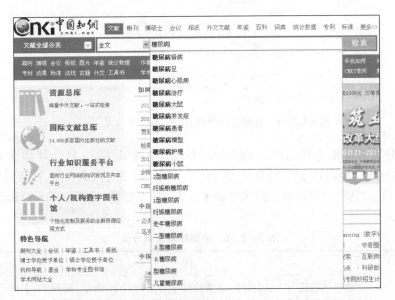

图 3-2-4 检索词智能提示(选自 2015 年 4 月 27 日)

图 3-2-5 检索项智能提示(选自 2015 年 4 月 27 日)

(4) 相关词检索

在检索结果页面的下方,提供了输入检索词的相关词,点击相关词即可进行检索(图3-2-6)。

图3-2-6 相关词检索(选自2015年4月27日)

(5) 文献分类检索

CNKI为突出学术文献的检索优势,启用了文献分类目录导航,"文献全部分类"提供以鼠标滑动显示的方式进行展开,包括基础科学、工程科技、农业科技、医药卫生科技等领域,每个领域又进行了细分,能够快速确定搜索范围(图3-2-7),根据需要点击某一个分类名称,即可进行检索。

图3-2-7 文献分类导航(选自2015年4月27日)

以学科分类为基础,兼顾用户对文献的使用习惯,中国知网将文献分为10个大专辑:基础科学、工程科技Ⅰ、工程科技Ⅱ、农业科技、医药卫生科技、哲学与人文科学、社会科学Ⅰ、社会科学Ⅱ、信息科技、经济与管理科学。10大专辑下分为168个专题(见表3-2-1)和近3 600个子栏目。

表3-2-1 中国知网文献分类

专辑名称	所 含 专 题
基础科学	自然科学理论与方法,数学,非线性科学与系统科学,力学,物理学,生物学,天文学,自然地理学和测绘学,气象学,海洋学,地质学,地球物理学,资源科学
工程科技Ⅰ辑	化学,无机化工,有机化工,燃料化工,一般化学工业,石油天然气工业,材料科学,矿业工程,金属学及金属工艺,冶金工业,轻工业手工业,一般服务业,安全科学与灾害防治,环境科学与资源利用
工程科技Ⅱ辑	工业通用技术及设备,机械工业,仪器仪表工业,航空航天科学与工程,武器工业与军事技术,铁路运输,公路与水路运输,汽车工业,船舶工业,水利水电工程,建筑科学与工程,动力工程,核科学技术,新能源,电力工业
农业科技	农业基础科学,农业工程,农艺学,植物保护,农作物,园艺,林业,畜牧与动物医学,蚕蜂与野生动物保护,水产和渔业

续表

专辑名称	所 含 专 题
医药卫生科技	医药卫生方针政策与法律法规研究,医学教育与医学边缘学科,预防医学与卫生学,中医学,中药学,中西医结合,基础医学,临床医学,感染性疾病及传染病,心血管系统疾病,呼吸系统疾病,消化系统疾病,内分泌腺及全身性疾病,外科学,泌尿科学,妇产科学,儿科学,神经病学,精神病学,肿瘤学,眼科与耳鼻咽喉科,口腔科学,皮肤病与性病,特种医学,急救医学,军事医学与卫生,药学,生物医学工程
哲学与人文科学	文艺理论,世界文学,中国文学,中国语言文字,外国语言文字,音乐舞蹈,戏剧电影与电视艺术,美术书法雕塑与摄影,地理,文化,史学理论,世界历史,中国通史,中国民族与地方史志,中国古代史,中国近现代史,考古,人物传记,哲学,逻辑学,伦理学,心理学,美学,宗教
社会科学Ⅰ辑	马克思主义,中国共产党,政治学,中国政治与国际政治,思想政治教育,行政学及国家行政管理,政党及群众组织,军事,公安,法理、法史,宪法,行政法及地方法制,民商法,刑法,经济法,诉讼法与司法制度,国际法
社会科学Ⅱ辑	社会科学理论与方法,社会学及统计学,民族学,人口学与计划生育,人才学与劳动科学,教育理论与教育管理,学前教育,初等教育,中等教育,高等教育,职业教育,成人教育与特殊教育,体育
信息科技	无线电电子学,电信技术,计算机硬件技术,计算机软件及计算机应用,互联网技术,自动化技术,新闻与传媒,出版,图书情报与数字图书馆,档案及博物馆
经济与管理科学	宏观经济管理与可持续发展,经济理论及经济思想史,经济体制改革,经济统计,农业经济,工业经济,交通运输经济,企业经济,旅游,文化经济,信息经济与邮政经济,服务业经济,贸易经济,财政与税收,金融,证券,保险,投资,会计,审计,市场研究与信息,管理学,领导学与决策学,科学研究管理

2. 高级检索

对于需要专业检索和组合检索的用户可以进入高级检索模式进行检索。在CNKI首页单击检索框右侧的"高级检索",即进入高级检索页面(图3-2-8)。在"文献"高级检索界面,主要检索方式有高级检索、专业检索、作者发文检索、科研基金检索、句子检索和文献来源检索6种。"文献"选项为跨库检索。单击"文献"打开下拉菜单,显示所有数据库选项,选择所需数据库即可。

图3-2-8 文献高级检索(选自2015年4月27日)

下面以期刊高级检索为例,选择"文献"下拉菜单中的"期刊"进入单库检索页面(图3-2-9),系统提供检索、高级检索、专业检索、作者发文检索、科研基金检索、句子检索和来源期刊检索7种方式。

图 3-2-9 期刊高级检索(选自 2015 年 4 月 27 日)

(1) 检索

系统默认检索页面,其检索功能比总库首页一框式检索稍复杂,提供多个检索的组合检索,点击检索项左侧的"＋""－"按钮,可以添加或减少检索条件。

系统提供的检索字段包括主题、篇名、关键词、作者、单位、刊名、ISSN、CN、期、基金、摘要、全文、参考文献、中图分类号等,其中"主题"字段检索包括了"篇名、关键词、摘要"的复合检索。

系统提供"并含""或含""不含"3 种布尔逻辑运算,在检索行与检索行之间,遵循从上到下依次运算的规则,每个运算行会优先运算。

系统在每个检索行后提供了"模糊"和"精确"2 种匹配方式供选择,精确匹配是指检索结果完全等同或包含与检索词完全相同的词语;模糊匹配是指检索结果只要包含检索词中的词素即可。例如,作者单位"南通大学",选择精确匹配,只能检索出作者单位为"南通大学"的文献,而选择模糊匹配,则能检索到"南通大学医学院""南通大学神经科学研究所""南通大学图书馆""南通大学附属医院""南通职业大学"等单位的文献。精确和模糊检索可以帮助控制文献检索的精确度。

系统还提供论文发表时间范围的选择和来源期刊类别的选择。时间范围自 1915 年至今,期刊来源可选择"全部期刊""SCI 来源期刊""EI 来源期刊""核心期刊"和"CSSCI"。默认状态下时间范围不限,期刊来源为全部期刊。

(2) 高级检索

高级检索如图 3-2-10 所示,其中"＋""－"按钮用来增加和减少检索条件,"词频"表示该检索词在文中出现的频次,可选范围为 2~8。词频为空,表示在选择的检索项中至少出现 1 次检索词。如选择"全文"检索项,输入检索词"细胞凋亡",选择词频 3,表示检索词"细胞凋亡"在全文中至少出现 3 次。

在高级检索中,系统还提供了更多的组合条件,如来源、基金、作者以及作者单位等。中英文扩展是由所输入的中文检索词自动扩展检索相应检索项中英文语词的一项检索控制功能,仅在选择"匹配"中的"精确"时,"中英文扩展"功能方才可用。

(3) 专业检索

专业检索(图 3-2-11)是所有检索方式里面比较复杂的一种方法,使用逻辑运算符和

图 3-2-10　期刊"高级检索"（选自 2015 年 4 月 27 日）

关键词构造检索式进行检索，适用于图书情报专业人员科技查新、信息分析等工作。专业检索需要用户自己输入检索式，并且确保所输入的检索式语法正确，才能获得理想的检索结果。每个库的专业检索都有说明，详细语法可以点击右侧"检索表达式语法"参看详细的语法说明，例如：在期刊库中，用户首先要明确期刊库的可检索字段有哪些，分别用什么字母来表示。可检索字段包括：SU＝主题，TI＝题名，KY＝关键词，AB＝摘要，FT＝全文，AU＝作者，FI＝第一作者，AF＝作者单位，JN＝期刊名称，RF＝参考文献，RT＝更新时间，PT＝发表时间，YE＝期刊年，FU＝基金，CLC＝中图分类号，SN＝ISSN，CN＝CN 号，CF＝被引频次，SI＝SCI 收录刊，EI＝EI 收录刊，HX＝核心期刊。示例：

① TI＝'生态' and KY＝'生态文明' and（AU ％ '陈'＋'王'）可以检索到篇名包括"生态"并且关键词包括"生态文明"并且作者为"陈"姓和"王"姓的所有文章。

② SU＝'北京'＊'奥运' and FT＝'环境保护' 可以检索到主题包括"北京"及"奥运"并且全文中包括"环境保护"的信息。

③ SU＝（'经济发展'＋'可持续发展'）＊'转变'－'泡沫' 可检索"经济发展"或"可持续发展"有关"转变"的信息，并且去除与"泡沫"有关的部分内容。

图 3-2-11　期刊"专业检索"（选自 2015 年 4 月 27 日）

(4) 作者发文检索

作者发文检索用于检索某作者发表的文献，只需用户输入相应作者姓名、作者单位即可。可以点击"＋"或"－"按钮增加或删除检索条件（图 3-2-12）。如果输入多个作者单位，作者单位之间默认布尔逻辑运算"或"进行组合。通过作者发文检索不仅能检索到某一作者发表的论文，还可以通过对结果的分组筛选情况全方位地了解作者的主要研究领域、研究成果等情况。

图 3-2-12　作者发文检索(选自 2015 年 4 月 27 日)

(5) 科研基金检索

科研基金检索是通过科研基金名称,检索科研基金资助的论文(图 3-2-13)。检索时,可直接在检索框中输入基金名称的关键词,也可以点击检索框右侧的"⋯"按钮打开基金选择页面,选择支持基金(图 3-2-14)。通过对检索结果的分析,可以全面了解科研基金资助学科范围、科研主题领域等信息。

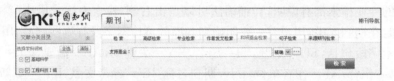

图 3-2-13　科研基金检索(选自 2015 年 4 月 27 日)

图 3-2-14　基金选择页面(选自 2015 年 4 月 27 日)

(6) 句子检索

句子检索用来检索文献正文中所包含的某一句话,或者某一个词组等文献。由于句子中包含了大量的事实信息,通过检索句子可以为用户提供有关事实问题的答案,可在文献中的同一句话或者同一段文字中检索同时包含 2 个检索词的句子(图 3-2-15)。句子检索适用于指标、数据、细节等内容的查找。

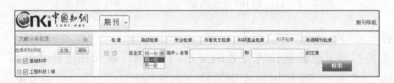

图 3-2-15　句子检索(选自 2015 年 4 月 27 日)

(7) 来源期刊检索

来源期刊数据库主要针对想了解期刊来源的用户,检索某个期刊的文献,包括期刊的来源类别、来源期刊、期刊年期等进行组合检索(图 3-2-16)。点击检索框右侧的"…"按钮，即可打开期刊选择页面(图 3-2-17)。在这个页面上，可以选择某一种或者某一类期刊进行检索，可以选择专辑名称，如"医药卫生科技类期刊"，同时可以选择该专辑中的某一专题名称，如"心血管系统疾病"；还可以选择期刊收录来源，如 SCI、EI、CSCD、CSSCI 等；也可选择某一学科领域的核心期刊，如医药卫生中的"内科学类"。

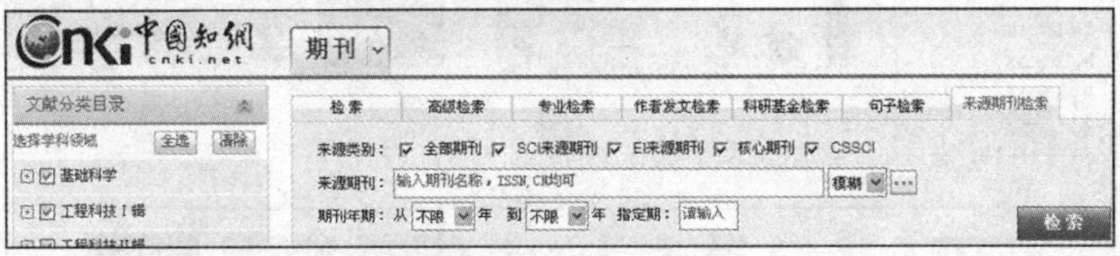

图 3-2-16 来源期刊检索(选自 2015 年 4 月 27 日)

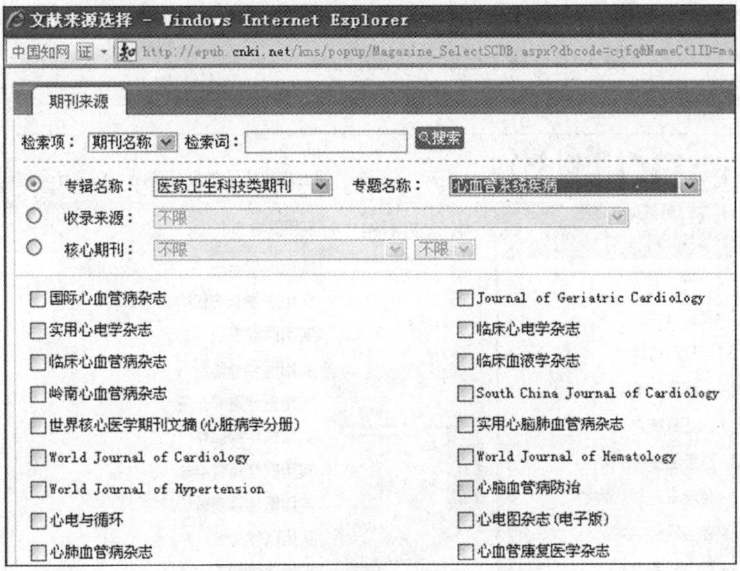

图 3-2-17 期刊来源选择(选自 2015 年 4 月 27 日)

3. 出版物检索

在 KDN 首页，点击出版物检索，进入导航首页(图 3-2-18)。进入导航首页，在该页中有字母导航和分类导航。左侧文献分类目录帮助用户快速定位导航的分类；导航首页有推送的栏目，是当前热门的期刊论文等文献；下面是一些热门的特色导航的推荐文献；期刊、会议、年鉴、工具书、报纸、博士学位授予单位、硕士学位授予单位。

以期刊来源导航为例，在文本框中输入检索词，系统根据选项名称自动地输出与之对应的提示信息供选择(图 3-2-19)。输入"实用医学"，点击检索，找到 4 条结果，同时显示期刊名称、主办单位、复合影响因子、综合影响因子以及被引次数(图 3-2-20)。点击期刊名称链接，进入该刊导航页面(图 3-2-21)。在此页面，选中某一年某一期，页面的目录即随之变化，点击目录则进入相应的知网节页面，同时点击"原版浏览"，则进入该期的在线预览。

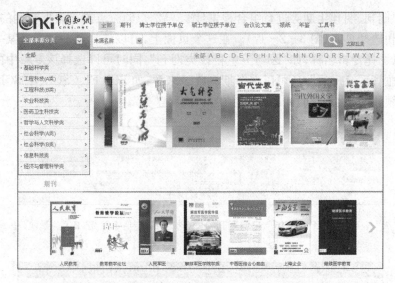

图 3-2-18　出版物导航(选自 2015 年 4 月 27 日)

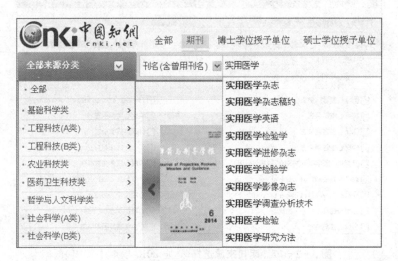

图 3-2-19　期刊名称检索(选自 2015 年 4 月 27 日)

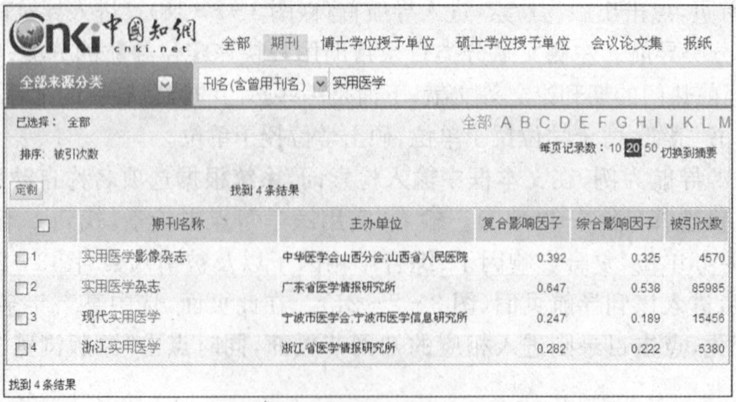

	期刊名称	主办单位	复合影响因子	综合影响因子	被引次数
1	实用医学影像杂志	中华医学会山西分会;山西省人民医院	0.392	0.325	4570
2	实用医学杂志	广东省医学情报研究所	0.647	0.538	85985
3	现代实用医学	宁波市医学会;宁波市医学信息研究所	0.247	0.189	15456
4	浙江实用医学	浙江省医学情报研究所	0.282	0.222	5380

图 3-2-20　期刊导航检索结果(选自 2015 年 4 月 27 日)

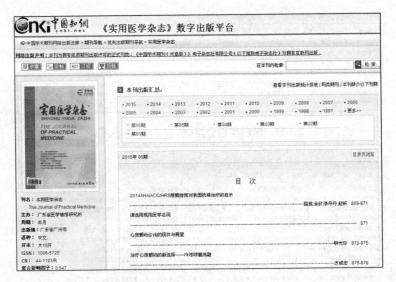

图 3-2-21 《实用医学杂志》导航页面(选自 2015 年 4 月 27 日)

三、检索结果处理

(一) 检索结果分组

KDN 检索平台的检索结果页面以列表形式展示,并提供对检索结果进行分组分析、排序分析的方法,以准确查找文献。检索结果分组包括来源数据库、学科、发表年度、研究层次、作者、机构、基金。分组过程如下:① 点击文献分组浏览中的分组项,则显示分组得到的该项类别;② 点击其中某个类别项,检索结果则根据该分组项进行筛选得出相应结果。

1. 来源数据库分组

按来源数据库分组可以获得不同类型的文献。系统将检索结果按不同来源数据库分组,列出文献集合在不同资源类型之间的分布,有期刊文献、学位论文、会议论文、报纸文献、国家科技成果、专利、标准、外文文献、年鉴等学术文献总库包含的所有数据库。如图 3-2-22 所示,数据库后括号中的数字代表检索结果在这些库中的命中数。

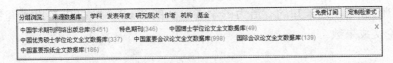

图 3-2-22 来源数据库分组(选自 2015 年 4 月 27 日)

2. 学科类别分组

系统将检索结果按照 168 个专辑分类下级的 4 000 多个学科类目进行分组,可以查看检索结果所属更细更具体的学科专业,进一步进行筛选,找到所需文献(图 3-2-23)。

3. 基金分组

指将研究过程中获得国家基金资助的文献按资助基金进行分组(图 3-2-24),通过分析分组结果,可以了解国家对这一领域的科研投入情况,研究人员可以有目的地申请相关课题,科研管理人员则可以对某个基金支持科研的效果进行定量分析、评价和跟踪。

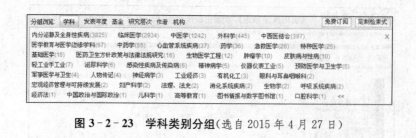

图 3-2-23 学科类别分组（选自 2015 年 4 月 27 日）

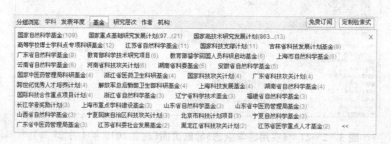

图 3-2-24 基金分组（选自 2015 年 4 月 27 日）

4. 研究层次分组

学术文献总库中，每篇文献还按研究层次和读者类型分为自然科学和社会科学两大类，每一类下再分为理论研究、工程技术、政策指导等多种类型，用户通过分组可以查到相关的国家政策研究、工程技术应用成果、行业技术指导等，实现对整个学科领域的全局了解（图 3-2-25）。

图 3-2-25 研究层次分组（选自 2015 年 4 月 27 日）

5. 文献作者分组

通过文献作者分组，可帮助研究人员找到某一领域学术专家、学科带头人，可追踪已知学者，寻访名师，亦可发现未知的有潜力的学者。从图 3-2-26 可以看出研究糖尿病的学术带头人的论文成果数。

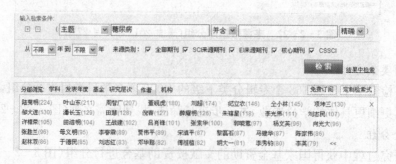

图 3-2-26 文献作者分组（选自 2015 年 4 月 27 日）

6. 作者机构分组

检索结果按作者机构分组,帮助研究人员找到某一领域高水平多成果的有价值的研究机构,全面了解研究成果全局分布情况,跟踪重要研究机构的成果,也是选择文献的重要手段。从图3-2-27可以看出有关糖尿病的研究成果来自哪些机构。

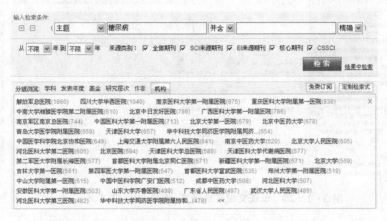

图3-2-27　作者机构分组(选自2015年4月27日)

(二) 检索结果排序

除了分组筛选,KDN检索平台还对检索结果提供了主题、发表时间、被引频次、下载频次等排序方式,便于用户对当前的搜索结果有一个全面的了解。

主题排序:反映了结果文献与用户输入的检索词相关的程度,越相关越排前,通过主题相关度排序可找到文献内容与用户检索词最相关的文献。

发表时间排序:将检索结果根据文献发表的时间先后排序,可以帮助用户快速搜寻到最新文献,确定相关研究的时间顺序,实现学术跟踪,进行文献的系统调研。

被引频次排序:根据文献被引用次数进行排序,通过分析文献过去被引用的情况,预测未来可能受到关注的程度。

下载频次排序:根据文献被下载次数进行排序。

下载频次和被引频次排序有助于检索到质量较高的被学术同行认可的文献。

(三) 在线预览

KDN检索平台提供了原文的在线预览功能,极大地满足了读者的需求,由原来的"检索—下载—预览"三步走,变成"检索—预览"两步走,让用户第一时间预览到原文,快捷方便。目前提供在线预览的数据库有期刊、博士、硕士、会议、报纸、年鉴以及统计数据。

单篇预览:在检索结果页面,点击▯图标即进入在线预览页面(图3-2-28)。在线预览页面左侧,显示该论文所在期刊的目录;点击目录中的文献篇名,可直接切换预览文献。当前预览文献在目录中显示橙色。

组合预览:在检索结果页面选中所需文献(不超过50篇),点击"分析/阅读",进入"文献管理中心—分析"页面,在此选中所需预览的文献,点击"阅读"便进入组合预览页面(图3-2-29)。组合预览仅支持期刊、博士、硕士、会议和年鉴等文献的组合。在组合预览的页面上,以目录形式展示,并对同一类型文献进行归类。

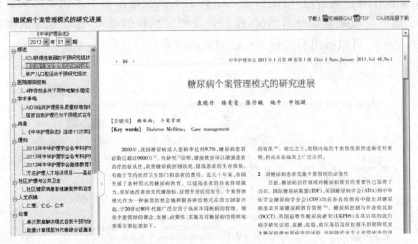

图 3-2-28 单篇文献在线预览(选自 2015 年 4 月 27 日)

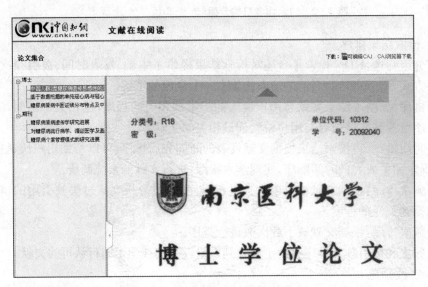

图 3-2-29 多篇文献组合预览(选自 2015 年 4 月 27 日)

(四) 知网节

知网节是知识网络节点的简称,提供单篇文献的详细信息和扩展信息浏览的页面被称为"知网节"。它不仅包含了单篇文献的详细信息,还是各种扩展信息的入口汇集点。在扩展信息中,参考文献、引证文献、相似文献、同行关注文献、相关作者文献、相关机构文献等,通过概念相关、事实相关等方法提示知识之间的关联关系,构成了揭示知识结构和知识发展脉络的知识网络,达到知识扩展的目的,帮助用户了解课题的起源,追踪科研的进展,深化课题的研究,评估科研的价值,帮助实现知识获取和知识发现。

在检索结果的页面中,点击文献的题目,则进入知网节页面,包括节点文献信息(图 3-2-30)和文献网络图示(图 3-2-31)。

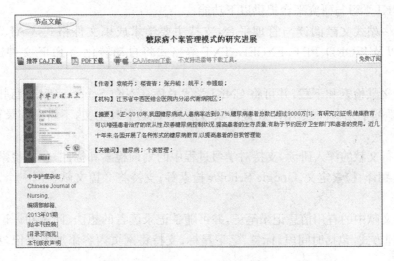

图 3-2-30 节点文献信息(选自 2015 年 4 月 27 日)

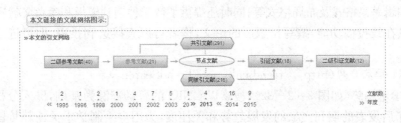

图 3-2-31 文献网络图示(选自 2015 年 4 月 27 日)

(五) 全文下载

在检索结果页面,点击下载图标"⬇",可以进行全文下载。在知网节页面,提供了"CAJ下载"和"PDF下载"2 种格式(图 3-2-30),阅读 CAJ 格式全文需要下载安装 CajViewer 浏览器;阅读 PDF 格式全文需要下载安装 Adobe Reader 阅读器。

CAJ 全文浏览器是中国知网的专用全文格式阅读器,它支持中国知网的 CAJ、NH、KDH 和 PDF 格式文件。它可以在线阅读中国知网的原文,也可以阅读下载到本地硬盘的 CNKI 文献。它的打印效果可以达到与原版显示一致的程度。CAJ 全文浏览器功能强大,且极具亲和力,如绑定工具书,遇到疑问,可以链接到工具书库进行查询;如绑定了个人数字图书馆功能,即可对下载的文献进行管理。其他特色功能有保存和复制原文中的文字、公式、图表或图片,写读书笔记,双面打印,屏幕取词,自定义搜索等等,这些功能给用户带来了极大的方便,使用户价值最大化。

Adobe Reader 软件是一种免费、可信的标准,能够可靠地查看、打印和批注 PDF 文档。它是唯一一款可以打开各种 PDF 内容(包括表单和多媒体)并与之交互的 PDF 文件查看程序。

四、CNKI 科研工具

1. CNKI E-Learning

CNKI E-Learning 旨在为用户量身定制探究式学习工具,展现知识的纵横联系,洞悉知识脉络。CNKI学习与研究平台提供以下功能：

① 它是一站式文献阅读与管理平台，支持主要学术成果文件格式，CAJ、KDH、NH、PDF、TEB，以及WORD、PPT、EXCEL、TXT等格式将自动转化为PDF文件进行管理和阅读。

② 支持文献检索和下载，并可将CNKI学术总库、CNKI Scholar等检索到的文献信息直接导入到学习单元中；根据用户设置的账号信息，自动下载全文，不需要登录相应的数据库系统。

③ 能进行文献的深入研读，支持对学习过程中的划词检索和标注，包括检索工具书、检索文献、词组翻译、检索定义、Google Scholar检索等；支持将2篇文献在同一个窗口内进行对比研读。

④ 支持文献中的有用信息记录笔记，并可随手记录读者的想法、问题和评论等；支持笔记的多种管理方式，包括时间段、标签、笔记星标；支持将网页内容添加为笔记，从而实现知识管理。

⑤ 提供基于Word的通用写作功能，主要包括面向学术等的论文写作工具，如插入引文、编辑引文、编辑著录格式及布局格式等；同时还提供了数千种期刊模板和参考文献样式编辑。

⑥ 提供在线投稿功能，撰写排版后的论文，作者可以直接选刊投稿，即可进入期刊的作者投稿系统。

2. CNKI学术趋势（http://trend.cnki.net/TrendSearch/）

CNKI学术趋势（如图3-2-32），搜索以CNKI的海量资源为基础，深入分析CNKI收录的1997年后发表的期刊文献的发展趋势和关注度，为用户绘制学术关注趋势图和用户关注趋势图，并统计全部年度及各个年度的热门被引文章、近一年及各个月份的热门下载文章，帮助用户迅速了解研究领域或方向的发展趋势。

图3-2-32 CNKI学术趋势搜索主页（选自2015年4月27日）

以"白内障"为例进行学术趋势搜索，结果如图3-2-33所示。其中的"学术关注度"是以CNKI知识资源总库中与"白内障"相关的文献数量为基础，统计"白内障"作为主题出现的次数，形成学术界对该学术领域关注度的量化表。其中的"用户关注度"是以用户在CNKI系列数据库中所下载文章的数量为基础，统计"白内障"作为主题的文章被下载的次数，形成对某一学术领域关注度的量化表。系统默认显示的"热门被引文章"是全部年份"白内障"的相关热门被引文章，"热门下载文章"是近一年"白内障"的相关热门下载文章。点击学术关注度趋势图中标记高亮点，显示此年份被高频引用的文章，点击用户关注度趋势图被标记高亮点，显示此月份被高频下载的文章。

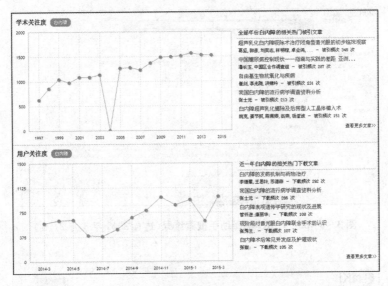

图3-2-33 "白内障"学术趋势搜索结果(选自2015年4月27日)

3. CNKI翻译助手(http://dict.cnki.net/)

CNKI翻译助手(图3-2-34),是以CNKI总库所有文献数据为依据,它不仅提供英汉词语、短语的翻译检索,还可以提供句子的翻译检索。不但对翻译需求中的每个词给出准确翻译和解释,给出大量与翻译请求在结构上相似、内容上相关的例句,方便参考后得到最恰当的翻译结果(图3-2-35)。

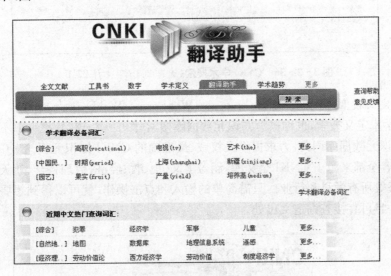

图3-2-34 CNKI翻译助手(选自2015年4月27日)

4. CNKI学术搜索(http://scholar.cnki.net/)

CNKI学术搜索是一个基于海量资源的跨学科、跨语种、跨文献类型的学术资源搜索平台(图3-2-36)。其资源库涵盖各类学术期刊、学位论文、报纸、专利、标准、年鉴、工具书等,利用先进的智能标引和深度知识挖掘技术,CNKI学术搜索可实现文献和知识链接,建设全球范围的知识网络,打造一个基于知识发现的统一学术资源搜索引擎。

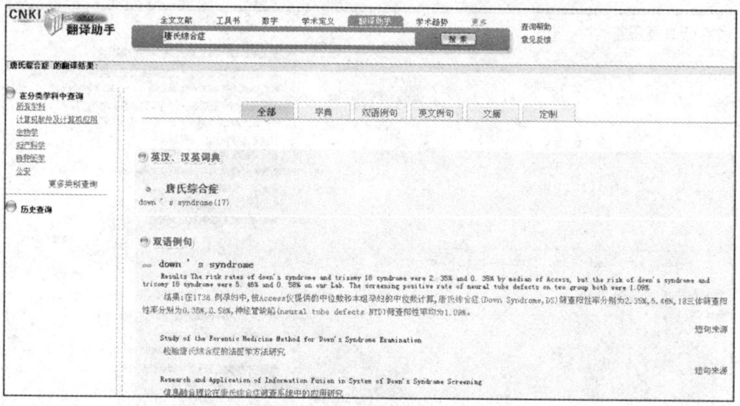

图 3-2-35　CNKI 翻译助手搜索结果（选自 2015 年 4 月 27 日）

图 3-2-36　CNKI 学术搜索（选自 2015 年 4 月 27 日）

5. 学术定义搜索（http://define.cnki.net/WebForms/WebDefault.aspx）

CNKI 学术定义搜索，也称概念知识元数据库搜索（图 3-2-37），是一部不断更新完善的 CNKI 知识元数据库词典，力求提供最权威、最准确的 CNKI 知识元概念。CNKI 知识元数据库的内容全部来源于 CNKI 全文库，涵盖了文、史、哲、经济、数理科学、航天、建筑、工业技术、计算机等所有学科和行业。只需简单的输入和点击操作，就可以得到想要查询词汇的准确定义，并且可直接查询定义出处。

图 3-2-37　CNKI 学术定义搜索页面（选自 2015 年 4 月 27 日）

6. CNKI 数字搜索(http://number.cnki.net/)

CNKI 数字搜索提供数字知识和统计数据搜索服务,以数值知识元、统计图片/表格和统计文献作为基本的搜索单元(图 3-2-38)。

数值知识元是描述客观事物或者事件数值属性(如时间、长度、高度、重量、百分比、销售额、利润等)的知识单元(如 2006 全国高考人数,中国经济总量,QQ 用户数,三峡大坝高度,公务员报考人数,深圳移动用户数,2005 外资投资额,头发重量,重庆农业人口等等)。

CNKI 数字搜索覆盖各学科领域,从科学知识到财经资讯,从大政方针到生活常识均包括。除了来自 CNKI 五大全文数据库外,CNKI 数字搜索还实时采集中央和各地方统计网站以及中央各部委网站,每条搜索结果均有权威出处。

图 3-2-38 CNKI 数字搜索(选自 2015 年 4 月 27 日)

7. CNKI 表格搜索(http://table.cnki.net/)

CNKI 表格搜索(图 3-2-39)旨在提供各个行业的专业表格数据,不同于一般意义的文字、网页或是图表搜索,所有的表格数据都出自 CNKI 全文库收录的优秀的期刊、论文、报纸等,所以搜索结果更加专业、权威。

CNKI 表格查询库内容涵盖了文、史、哲、经济、数理科学、航天、建筑、工业技术、计算机等所有学科和行业。只需在检索框中输入检索词,就可以得到想要查询的相关表格,并且可直接查询表格出处(图 3-2-40)。

8. CNKI 图片搜索(http://image.cnki.net/)

CNKI 学术图片搜索库内容涵盖了文、史、哲、经济、数理科学、航天、建筑、工业技术、计算机等所有学科和行业。只需简单的输入和点击操作,即可得到所需查询的相关图片,并且可直接查询图片出处。例如,在检索框中输入"细胞",即可获得近 105 万张相关图片,如将光标放置图片上,即显示该图片的标题和文献来源出处,可以点击相关文献进一步查询(图 3-2-41)。

图 3-2-39　CNKI 表格搜索(选自 2015 年 4 月 27 日)

图 3-2-40　CNKI 表格搜索结果页面(选自 2015 年 4 月 27 日)

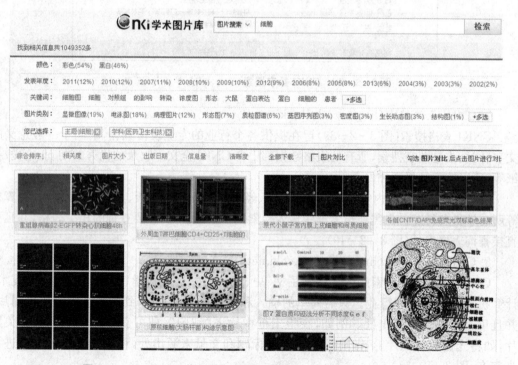

图 3-2-41　CNKI 学术图片搜索结果页面(选自 2015 年 4 月 27 日)

第三节 万方数据知识服务平台

一、平台概述

万方数据股份有限公司是国内第一家以信息服务为核心的股份制高新技术企业,由中国科技信息所控股,在互联网领域提供集信息资源产品、信息增值服务和信息处理方案为一体的综合信息服务。万方数据知识服务平台(Wanfang Data Knowledge Service Platform)由万方数据股份有限公司研制开发,它集品质知识资源、先进的发现技术、人性化设计于一身,是国内一流的品质知识资源出版、增值服务平台。目前平台出版的资源总量超过 2 亿条,全面覆盖各学科、各行业,基于海量高品质的知识资源,运用科学的方法和先进的信息技术,构建了多种增值服务。

万方数据知识服务平台访问方式包括远程包库访问、本地镜像方式和检索卡 3 种。机构用户一般使用本地镜像或远程包库方式访问,采用 IP 控制方式登录检索、浏览和下载全文。个人用户登录后可免费阅读数据库的题录及部分摘要,如要阅览全文,则需购买检索卡。

二、平台首页

通过网址 http://www.wanfangdata.com.cn 进入万方数据知识服务平台首页(图 3-3-1)。平台首页由快速检索区、特色功能服务区、专题服务区、资源更新区和科技动态区等几个部分组成。

图 3-3-1　万方数据知识服务平台首页(选自 2015 年 4 月 28 日)

1. 快速检索区

快速检索区位于平台首页上端显著位置,提供检索词(检索式)输入框,系统默认在学术论文(包括期刊、学位、会议、外文文献等)范围内快速检索文献(图3-3-2)。

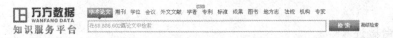

图3-3-2 快速检索区(选自2015年4月28日)

2. 特色功能服务区

特色功能服务区位于平台首页的中部,包括知识脉络分析、学术统计分析、万方学术圈、专利工具、论文相似性检测、查新/跨库检索、科技文献分析、国家经济统计数据库,以及行业知识服务、编辑部专用服务和作者专用服务等。

3. 资源更新区

资源更新区位于平台首页下端,列出了万方数据知识服务平台各个数据库的总记录数、最新资源更新时间和更新条数。用户可以点击资源更新区的各个数据库名称,进入到相应数据库资源介绍页面,并可通过该页面的"期刊浏览""学位论文浏览"等链接进入相应数据库检索页面。

4. 专题服务区

专题服务区位于平台首页右侧,显示热点专题。点击"专题服务"右边的"更多"进入专题检索页面,系统按医药食品、工业技术、文体教育、社会科学、农林渔牧、自然科学、经济与法律、综合专题等提供相关信息(图3-3-3)。

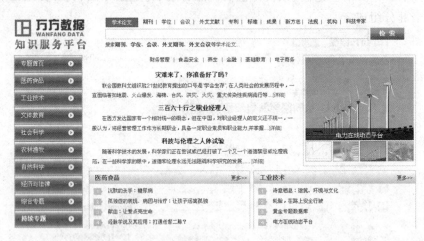

图3-3-3 专题服务页面(选自2015年4月28日)

5. 科技动态区

科技动态区位于首页右侧中部,显示最新科技动态信息。可以通过点击该区的文章标题获得详细内容,点击"更多"按钮,进入科技动态页面,了解更多科技动态信息。

三、平台主要资源介绍

万方数据知识服务平台的数据资源建立在万方数据庞大的数据库群之上,是以中国科技信息研究所的全部信息服务资源为依托,以科技信息为主,集经济、金融、社会、人文信息为一体,汇集了中外期刊论文、学位论文、会议论文、专利、标准、科技成果、政策法规、图书等文献信息,内容涉及自然科学和社会科学各个专业领域。

期刊数据库是万方数据平台的重要组成部分,收录自1998年以来各类期刊8 500余种,其中核心期刊3 200余种,论文总数量达3 000多万篇。

学位论文库,收录自1980年以来我国自然科学领域各高等院校、研究生院以及研究所的硕士、博士以及博士后论文共计320多万篇,其中"211"高校论文收录量占总量的70%以上。

会议论文库收录了由中国科技信息研究所提供的,1985年至今由国际及国家级学会、协会、研究会组织召开的各类学术会议论文,以一级以上学会和协会主办的高质量会议论文为主。每年涉及近3 000个重要的学术会议,总计270多万篇。

专利库收录了国内外的发明、实用新型及外观设计等专利4 520余万件,内容涉及自然科学各个学科领域。

标准库综合了由国家技术监督局、建设部情报所、建材研究院等单位提供的相关行业的各类标准题录。包括中国行业标准、中国国家标准、国际标准化组织标准、国际电工委员会标准、美国国家标准学会标准、美国材料试验协会标准、美国电气及电子工程师学会标准、美国保险商实验室标准、美国机械工程师协会标准、英国标准化学会标准、德国标准化学会标准、法国标准化学会标准、日本工业标准调查会标准等39万多条记录。

中国科技成果库是国家科技部指定的新技术、新成果查新数据库,其收录范围包括新技术、新产品、新工艺、新材料、新设计,主要收录了国内的科技成果及国家级科技计划项目,总计约83万余项,内容涉及自然科学的各个学科领域。

法规库收录自1949年新中国成立以来全国各种法律法规近78万条记录,内容不仅包括国家法律法规、行政法规、地方法规,还包括国际条约及惯例、司法解释、案例分析等。

外文文献库包括外文期刊论文和外文会议论文3 200多万篇。外文期刊论文收录了1995年以来世界各国出版的20 900种重要学术期刊,部分文献有少量回溯。每年增加论文约100万余篇,每月更新。外文会议论文收录了1985年以来世界各主要学协会、出版机构出版的学术会议论文,部分文献有少量回溯。每年增加论文约20余万篇,每月更新。

四、检索方法

万方数据知识服务平台提供跨库检索和单库检索2种方式,这2种方式均提供简单检索、高级检索和专业检索3种方法。

(一) 跨库检索

平台首页的快速检索区即提供跨库检索方式,系统默认在所有"学术论文"范围内进行检索,即自动在包括期刊论文、学位论文、会议论文和外文文献等数据库中进行跨库检索。也可在高级检索界面中进行跨库检索,并可选择在全部、标题、作者、单位、关键词或摘要、日期等字段中进行检索。点击"+"或"-"按钮,可增加或减少一个检索词输入行,以获得满意的检索结果。在检索结果页面,可以进一步缩小检索范围。

(二) 单库检索

本节以万方数据知识服务平台的期刊数据库为例介绍单库检索方法。在平台首页,点击"期刊"标签,进入万方数据期刊论文数据库的检索界面(图3-3-4)。

图 3-3-4　万方数据期刊论文检索界面（选自 2015 年 4 月 28 日）

1. 简单检索

简单检索是系统默认的检索方式（界面如图 3-3-5），可进行"论文检索"和"刊名检索"的切换。

（1）论文检索

在期刊数据库检索界面的检索框中输入检索词，点击"检索论文"按钮，即出现检索结果。系统根据用户输入的检索词自动推荐相关词，如输入"糖尿病"，系统自动提示"糖尿病肾病""糖尿病足""糖尿病,2 型"等检索词供用户选择（图 3-3-5）。

图 3-3-5　检索词自动提示（选自 2015 年 4 月 28 日）

在检索结果页面，系统提供了二次检索功能，可通过选择标题、作者、关键词、摘要或年代字段以及勾选是否有全文，进一步缩小检索范围；检索结果上方的检索框中仍保留着上次使用的检索词，可以清空，重新输入新的检索词进行新的检索（图 3-3-6）。

例：在"简单检索"方式下查找二甲双胍治疗糖尿病方面的文献。

第一步：在期刊数据库简单检索界面，在检索框中输入检索词"二甲双胍"，点击"检索论文"。

第二步：在检索结果页面，在"关键词"字段输入"糖尿病"，点击"在结果中检索"，即可获得所需文献。

（2）刊名检索

在检索词输入框中，输入全部或部分期刊名称，点击"检索刊名"即可。

例：检索期刊"中华医学杂志"的相关信息。

第一步：在检索框中输入"中华医学杂志"，点击"检索刊名"。

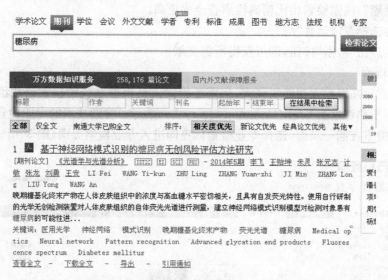

图 3-3-6　检索结果页面的二次检索功能（选自 2015 年 4 月 28 日）

第二步：在含有该检索词的刊名列表中，选择"中华医学杂志"，点击刊名进入检索结果页面。该页面显示了期刊主要信息，包括论文阅读（最新一期目录及收录汇总）、征稿启事、统计分析（影响因子、发文量、总被引频次等）、动态、关于本刊（期刊简介、主要栏目、期刊信息、获奖情况）。

2. 高级检索

高级检索的功能是在指定的范围内，通过增加检索条件满足用户更加复杂的需求，以检索到满意的结果。点击首页检索框右侧的"高级检索"，进入高级检索和专业检索页面（图 3-3-7）。

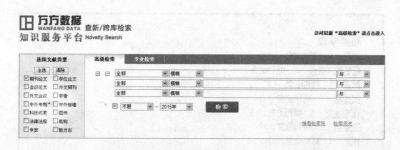

图 3-3-7　万方数据期刊数据库高级检索界面（选自 2015 年 4 月 28 日）

高级检索提供了分栏式检索词、检索式输入方式，输入框默认为 3 组，可以通过点击"＋"或"－"添加或删除检索条件行，最多可增加到 6 组。而且还可选择检索字段（主题字段包含标题、关键词和摘要）、匹配条件（精确匹配表示输入的检索词和与检索结果中的一致；模糊匹配表示检索结果中含有所输入检索词的词素）、逻辑运算（包括逻辑与、逻辑或、逻辑非）、检索年度限定。另外还提供检索历史查看功能。

例：在"高级检索"方式下，查找二甲双胍治疗糖尿病方面的文献。

第一步：在高级检索界面第一行检索框中，输入"二甲双胍"，在第二行检索框中，输入"糖尿病"；系统默认字段为全部，可选择主题或题名字段，检索结果会更加切题；系统默认匹配条件为"模糊",模糊检索相比精确检索查全率更高。

第二步:选择逻辑运算"与"。

第三步:点击"检索"按钮,即可获得所需文献。

3.专业检索

专业检索比高级检索功能更强大,但需要检索人员根据系统的检索语法编制检索式进行检索,适用于熟练掌握 CQL(Common Query Language)检索技术的专业检索人员。专业检索与高级检索在同一页面,选择专业检索标签即进入专业检索界面(图 3-3-8)。

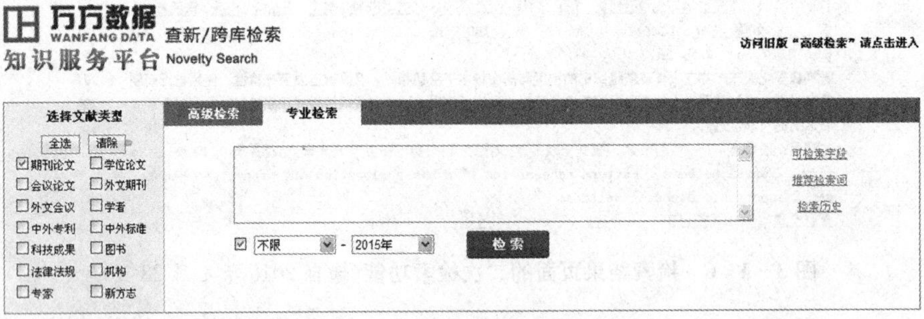

图 3-3-8　万方数据期刊数据库专业检索界面(选自 2015 年 4 月 28 日)

检索规则:含有空格或其他特殊符号的单个检索词用引号表示不可拆分,精确匹配;多个检索词之间根据逻辑关系使用 *(逻辑与)、+(逻辑或)、-(逻辑非)连接。系统提供检索的有主题、题名或关键词、题名、创作者、作者单位、关键词、摘要、日期等,在检索表达式框中直接输入检索式,点击"检索"按钮执行检索。构建检索表达式时,也可在右侧"可检字段"对话框中选择相应的检索字段(图 3-3-9),输入检索词,选择布尔逻辑运算即可,无须手动输入检索字段和布尔逻辑运算符。逻辑运算按从左到右顺序进行。

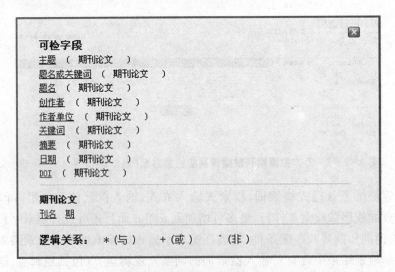

图 3-3-9　专业检索可检字段对话框(选自 2015 年 4 月 28 日)

例:在"专业检索"方式下查找艾滋病的健康教育方面的文献。

第一步:在检索表达式框中输入检索式:艾滋病+aids*健康教育

第二步：点击检索，即可获得所需文献。

系统默认在全部字段中对所输入的检索词进行检索，如果要将检索词限定在特定字段检索，可输入检索式"字段名：检索词"。例如，要检索标题中含有"艾滋病"的文献，则在检索框内输入检索式"title：艾滋病"。系统对同一字段的限定字段名称有多种形式，如"title"也可以用"标题""题名"表示。如果需要对检索词进行精确检索，则在检索词上加""或者《》，专业检索界面提供了日期范围的检索选项。

4. 学术期刊导航

在期刊单库检索页面，提供本周更新期刊列表和最新上网期刊列表（图3-3-4）。万方数据期刊论文数据库将所有期刊按照学科、地区和首字母3种方式进行分类导航，以实现期刊快速浏览和查找（图3-3-10）。单击分类下的类目名称，即显示该分类下的期刊列表，如图3-3-11所示即为"医药卫生"类目下的期刊共计1 219种。单击"核心刊"和"优先出版"按钮，可分别显示"医药卫生"类目下的核心期刊和优先出版期刊。单击"刊名"进入该刊详细信息页面。万方数据系统将收录的全部期刊分为哲学政治、社会科学、经济财政、教科文艺、基础科学、医药卫生、农业科学、工业技术8个大类，各大类下又分为若干个二级类目，医药卫生大类下分有16个二级类目：预防医学与卫生学、医疗保健、中国医学、基础医学、临床医学、内科学、外科学、妇产科学与儿科学、肿瘤学、神经病学与精神病学、皮肤病学与性病学、五官科学、特种医学、药学、大学学报（医药卫生）、医药卫生总论。通过点击表中的各级类目可列出该类目下的全部期刊，点击刊名即可查看某一期刊的各年、期目录及全文。

医药卫生			
预防医学与卫生学	医疗保健	中国医学	基础医学
临床医学	内科学	外科学	妇产科学与儿科学
肿瘤学	神经病学与精神病学	皮肤病学与性病学	五官科学
特种医学	药学	大学学报（医药卫生）	医药卫生总论
农业科学			
农业基础科学	农业工程	农学	植物保护
农作物	园艺	林业	畜牧兽医
水产渔业	大学学报（农业科学）	农业科学总论	
工业技术			
大学学报（工业技术）	一般工业技术	矿业工程	石油与天然气工业
冶金工业	金属学与金属工艺	机械与仪表工业	军事科技
动力工程	原子能技术	电工技术	无线电电子学与电信技术
自动化技术与计算机技术	化学工业	轻工业与手工业	建筑科学
水利工程	环境科学与安全科学	航空航天	交通运输
地区分类						
---	---	---	---	---	---	---
北京	天津	河北	山西	内蒙古	辽宁	吉林	黑龙江
上海	江苏	浙江	安徽	福建	江西	山东	河南
湖北	湖南	广东	广西	海南	重庆	四川	贵州
云南	西藏	陕西	甘肃	青海	宁夏	新疆
首字母

A B C D E F G H I J K L M
N O P Q R S T U V W X Y Z

图3-3-10 学术期刊分类导航界面（选自2015年4月28日）

图 3-3-11 "医药卫生"类目下的期刊列表(选自 2015 年 4 月 28 日)

五、检索结果处理

1. 检索结果排序显示

在简单检索状态下,检索结果可以按相关度优先、经典论文优先、新论文优先和其他(仅相关度、仅出版时间、仅被引频次)进行排序,并可以在不同的排序方式之间进行切换。经典论文优先是指被引用次数比较多,或者文章发表在水平较高的期刊上、有价值的文献排在前面。相关度优先是指与检索词最相关的文献优先排在最前面。新论文优先是指发表时间最近的文献优先排在前面。

在高级检索状态下,检索结果可以按相关度和新论文排序,用户可根据检索需求的不同灵活调整。均可选择每页按 10、20、50 篇文献显示检索结果。

2. 检索结果聚类导航分组

在简单检索状态下,检索结果按出版状态(正式出版论文、优先出版论文)、学科类别、论文类型(期刊、会议、学位、外文文献等)、发表年份、期刊分类等条件进行分组,选择相应的分组标准,可达到限定检索、缩小范围的目的。

3. 查看期刊论文详细信息

在检索结果界面点击文献标题,进入期刊论文详细信息页面,可获得文献的详细内容和相关文献信息链接,包括文献的题名、作者、刊名、摘要和基金项目等,还有参考文献、相似文献、相关博文、引证分析、相关专家、相关机构等链接。

4. 检索结果输出

(1) 题录下载

在高级检索和专业检索状态下,检索结果界面全选或部分勾选所需文献题录,点击"导出"按钮,最多可导出 50 条记录。系统默认导出文献列表,在该界面可以删除部分或全部题录。系统提供"参考文献格式""NoteExpress""RefWorks""NoteFirst""EndNote""自定义格式"和"查新格式"保存题录。根据需要选择导出方式,点击"导出"按钮,题录按照所选方式保存下来或导出(图 3-3-12)。

(2) 全文下载

万方数据知识服务平台提供了全文浏览和下载功能,期刊论文采用 PDF 格式,查看和下载全文需要安装 Adobe Reader 软件。全文不能批量下载,每次只能下载 1 篇。在检索结果页面点击"下载全文"或者 PDF 图标,系统弹出对话框,根据需要打开或保存期刊论文全文。对于万方数据的非正式用户，如需查看和下载全文，可通过购买万方充值卡或手机支付等方式获取全文。

（3）引用通知

万方数据知识服务平台为用户提供指定论文的引用通知服务。每当订阅的论文被其他论文引用时，系统就以 E-mail 或 RSS 订阅的方式及时通知用户，有利于用户了解指定论文的权威性和受欢迎程度。目前，该项服务仅面向注册用户开放。

图 3-3-12　期刊论文数据库题录导出界面（选自 2015 年 4 月 28 日）

第四节　中文科技期刊数据库

一、数据库概述

《中文科技期刊数据库》源于重庆维普资讯有限公司 1989 年创建的《中文科技期刊篇名数据库》，其全文和题录与文摘版一一对应。《中文科技期刊数据库》（全文版）是重庆维普公司出版的国内最大的期刊全文数据库之一，收录自 1989 年以来 12 000 余种中文期刊刊载的 3 000 多万篇文献，其中医药卫生类期刊 2 147 种。按照《中国图书馆分类法》，所有文献被分为社会科学、自然科学、工程技术、医药卫生、农业科学、经济管理、教育科学和图书情报 8 个专辑，数据库提供期刊论文的题录、文摘和全文。

维普期刊资源整合服务平台（http://cstj.cqvip.com/index.aspx）是维普公司集合所有期刊资源从一次文献到二次文献分析再到三次文献情报加工的专业化信息服务整合平台，致力于为用户提供深层次、纵深度的期刊文献集成服务。平台上共有 5 个功能模块：期刊文献检索、文献引证追踪、科学指标分析、高被引析出文献、搜索引擎服务（图 3-4-1）。各模块之间互联互通，数据相互引证。

"期刊文献检索"模块是基于维普中文科技期刊数据库的检索，新增加了文献传递、检索历史编辑、参考文献、基金资助、期刊被知名国内外数据库收录情况查询、选择主题学科查询、在线阅读、全文快照、相似文献提示等功能。

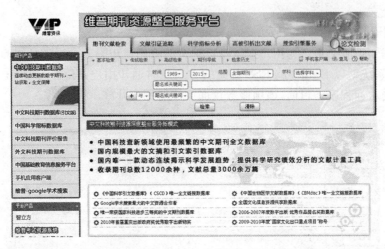

图 3-4-1 维普期刊资源整合服务平台首页（选自 2015 年 4 月 29 日）

数据库访问方式包括远程包库、本地镜像和检索卡 3 种，个人用户可使用检索卡方式访问，机构用户一般使用本地镜像或远程包库方式，采用 IP 控制方式登录，在本单位局域网范围内共享使用。

二、检索方法

登录维普期刊资源整合服务平台，系统默认为期刊文献检索界面，除了提供基本检索、传统检索和高级检索外，还提供期刊导航和检索历史功能（图 3-4-1）。

（一）基本检索

基本检索是期刊文献检索界面默认的检索方式，检索方便快捷，可以对时间范围、期刊范围和学科范围等进行限定。

使用下拉菜单可进行时间范围限定，限定的时间范围是 1989 年至今；限定检索期刊的范围包括全部期刊、核心期刊、EI 来源期刊、SCI 来源期刊、CAS 来源期刊、CSCD 来源期刊、CSSCI 来源期刊；限定检索的学科范围包括中国医学、基础医学、临床医学、药学等 45 个学科，利用复选框可进行多个学科的限定；可以选择的检索字段包括题名或关键词、题名、关键词、文摘、作者、第一作者、机构、刊名、分类号、作者简介、基金资助、栏目信息、任意字段，共 13 个检索字段。

系统默认检索词输入框为两行，点击"＋"或"－"可增加或减少检索条件，可选使用逻辑与、逻辑或、逻辑非的逻辑关系组配检索条件。在检索结果界面可以进行重新检索，也可在前一次检索结果基础上进行二次检索，包括"在结果中搜索""在结果中添加""在结果中去除"3 种方式（图 3-4-2）。用户可以根据需要扩大或者缩小检索范围，精炼检索结果。

（二）传统检索

在首页点击检索方式中的"传统检索"标签，即进入传统检索界面，如图 3-4-3 所示。

在传统检索界面的检索词输入框中输入检索词、检索式，选择期刊范围、检索年代、检索入口后，点击"检索"按钮执行检索。如果需要在检索结果基础上继续检索，可在输入框中再

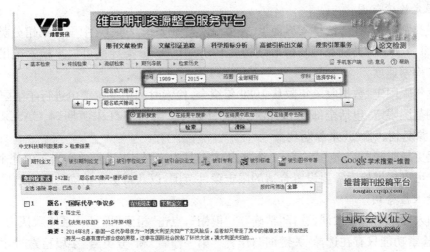

图 3-4-2 基本检索条件限定（选自 2015 年 4 月 29 日）

图 3-4-3 传统检索界面（选自 2015 年 4 月 29 日）

次输入检索词，选择逻辑关系，同时选择检索限定，点击"二次检索"，系统即在第一次检索结果中进行再检索，也可同时在左侧导航树中选择分类类目，或期刊类别限制。

1. 选择检索入口

传统检索状态下，系统提供题名或关键词、关键词、题名、文摘、作者、第一作者、机构、刊名、分类号、任意字段等 10 个检索入口（图 3-4-4）。字段名前的英文字母是检索字段代码，主要用于复合检索。

图 3-4-4 传统检索的检索入口（选自 2015 年 4 月 29 日）

2. 限定检索范围

学科类别限定：在传统检索界面下，左侧分类导航系统是参考《中国图书馆分类法》进行分类的，每一个学科类别都可按树形结构展开，利用学科分类导航可缩小检索范围，以提高查准率和检索速度。

数据年限限定：数据收录年限从1989年至今，检索时利用下拉菜单进行年限限定。

期刊范围限定：包括全部期刊、核心期刊、EI来源期刊、SCI来源期刊、CAS来源期刊、CSCD来源期刊、CSSCI来源期刊。

数据更新时间限定：包括全部、1个月内、3个月内、半年内、1年内和当年内几个选项。

用户可以根据检索需要设置合适的限定条件范围，以获得更加精准的检索结果。

3. 输入检索词

在输入框中输入检索词，选择"精确"或"模糊"，点击"检索"即可。系统默认为"模糊"检索，匹配检索功能只有在选择"关键词""作者""第一作者"和"分类号"字段检索时才有效。

4. 二次检索

传统检索状态下也提供二次检索功能，即在一次检索的检索结果中运用"与""或""非"进行再次检索，其目的是缩小检索范围以获得更加精准的结果。例如，在检索入口"关键词"字段检索"重症肝炎"，点击"检索"按钮，即出现相关文献信息，再以"作者"作为检索入口，输入检索词"李晓东"，选择"逻辑与"点击"二次检索"，即可获得"李晓东发表的有关重症肝炎"方面的文献。

5. 复合检索

当需要检索2个及以上的检索词时，采用复合检索。在检索框中直接输入复合检索式进行检索，检索式由字段代码（见检索入口下拉菜单）、检索词和逻辑运算符构成，例如 K=重症肝炎*A=李晓东。这种通过简单的等式来限定逻辑表达式中每个检索词的检索入口，实现字段之间组配检索，其检索结果与前述二次检索一样。在此检索途径中，"*"表示逻辑与，"+"表示逻辑或，"－"表示逻辑非。

6. 辅助检索功能

维普期刊数据库传统检索还提供了同义词和同名作者检索功能。

（1）同义词检索

维普期刊数据库以《汉语主题词表》为基础，参考各个学科的主题词表，通过多年的标引实践，编制了规范的关键词用代词表（同义词库），实现高质量的同义词检索，提高查全率。勾选页面左上角的"同义词"，选择关键词字段进行检索，可查看到该关键词的同义词，如输入"艾滋病"，系统则检出其同义词"获得性免疫缺陷综合征""爱滋病""AIDS"（如图3-4-5所示），将这些同义词同时勾选一并检索可提高查全率。同义词检索只适用于题名、关键词、题名或关键词3个检索字段。

（2）同名作者检索

在进行作者字段检索时，为了避免同名同姓的作者而影响检索结果，就需勾选页面左上角的"同名作者"选项，系统检出同名同姓作者的不同单位供筛选，以防止误检。例如，选择作者检索入口时，输入"王波"，勾选页面左上角的同名作者，点击检索，系统则显示作者名为王波的所有作者单位列表，用户可在此选择所需检索的作者即可（图3-4-6）。同名作者检索功能只适用于作者和第一作者2个检索字段。

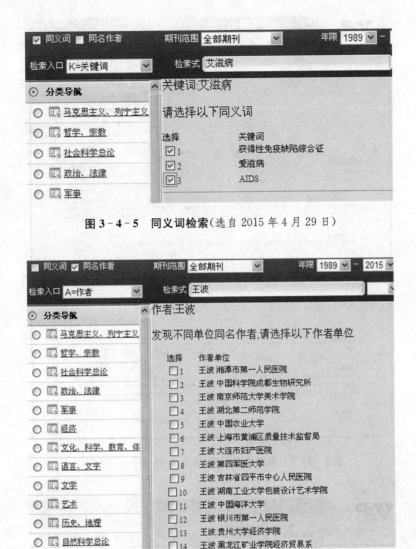

图 3-4-5 同义词检索（选自 2015 年 4 月 29 日）

图 3-4-6 同名作者检索（选自 2015 年 4 月 29 日）

(三) 高级检索

在首页点击检索方式中的"高级检索"标签，即进入高级检索界面（图 3-4-7）。高级检索提供向导式检索和直接输入检索式 2 种方式。支持多条件逻辑组配检索及一次输入复杂检索式查看命中结果，可查询同时满足几个检索条件的文献，使检索更加精准快捷。该界面还提供了一些扩展功能。

1. 向导式检索

向导式检索为用户提供分栏式检索词输入方法，是布尔逻辑式检索的直观表现形式。界面上提供多个检索词输入框，可输入检索词并做检索限定和布尔逻辑组配。用户可选择逻辑运算、检索项和匹配度，还可以进行相应字段扩展信息的限定，最大限度地提高查准率。向导式检索的检索操作严格按照由上到下的顺序进行，用户在检索时，可根据检索需求进行检索字段的选择（图 3-4-8）。

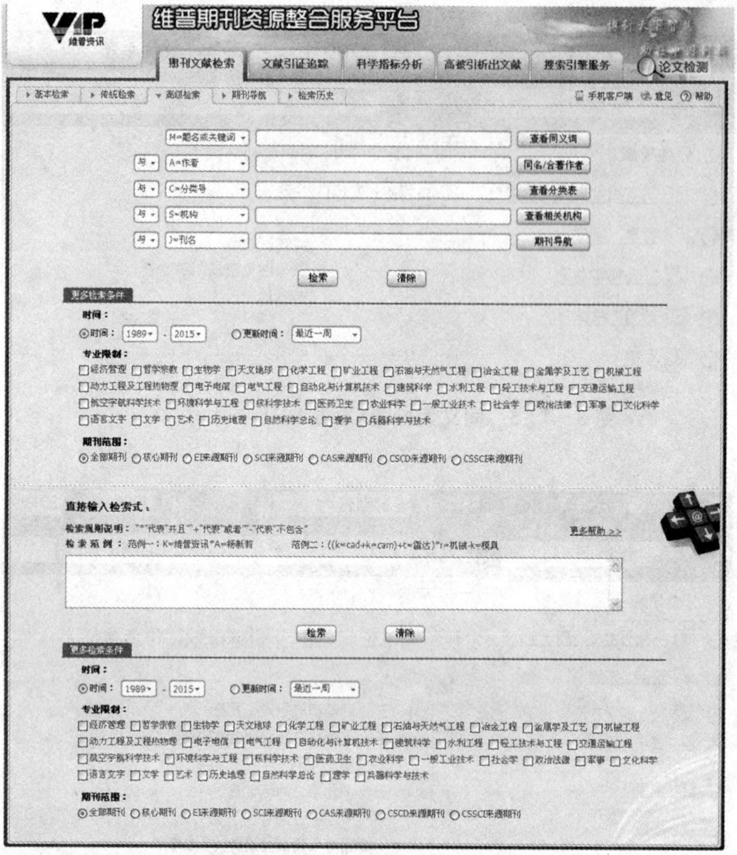

图 3-4-7 高级检索界面(选自 2015 年 4 月 29 日)

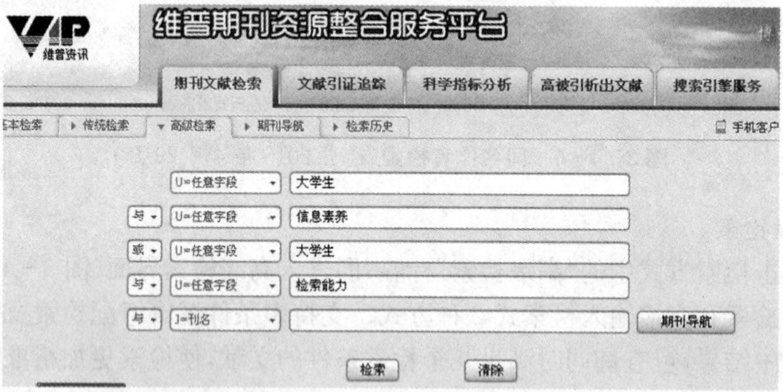

图 3-4-8 向导式检索举例 1(高级检索)(选自 2015 年 4 月 29 日)

图 3-4-8 中显示的检索条件得到的检索结果为:((U＝大学生＊U＝信息素养)＋U＝大学生)＊U＝检索能力,而不是(U＝大学生＊U＝信息素养)＋(U＝大学生＊U＝检索能力)。

如果要实现(U＝大学生＊U＝信息素养)＋(U＝大学生＊U＝检索能力)的检索,方法一:按如图 3-4-9 中的输入方式,输入的检索条件用检索式表达为:U＝(大学生＊信息素养)＋U＝(大学生＊检索能力);方法二:如图 3-4-10 中的输入方式,输入的检索条件用检索式表达为:(U＝信息素养＋U＝检索能力)＊U＝大学生。

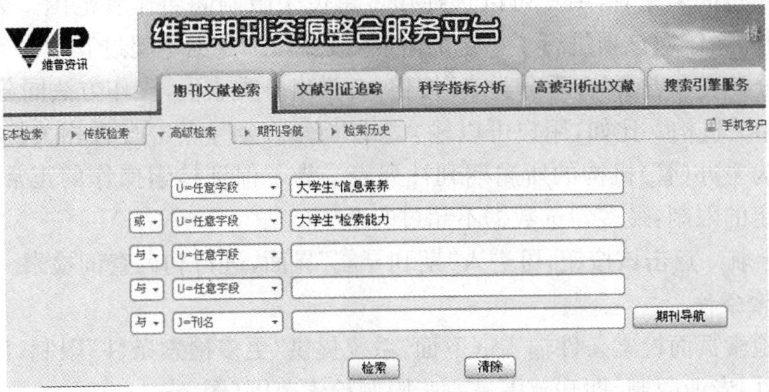

图 3-4-9 向导式检索举例 2(高级检索)(选自 2015 年 4 月 29 日)

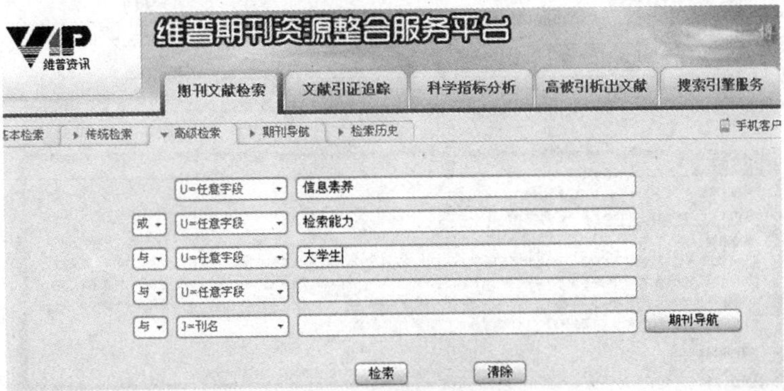

图 3-4-10 向导式检索举例 3(高级检索)(选自 2015 年 4 月 29 日)

2. 扩展检索功能

在向导式检索方式中,当选择检索入口为题名、关键词、题名或关键词时,检索框右侧显示"查看同义词";当选择检索入口为作者、第一作者时,检索框右侧显示"同名、合著作者";当选择检索入口为分类号时,检索框右侧显示"查看分类号";当选择检索入口为机构时,检索框右侧显示"查看相关机构";当选择检索入口为刊名时,检索框右侧显示"期刊导航"。这些均为系统提供的扩展检索功能按钮(图 3-4-11)。

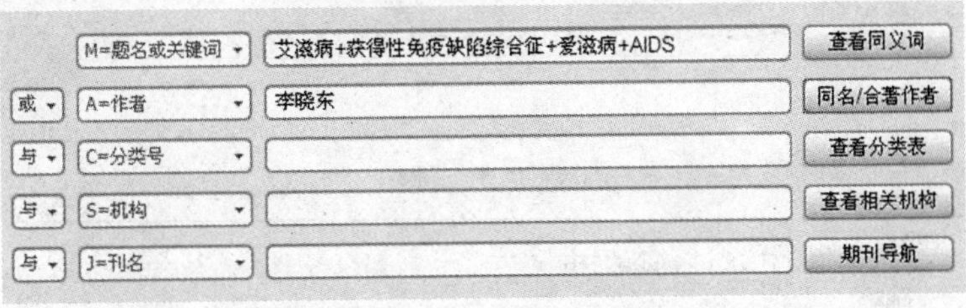

图 3-4-11 高级检索的扩展功能(选自 2015 年 4 月 29 日)

(1)查看同义词　比如用户输入"艾滋病",点击查看同义词,即可检索出艾滋病的同义词如获得性免疫缺陷综合征、爱滋病、AIDS,用户可以全选,以扩大搜索范围。

(2)查看同名/合著作者　比如,用户可以输入"张建"点击查看同名作者,即可以列表形式显示不同单位同名作者,用户可以选择作者单位来限制同名作者范围。为了保证检索操作的正常进行,系统对该项进行了一定的限制:最多勾选数据不超过5个。

(3) 查看分类表　点击"查看分类表"按钮,会弹出分类表页,操作方法同分类检索。

(4) 查看相关机构　比如,用户可以输入"中华医学会",点击查看相关机构,即可显示以中华医学会为主办(管)机构的所属期刊社列表。为了保证检索操作的正常进行,系统对该项进行了一定的限制:最多勾选数据不超过5个。

(5) 期刊导航　点击该按钮,可进入"期刊导航"界面,进行刊名查询检索。

3. 更多检索条件

在向导式检索页面检索条件输入框下面,系统提供"更多检索条件"限制,用户可以根据需要以时间条件、专业限制、期刊范围进一步限制检索范围(图3-4-12)。

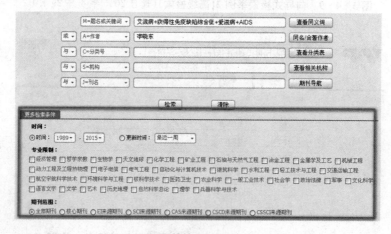

图3-4-12　更多检索条件限制(选自2015年4月29日)

4. 直接输入检索式

高级检索界面下方提供"直接输入检索式"的检索方式(图3-4-13)。用户在检索框中直接输入由字段标识符、检索词和逻辑运算符构成的检索式,并可使用检索框下方的"更多检索条件"进行限制。逻辑运算符的优先级:无括号时逻辑与"＊"优先,有括号时先括号内后括号外。括号不能作为检索词进行检索。

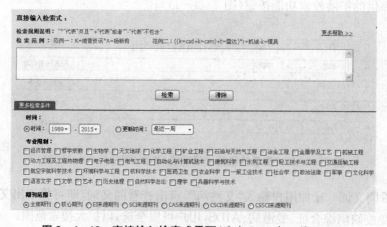

图3-4-13　直接输入检索式界面(选自2015年4月29日)

· 148 ·

当检索式输入有错时，执行检索后会返回“查询表达式语法错误”的提示，见此提示后需使用浏览器的“后退”按钮返回检索界面，重新输入正确的检索表达式。

(四) 期刊导航

在首页点击检索方式中的“期刊导航”标签，即进入期刊导航界面，期刊导航提供检索和浏览 2 种方式。检索方式提供刊名检索、ISSN 号检索，导航方式提供按刊名字顺导航、学科分类导航、核心期刊导航、国内外数据库收录导航和地区分布导航(图 3-4-14)。

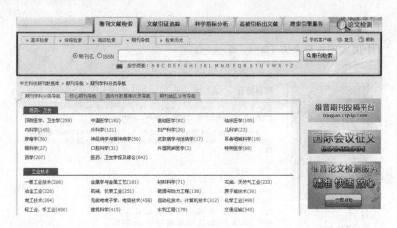

图 3-4-14 期刊导航检索界面(选自 2015 年 4 月 29 日)

1. 期刊检索

在检索框中输入刊名或部分刊名、ISSN 号，查找某一特定期刊。

2. 按字顺检索

在期刊导航页面通过期刊刊名拼音字顺查找期刊。单击刊名字顺首字母，系统即显示以该字母开头的刊名列表，包括刊名、ISSN 号、国内刊号和核心期刊的标志(图 3-4-15)。

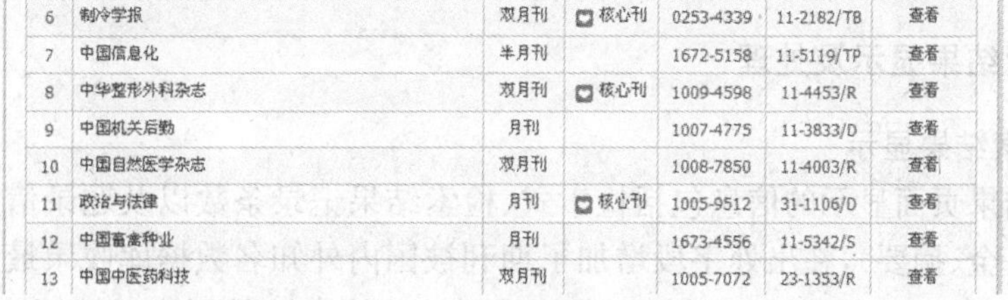
中文科技期刊数据库 > 期刊导航 > 检索结果

Z字母开头刊物

序号	刊名	刊期	核心刊	ISSN	CN	期刊评价
1	中国医学文摘：老年医学	月刊		1004-8367	45-1184/R	
2	钟表研究	双月刊		1673-4262	11-5420/TH	
3	中国广播电视学刊	月刊	核心刊	1002-8552	11-1746/G2	查看
4	中国空军	双月刊		1002-6010	11-1006/E	查看
5	中国建设信息：供热制冷	月刊		1008-570X	11-4022/TU	
6	制冷学报	双月刊	核心刊	0253-4339	11-2182/TB	查看
7	中国信息化	半月刊		1672-5158	11-5119/TP	查看
8	中华整形外科杂志	双月刊	核心刊	1009-4598	11-4453/R	查看
9	中国机关后勤	月刊		1007-4775	11-3833/D	查看
10	中国自然医学杂志	双月刊		1008-7850	11-4003/R	查看
11	政治与法律	月刊	核心刊	1005-9512	31-1106/D	查看
12	中国畜禽种业	月刊		1673-4556	11-5342/S	查看
13	中国中医药科技	双月刊		1005-7072	23-1353/R	查看

图 3-4-15 按字顺检索期刊导航结果页面(选自 2015 年 4 月 29 日)

3. 期刊导航浏览

根据检索需求，在期刊导航中浏览查找所需期刊。

4. 期刊导航检索结果

在期刊导航界面,使用检索功能或浏览功能找到所需期刊后,可按期刊收录的刊期查看该刊的文献,也可进行刊内文献检索,查看期刊评价报告,查看引文版期刊索引(图3-4-16)。在期刊详细信息页面,点击"查看期刊引证报告"按钮,即可获得期刊评价报告(图3-4-17)。维普期刊评价报告通过定量分析综合评价期刊的质量和影响力,是客观评价中文科技期刊的重要评价工具。

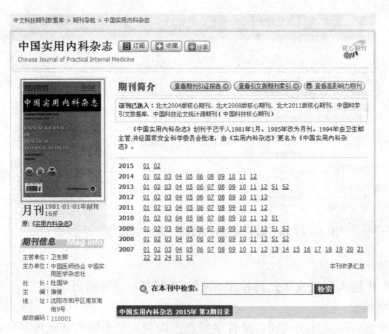

图3-4-16 期刊详细信息页面(选自2015年4月29日)

(五)检索历史

在首页点击检索方式中的"检索历史"标签,即进入检索历史界面(图3-4-18)。系统对用户的检索历史做自动保存,最多允许保存20条检索式。可从中选择一个或多个检索表达式并用逻辑运算符与(＊)、或(＋)、非(－)组成更恰当的检索策略,如♯1＊♯2或选择相应的逻辑运算符按钮。无意义的检索表达式选中后点击"删除检索史"可进行删除。系统退出后,检索历史自动清除。

三、检索结果显示及处理

(一)检索结果显示

在检索结果页面显示的信息包括检索式、检索结果记录条数以及题录信息(包括题名、作者、出处、基金、摘要),在出处字段增加了期刊被国内外知名数据库收录最新情况的提示标识,与基金字段一起帮助用户判断文献的重要性。检索结果可按时间筛选:全部、1个月内、3个月内、半年内、1年内、当年内。在检索结果页面点击"被引期刊论文""被引学位论文""被引会议论文""被引专利"等选择文献显示界面。

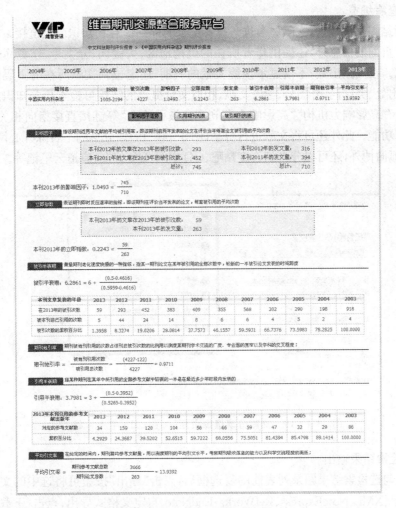

图 3-4-17 《中国实用内科杂志》期刊评价报告(选自 2015 年 4 月 29 日)

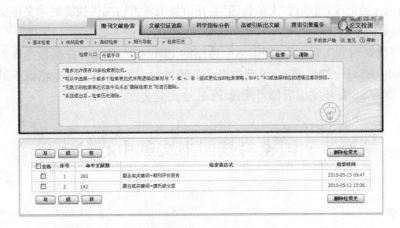

图 3-4-18 检索历史界面(选自 2015 年 4 月 29 日)

（二）查看细览

在检索结果页面，点击文献题名进入查看文献的详细信息和知识节点链接。文献细览页，除检索结果页面的信息外，还提供作者所在的机构地区、关键词、分类号、作者简介、参考文献和相似文献。在文献出处，不仅显示该篇文献的刊期，还定位到文献所在的页码。通过著者、机构地区、出处、关键词、分类号、参考文献、相似文献提供的链接可检索相关知识点信息。"高影响力作者""高影响力机构""高影响力期刊""高被引论文"等链接直接指向相关的引文库功能和指标库功能。此外还可将文献进行分享（图3-4-19）。分享的平台除开心网、人人网、新浪微博、搜狐微博外，还可以分享到百度贴吧、QQ空间、QQ好友、有道云笔记等。

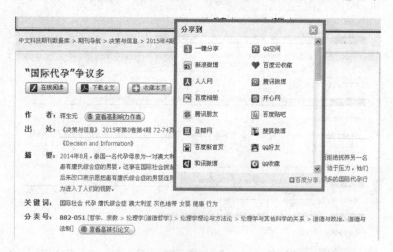

图3-4-19 文献分享选择页面（选自2015年4月29日）

（三）检索结果输出

全选或勾选检索结果题录列表前的复选框后，点击"导出"按钮可将选中的文献题录以文本、参考文献、XML、NoteExpress、RefWorks、EndNote、自定义格式导出；点击"下载全文""在线阅读""文献传递"分别可将文献保存到本地机器、进行在线全文阅读、申请文献传递。对于不能直接下载全文的记录，可通过"文献传递"委托信息服务机构提供快捷的原文传递服务。

（四）浏览器下载

《中文科技期刊全文数据库》提供国际通用的PDF格式全文。在阅读全文前，用户需下载安装"Adobe Reader浏览器"。维普主页或各镜像站点主页均提供浏览器下载，下载后按照提示的步骤安装，安装完成后即可阅读PDF格式全文。

第五节 国家科技图书文献中心（NSTL）

一、概述

国家科技图书文献中心（National Science and Technology Library，简称NSTL）是根据国务院领导的批示于2000年6月12日组建的一个虚拟的科技文献信息服务机构，成员单位包括中国科学院文献情报中心、工程技术图书馆（中国科学技术信息研究所、机械工业信息研究院、冶金工业信息标准研究院、中国化工信息中心)、中国农业科学院图书馆、中国医学科学院图书馆。网上共建单位包括中国标准化研究院和中国计量科学研究院。2000年12月26日开通的中心网络服务系统,依托丰富的资源面向全国用户提供网络化、集成化的科技文献信息服务,是中心对外服务的重要窗口。多年来根据用户需求的变化,不断进行优化升级,目前已发展成为国内最大的公益性的科技文献信息服务平台。

NSTL根据国家科技发展需要,按照"统一采购、规范加工、联合上网、资源共享"的原则,采集、收藏和开发理、工、农、医各学科领域的科技文献资源,面向全国开展科技文献信息服务。其发展目标是建设成为国内权威的科技文献信息资源收藏和服务中心、现代信息技术应用的示范区、同世界各国著名科技图书馆交流的窗口。

NSTL网络服务系统是一个公益性的科技文献信息服务平台,目前中心在全国各地已经建成了8个镜像站和33个服务站,构成了辐射全国的网络化的科技文献信息服务体系,推动了全国范围的科技文献信息共建共享,提升了地方科技文献信息保障能力与服务水平,更全面、更高效率地发挥了国家科技文献信息战略保障的整体功效。

二、系统资源

1. 印刷本文献资源

目前,NSTL拥有各类印本外文文献26 000多种,其中外文期刊17 000多种,外文会议录等9 000多种,是我国收集外文印本科技文献资源最多的、面向全国提供服务的科技文献信息机构。NSTL订购和收集的文献信息资源绝大部分以文摘的方式,或者以其他方式在NSTL网络服务系统上加以报道,供用户通过检索或浏览的方式获取文献线索,进而获取文献全文加以利用。

2. 网络版全文文献资源

NSTL网络版全文文献资源包括NSTL订购、面向中国大陆学术界用户开放的国外网络版期刊;NSTL与中国科学院及CALIS等单位联合购买、面向中国大陆部分学术机构用户开放的国外网络版期刊和中文电子图书;网上开放获取期刊;NSTL拟订购网络版期刊的试用;NSTL研究报告等。NSTL大力推进电子资源建设,以全国授权、集团采购、支持成员单位订购等方式购买开通网络版现刊12 000种,回溯数据库外文期刊1 500余种,中文电子图书23万余册。

3. 文摘数据库

NSTL文摘数据库包括学术期刊、会议文献、学位论文、科技报告、标准规程及中外专利等。NSTL专利包括了中国、美国、英国、法国、德国、瑞士、日本、欧洲和世界知识产权组织的专利。此外,还包含有国内外标准和计量规程数据库。

NSTL网络服务平台集中外文科技期刊、会议文献、学位论文、科技报告、专利、标准和计量规程等文献信息于一体,拥有40多个数据库,题录、文摘、引文数据总量达1.43亿条。目前系统提供的服务包括文献检索、全文提供、代查代借、全文文献、参考咨询、预印本服务、外文回溯期刊全文数据库、国际科学引文数据库等多种文献服务。任何一个Internet用户都可免费查询NSTL网络服务系统的各类文献信息资源,浏览NSTL向中国大陆地区开通的网络版期刊,合理下载所需文献,也可以根据需要在网上请求所需印本文献的全文。

三、检索方法

通过网址 http://www.nstl.gov.cn 即可进入 NSTL 网络系统主页(图 3-5-1)。在这里,用户可以免费查询二次文献,浏览网络版期刊和图书,查阅期刊目次和联合目录,还可以使用系统设立的热点门户、参考咨询、网络导航、特色文献和预印本服务等功能。用户注册登录后,可向系统发送全文订购请求,支付相应的费用后可获取全文复印件,并可使用"我的 NSTL"进行个人信息管理。

图 3-5-1 NSTL 主页(选自 2015 年 4 月 30 日)

NSTL 系统提供快速检索、普通检索、高级检索、期刊检索及分类检索等 5 种检索方法。

1. 快速检索

NSTL 主页的显著位置提供了快速检索输入框,只需输入检索词,选择文献类型,点击"快速检索"按钮即可获得一批相关文献(图 3-5-1)。通常快速检索的结果比较宽泛,一些不太相关的文献也会被检索出来,这种方式较适合于一般性的文献浏览。对于更加有针对性的文献需求来说,建议使用普通检索方式。

在快速检索中,检索词出现的位置是文献记录的所有字段,即在全部字段中查询。例如:检索"肝癌手术治疗"方面的中文文献,首先选择"中文期刊、会议",在检索框中输入"肝癌",点击"快速检索"按钮,在检索结果页面检索框中输入"手术治疗",点击"二次检索",即可得到所需文献题录(图 3-5-2)。检索结果页面不仅显示文献题录列表,还显示此次检索的逻辑检索式"肝癌 and 手术治疗"。

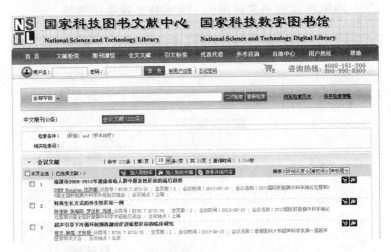

图 3-5-2 检索结果页面(选自 2015 年 4 月 30 日)

2. 普通检索

点击 NSTL 主页的"文献检索"按钮进入检索页面(图 3-5-3),系统提供普通检索、高级检索、期刊检索和分类检索等检索方式。系统默认的检索方式为普通检索,此时页面上的"普通检索"标签为加粗字体显示。如果需要在特定数据库中进行检索,可通过 NSTL 首页"文献检索与全文提供"栏目下的特定数据库链接进入检索页面。普通检索界面最基本的检索过程包括以下 3 个步骤。

(1) 选择数据库

NSTL 普通检索页面将所收录的数据库进行分类,提供三大类共 30 个数据库供选择,可以选择单个数据库进行检索,也可选择多个数据库进行检索。

(2) 设置查询条件

为了提高检索结果的相关性,系统提供了其他检索限定条件,包括文献收藏单位,查询结果是否含有文摘、引文或全文记录,以及文献数据入库时间、出版年代,模糊检索或者精确检索 2 种查询方式。检索时,根据需要设置查询条件。

(3) 选择检索字段并输入检索词或检索式

在全部字段下拉列表中选择检索字段,系统默认为"全部字段"。在检索框中输入检索表达式,检索表达式可以是词或词组,也可以是包含布尔逻辑运算符"and""or""not"的检索式。可通过"+"或"-"增加或减少检索条件行,检索行之间可选择"与""或""非"3 种逻辑关系。

需要注意的是,可供选择的检索字段是随所选数据库的不同而变化,当选择多库检索时,系统提供所选数据库的共有字段。如仅选择"中文学位论文"库时,出现的可选字段有题名、作者、关键词、导师、学位、培养单位、研究方向、授予年和文摘;如选择"中文期刊""中文学位论文""中文会议论文"3 个数据库时,出现的可选字段为题名、作者、关键词。

基本检索过程完成后,进入检索结果页面,用户可以浏览检索结果或进行二次检索。

3. 高级检索

在文献检索页面,点击导航中的"高级检索"按钮即进入高级检索界面(图 3-5-4)。高级检索是为熟悉检索技术的专业人员执行更为复杂的检索而设计的。

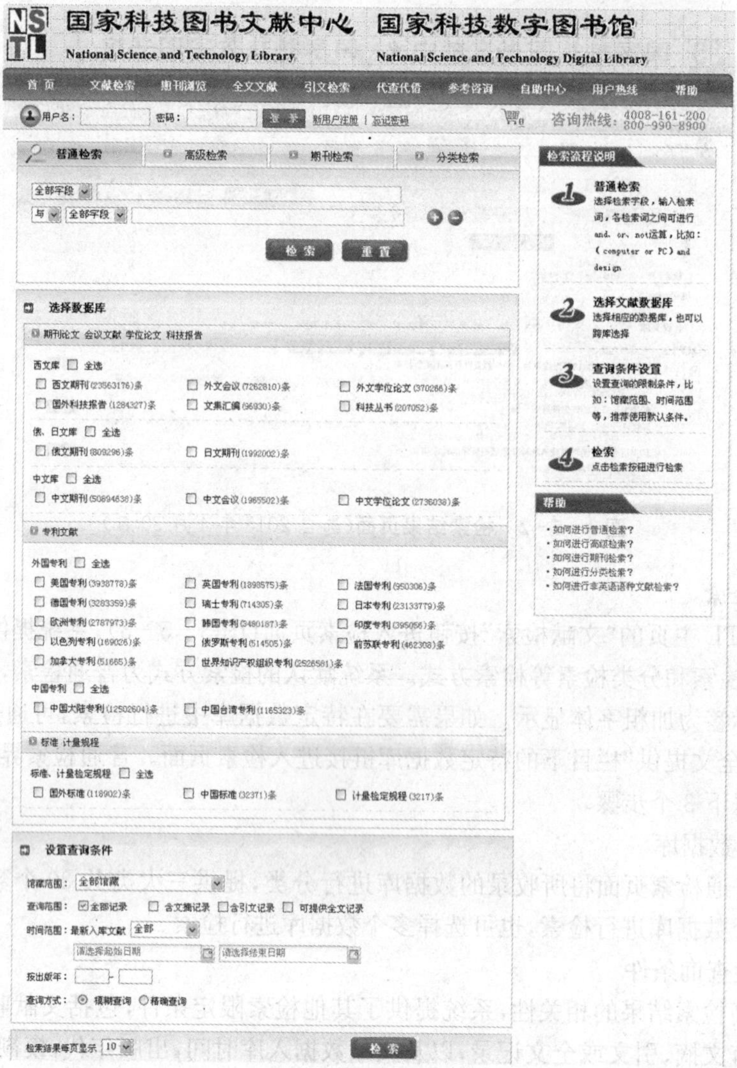

图 3-5-3 普通检索页面(选自 2015 年 4 月 30 日)

图 3-5-4 高级检索页面(选自 2015 年 4 月 30 日)

在高级检索中,用户可以用字段限定符、布尔逻辑运算符和截词符编制检索表达式直接输入进行检索,也可以利用系统提供的工具逐一添加检索词并最终组成检索式。例如,查找题名中含有"糖尿病"、关键词是"诊断"或"治疗"的中文文献,步骤如下:

① 选择数据库和查询条件设置与"普通检索相同"。此处可选择中文期刊、中文会议和中文学位论文3个数据库。

② 在检索框下方的"全部字段"下拉菜单中选择"题名"字段,输入"糖尿病",点击"添加",系统自动将输入的检索词组成可执行的检索式"TITLE=糖尿病";再选择检索字段"关键词",输入"诊断 or 治疗",选择检索框后面的逻辑运算"与",单击"添加";检索框中的检索式变为"(TITLE=糖尿病)and (KEYWORD=诊断 or 治疗)",点击"检索"按钮出现检索结果。

4. 期刊检索

在文献检索页面,点击导航条中的"期刊检索"按钮即进入期刊检索界面(图3-5-5)。期刊检索是针对期刊文献的特性所提供的一种检索方法,提供对单一期刊的文献进行检索,同时也提供浏览所选期刊的目次信息。对于中文期刊,目前不提供此种检索方法。

图3-5-5 期刊检索界面(选自2015年4月30日)

在期刊检索界面,可以选择按刊名、ISSN、EISSN、coden进行检索。例如,查找期刊名中含有"cancer"的期刊,选择"刊名"字段,输入检索词"cancer",单击"检索",命中结果109条,并显示检索式为(((TITLE= cancer) or (MENDTITLE= cancer)) or (ABBRTITLE= cancer)),如图3-5-6所示。勾选刊名前的复选框,点击"加入我的期刊"即可加入到"我的个性化期刊目录"。单击其中某一刊名,显示该刊所收录刊期及每期的论文目次,默认显示最新一期目录内容,目录下的内容可以加入"我的收藏",也可加入"购物车"(图3-5-7)。单击文献题名,可浏览该篇文章的简要信息,包括题名、摘要、刊名、年卷期页码、ISSN号、馆藏单位、馆藏号等(图3-5-8)。

除了通过"文献检索"栏目进行期刊检索,系统还提供期刊浏览功能,目前仅限于外文期刊。当用户对刊名、ISSN、coden等信息记忆不准确时,可以通过NSTL主页标题栏中的"期刊浏览"或首页左侧"期刊浏览"区进行查找,系统提供"字顺浏览"和"分类浏览"2种方式。"字顺浏览"中,直接点击刊名首字母即可按刊名字顺浏览(图3-5-9);在"分类浏览"中,NSTL提供21个大类的浏览,每个大类下又分为若干小类,分别点击进行浏览(图3-5-10)。在生物科技大类下,分为普通生物学、细胞生物学等小类,在医学、药学、卫生大类下,又分为预防医学、中国医学、基础医学、临床医学等小类。无论是"字顺浏览"还是"分类浏览",均需选择期刊类型,有西文期刊、日文期刊、俄文期刊,可选择其中之一。

图 3-5-6　期刊检索结果页面(选自 2015 年 4 月 30 日)

图 3-5-7　期刊目次浏览页面(选自 2015 年 4 月 30 日)

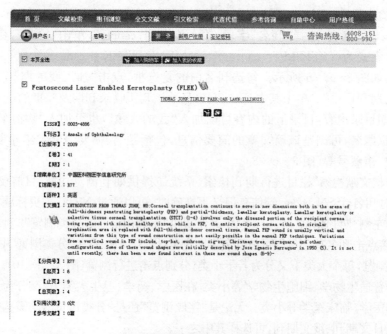

图 3-5-8　文章简要信息页面(选自 2015 年 4 月 30 日)

图 3-5-9 期刊字顺浏览页面（选自 2015 年 4 月 30 日）

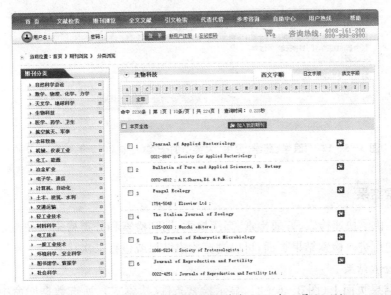

图 3-5-10 期刊分类浏览页面（选自 2015 年 4 月 30 日）

5. 分类检索

在文献检索页面，点击导航条中的"分类检索"按钮，即进入分类检索界面（图 3-5-11）。NSTL 分类检索提供了按学科分类进行辅助检索的功能，可以在系统提供的分类中选择类目，在选定的学科范围内检索文献，此后的检索均在此类目下进行。

选择分类下拉菜单中的某一大类，则显示其中的子类，通过选择子类进一步确定检索范围。例如：选择"医学、药学、卫生"大类，该类目下的详细类目——列出（图 3-5-12）。可同时选择其中的几个子类，在一个学科类目下最多可选择不超过 5 个子类目，如果超过 5 个，查询时按大类查询。选择分类后的检索过程与普通检索相同。

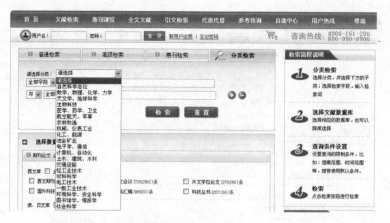

图 3-5-11　分类检索界面(选自 2015 年 4 月 30 日)

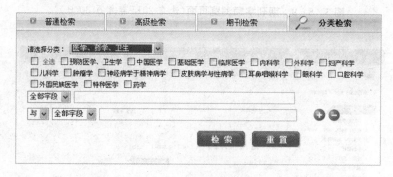

图 3-5-12　"医学、药学、卫生"大类下的子类(选自 2015 年 4 月 30 日)

四、检索结果

NSTL 提供了快速检索、普通检索、高级检索、期刊检索和分类检索 5 种检索方式,每种检索完成后均可进入检索结果页面,可以浏览检索结果或进行二次检索。

1. 浏览检索结果

在检索结果页面上(图 3-5-2),显示检索条件(检索式)、所选数据库命中记录数、每页显示记录数、总页数和查询时间。页面正中是检索结果的题录信息,包括标题、作者、文献出版时间、年卷期页码等,按照文献出版时间的降序排列。系统默认每页显示 10 条记录,可以根据个人习惯选择每页显示记录数,最多 50 条。点击页面底端的页次序号可以逐页浏览全部检索结果。在题录信息的右侧有两个图标,分别是"加入我的收藏"和"加入购物车"按钮。

在题录信息中,点击文章标题,可浏览该文章的详细信息(图 3-5-8)。点击作者链接,可继续查询该作者发表的其他文章。文章标题列表前有复选框,一次可以选择多篇文章,进而"查看详细内容"。

2. 二次检索

如果检索到的文献过多,还可以在检索结果页面进行二次检索,以便缩小检索范围,获得更加精确的检索结果。用户只需在检索框内选择检索字段并输入检索词,点击"二次检索",系统即在前次检索的结果中进行检索。也可点击"重新检索"放弃前次检索结果,进行新的检索。

第六节 超星数字图书馆

一、概述

超星数字图书馆是目前全球最大的中文在线数字图书馆,由北京超星信息技术发展有限责任公司于1998年研制开发,于1999年开通,2000年6月以其技术优势列入国家"863计划"中国数字图书馆示范工程。超星数字图书馆向互联网用户提供200多万种中文电子图书的在线阅读和下载服务,并且每年以10万种左右的速度递增,内容涉及哲学、宗教、文学、历史、军事、法律、数理科学、医药、生物、工程、交通和环境等各个领域。

超星数字图书馆给机构用户设计了个性化的主页面,在机构用户IP范围内登录http://www.sslibrary.com进入该单位的超星数字图书馆检索界面(图3-6-1)。

图3-6-1 超星数字图书馆机构用户主页(选自2015年5月2日)

二、超星阅读器介绍

超星数字图书馆的图书全文采用PDG格式,系统提供超星阅读器阅读和网页阅读2种在线阅读方式,用户如果选择"超星阅读器阅读"方式,需要下载安装专用阅读器——超星阅读器(SSReader)。超星阅读器是超星公司拥有自主知识产权的电子图书阅读及下载管理的客户端软件,通过软件可以方便地阅读超星网的图书,并可以下载到本地阅读,软件集成书签、标记、资源采集、文字识别等功能。当前最新版本是SSReader 4.1.5,在超星数字图书馆网站主页或本地镜像站主页均可下载。

1. 超星阅读器界面分布说明(图3-6-2)

页面上方是主菜单栏和工具栏,左侧是资源列表区,右侧是阅读区。

主菜单包括超星阅读器所有功能命令,其中,"注册"菜单是提供用户注册使用的,"设置"菜单是给用户提供相关功能的设置选项。

工具栏包括快捷功能按钮采集图标,用户可以拖动文字图片到采集图标,方便地收集资源。

翻页工具:右侧阅读窗口中的黄色上下箭头即为翻页工具,阅读书籍时,点击箭头即可前后翻页。

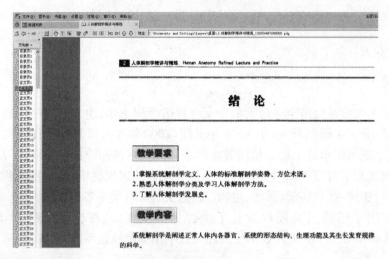

图 3-6-2　超星阅读器界面(选自 2015 年 5 月 2 日)

2. 使用技巧

(1) 文字识别(OCR)

在图书阅读正文窗口点击鼠标右键,在右键菜单栏中选择"文字识别",或单击工具栏上的图标 T,将所要识别的文字选入矩形框,其中的文字即会被识别成文本显示在弹出的面板中,识别结果可以直接进行编辑、导入采集窗口或保存为 TXT 文本文件。通过采集窗口可以编辑制作超星 PDG 格式的电子图书。

(2) 保存图像

在图书阅读正文窗口,单击鼠标右键选择"区域选择工具",或单击工具栏上的图标 ,将所要保存的图像选入矩形框,页面即自动弹出菜单,选择"复制图像到剪贴板"或"图像另存为",可将图像保存下来;通过"剪贴图像到采集窗口",可将图像保存到采集窗口。

(3) 书签

书签可以为读者提供很大便利,利用书签可以方便地管理图书、网页。书签中包括网页链接和书籍链接。

① 添加书籍书签:在书籍阅读窗口菜单栏"书签"下,点击" 添加",或在阅读正文窗口,点击鼠标右键,在" 书签"后点击"添加书签",或直接点击工具栏中的图标 ,然后根据提示完成操作。书籍书签记录书籍的书名、作者、当前阅读页数及添加时间,点击该书签即可直接进入此书的阅读状态。

② 书签管理:点击书签菜单,选择"书签管理",在弹出的提示框中,对已经添加的书签进行修改或删除。

(4) 标注

在图书阅读正文窗口,单击鼠标右键,选择"标注"→"显示标注工具",或点击工具栏上的图标 ,页面弹出标注工具栏,选择标注工具可对文中内容进行标注。标注工具栏上共有6种标注工具供选择(批注、铅笔、直线、圈、高亮、链接)。所做的标注均可进行编辑、修改和删除等操作。

① 批注：在阅读图书时，点击浮动工具栏中的批注工具，然后在页面中将所要批注的地方选入矩形框，在弹出的面板中填写批注内容，点击"确定"即可。

② 铅笔、直线、圈和高亮：在阅读书籍时，点击工具栏中相应工具，按住鼠标左键画直线、圆、高亮。

③ 超链接：在阅读书籍时，点击工具栏中的超链接工具，使用鼠标左键在书籍阅读页面画框，在弹出的窗口中填写链接地址。

(5) 自动滚屏

阅读书籍时可以使用自动滚屏功能。在书籍阅读窗口，双击鼠标左键开始滚屏，再单击左键即停止滚屏。或者点击菜单栏的"图书"→"自动滚屏(停止滚屏)"，也可在阅读窗口单击鼠标右键，选择"自动滚屏(停止滚屏)"进行设置。如果需要调整滚屏的速度，可以在"设置"菜单中的"书籍阅读"选项中进行设置。

3. 保存和打印

欲保存某册图书或章节，点开"图书"菜单下的"下载"，或在阅读窗口单击右键选择"下载"，显示"下载选项"，选定分类后，点击选项，设定下载要求，最后点击"确定"按钮下载图书。

匿名下载的图书只能在本机阅读，若要将下载的图书复制到其他电脑上阅读，需在超星阅读器中进行用户注册。注册登录后再进行图书下载，并在"注册"栏选择"离线登录"，通过帮助获取离线证书。当复制的图书在可以上网的电脑上阅读时，只要输入用户名和密码即可阅读。若复制的图书在没有联网的电脑上阅读时，除输入用户名和密码外，还需导入离线证书方可阅读。所下载的图书一段时间后会自动失效，需要重新下载。

欲打印某册图书或章节，点开菜单栏"图书"下的"打印"，在"打印设置"页面设定打印要求，点击"确定"按钮。

三、检索方法

超星数字图书馆为机构用户提供了远程包库和本地镜像2种服务模式，提供普通检索、高级检索和分类检索3种检索方式。

1. 普通检索

超星数字图书馆远程包库首页即为普通检索页面(图3-6-1)。检索步骤如下：

① 在首页检索框下方选择检索字段，系统提供书名、作者、目录和全文检索4个选择。

② 在检索框内输入检索词，如"黄家驷""小儿腹痛"，多个检索词之间要以一个空格隔开。检索词越短少，检索结果越丰富。

③ 点击检索框右侧的搜索图标 🔍，或者直接按回车键，获得检索结果列表。为了便于查阅，所输入的检索词在检索结果列表中以红色显示。检索结果还可按书名、出版日期进行排序(图3-6-3)。

④ 在检索结果页面，还可以输入检索词进行"二次检索"，以获取更加精确的检索结果。

图 3-6-3　检索结果页面(选自 2015 年 5 月 2 日)

2. 高级检索

如果用户需要精确地搜索某一种图书时,可以进行高级检索。点击首页检索框架右侧的"高级检索"按钮,进入高级检索页面(图3-6-4)。高级检索是对书名、作者、主题词等条件的组合检索,同时还可对图书的出版时间进行限定。例如,检索"陈莉主编的病理学"方面的图书,在高级检索界面"书名"字段后输入"病理学","作者"字段后输入"陈莉",点击"检索"按钮即可获得所需图书。

图 3-6-4　高级检索界面(选自 2015 年 5 月 2 日)

3. 分类检索

超星数字图书馆的图书按照《中国图书馆分类法》进行分类,首页左侧即为图书的分类目录(图3-6-1)。点击一级分类即进入二级分类,在分类浏览页面逐级单击打开下级子类目,同时在页面右侧显示所打开类目下的图书信息。如要阅读有关"消化系统肿瘤"方面的图书,点击图书分类中的医药卫生→肿瘤学→消化系肿瘤,结果显示该分类下的所有图书信息,浏览选择所需图书。

四、检索结果

超星数字图书馆的检索结果页面主要显示找到的与检索词相关的图书种数、检索用时(秒数)、当前页数等信息。图书题录信息包括书名、主题词、作者、出版日期、出版社、页数等信息,每种图书还显示图书封面原样(图3-6-5)。在此页面,还可选择检索结果排序方式,主要有按出版日期降序、按出版日期升序、按书名降序、按书名升序。

图3-6-5 检索结果图书信息(选自2015年5月2日)

超星数字图书馆提供超星阅读器阅读和网页阅读2种在线阅读方式,可供用户自由选择。点击"阅读器阅读"按钮,即进入超星阅读器阅读图书模式,点击"网页阅读"即进入网页阅读图书模式。点击"下载图书",即将该书内容下载到本地机器,点击"收藏"按钮,可将图书收藏到"我的图书馆",便于管理和使用。

为了更好地为读者服务,超星数字图书馆还提供了纠错反馈和图书评论功能。如果用户在阅读图书过程中发现有错,可点击检索结果图书信息下面的"纠错"按钮,在弹出的表单中填写相关内容提交。如果点击"评论"按钮,可在弹出的表单中填写图书评论内容提交。

第七节 中文印刷型检索工具概述

一、科技资料目录

由国内编辑出版的医学科技资料目录主要有《中文科技资料目录(医药卫生)》(简称《中目医》)、《国外科技资料目录(医药卫生)》(简称《外目医》)和《中文科技资料目录(中草药)》等。

1.《中文科技资料目录(医药卫生)》

《中文科技资料目录(医药卫生)》是全国大型题录型科技情报检索刊物系列34个分册中的1个分册,1963年创刊,月刊,由中国医学科学院医学信息研究所编辑、出版和发行。《中目医》主要收录国内医学及与医学相关的期刊论文、汇编资料、会议文献、图书等文献,以题录形式报道。

2.《国外科技资料目录(医药卫生)》

《国外科技资料目录(医药卫生)》是我国出版的查找国外科技资料的大型题录型检索刊物系列《国外科技资料目录》中的1个分册,1978年创刊,月刊,由中国医学科学院医学信息研究所编辑出版。收录英、法、日、德、俄5种文字的500多种生物医学期刊,其中包括世界卫生组织(WHO)推荐的医学核心期刊200余种,还有少量的会议文献、科技报告、技术标准等特种文献。

3.《中文科技资料目录(中草药)》

《中文科技资料目录(中草药)》是《中文科技资料目录》系列的分册之一,1977年创刊,双月刊,是国内唯一专门报道中草药文献的检索工具,由天津药物研究院和中国药学会共同主办。在机检数据库和网上全文检索越来越广泛使用的形势下,其继续维持在中药学手工检索工具方面的权威地位,仍是从事中草药科研、生产、检验、教学、市场营销、信息服务等部门必备的检索工具,在推动我国中草药事业发展方面起着重要作用。《中文科技资料目录

(中草药)》收录文献条目以期刊为主,兼收药学会议资料。除报道中药学各有关类目外,注重相关交叉学科、新兴学科的研究文献。收录期刊以医药学为主,兼收化学、生物学、农林科学、综合自然科学的期刊。

二、《中国医学文摘》

《中国医学文摘》是国家科技部批准出版、卫生部主管的国内医学文献检索体系,以文摘、简介和题录3种形式有选择地报道国内医药期刊、专业学报中的有关文献。《中国医学文摘》共有18个分册(表3-7-1),其中内科学和外科学同时出版英文版。

表3-7-1 《中国医学文摘》各分册简况表

分册名称	刊期	创刊年	编辑出版机构
内科学	双月刊	1982	广西医学情报所编辑,前身是《国内医学文摘内科学》
外科学	双月刊	1982	江苏省医学情报所编辑
肿瘤学	季刊	1982	广西肿瘤防治研究所等编辑
儿科学	双月刊	1982	辽宁卫生职工医学院编辑
计划生育与妇产科学	季刊	1982	四川省医学情报所编辑
基础医学	双月刊	1984	上海医科大学编辑
卫生学	双月刊	1984	中国预防医学科学院编辑
皮肤科学	双月刊	1984	西安医科大学编辑
眼科学	季刊	1986	北京市眼科研究所编辑出版,1986年由原五官科学分册分出
耳鼻咽喉科学	双月刊	1986	北京市耳鼻咽喉科学研究所编辑,1986年由原五官科学分册分出
口腔医学	季刊	1986	南京医科大学编辑
护理学	双月刊	1986	武汉市医学科学研究所编辑
放射诊断	季刊	1987	同济医科大学编辑
检验与临床	双月刊	1987	同济医科大学编辑
老年学	季刊	1992	广西壮族自治区人民医院编辑
中医	双月刊	1960	中国中医研究院中医药信息研究所编辑,其前身是《中医文摘》

三、《中国药学文摘》

《中国药学文摘》是查找国内药学文献的检索刊物,由《中国药学文摘》编辑部编辑,国家食品药品监督管理局信息中心出版发行。1984年创刊,季刊,1985年改为双月刊,1994年起改为月刊。该刊收载国内外公开发行的药学相关学科期刊中的精粹文献,包括国内发行的有关期刊中的中西药学文献(不包括译文),其主要内容有中西药学理论、中西药物一般性综述、生药学和中药材、药物化学、药物生产技术、药剂学和制剂技术、药理学和毒理学、生物药剂学、药物分析、药物的临床应用和评价、药品生产和管理、制药设备和工厂设计、药品介绍等,以文摘、提要、简介和题录等形式报道,是国内药学期刊中唯一的综合性文摘类刊物。

随着计算机网络技术的快速发展和计算机使用的迅速普及,国家食品药品监督管理局信息中心编辑出版了《中国药学文摘数据库》(China Pharmaceutical Abstracts,简称 CPA),该库是国内唯一的大型药学文献数据库,内容涵盖《中国药学文摘》印刷版自 1982 年试刊以来的全部题录和文摘,文献流水号印刷版与电子版完全一致,实现印刷版与电子版为一体的检索和查询服务系统。

四、《中国生物学文摘》

《中国生物学文摘》,1987 年创刊,原为季刊,1989 年起改为月刊,由中国科学院文献情报中心、中国科学院上海生命科学院和中国科学院生物学文献情报网主办,中国科学院上海生命科学研究院出版,是国家科委批准的国家一级检索期刊,主要收录国内(含港台地区)公开发行的有关生物学方面的期刊论文、专著、会议录及我国科技人员在国外出版物上发表的论文。学科范围包括普通生物学、细胞学、遗传学、生理学、生物化学、生物物理学、分子生物学、生态学、古生物学、病毒学、微生物学、免疫学、植物学、动物学、昆虫学、人类学、生物工程学、药理学以及生物学交叉学科与相关科学技术领域。该刊收录期刊 800 余种,每年报道文献 9 000 余条,第 1 期附有引用期刊一览表,每期附有主题索引,第 12 期为著者和主题年度索引。

(张志美)

第四章 外文医学信息检索

因特网不仅使人们能够方便地获取各种中文信息,而且将更为丰富的外文信息资源呈现在人们面前。以 MEDLINE 为代表的国外著名医学文献检索工具,以信息技术为依托焕发出了新的活力,提供给用户巨大的信息量和极为灵活的使用手段。然而医学信息并不仅仅存在于医学专业数据库中,Ovid、EBSCO、Elsevier Science 等国际著名出版公司开发的综合性文献数据库同样是人们获取医学信息的重要手段。

第一节 MEDLINE 和 PubMed

一、MEDLINE 数据库

MEDLINE 数据库是美国国立医学图书馆(National Library of Medicine,NLM)编辑建立、世界公认最权威的大型生物医学文献数据库,涵盖了美国《医学索引》(Index Medicus)、《牙科文献索引》(Index to Dental Literature)和《国际护理索引》(International Nursing Index)印刷本的全部数据。据美国国立卫生院网站提供的信息显示,截至 2015 年 3 月,MEDLINE 收录了 1946 年以来世界范围内 40 多个语种 5 600 多种期刊发表的生命科学领域论文 2 100 多万篇,一些回溯文献来自于更早的期刊。MEDLINE 依据美国卫生研究院(NIH)文献选择技术评估委员会(Literature Selection Technical Review Committee,简称 LSTRC)的推荐选择所收录的期刊,另外,也基于 NIH 主持的综述选择一些期刊和通讯。这类综述涉及医学史、健康服务研究、艾滋病、毒理学和环境卫生、分子生物学及补充医学等。在 MEDLINE 收录的 2010 年及以后出版的文献中,有超过 40% 的出版于美国,93% 左右的为英文文献,约 84% 有作者写的英文摘要。

目前,MEDLINE 数据库主要通过 2 种方式供用户使用。一是美国国立医学图书馆通过开发的 PubMed 检索系统,面向全球用户提供免费检索 MEDLINE 数据库的服务;二是世界上多家出版机构获准转换 MEDLINE 数据库,在他们的检索平台中提供对 MEDLINE 的检索服务,此类检索平台包括 Web of Science、Ovid、EBSCOhost 等等。这些检索平台为 MEDLINE 数据库的使用提供了风格迥异的检索界面,下面做简单的介绍。

1. Ovid 平台中的 MEDLINE 检索

Ovid Technologies 是全球著名的数据库提供商,在国际医学界具有很大的影响。其 Databases@Ovid 包括了 300 多种数据库,并可直接链接全文期刊和馆藏。Journals@Ovid 收录了 60 多个出版商所出版的 1 000 多种科技及医学期刊的全文。其中 Lippincott,Williams & Wilkins(LWW)是世界第二大医学出版社,擅长临床医学及护理学文献的出版;

BMA & OUP 系列全文数据库共 70 多种。BMA 即英国医学学会系列电子全文资料(BMA Journals fulltext),OUP 即牛津大学出版社医学电子全文数据库(OUP Journals fulltext)。通过 Ovid 平台可访问 LWW 医学电子书、Ovid 电子期刊全文数据库、循证医学数据库、美国《生物学文摘》、荷兰《医学文摘》及 MEDLINE 数据库等。Ovid 平台对付费用户开放。

图 4-1-1 和图 4-1-2 为 Ovid 平台中的 MEDLINE 数据库检索界面,详细检索方法参见本章第二节。

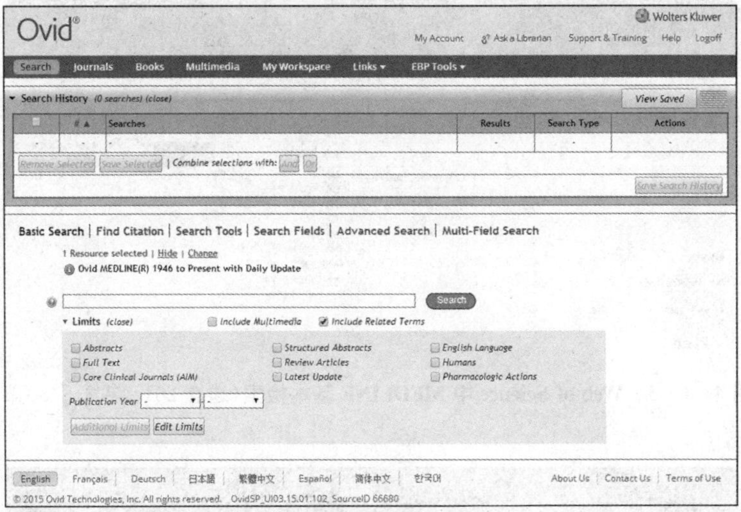

图 4-1-1　Ovid 中 MEDLINE 基本检索(选自 2015 年 3 月 30 日)

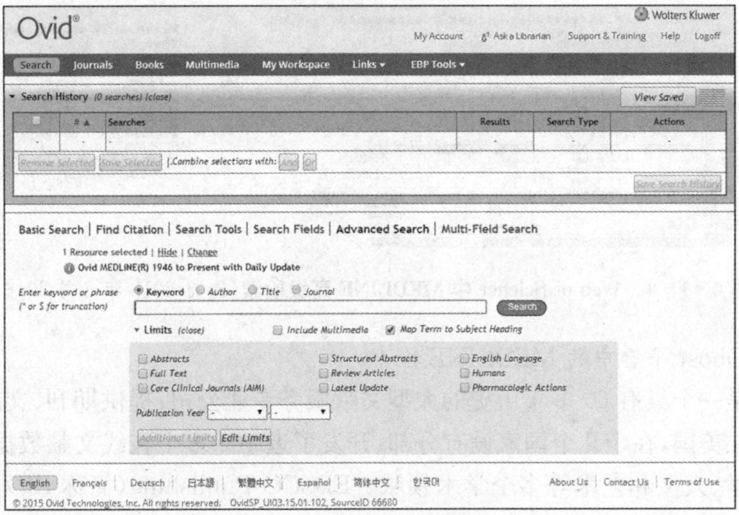

图 4-1-2　Ovid 中 MEDLINE 高级检索(选自 2015 年 3 月 30 日)

2. Web of Science 平台中的 MEDLINE 检索

Web of Science(原 Web of Knowledge)是由世界著名专业智能信息提供商汤森路透公司(Thomson Reuters)开发的信息检索平台,整合了学术期刊、发明专利、会议录文献、化学反应和化合物、学术专著、研究基金、免费网络资源、学术分析与评价工具、学术社区及其他信息机构出版的重要学术信息资源等,提供了自然科学、工程技术、生物医学、社会科学、艺术与人文等多个领域的学术信息,具有跨库检索该平台上多个数据库的功能。该平台对付费用户开放。

图 4-1-3 和图 4-1-4 为 Web of Science 平台中 MEDLINE 数据库的基本检索和高级检索界面。

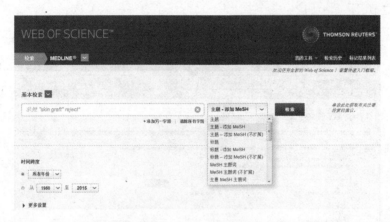

图 4-1-3　Web of Science 中 MEDLINE 基本检索(选自 2015 年 3 月 30 日)

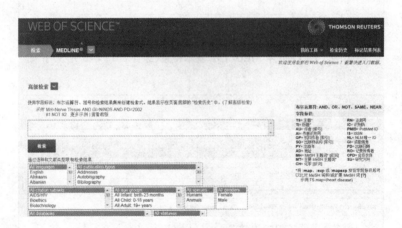

图 4-1-4　Web of Science 中 MEDLINE 高级检索(选自 2015 年 3 月 30 日)

3. EBSCOhost 平台中的 MEDLINE 检索

EBSCO 是一个具有 60 多年历史的大型文献服务专业公司,提供期刊、文献定购及出版等服务,总部在美国,在十几个国家设有分部,开发了近 100 多个在线文献数据库,涉及自然科学、社会科学、人文和艺术等多个学术领域。EBSCO Publishing(简称 EP)是该公司下属的一个业务部,全面负责文献信息相关产品和服务。EP 运营 EBSCO 旗下自有数据库的业务。这些数据库是基于 EBSCOhost 平台的,统称为 EBSCOhost 数据库。其中最著名的是 ASP(学术期刊数据库)、BSP(商业资源数据库)、ERIC(教育资源信息中心)、MEDLINE 等。EBSCOhost 对付费用户开放。

图 4-1-5 和图 4-1-6 为 EBSCOhost 平台中 MEDLINE 数据库的基本检索和高级检索界面,详细检索方法参见本章第五节。

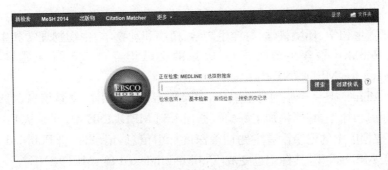

图 4-1-5　EBSCOhost 中 MEDLINE 基本检索(选自 2015 年 3 月 30 日)

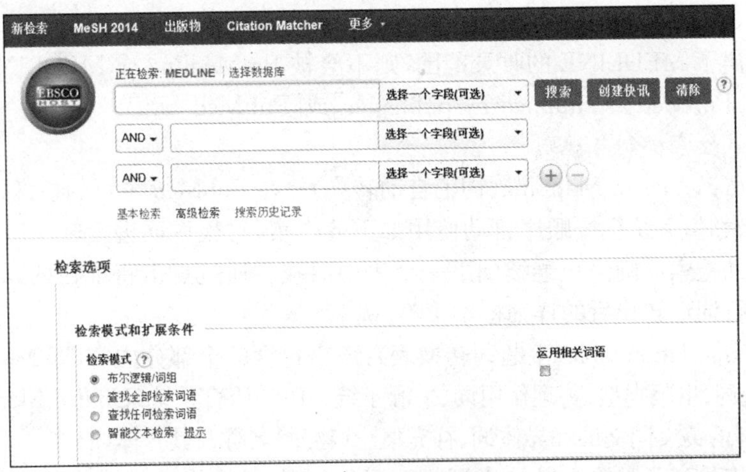

图 4-1-6　EBSCOhost 中 MEDLINE 高级检索(选自 2015 年 3 月 30 日)

二、PubMed 检索系统

PubMed 是美国国立医学图书馆附属国立生物技术信息中心(National Center for Biotechnology Information,NCBI)开发建立的生物医学文献检索系统,从 1997 年开始通过网络向用户提供免费检索服务。PubMed 是 NCBI 开发的 Entrez 检索系统的重要组成部分之一。Entrez 是一个用以整合 NCBI 系列数据库中信息的搜寻和检索工具,这些数据库包括核酸序列、蛋白序列、大分子结构、基因组序列以及 MEDLINE 等。PubMed 主要用于检索包括 MEDLINE 数据在内的期刊文献,其页面也提供了对 Nucleotide(核酸序列)、Protein(蛋白序列)、Genome(基因组序列)、Structure(分子结构)、OMIM(孟德尔遗传在线)等数据库的链接。

开发 PubMed 的初衷是面向大众提供免费的 MEDLINE 检索服务,但计算机技术和网络技术的飞速发展促使 PubMed 带给用户的信息已远远超出 MEDLINE 的范畴。截至 2015 年 3 月底,PubMed 已收录 2 400 多万篇来自于 MEDLINE、生命科学类期刊和在线图书的文献,并提供来自于 PubMed Central(PMC)和出版机构网站可用的全文链接。PMC 是美国国立卫生院平台中的免费全文数据库,其使用方法详见本章第八节。

1. PubMed 收录范围

(1) MEDLINE　是全球最具影响力的覆盖生物医学、卫生及其相关领域的文献数据库,涉及的学科包括生命科学、行为科学、化学、生物工程。2000年起,扩大了生命科学领域的收录范围,涵盖生物学、环境科学、海洋生物学、植物和动物学、生物物理学和生物化学等。MEDLINE是PubMed检索系统的核心,收录的文献均经过MeSH主题词标引,带有[PubMed-indexed for MEDLINE]标记。

(2) PreMedline 是一个临时性数据库,收录准备进行标引的文献信息,每天都在接受新数据,进行标引和加工,每周把加工好的数据加入到MEDLINE中,同时从PreMedline中删除。此临时数据库中的记录没有主题词等深度标引信息,记录带有[PubMed-in process]标记,一旦转入MEDLINE,其标记也变成[PubMed-indexed for MEDLINE]。

(3) Publisher Supplied Citations 出版商直接提供的文献数据,带有[PubMed-as supplied by publisher]标记,若记录被PreMedline收录,则所带标记也发生相应改变,加工标引完成后则进入MEDLINE中,其标记也变为[PubMed-indexed for MEDLINE]。有些数据因为其内容超出了MEDLINE的收录范围,则不会被PreMedline或MEDLINE收录,这些数据一直保留[PubMed-as supplied by publisher]或[PubMed]标记。

2. PubMed检索机制与规则

(1) Automatic Term Mapping(词汇自动转换) 在PubMed主页的检索提问框中输入检索词进行检索时,系统会按顺序自动使用如下6个表,对检索词进行转换后再执行检索,一旦找到匹配的检索词则停止继续到下一个表中寻找。通过点击特征栏的"Details"按钮,可查看系统进行词汇转换后的详细检索策略。

① MeSH translation table(主题词转换表):该表包含7个部分内容,即MeSH词、MeSH参见词、副主题词、出版类型、药理作用词、来源于统一医学语言系统(Unified Medical Language System,UMLS)的英文同义词和异体词、补充概念(物质)名称及其异体词。

系统在该表找到了与输入的检索词相匹配的词后,就会自动转换为相应的MeSH词,同时保留原输入词执行检索。例如:输入ache,系统将其转换为"pain"[MeSH Terms] OR "pain"[All Fields] OR "ache"[All Fields]进行检索。如果输入的为词组,系统除了进行主题词转换外,还会自动将词组拆分为单词进行检索,并以"AND"逻辑关系连接。例如:输入liver cancer,系统转换为"liver neoplasms"[MeSH Terms] OR ("liver"[All Fields] AND "neoplasms"[All Fields]) OR "liver neoplasms"[All Fields] OR ("liver"[All Fields] AND "cancer"[All Fields]) OR "liver cancer"[All Fields]进行检索。

② Journals translation table(刊名转换表):该表包含刊名全称、缩写、ISSN。输入期刊全称时,系统将其转换为刊名缩写形式进行检索,同时将输入的词组在所有字段中检索,并将词组拆分为单词用"AND"连接进行检索。例如:输入Journal of medical systems,系统转换为"J Med Syst"[Journal] OR ("journal"[All Fields] AND "of"[All Fields] AND "medical"[All Fields] AND "systems"[All Fields]) OR "journal of medical systems"[All Fields]。如果输入的为刊名缩写形式或ISSN,系统则不会在所有字段中检索,只检索此期刊中发表的文献记录。例如:输入J Med Syst或0148-5598,系统执行的检索均为"J Med Syst"[Journal]。

③ Full Author translation table(著者全名转换表):该表包含了已标引的著者完整名,输入时词序不限,可使用逗号隔开(也可不用),一旦使用逗号则表示逗号前一定为姓氏。例如:输入zhang yang与输入zhang, yang得到的结果并不相同,输入zhang yang时,系统执行的检索为Zhang, Yang[Full Author Name] OR Yang, Zhang[Full Author Name],输入

zhang,yang 时,系统执行的检索为 Zhang,Yang[Full Author Name]。

④ Author index(著者索引):如果输入的检索词在以上的转换表中未找到匹配的词(Full Author translation table 除外),且输入的并非单个单词,PubMed 就会在著者索引进行查找。也就是说,系统即使在 Full Author translation table 找到了匹配的词,仍会在 Author index 中查找。例如:输入 john smith,系统执行的检索为 Smith,John[Full Author Name] OR john smith[Author]。

⑤ Full Investigator (Collaborator) translation table(调研者或合作者全名转换表):该表包含了已标引可用的全名,输入时不限姓与名的词序。

⑥ Investigator (Collaborator) index(调研者或合作者索引):如果输入的检索词在以上的转换表中未找到匹配的词(Full Author translation table 除外),且输入的并非单个单词,PubMed 会在此索引进行查找。

若输入的检索词在上述各个表或索引均未找到匹配的词,PubMed 会把检索词组(短语)进行拆分后再重复以上查找过程,直到找到匹配的词。若输入的为 PubMed 中的禁用词(Stopwords),系统会在检索时忽略。

(2) 截词检索　PubMed 允许使用"＊"号作为通配符进行截词检索。例如:输入 compute＊,系统会找到那些前一部分是 compute 的单词(如 compute、computes、computed、computer、computers、computerize、computerized 等等),并对其分别进行检索。如果这类词少于 600 个,PubMed 会全部检索,若超过 600 个(例如输入 com＊),PubMed 将显示提示信息,只对前 600 个进行检索,并要求增加词根部分的字母数量。截词功能只限于单词,对词组无效。使用截词检索功能时,PubMed 会关闭词汇转换功能。

(3) 强制检索　在介绍词汇自动转换功能时已提到,输入检索词后,系统会自动进行转换,并会将短语拆分成单词以 AND 连接进行检索。如果用户想要将输入的检索词以不被分割的短语形式来执行检索,就可使用强制检索功能,采用双引号(" ")将检索词引起来,系统就会将其作为不可拆分的短语形式在所有字段中执行检索。例如:输入带有双引号的检索词"single cell",系统执行的检索为"single cell"[All Fields],短语未被拆分。使用双引号强制检索时,PubMed 关闭词汇转换功能。

(4) 布尔逻辑检索　在 PubMed 检索输入框中,可直接使用布尔逻辑运算符 AND、OR、NOT 进行组合检索,可使用小括号改变运算顺序。例如:可直接输入检索式 allergen AND (asthma OR rhinitis)进行检索。

3. PubMed 检索字段

PubMed 数据字段较多,各条记录的字段数会因实际情况有所不同。在这些字段中,有些是不能进行检索的,只能显示浏览。可以检索的字段称为 Search Field(检索字段)。常用的检索字段见表 4-1-1。

表 4-1-1　PubMed 常用检索字段

字段名与标识	中文说明
Affiliation [AD]	第一著者单位地址
Article Identifier [AID]	文献 ID 号(如论文的 DOI)
All Fields [All]	任意字段

续 表

字段名与标识	中文说明
Author [AU]	著者
Author Identifier [AUID]	作者 ID 号
Book [book]	书或书的章节
Corporate Author [CN]	集体著者
Create Date [CRDT]	文献记录创建日期
Completion Date [DCOM]	文献处理完成日期(不属于 All Fields)
EC/RN Number [RN]	酶号或化学登记号
Editor [ED]	编者
Entrez Date [EDAT]	文献被 PubMed 收录日期
Filter [FILTER]	用于外部链接过滤的技术标识
First Author Name [1AU]	第一著者
Full Author Name [FAU]	著者全名
Full Investigator Name [FIR]	研究者或合著者全名
Grant Number [GR]	基金号
Investigator [IR]	提供资助的主要调研者或合作者
ISBN [ISBN]	国际标准书号
Issue [IP]	期刊的期号
Journal [TA]	期刊名称
Language [LA]	文献语种
Last Author [LASTAU]	末位著者
Location ID [LID]	在线论文定位标识
MeSH Date [MHDA]	主题词标引日期
MeSH Major Topic [MAJR]	主要主题词
MeSH Subheadings [SH]	副主题词
MeSH Terms [MH]	主题词
Modification Date [LR]	记录最近的修订日期(不属于 All Fields)
NLM Unique ID [JID]	NLM 馆藏目录编码
Other Term [OT]	其他非主题词术语(如关键词),只能显示,不能检索,可用[TW]检索
Owner	提供文献的机构名称缩写(检索式为 owner+the owner acronym)
Pagination [PG]	文献首页码
Personal Name as Subject [PS]	人名主题词
Pharmacological Action [PA]	药理作用术语

续 表

字段名与标识	中文说明
Place of Publication [PL]	出版国
PMID [PMID]	文献的 PubMed 系统 ID 号
Publisher [PUBN]	图书出版者
Publication Date [DP]	出版日期
Publication Type [PT]	文献出版类型
Secondary Source ID [SI]	第二来源标识
Subset [SB]	按主题词、期刊类别等设定文献子集
Supplementary Concept [NM]	补充概念，包括化学、疾病等术语
Text Words [TW]	文本词（覆盖题名、摘要、主题词、副主题词、出版类型、物质名称、人名主题词、合著者、第二来源标识、评论或修改注释、其他术语等字段）
Title [TI]	篇名
Title/Abstract [TIAB]	篇名或摘要
Transliterated Title [TT]	非英文的原始篇名
Volume [VI]	期刊卷号

4. PubMed 主界面介绍

通过输入网址 http://www.ncbi.nlm.nih.gov/pubmed，进入 PubMed 检索系统的首页（图 4-1-7）。PubMed 主界面提供的功能包括检索提问区、使用帮助（Using PubMed）、PubMed 工具（Tools）和 更多资源（More Resources）等。

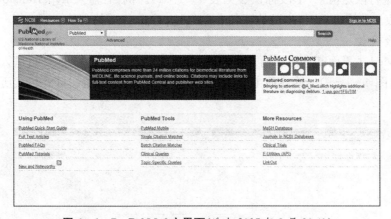

图 4-1-7 **PubMed 主界面**(选自 2015 年 3 月 30 日)

（1）检索提问区 即基本检索界面，位于首页上端，可在检索框内输入一个或多个检索词，点击"Search"或回车即可进行检索（详见下面的基本检索介绍）。

（2）使用帮助（Using PubMed） 提供 PubMed 检索系统使用指导。

（3）PubMed 工具（Tools） 提供了单篇引文和批量引文匹配检索、临床咨询等功能。

（4）更多资源（More Resources） 提供了主题词数据库、期刊数据库、临床试验数据库等资源。

5. PubMed 检索方法

(1) 基本检索

在如图 4-1-8 的 PubMed 主页面的检索输入框中可输入自由词、主题词、著者、刊名等各种检索词进行检索,也可输入逻辑运算符连接的检索式进行检索,还可输入检索字段标识进行检索。通过检索框前的 Search 下拉列表,可以选择 NCBI 提供的其他信息资源数据库。点击输入框下方的"Advanced"按钮,可进入高级检索界面。

图 4-1-8 PubMed 基本检索(选自 2015 年 3 月 30 日)

① 自由词(关键词)检索:在 PubMed 主页面的检索框中输入单词或短语,大小写均可,然后点击"Search"或回车,系统即自动使用词汇自动转换功能执行检索。用户还可根据需要使用 * 或 " 进行截词检索或强制检索,此时系统会关闭词汇自动转换功能。

② 著者检索:输入著者姓名的姓氏全称加名的缩写进行检索。如"zhang s"、"smith j"。2002 年起,如果论文中提供了姓名全称,用户可以用全称进行检索,如"zhang san"、"vollmer charles"。

③ 刊名检索:输入刊名全称、刊名缩写或者 ISSN 均可。例如:输入 Journal of medical systems 或 J Med Syst 或 0148-5598,均可进行检索。

④ 组配式检索:使用逻辑算符 AND、OR、NOT 将多个检索词进行组配检索,并可使用小括号改变运算顺序。例如:输入 allergen AND (asthma OR rhinitis)进行检索。

⑤ 字段标识检索:在 PubMed 主页面的检索框中可以直接在检索词后用方括号添加检索字段标识进行限定检索(字段标识参见表 4-1-1)。例如:输入 hypertension[TI] AND 2014[DP],表示检索 2014 年出版的篇名中含有 hypertension 的文献。

(2) 高级检索

在 PubMed 主界面基本检索输入框的下方,点击"Advanced"按钮,即可进入 PubMed 高级检索界面(图 4-1-9)。该界面主要由检索式构建区、检索式编辑区和检索历史等 3 个部分组成。

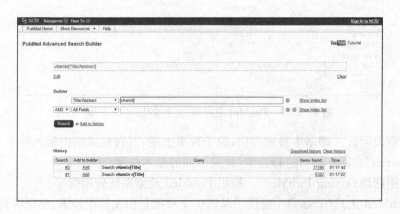

图 4-1-9 PubMed 高级检索(选自 2015 年 3 月 30 日)

① 检索式构建区:即位于页面中间的"Builder"区域,提供了下列功能:

逻辑运算符下拉列表:有 AND、OR、NOT 3 个选项。

检索字段下拉列表:下拉列表中的检索字段请参见表 4-1-1 中的中文说明。

检索词输入框:请在输入框中输入与所选检索字段匹配的准确表达检索要求的词或词组。

查看索引词列表:选择检索字段,并将检索词输入后,点击输入框右侧的"Show index list",即可查看特定字段中含有该检索词的索引词列表(图 4-1-10),供选择更恰当的检索词。

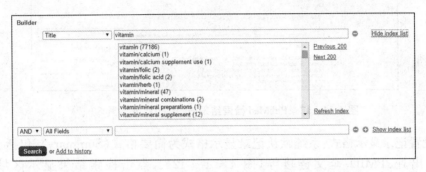

图 4-1-10 PubMed 高级检索"Show index list"(选自 2015 年 3 月 30 日)

② 检索式编辑区:当检索者在 Builder 区域完成检索词的输入、检索字段和逻辑关系的选择后,相应的检索式即自动出现在 Edit 区域的编辑框中。如果不需要修改该检索式,就直接点击 Builder 区域下端的"Search"按钮,获取结果。如果需要修改该检索式,有 2 种方法:一是在 Builder 区域重新设置;二是点击"Edit"按钮后,直接在编辑框中进行修改(图 4-1-11)。

图 4-1-11 PubMed 高级检索"Edit"(选自 2015 年 3 月 30 日)

③ 检索历史:用于查看检索历史,包括每次检索的顺序号、检索式、检索结果数和检索时间(美国时间)。点击检索结果数,可直接打开该次检索的所有结果。每个检索史序号后的"Add"按钮可将该序号对应的检索式直接添加到检索框执行检索。停止操作 8 小时后,检索史将自动清除。

6. PubMed 检索结果

PubMed 检索结果页面(图 4-1-12)主要提供以下功能:检索结果的显示、筛选和输出,另外也提供检索字段的选择、检索结果的年代分布、系统检索策略的查看和跨库检索等功能。

(1) 检索结果显示

检索结果显示区域位于检索结果页面的中间,是主体部分,主要包括检索结果、检索结果总数、前后翻页的按钮、记录显示格式的设置、每页显示记录数的设置、记录排序的设置等功能。

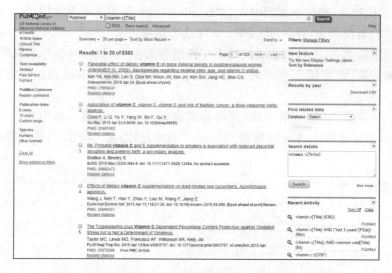

图 4-1-12　PubMed 检索结果(选自 2015 年 3 月 30 日)

① 设置记录显示格式:系统默认记录显示格式为简要格式(Summary),包括文献的题名、作者、出处、PMID、全文链接等(图 4-1-12)。点击检索结果显示区域上端的"Summary"下拉列表,可改变记录显示的格式(图 4-1-13),供选择的格式有 Summary、Summary(text)、Abstract(摘要)、Abstract(text)、MEDLINE、XML、PMID List。在这些选项中,有 2 个 Summary 格式和 2 个 Abstract 格式,其中带"(text)"的以文本格式显示,不带"(text)"的以 HTML 格式显示;选择"MEDLINE"则记录以 MEDLINE 数据库中的格式显示;XML 是一种可扩展标记语言,以计算机语言来显示检索结果,不是一般用户能使用的;选择"PMID List"则只显示每条记录的 PMID 号。

② 设置每页显示记录数:系统默认每页显示 20 条记录,点击检索结果显示区域上端的"per page"下拉列表设置每页显示的记录数。可选项有 5、10、20、50、100、200。

③ 设置记录排序:系统默认按文献的新旧排序,最新的排在最前面。这里的新旧不是根据文献正式出版时间的先后来判断,而是根据文献能让读者阅读到的先后来定。目前,有很多文献的电子版都是先于印刷版面世的。点击检索结果显示区域上端的"Sort by"下拉列表,设置记录排序顺序(图 4-1-13),可选项有 Most Recent、Relevance(相关度)、Publication Date(出版日期)、First Author(第一作者)、Last Author(末位作者)、Journal(期刊)、Title(题名)。

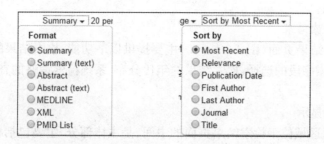

图 4-1-13　PubMed 记录显示格式和排序设置(选自 2015 年 3 月 30 日)

（2）检索结果筛选

PubMed 检索结果页面中提供了强大的对文献进行筛选和管理的功能,并针对生物医学领域文献的内容特点,设计了一些极具特色的筛选条件,如按人群的年龄段、按动物和人类、按医学主题词等等,从而使 PubMed 检索系统具有了其他综合性数据库所无法比拟的强大优势。

对记录进行筛选和管理的功能分布在检索结果显示页面左右两侧的工具栏中。使用这些功能可以缩小查询范围,提高检索的查准率。

① 检索结果显示页面左侧的工具栏提供如下筛选功能(图 4-1-14)。

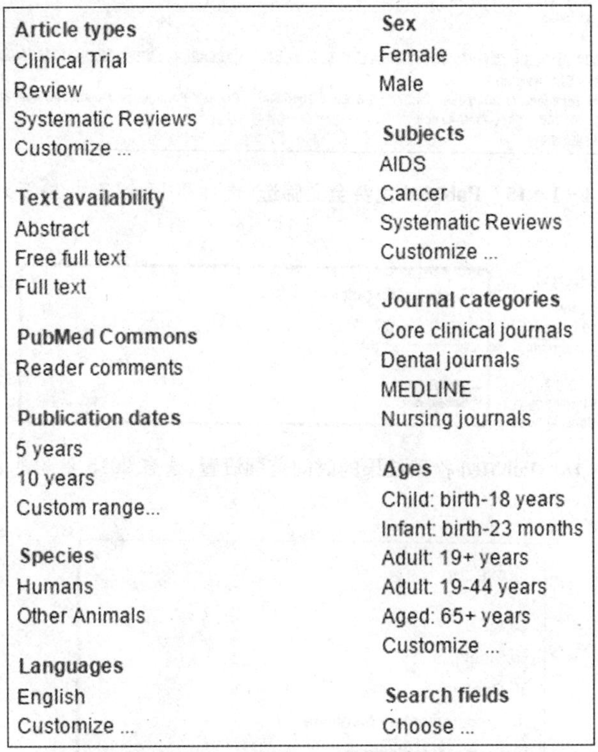

```
Article types              Sex
Clinical Trial             Female
Review                     Male
Systematic Reviews
Customize ...              Subjects
                           AIDS
Text availability          Cancer
Abstract                   Systematic Reviews
Free full text             Customize ...
Full text
                           Journal categories
PubMed Commons             Core clinical journals
Reader comments            Dental journals
                           MEDLINE
Publication dates          Nursing journals
5 years
10 years                   Ages
Custom range...            Child: birth-18 years
                           Infant: birth-23 months
Species                    Adult: 19+ years
Humans                     Adult: 19-44 years
Other Animals              Aged: 65+ years
                           Customize ...
Languages
English                    Search fields
Customize ...              Choose ...
```

图 4-1-14　PubMed 结果显示页面左侧工具栏(选自 2015 年 3 月 30 日)

Article types(文献类型):可从检索结果筛选出特定类型的文献。可选项包括临床试验(Clinical Trial)、综述(Review)、系统评价(Systematic Reviews)、Meta 分析、临床指南(Guideline)、政府出版物(Govenrment Publications)等等共 70 多种类型。

Text availability:分别可以筛选有摘要的文献、有免费全文的文献或者有全文的文献。图 4-1-15 是一个免费全文的筛选结果,其中带有"Free Article"标记的免费全文来自于出版商的网站,带有"Free PMC Article"标记的免费全文来自于 PMC 数据库。

Publication dates(出版时间):可选项有 5 年、10 年和用户自己设置时间范围(图 4-1-16)。输入的年月日必须符合系统的要求。月和日必须用 2 位数字表示。

Species:选择人类或其他动物,可用于区分临床研究和基础医学研究。

Subjects:筛选属于特定主题范畴的文献。可选主题范畴如图 4-1-17 所示。

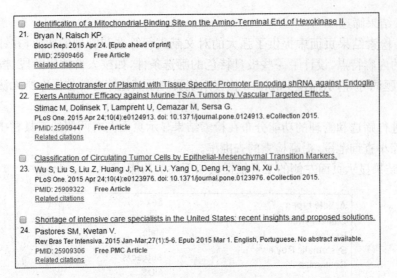

图 4-1-15　PubMed 免费全文筛选（选自 2015 年 3 月 30 日）

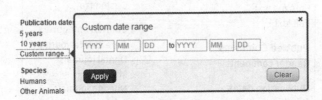

图 4-1-16　PubMed 检索结果的时间范围设置（选自 2015 年 3 月 30 日）

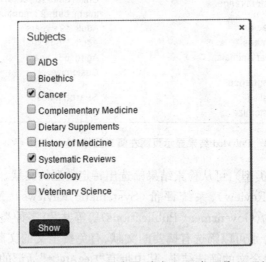

图 4-1-17　Subjects 选项（选自 2015 年 3 月 30 日）

除上述介绍的功能外，检索结果页面左侧工具栏还提供了语种、性别、期刊类别、年龄段等项目的筛选。

② 检索结果显示页面右侧的工具栏提供如下功能（图 4-1-18）。

利用结果显示页面右侧工具栏，可以显示文献年代分布柱状图；提供与检索词相关的其他检索词；可筛选出题目中含有检索词的文献；可将在 PMC 数据库中有免费全文的文献挑

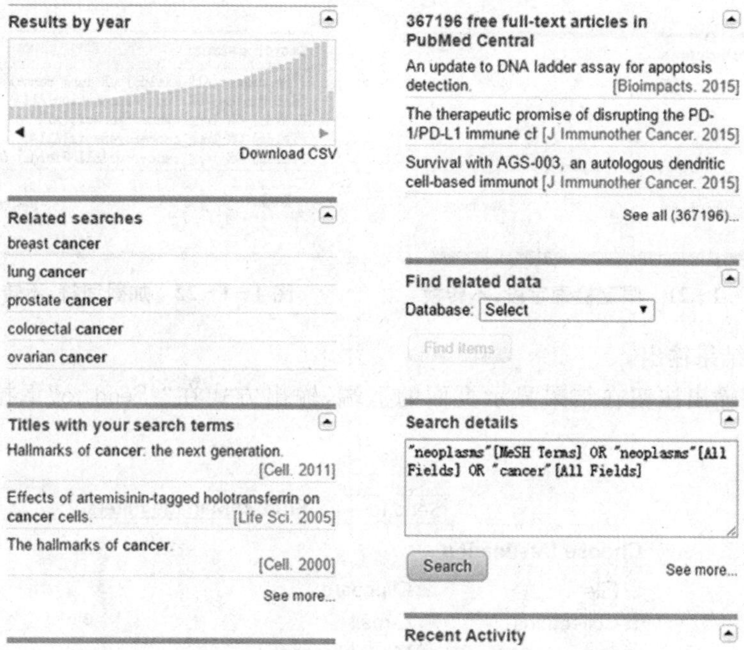

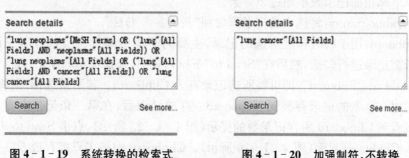

图4-1-18 PubMed结果显示页面右侧工具栏（选自2015年3月30日）

选出来；还可进行跨库检索、查看系统的详细检索策略（Details）和最新在数据库中的一些操作。右侧工具栏中的项目不是完全固定的，而是随检索内容的不同有增减。

Search Details：由于MEDLINE数据库中一些字段的特殊要求（如主题词、刊名缩写、人名表达方式等），也由于考虑查全率的因素，PubMed检索系统会将用户输入的检索式进行自动转换，Search Details框内显示的就是PubMed实际执行的详细检索式，用户可了解所输入的检索词被PubMed自动转换成哪些词、使用了什么样的检索规则和语法。用户还可根据需要对已有的检索式进行编辑修改，成为一个新的检索策略，然后点击下方的"Search"键执行新的检索。例如：在结果显示页面上端的输入框内，输入检索词lung cancer，点击Search按钮，获得结果，查看页面右侧的Search Details（图4-1-19）。

但在3种情况下，系统的自动转换功能关闭，它们是：① 检索词加强制符双引号，如"lung cancer"；② 给检索词限定检索字段，如lung cancer[TI]；③ 检索词词尾加截词符*，如lung cancer*。图4-1-20、图4-1-21、图4-1-22为分别输入这3个词检索后Details所显示的检索式。

图4-1-19 系统转换的检索式　　　　图4-1-20 加强制符，不转换

图 4-1-21　限定检索字段，不转换

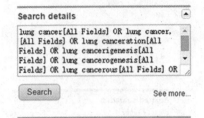
图 4-1-22　加截词符，不转换

（3）检索结果输出

检索结果输出按钮在结果显示页面的上端，输出方式在"Send to"下拉列表中选择（图 4-1-23）。

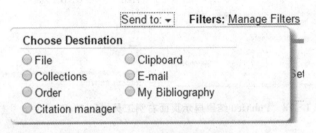
图 4-1-23　检索结果输出方式（选自 2015 年 3 月 30 日）

① File：将选中的记录以文本格式存盘，可进行显示格式和排序方式的设置。

② Collections：将选中的记录添加到"My NCBI"。"My NCBI"是系统为用户提供的个性化服务功能，首次使用时需要进行简单注册，以后使用只需输入用户名、密码登录即可。登录后的用户可进行检索史保存、检索记录收藏、设置定期 E-mail 接收特定检索策略的最新检索记录、过滤设置、个性化显示设置等。

③ Order：向 NLM 指定的原文传递服务系统索取全文，需要注册。PubMed 系统默认的原文传递服务系统是"Loansome Doc"。该服务与医学图书馆合作获取全文。每篇文献的收费情况各不相同。

④ Citation manager：将选中的记录添加到自己的文献管理软件，如 EndNote、Reference Manager、ProCite 等。

⑤ E-mail：将选中的记录发送到指定的邮箱，可以进行显示格式和排序方式的设置。单次发送到单个邮箱的记录数不超过 200 条。

⑥ My Bibliography：将选中的记录添加到"我的参考书目"。

⑦ Clipboard：用于临时存放所选的记录，主要为了集中阅读、存盘、打印或订购原文。使用时将所需记录进行勾选，然后在"Send to"下拉列表中，选择"Clipboard"（图 4-1-24 所示），点击"Add to Clipboard"，即可将所选记录存入 Clipboard。若不做选择，则将当次检索结果中不超过 500 条的记录存放到 Clipboard。存放结束后，在第一条记录上方和 Send to 右侧均可以看到 Clipboard 所存记录数的提示（图 4-1-25 所示），点击 Send to 右侧的所存记录数进入 Clipboard 界面（图 4-1-26 所示）。Clipboard 中最多只能存放 500 条记录，若超过 8 小时无任何操作，粘贴板中的记录会清除。

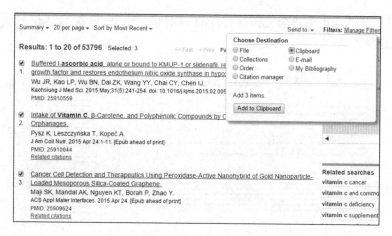

图 4-1-24　勾选记录,选择 Send to Clipboard(选自 2015 年 3 月 31 日)

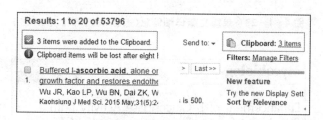

图 4-1-25　Clipboard 记录数提示(选自 2015 年 3 月 31 日)

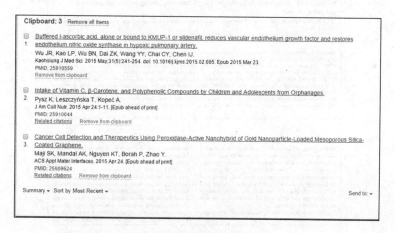

图 4-1-26　Clipboard 界面(选自 2015 年 3 月 31 日)

(4) 检索结果浏览

如前所述,系统默认以 Summary 格式显示检索结果,每条记录包括文献题目、作者、出处、PMID 等信息。其中,文献题目提供超链接,点击进入单篇文献详细信息的界面(图 4-1-27)。

单篇文献详细信息界面包括以下信息:① 文献出处(一般指论文发表的期刊名、年、卷、期、页码等信息,还包括论文电子版的出版时间);② 题目;③ 作者姓名及单位信息;④ 摘要(Abstract);⑤ 关键词(Keywords);⑥ PMID;⑦ 全文链接(在页面的右上方,如);⑧ 在 PubMed 中的相关文献(Related citations in PubMed);⑨ 数据库标识符。

图 4-1-28 为点击免费全文链接打开的 PDF 格式全文,另有 HTML 格式和 PubReader 格式全文供选择。

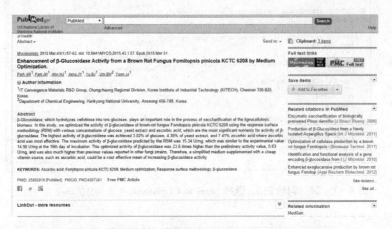

图 4-1-27 单篇文献详细信息(选自 2015 年 3 月 31 日)

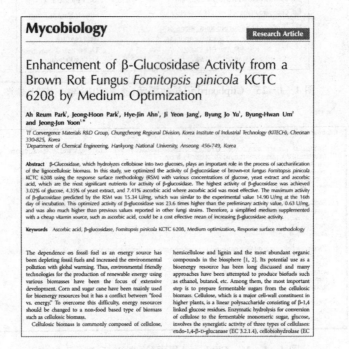

图 4-1-28 免费全文举例(选自 2015 年 3 月 31 日)

7. PubMed 提供的特色检索服务功能

为了让用户能提高检索效率,除了常用的基本检索和高级检索外,PubMed 还提供了多种有特色的检索方式。

(1) MeSH Database(主题词数据库) 主题词数据库可帮助用户选择规范化的主题词、组配相关副主题词、查看词义注释、浏览主题词树状结构等,从而确定更加精准的检索策略。

① 登录方式:点击 PubMed 主页面中的"More Resources"栏内的"MeSH Database"链接,进入主题词数据库检索界面(图 4-1-29)。

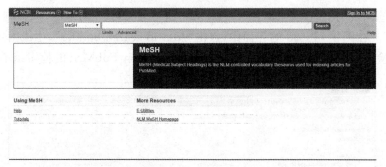

图 4-1-29　MeSH Database 首页(选自 2015 年 3 月 31 日)

② 检索方式:主题词数据库的检索方式与 PubMed 相似,也分为基本检索和高级检索,而且检索界面的使用方法也一致,故在此不再重复。两者不同之处就是主题词数据库基本检索界面多了一个"Limits"功能,用于进行检索字段的限定设置。点击"Limits",打开如图 4-1-30 所示的界面。

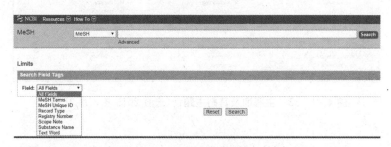

图 4-1-30　MeSH Database 的 Limits 界面(选自 2015 年 3 月 31 日)

③ 检索结果:如在检索框中输入 cancer,点击"Search"按钮,进入如图 4-1-31 所示的主题词列表界面。该界面包括与 cancer 相关的主题词及其注释,供选择。点击 Neoplasms,

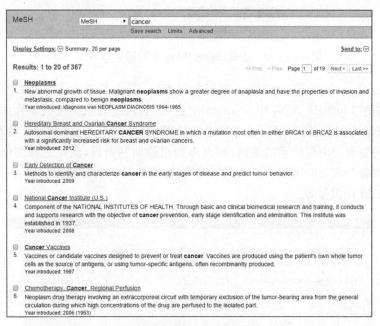

图 4-1-31　与检索词相关的部分主题词(选自 2015 年 3 月 31 日)

进入单个主题词及副主题词界面(图 4-1-32),进一步缩小查询范围,选择副主题"药物治疗"和"护理"。在图 4-1-33 的界面中,点击"Add to search builder",生成由主题词及副主题词构成的检索式,点击"Search PubMed",即可获得来自 PubMed 的检索结果。

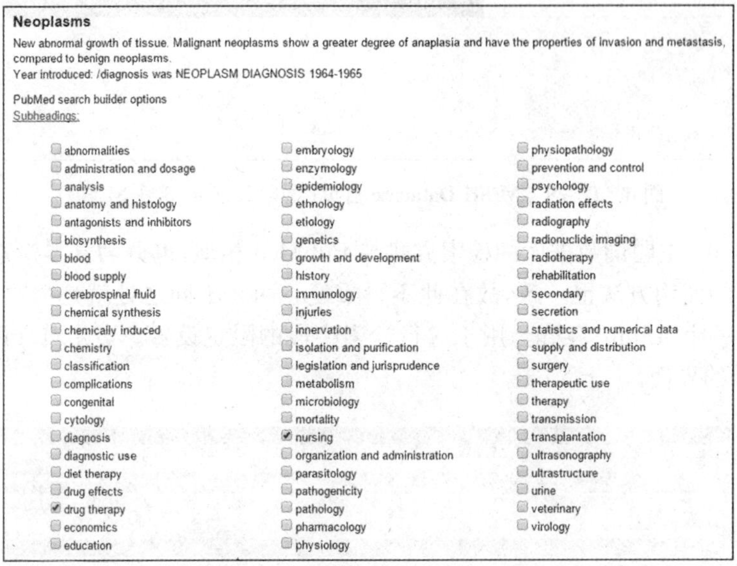

图 4-1-32 主题词及其副主题词(选自 2015 年 3 月 31 日)

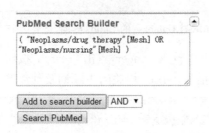

图 4-1-33 主题词检索式(选自 2015 年 3 月 31 日)

(2) Journals in NCBI Databases(期刊数据库) 点击 PubMed 主页面中的"More Resources"栏内的"Journals in NCBI Databases"链接,进入期刊数据库检索界面(如图 4-1-34 所示)。可输入刊名全称、缩写、ISSN 进行检索,也可输入关键词检索,检索刊名中包含有该检索词的期刊。出现检索结果后,可点击列出的期刊条目,浏览更详细的期刊信息,包括期刊的印刷版 ISSN、电子版 ISSN、刊名缩写、ISO 缩写、创刊时间、出版者、语种、出版国、涉及主题、NLM 标识号等。

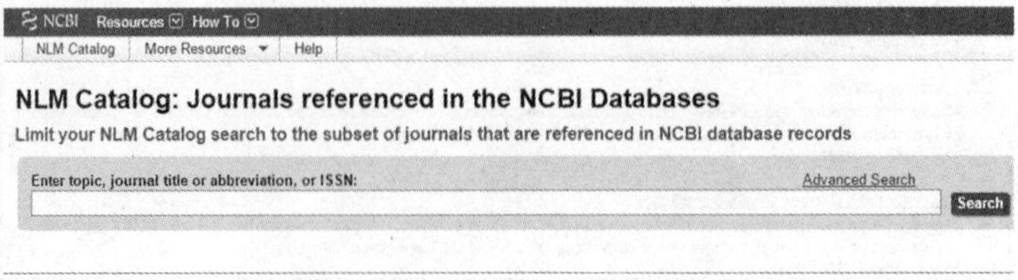

图 4-1-34 Journals in NCBI Databases 检索界面(选自 2015 年 3 月 31 日)

(3) Single Citation Matcher(单篇引文匹配检索)　有些情况下,用户想通过引文格式的信息查找文献。例如:已知某文献的作者、篇名(或篇名中的短语)、刊名、卷、期、首页页码等信息,可通过此项功能进行检索(图 4-1-35)。PubMed 除了单篇引文匹配检索外,还提供批量引文匹配检索(Batch Citation Matcher)的功能,用户可同时输入多条(批量)检索式进行检索。

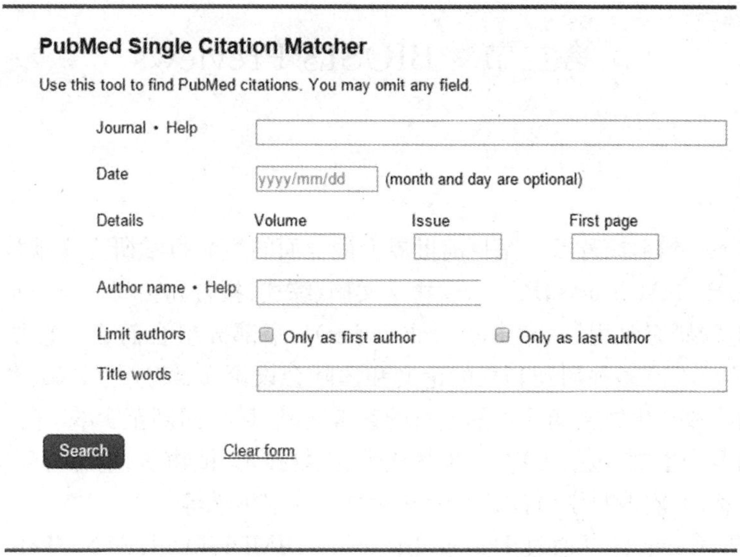

图 4-1-35　PubMed Single Citation Matcher(选自 2015 年 3 月 31 日)

(4) Clinical Queries(临床咨询)　临床咨询是为临床医生查找医学资源而设计的检索功能(图 4-1-36)。检索结果按"Clinical Study Category""Systematic Reviews""Medical Genetics"三大类分别提供。其中"Clinical Study Category"专供查找某一疾病的治疗、诊断、病因、预后以及临床预报指南等与临床密切相关方面的文献。同时,可以选择"narrow"或

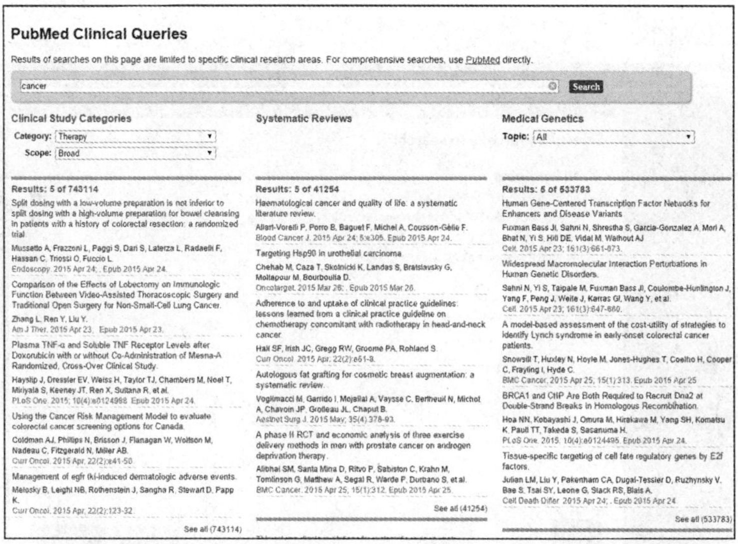

图 4-1-36　PubMed Clinical Queries(选自 2015 年 3 月 31 日)

"broad",前者表示检索时强调查准,即检出的文献相对较少但更确切,后者表示检索时主要强调查全,即查出文献多但有些可能不很相关。"Systematic Reviews"用于检索系统评价或meta分析研究资料。"Medical Genetics"则用于限定查找与医学遗传学相关的各类特定问题。

（蒋 葵）

第二节 BIOSIS Previews

一、概述

BIOSIS Previews,简称 BP,是目前世界上最全面的生命科学研究文献数据库,由《生物学文摘》(Biological Abstracts,BA)、《生物学文摘/综述、报告和会议》(Biological Abstracts/RRM)以及《生物研究索引》(Bio Research Index)3 个部分组合而成。它收录来自世界上100 多个国家的 5 000 多种期刊刊载的论文和国际会议论文、综述性文章、书籍、专利信息,以及来自生物文摘和生物文摘评论的独特的参考文献,最早回溯至 1969 年。内容覆盖了生命科学领域的各个主题,包括生物学、生物化学、生物技术、植物学、生态与环境科学、临床医学、药理学、动物学、农业科学、兽医学、营养学及公共卫生学等。

BIOSIS Previews 可以通过 Dialog、DataStar、DIMDI、Ovid、STN、Web ofScience、Ebscohost 等不同的检索平台来访问。目前国内各单位主要使用 Ovid 和 Web of Science 这 2 个检索平台。

二、Ovid-BIOSIS Previews 登录方式

在如图 4-2-1 的 Ovid 平台数据库选择页面中勾选 BIOSIS Previews,进入 Ovid-BIOSIS Previews 检索页面(图 4-2-2)。

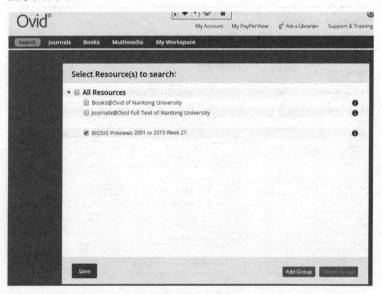

图 4-2-1 Ovid 平台数据库选择页面(选自 2015 年 4 月 30 日)

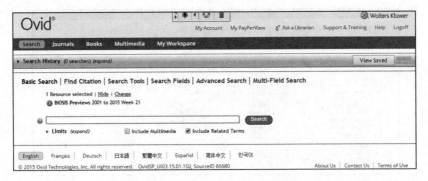

图 4-2-2 Ovid-BIOSIS Previews 检索主页(选自 2015 年 4 月 30 日)

三、检索规则

1. 布尔逻辑运算

布尔逻辑运算"与""或"和"非"分别用"and""or"和"not"表示。

2. 字段限定检索

字段限定检索表示方法为检索词＋英文状态下的句号(.)＋字段标识符。例如,检索标题字段中出现 endocrinology 的文献记录,则表示为 endocrinology.ti,检索期刊名称中含有 blood 的文献记录,则表示为 blood.jn。

3. 截词检索

截词符"＄"或"＊"代表任何字符串或空格,为无限截词。例如,immun＊可检索到含有 immune、immunity、immunization、immunize 等的记录。通配符"?"代表 0～1 个字符。例如,colo?r 可检索到含有 colour 和 color 的记录。通配符"＃"代表 1 个字符。例如,wom＃n 可检索到含有 woman 和 women 的记录。

4. 位置算符

位置算符 ADJ(adjacency)表示 2 个检索词之间的间隔。ADJn 表示 2 个检索词之间最多允许插入 n～1 个单词。例如,"tongue ADJ3 base"可以检索到含有 tongue base,base of tongue,base of the tongue 等的记录。

四、检索方法

1. 基本检索(Basic Search)

基本检索是数据库默认的检索界面(图 4-2-2)。点击输入框下方的 Limits 按钮,显示完整的基本检索界面(图 4-2-3)。在输入框输入一个完整的主题或问题,点击检索即可。选择检索框下方的"include Related Terms",系统将同时检索所输检索词的同义词、复数以及拼写变体等不同形式来扩大检索范围。选择"include Multimedia"则包含多媒体的检索。"Limits"栏目用于设置检索的限制条件(参见后面关于该项功能的详细介绍)。

2. 引文检索(Find Citation)

引文检索可查找除图书以外的文献,并获取文献全文。输入所需文献的某个或某些文献特征,如文献题名,作者姓,发表的期刊名称、卷、期、页、出版年、出版商、DOI 号等进行检索(图 4-2-4)。

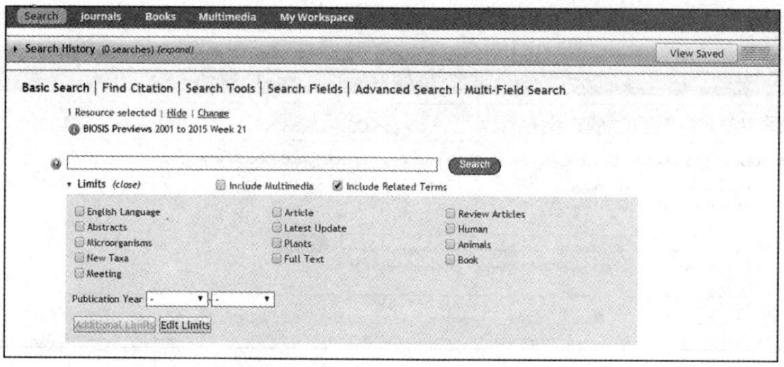

图4-2-3 基本检索页面(选自2015年4月30日)

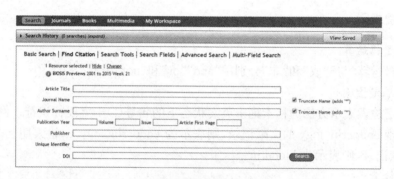

图4-2-4 引文检索页面(选自2015年4月30日)

3. 工具检索(Search Tools)

工具检索是利用主题词表的辅助检索。在主页面点击"Search Tools",进入工具检索页面(图4-2-5),系统提供5个选项。

图4-2-5 工具检索页面(选自2015年4月30日)

(1) Map Term(主题匹配) 输入检索词后即查找主题词表中检索词对应的主题词。例如,在检索框内输入"cancer",Map Term 状态下系统提供 cancer 可能对应的"Subject Heading(主题词)"列表(图4-2-6),在列表中勾选相应主题词。如无合适的词,系统提供将输入的词作为关键词进行检索(cancer.mp. search as Keyword)。可勾选多个主题词,通过"Subject Heading"上方的"Combine selections with"右侧的"OR"进行布尔逻辑"或"的检索,"AND"进行布尔逻辑"与"的检索。

(2) Tree(树状结构) 在输入框输入主题词,检索结果显示主题词的上位词、下位词、记录数,可进行下位词的扩展检索(图4-2-7)。

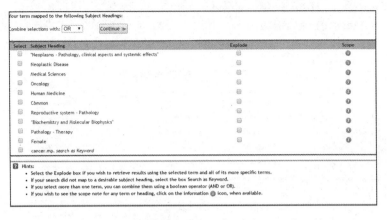

图 4-2-6 "cancer"对应的主题词列表(选自 2015 年 4 月 30 日)

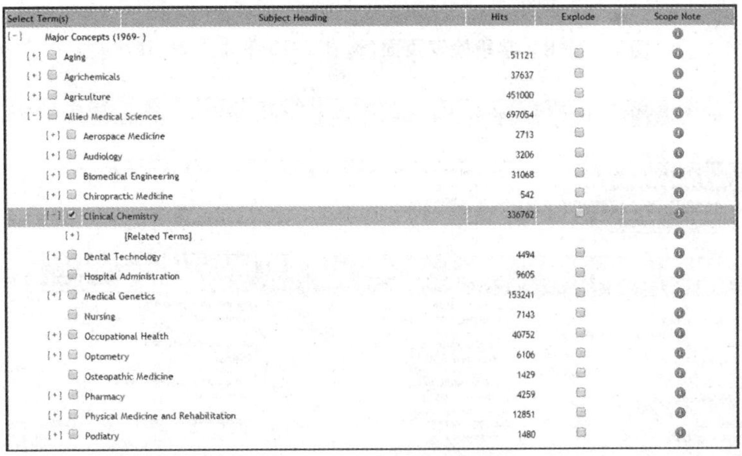

图 4-2-7 "Clinical Chemistry"的树状结构图(选自 2015 年 4 月 30 日)

(3) Permuted Index(轮排索引) 显示轮排索引中包含输入词的主题词。输入的检索词必须是单词,而不能是词组。

(4) Scope Note(范畴注释) 查询主题词的定义、注释、历史变更、适用范围等。

(5) Explode(扩展检索) 对输入的主题词直接进行下位词的扩展检索。

4. 字段检索(Search Fields)

字段检索可根据数据库字段项的内容进行有针对性的检索,可选择一项进行检索,也可以选择多项进行组合检索(图 4-2-8)。输入一个词或短语,选择一个或多个字段,然后点击检索(Search)或显示索引(Display indexes)。浏览索引时,显示检索词及所选择字段的字段代码,并显示数据库中收录的记录数,系统同时提供相关的检索词条目。例如,图 4-2-9 显示输入检索词"evolution",选择"摘要(Abstract)""书名(Book Title)""刊名(Journal Name)"等字段后,点击"检索挑选的索引项(search for selected terms)",获得检索结果。

5. 高级检索(Advanced Search)

高级检索提供 4 种检索途径,分别为关键词途径(Keyword)、著者途径(Author)、题名途径(Title)、刊名途径(Journal)(图 4-2-10)。

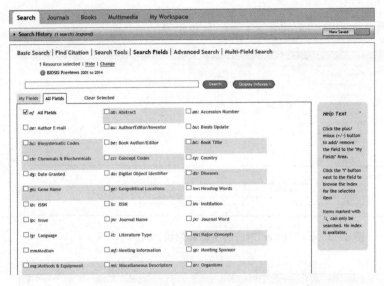

图 4-2-8 字段检索页面(选自 2015 年 4 月 30 日)

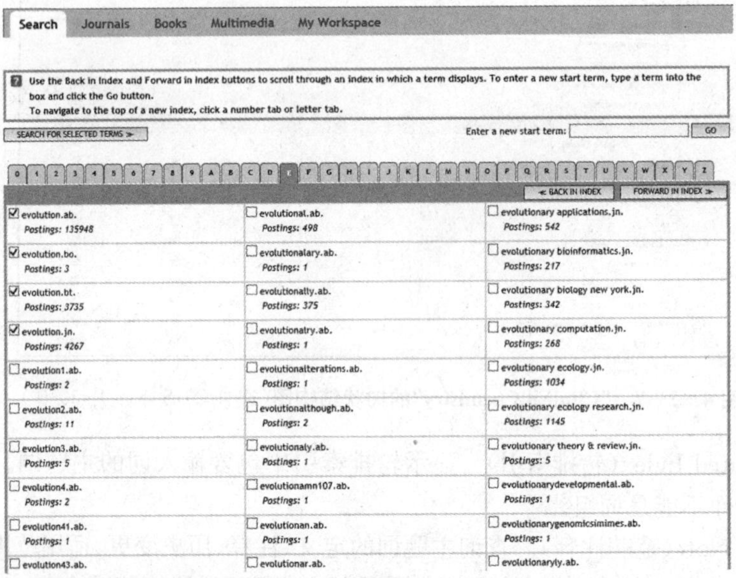

图 4-2-9 检索词"evolution"的浏览索引页(选自 2015 年 4 月 30 日)

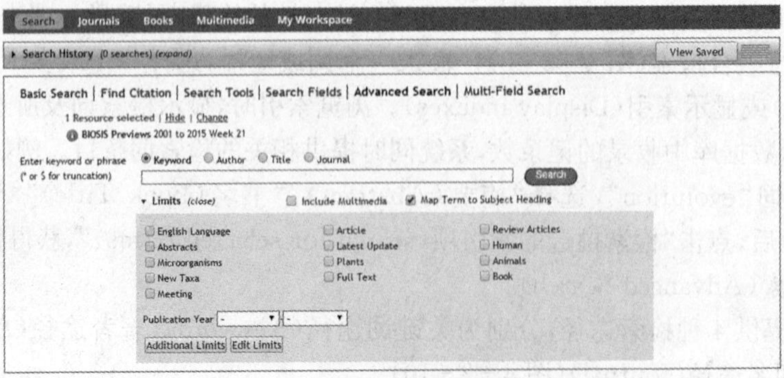

图 4-2-10 高级检索页面(选自 2015 年 4 月 30 日)

(1) 关键词检索　关键词途径的默认字段为题名、文摘、化学物质登记号及主题词等。可输入单个词或短语进行检索,需要时可直接使用布尔逻辑运算符、通配符和截词符进行检索。可指定字段检索,如用"Aspirin. ab"或"Aspirin. ti"表示 Aspirin 出现在摘要或题名中。选择检索框下方的"主题词自动匹配(MapTerm to Subject Heading)",系统会从数据库词表中推荐标准的主题词/术语用于检索。

(2) 著者检索　该途径是通过已知著者查找文献的一个途径。输入著者姓名时,按姓在前、名在后(如已知缩写可用缩写),点击"Search",系统显示著者的轮排索引及检索结果,选中著者后,点击"Search for Selected Terms",显示该著者的文献。

(3) 题名检索　题名检索是检索文献题名中含有检索词的文献。检索词可以是词,也可以是词组。

(4) 刊名检索　刊名检索时,可以输入期刊全称,也可以输入刊名前半部分,但不宜用缩写(除非已知缩写)。输入刊名后,点击"Search",系统显示刊名的轮排索引及检索结果,选中刊名后,点击"Search for Selected Terms",显示该刊收录的文献。

6. 多字段检索(Multi-Field Search)

多字段检索可限定检索词出现的字段,使用布尔逻辑运算"AND""OR""NOT"对多项检索条件进行组合检索。点击"Add New Row"添加更多检索行(图 4-2-11)。

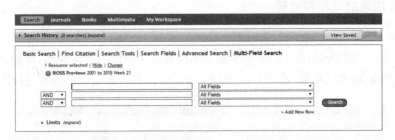

图 4-2-11　多字段检索页面(选自 2015 年 4 月 30 日)

7. Limits 检索

点击检索页面的"Limits"展开限定检索(图 4-2-12),通过"Additional Limits"展开更多限定检索(图 4-2-13)。限定检索可对检索结果进行各种限定。限定项除常规的出版国别、年限、文献语种、综述、文摘、全文、动物及人类等限定外,还有其他特殊的限定功能,如细菌、病毒、器官、系统、疾病、动物类型、植物类型等。

图 4-2-12　展开"Limits"页面(选自 2015 年 4 月 30 日)

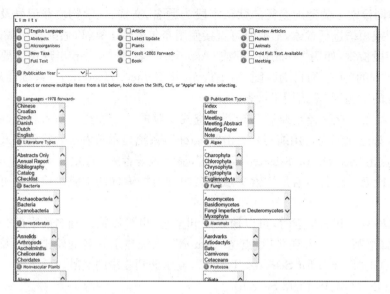

图 4-2-13　展开"Additional Limits"页面(选自 2015 年 4 月 30 日)

五、检索结果的显示和处理

1. 检索史

检索页面最上方的"Search History"下显示本次登录进行过的检索操作,即检索史,包括检索序号、检索策略、检索结果数、检索方式(图 4-2-14)。并可直接组合序号进行检索。

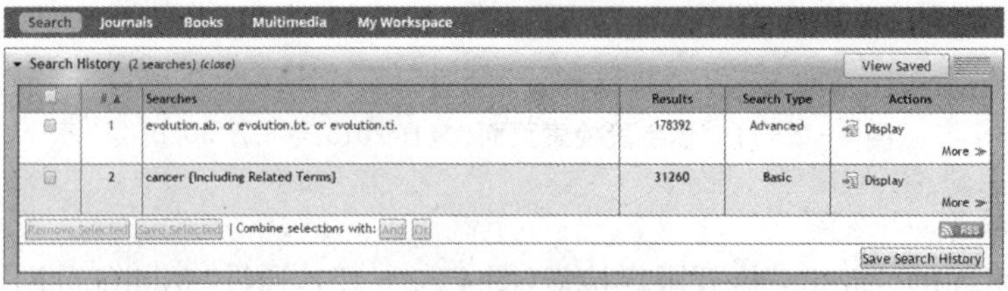

图 4-2-14　显示检索史(选自 2015 年 4 月 30 日)

2. 检索结果的显示

系统默认显示最近一次检索操作的检索结果,若要显示之前的检索结果,点击检索史中对应检索操作后的"Display",显示该次检索的检索结果(图 4-2-14)。

系统默认每页显示 10 条记录,通过下拉列表可更改每页显示的记录条数(如图 4-2-15 所示)。默认显示引文格式(Citation),包括著者、题名、文献出处和数据库记录号。点击"View"后的"Title"或"Abstract",分别显示仅题名格式或文摘格式。点击每条记录右侧的"Complete Reference",可显示该条记录的全字段。有全文提示,如"Full Text"或"Ovid Full Text",点击后可直接链接全文进行打印或下载。"Find Similar"和"Find Citing Articles"链接可实现类似文章和引用该文的文献的检索。"Library Holdings"为馆藏目录链接。"Internet Resources"可链接该文献的网络资源。

3. 检索结果的处理

输出:选择记录,点击"Print"可在本地或网络打印机打印。先按打印格式要求显示记

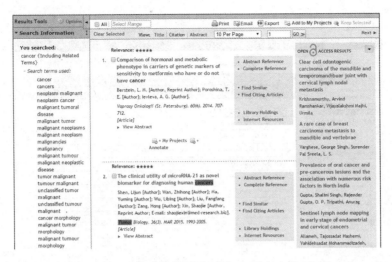

图 4-2-15　检索结果页面（选自 2015 年 4 月 30 日）

录,然后通过浏览器中的打印功能完成打印。选择记录,点击"Email"可将检索结果通过电子邮件发送。选择记录,点击"Export"选择输出的格式,可按特定格式保存结果。对注册用户,点击"Add to My Projects"可添加到"我的课题"。

排序:通过检索结果页面左侧的"Sort By",可对结果进行排序。系统提供按语种、出版物类型、机构、国家、标题、出版年等顺序或倒序进行排序。

分类:检索结果页面左侧的"Filter By"提供对检索结果的分类,可按相关度(Relevancy)、出版年(Year)、主题(Subject)、著者(Author)、期刊(Journal)、图书(Book)、出版类型(Publication Type)等进行分类。点击分类名称,只显示该类目下的文献。

六、Ovid-BIOSIS Previews 数据库的期刊/图书浏览

除检索外,Ovid 平台提供期刊和图书的浏览功能,可帮助检索者找到感兴趣的内容。在主检索页面,点击"Journal"或"Books",即进入期刊或图书的浏览页面。

如图 4-2-16 所示,期刊浏览页面提供按订阅状态浏览(Ovid 所有期刊和机构所订购的全文期刊),按期刊名浏览(期刊名首字母字顺排列)或按学科主题浏览。该页面还提供期刊名检索。点击期刊名称,进入该期刊页面(图 4-2-17),页面左侧提供期刊信息和卷期列表。期刊信息包括出版社名称及链接,关于本刊的基本信息及链接。卷期列表列出该刊可获取的各卷期目录。页面右侧显示最新一期的内容,及 HTML 或 PDF 格式的全文。最上方的检索框,可针对该刊打开的卷期或所有卷期内容进行检索。

如图 4-2-18 所示,图书浏览页面提供多种浏览方式,可按图书名首字母顺序进行浏览,也可按学科主题进行浏览,通过"🔍"按钮还可以进行书内检索。点击"≡"隐藏书籍封面,书籍封面图片不再显示,可以提高页面加载速度。点击书名或封面,即可打开该书(图4-2-19)。页面上方的检索框可检索该书或所有电子书。页面左侧的图书目录页面的功能包括前言(Front of Book)、目录(Table of Contents)、附录(Back of Book)。前言中提供作者与撰稿人的信息、出版信息、前言等。目录提供各卷册、各部分、各章节的全文链接。附录包含了书中关键词的索引、书中包含的图表及其他内容。

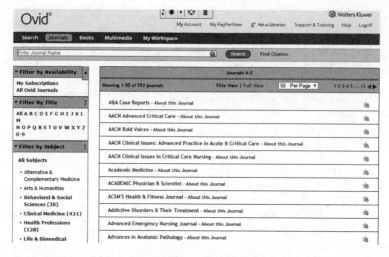

图 4-2-16 期刊浏览页面（选自 2015 年 4 月 30 日）

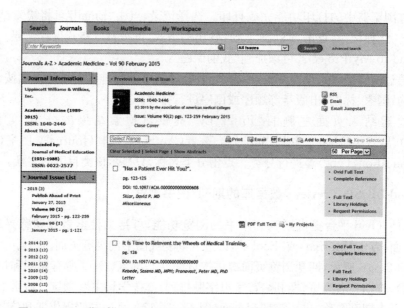

图 4-2-17 期刊"Academic Medicine"浏览页面（选自 2015 年 4 月 30 日）

图 4-2-18 图书浏览页面（选自 2015 年 4 月 30 日）

图 4-2-19　图书"Synthesizing Economic Evidence"浏览页面(选自 2015 年 4 月 30 日)

(蒋 葵)

第三节　EMBASE

一、概述

EMBASE 数据库全称 Excerpta Medica Database,由荷兰爱思唯尔(Elsevier)公司出版,是印刷型检索工具 Excerpta Medica(荷兰《医学文摘》)的电子版,也是最重要的生命科学文献书目型数据库之一。它收录 1974 年至今全球 70 多个国家和地区的 8 000 余种期刊(含 MEDLINE 收录期刊及 2 000 余种 MEDLINE 未收录期刊)、1 000 种不同会议的文献(自 2009 年开始),会议文献收录数量超 30 万篇,以上数据统计至 2014 年 12 月。EMBASE 数据库收录的文献涉及药物研究、药理学、制药学、药剂学、药物副作用、药物相互作用及毒性、临床及实验医学、基础生物医学和生物工程学、卫生政策和管理、药物经济学、公共、职业和环境卫生、污染、药物依赖和滥用、精神病学、传统医学、法医学、兽医学、口腔医学和护理学等学科。其中收录药物方面的文献量较大,约占 40% 左右。

EMBASE 数据库可通过不同的平台访问,国内各单位常用的是 Embase.com 平台、Ovid 平台和 Web of Science 平台。以下以 Ovid 平台为例介绍 EMBASE 数据库的使用,检索首页如图 4-3-1 所示。

二、Ovid-EMBASE 检索方法

本章第二节在介绍 BIOSIS Previews 使用方法的过程中对 Ovid 平台进行了详细全面的介绍,本节关于 Ovid-EMBASE 的介绍将省略与第二节内容相同的部分,包括检索规则、基本检索、引文检索、字段检索、高级检索、多字段检索、Limits 功能和检索结果的显示和处理等。

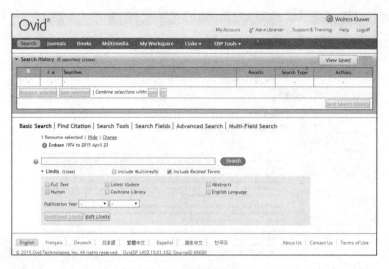

图4-3-1 Ovid平台EMBASE数据库检索首页(选自2015年4月24日)

本节主要讲解 Ovid-EMBASE 的工具检索(Search Tools)。工具检索是利用主题词表的辅助检索。EMBASE 的主题词表不同于 BIOSIS Previews 的主题词表,因此检索选项与 Ovid-BIOSIS Previews 数据库的工具检索选项稍有区别(图4-3-2),系统提供6个选项。

图4-3-2 Ovid-EMBASE 的工具检索页面(选自2015年4月24日)

① Map Term(主题匹配):输入检索词后,即查找主题词表中检索词对应的主题词。

② Thesaurus(主题词表):输入检索词,系统将显示该词所对应的主题词条目,包括 Used for(主题词的同义词)、Broader Terms(上位词)、Narrower Terms(下位词)、Related Terms(相关词)等,同时按字母顺序列出该主题词相邻的主题词信息(图4-3-3)。Hits 列列出该主题词对应的文献数。Explode 和 Focus 选项分别对应于扩展检索和仅限该词检索。勾选主题词左侧的复选框(可多选),通过"Combine selections with"右侧的"OR"进行多个主题词之间的布尔逻辑"或"的检索,通过"AND"进行布尔逻辑"与"的检索。

③ Permuted Index(轮排索引):显示轮排索引中包含输入词的主题词。输入的检索词必须是单词,而不能是词组。

④ Scope Note(范畴注释):查询主题词的定义、注释、历史变更、适用范围等。

⑤ Explode(扩展检索):对输入的主题词直接进行下位词的扩展检索。

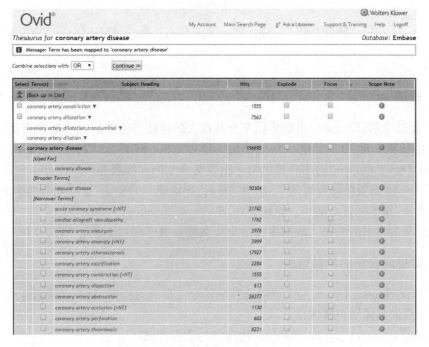

图 4-3-3 "coronary disease"对应的主题词页面(选自 2015 年 4 月 24 日)

⑥ Subheadings(副主题词):副主题词是对主题词的限定或修饰。输入检索词,选择"Subheadings",系统显示与该主题词匹配的副主题词条目,并在副主题右侧括号内显示该副主题词与主题词组配检索的结果数(图 4-3-4)。勾选副主题词左侧的复选框(可多选),通过"Combine selections with"右侧的"OR"进行多个组配间的布尔逻辑"或"的检索,通过"AND"进行布尔逻辑"与"的检索。

图 4-3-4 "fever"对应的副主题词页面(选自 2015 年 4 月 24 日)

(马 路)

第四节　SciVerse Science Direct

一、概述

　　荷兰爱思唯尔(Elsevier)出版集团是全球最大的科技与医学文献出版发行商之一,已有 180 多年的历史。自 1999 年起,Elsevier 公司通过其核心产品 SciVerse Science Direct(原名为 Science Direct Online)向用户提供电子出版物全文的在线服务。SciVerse Science Direct 中提供 Elsevier 出版集团所属的 2 500 多种同行评议期刊的全文,这些期刊大多数都被 SCI 和 EI 所收录,属国际核心期刊。除期刊外,SciVerse Science Direct 还提供 30 000 余种系列丛书、手册及参考书的全文。数据库收录全文文献总量已超过 1 200 万篇。

二、数据库收录的学科范围

　　SciVerse Science Direct 是大型综合性电子全文期刊数据库,目前共覆盖 4 大领域的 29 个学科,涉及的具体学科领域是:

Physical Sciences and Engieering(物理学与工程领域)
　　Chemical Engineering　化工
　　Chemistry　化学
　　Computer Science　计算机科学
　　Earth and Planetary Science　地球与行星科学
　　Energy　能源
　　Engineering　工程
　　Materials Science　材料科学
　　Mathematics　数学
　　Physics and Astronomy　物理与天文学

Life Sciences(生命科学领域)
　　Agricultural and Biological Sciences　农业与生物学
　　Biochemistry,Genetics and Molecular Biology　生化、遗传学和分子生物学
　　Environmental Science　环境科学
　　Immunology and Microbiology　免疫学和微生物学
　　Neuroscience　神经科学

Health Sciences(卫生科学领域)
　　Medicine and Dentistry　内科学与牙科学
　　Nursing and Health Professions　护理与卫生专业
　　Pharmacology, Toxicology and Pharmaceutical Science　药理学、毒理学与药剂学
　　Veterinary Science and Veterinary Medicine　兽医科学与兽医内科学

Social Sciences and Humanities(社会科学和人文学科领域)
　　Arts and Humanities　艺术与人文
　　Business, Management and Accounting　商业、管理与会计学

Decision Sciences　决策科学
Economics，Econometrics and Finance　经济学、计量经济学与财政学
Psychology　心理学
Social Sciences　社会科学

三、检索规则

1. 检索算符

（1）布尔逻辑检索

SciVerse Science Direct 支持布尔逻辑检索，布尔逻辑运算"与""或""非"分别用"AND""OR""AND NOT"来表示，各符号之间无优先级，按输入顺序进行运算（从左到右），可加括号"( )"进行优先运算。

（2）截词检索

截词符"＊"代替单词中的任意个字母，例如，comput＊可以检索到包含 computer, computation, compute 等单词的文章；通配符"？"代替单词中的一个字母，例如，activi？e 可以检索到包含 activise, activize, activite 等单词的文章。

（3）位置检索

系统提供 w/n 和 pre/n 2 种位置算符，"w/n"表示两词之间最多可以插入 n 个词，且词序可变；"pre/n"表示 2 词之间最多可以插入 n 个词，且词序不可变。例如，hypertension w/5 incidence 表示在 hypertension 和 incidence 之间最多可以加入 5 个任意词，可检索出 hypertension incidence, incidence of hypertension, incidence and prevalence of hypertension 等；hypertension pre/5 incidence 可以检索出 hypertension incidence，但不能检索出 incidence of hypertension。

2. 短语检索

短语检索的表示符号有 2 种：""和{ }。""表示宽松短语检索，标点符号、连字符、停用字等会被自动忽略，如"evidence－based"和"evidence based"能检索到相同的结果，"evidence－based"中的"－"会被系统自动忽略。{ }表示精确短语检索，所有符号都将被作为检索词进行严格匹配，如{c＋＋}能检索到包含检索词"c＋＋"的文献记录。

3. 拼写方式

当检索词的英式拼写与美式拼写方式不同时，可使用任何一种形式检索，如 aeroplane 与 airplane，catalog 与 catalogue。

4. 单词单复数

使用名词单数形式检索时，可同时检索到以复数形式表达的文献。

5. 特殊字符

支持希腊字母 $\alpha, \beta, \gamma, \Omega$ 检索（或英文拼写方式）。法语、德语中的重音、变音符号，如 é, è, ä 均可以检索。

四、检索方法

SciVerse Science Direct 提供浏览检索（Browse）、快速检索（Quick Search）、高级检索（Advanced Search）和专家检索（Expert Search）4 种检索方式。

1. 浏览检索

通过数据库首页(图4-4-1)中部的浏览区,可进行出版物的浏览。系统提供2种浏览方式,按学科分类浏览和按刊名/书名的首字母顺序浏览。直接点击学科分类名称,或点击首字母,即进入浏览的结果页面。如图4-4-2所示为点击"Medicine and Dentistry"后,显示的该分类下的出版物,共3 907种。结果显示刊/书名名称、出版物类型、获取类型等信息。点击刊/书名链接,可进入按卷期页浏览期刊或按章节浏览图书的页面(图4-4-3和图4-4-4)。

图4-4-1　SciVerse Science Direct 数据库检索首页(选自2015年2月3日)

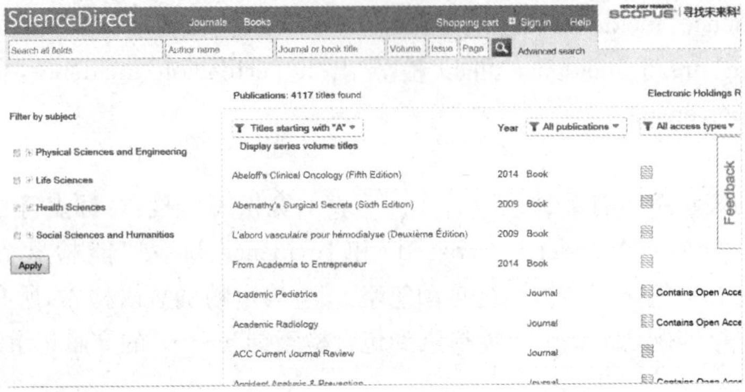

图4-4-2　浏览学科"Medicine and Dentistry"分类下出版物的页面(选自2015年2月3日)

图4-4-3　图书章节浏览页面(选自2015年2月3日)

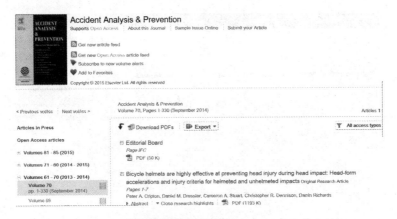

图 4-4-4　期刊卷期浏览页面（选自 2015 年 2 月 3 日）

通过结果页面（图 4-4-2）左侧的"Filter by subject"，可进行学科的多选；通过结果列表上方的"Titles starting with 'A'"下拉列表，可进一步根据刊名/书名首字母进行筛选；通过"All publications"下拉列表，可根据出版物类型进一步筛选；通过"All access types"下拉列表，可根据获取类型进一步筛选。

2. 快速检索

SciVerse Science Direct 数据库很多页面上方都提供快速检索区（图 4-4-1 和图 4-4-2），使用户能方便地进行检索。利用快速检索可以直接输入检索词在所有字段（All fields）中进行查询，也可通过作者（Author name）、刊名/书名（Journal/book title）、卷（Volume）、期（Issue）、页（Page）进行查询。

通过作者进行查询时，输入检索词"David MacDonald"，则能检索到 David MacDonald 所著的文章，也能检索到 David Folsom 和 Kai MacDonald 合著的文章，即 David 和 MacDonald 只要同时出现在作者字段即可。

通过刊名/书名查询时，如在该检索框输入检索词"chemical engineering"，则能检索到"Biochemical Engineering Journal""Chemical Engineering Journal""Colloids and Surfaces A：Physicochemical and Engineering Aspects""Advances in Chemical Engineering"等，检索结果中词序和输入的检索词的词序一致。刊名/书名检索项不支持布尔逻辑运算，但支持截词检索。

当同时在多个检索框内输入多个检索词时，检索词之间默认布尔逻辑"与"的运算关系。

3. 高级检索

点击"Advanced search"进入高级检索页面（图 4-4-5）。高级检索提供期刊（Journals）、图书（Books）、参考书（Reference works）、图表（Images）等资源类型的选择。其中图表检索的范围是 SciVerse Science Direct 所收录文章中的照片、图片、表格和视频等。检索页面会随所选的资源类型而异。

（1）选择检索项

系统提供 2 个检索项之间通过 AND, OR, AND NOT 进行布尔逻辑组合检索，通过"in"右侧的下拉列表选择检索项。系统提供的检索项有所有字段（All Fields）、篇名/摘要/关键词（Title/abstract/keywords）、作者（Authors）、特定作者（Specific Author）、刊名（Journal Name）、篇名（Source Title）、摘要（Abstract）、关键词（Keywords）、参考文献（References）、

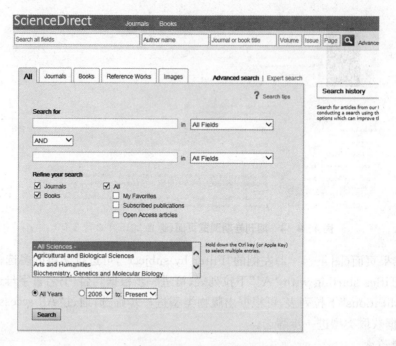

图 4-4-5　高级检索页面(选自 2015 年 2 月 3 日)

国际标准连续出版物编号(ISSN)、国际标准书号(ISBN)、机构(Affiliation)、全文(Full Text)等。作者检索项与快速检索方式中的作者检索项一致。特定作者检索项表示输入的检索词必须出现在一个作者姓名中。

(2) 选择学科范围

通过"All Sciences"下拉列表选择学科,可单选,也可通过"ctrl"键同时选择多个学科。

(3) 限制年限

SciVerse Science Direct 数据库收录的期刊论文有的已经回溯至创刊号,收录的论文最早回溯至 1823 年。用户可根据需要在 1823 年至今的年限内限定。系统默认在所有年份中进行检索。

(4) 限制资源类型

资源类型的限制有 2 种方式,一是通过检索框上方的资源类型标签进行资源的切换,二是通过"Refine your search"下的"Journals"或"Books"选择所要检索的文献类型。"My Favorites""Subscribed publications"和"Open Access articles"3 个选项分别对应于针对注册用户收藏的出版物、订购的出版物和开放获取文章。

4. 专业检索(Expert Search)

点击高级检索页面的"Expert Search"链接,进入专业检索页面(图 4-4-6)。专业检索只提供一个检索输入框。用户需要根据系统的规则构建检索表达式,添加到专业检索页面的检索输入框中。检索表达式的一般格式是:字段名称(检索词)AND/OR/AND NOT 字段名称(检索词)。字段名称可全写,也可用字段代码。可检字段名称、字段中译名、字段代码见表 4-4-1。布尔逻辑运算从左到右顺序进行。其他检索规则参见本节"三、检索规则"部分。例如,检索中国科学院发表的有关干细胞的文章,则检索表达式可写成:Title-abstr-key (stem cells) AND Affiliation (Chinese academy of sciences)。

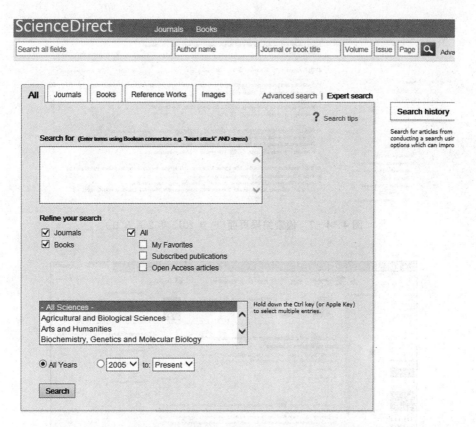

图 4-4-6 专业检索页面（选自 2015 年 2 月 3 日）

表 4-4-1 专业检索页面主要的可检字段名称、字段中译名和字段代码

字段名称	字段代码	字段中译名	字段名称	字段代码	字段中译名
Title-Abstr-Key	tak	题名/摘要/关键词	Keywords	key	关键词
Abstract	abs	摘要	References	ref	参考文献
Authors	aut	作者	Title	ttl	题名
Specific-Author	aus	特定作者	Source title	src	期刊/图书名
Affiliation	aff	作者机构	Vol-Issue	vis	卷、期
Pub-Date	pdt	出版日期	Pages	pag	页

五、检索结果显示及处理

1. 检索结果显示

系统以题录方式返回检索结果列表（图 4-4-7）。点击题录下方的"Abstract"按钮，显示该条记录的文摘信息。点击文献题名，进入文献详细信息页面（图 4-4-8）。文献详细信息页面显示文献的摘要（无全文权限）或全文（有全文权限）。页面左侧提供该篇文献的提纲和文中的图表，页面右侧提供该篇文献所在期的其他文章链接，以及该篇文献相关的文献信息，包括"建议文献（Recommended articles）""引证文献（Citing articles）""相关图书内容（Related book content）"等。

图4-4-7 检索结果页面(选自2015年2月3日)

图4-4-8 文章详细信息页面(选自2015年2月3日)

2. 检索结果的处理

(1) 排序 可选择按时间(Date)或相关度(Relevance)进行排序。

(2) 输出 通过"Export",输出结果方式有2种,一是直接导出(Direct export),二是导出文件(Export file)(图4-4-9)。直接导出可将选中记录直接导入文献管理软件"Mendeley"或"RefWorks"中。导出文件可选择导出格式和导出内容,系统提供"RIS""Bib Tex""Text"等3种格式供选择,导出内容可选择只导出引文,或同时导出引文和摘要。

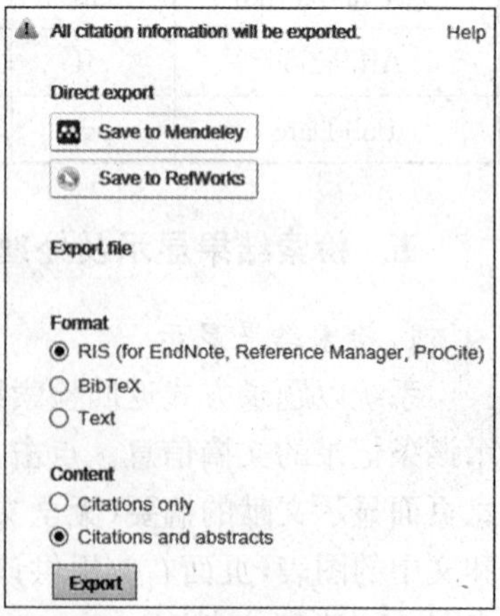

(3) 分类过滤 检索结果页面左侧提供对检索结果的分类过滤(图4-4-7)。系统提供对检索结果按"年份(Year)""出版物名称(Publication title)""主题(Topic)""内容类型(Content type)"的分类及每个类目对应的数目。选择类目,点击"Apply filters"按钮,即可显示该类目下的记录。

(蒋 葵)

图4-4-9 输出方式的选择
(选自2015年2月3日)

第五节 EBSCOhost

一、概述

如本章第一节所述,EBSCOhost 是 EBSCO 公司自主开发的一个检索系统,该系统提供 EBSCO 制作的全文数据库和其他数据库的检索,如商业资源数据库(Business Source Premier,BSP)、教育资源信息中心(Educational Resource Information Center,ERIC)、医学文献数据库(MEDLINE)、报刊资源库(Newspaper Source)、地区商业出版物(Regional Business News)、学术期刊数据库(Academic Source Premier,ASP)、图书馆学、信息科学与技术文摘(Library,Information Science & Technology Abstracts)、环境相关资料库(GreenFILE)以及教师参考资源中心(Teacher Reference Center)等等。内容涉及生物科学、工商经济、资讯科技、通讯传播、工程、教育、艺术、文学、医药学等领域。

学术期刊数据库(ASP)是多学科学术期刊全文数据库。该库几乎覆盖了除商管财经以外所有的学术研究领域,包括社会科学、人文科学、教育学、计算机科学、工程学、物理学、化学、语言学、艺术、文学、医学、种族研究等。提供 4 600 多种期刊全文,其中包括 3 900 多种同行评审期刊的全文,还提供 100 多种期刊回溯至 1975 年或更早期发表的 PDF 格式资料,以及 1 000 多种期刊的可搜索引用参考文献。数据库通过 EBSCOhost 每日更新。

二、检索规则

1. 检索字段中英文名称及字段代码

EBSCOhost 常用的字段名称、字段代码及字段中译名见表 4-5-1。

表 4-5-1　EBSCOhost 常用的字段名称、字段代码及字段中译名

字段名称	字段代码	字段中译名	字段名称	字段代码	字段中译名
All Text	TX	全文	Journal Name	SO	刊名
Author	AU	著者	ISBN	IB	国际标准书号
Title	TI	题名	ISSN	IS	国际标准连续出版物编号
Subject Terms	SU	主题词	Company Entity	CO	公司实体
Abstract or Author-Supplied Abstract	AB	摘要	Accession Number	AN	检索号
Author-Supplied Keywords	KW	关键词	Geographic Terms	GE	地理名词

2. 检索算符

(1) 布尔逻辑检索

EBSCO 数据库用"AND""OR""NOT"来表示布尔逻辑运算"与""或""非",括号()为优先运算。

(2) 截词检索

截词符"*"代替单词中的 0 至多个字符；通配符"?"代替单词中的一个字符。

(3) 位置算符

"A Nn B"表示 A、B 2 词词距不超过 n 个词，位置不限；"A Wn B"表示 A、B 2 词词距不超过 n 个词，前后位置不变。

3. 短语检索

在检索词上加上英文半角双引号代表短语检索，系统将输出与双引号内完全匹配的记录。

三、检索方法

在 EBSCOhost 平台（图 4-5-1）选择 EBSCO 学术检索大全（全学科）平台，进入检索页面（图 4-5-2）。

图 4-5-1　**EBSCOhost 检索系统平台**（选自 2015 年 4 月 30 日）

图 4-5-2　**EBSCO 学术检索大全检索首页**（选自 2015 年 4 月 30 日）

系统默认对所有数据库进行检索。点击首页"选择数据库"链接，可选择单个或多个数据库进行检索（图 4-5-3）。打开数据库名称后的"▤"图标，显示该数据库的介绍信息。各数据库的检索方式不完全相同，下面以学术期刊数据库（ASP）为例介绍 EBSCOhost 的使用方法。在图 4-5-3 中只选择 ASP 前的多选框，点击"确定"按钮，进入 ASP 单库检索（图 4-5-4）。系统提供了基本检索、高级检索、出版物检索、主题词语检索、参考文献检索、图像检索、浏览索引、引文匹配等多种检索方法。

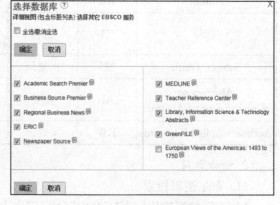

图 4-5-3　EBSCO 数据库选择页面

（选自 2015 年 4 月 30 日）

图 4-5-4　ASP 基本检索(选自 2015 年 4 月 30 日)

1."首选项"个性化设置

点击 ASP 基本检索页面导航条中的"首选项"链接,进行个性化设置(图 4-5-5),包括常规设置(页面显示语言、是否自动完成搜索建议、查询未返回结果时运行智能文本检索)、结果列表显示设置(格式、页面布局、排序依据、是否开启图像快速查看、每页显示的结果数)、记录打印、电子邮件和保存导出设置(记录格式、电子邮件接收人、电子邮件发件人、电子邮件格式、导出设置)。

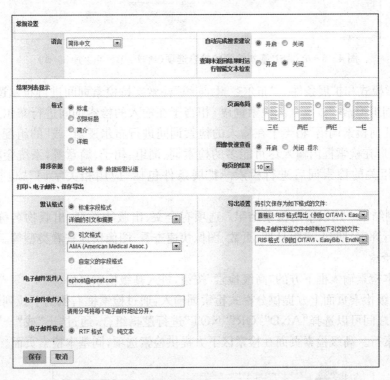

图 4-5-5　首选项页面(选自 2015 年 4 月 30 日)

2. 基本检索

系统默认为基本检索页面(图 4-5-4)。用户只需要在检索框内输入检索词、词组或检索式,即可进行检索。检索式的表示方法为:字段代码+空格+检索词。例如,检索关键词为"hypertension"的文献,则检索表达式为:KW hypertension。对于有布尔逻辑运算符的检索式进行字段限定时,要用括号括起检索式。例如,KW(hypertension OR diabetes)。

检索框下方提供"检索选项"。检索选项中提供"检索模式和扩展条件"的设定,以及对检索结果的限制条件设定(如图 4-5-6)。

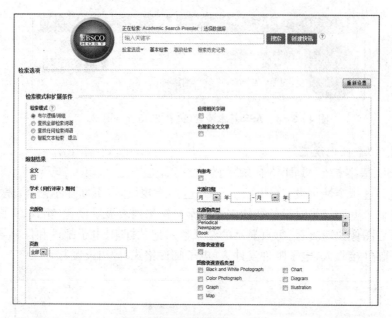

图 4-5-6　ASP 基本检索的检索选项(选自 2015 年 4 月 30 日)

（1）检索模式和扩展条件　"布尔逻辑/词组"检索支持检索词间进行布尔逻辑组配，或者进行精确词组检索；"查找全部检索词语"相当于在输入的检索词间进行布尔逻辑"与"的组配；"查找任何检索词语"相当于在输入的检索词间进行布尔逻辑"或"的组配；"智能文本检索"允许用户在检索框内输入尽可能多的检索词、词组、句子、篇章等，系统会将输入的文本总结成最相关的检索词后进行检索。扩展条件包括"应用相关字词""也搜索全文文章"等。

（2）限制结果　用以精简检索结果，选项有全文、出版物类型、出版物名称、有参考文献、学术(同行评审)期刊、出版日期、页数、图像快速查看、图像快速查看类型等。

3. 高级检索

点击基本检索输入框下方的"高级检索"按钮，进入高级检索页面(图 4-5-7)。与基本检索相比，高级检索页面上方提供分栏式检索词输入，通过检索框右侧的下拉列表可选择检索项，检索项之间可以选择"AND""OR""NOT"进行逻辑组合，通过"＋"或"－"，可以增加或者删除检索行。高级检索页面在检索区下方提供检索选项，同基本检索页面。

图 4-5-7　ASP 高级检索(选自 2015 年 4 月 30 日)

4. 出版物检索

点击 ASP 基本检索页面导航条中的"出版物"按钮，进入出版物检索页面(图 4-5-8)。系统默认按出版物字母顺序从 A～Z 排列，也可在"浏览"下方的检索框内输入出版物名称的关键词进行查找。若要查找某一类出版物，可点击"按主题和说明"选项，在检索框内输入出版物相关主题进行查找。"匹配任意关键字"选项即进行精确检索。查找到所需出版物，点击出版物名称链接，显示出版物的详细信息及数据库收录该出版物的年代列表（图4-5-9）。点击年代和卷期，即可查到该出版物所刊载的文章篇名列表。点击出版物详细信息页面（图4-5-9）上"在此出版物内搜索"，则回到高级检索页面，且在第一个检索框内已自动填入出版物的名称（图4-5-10）。

图4-5-8　出版物检索页面（选自2015年4月30日）

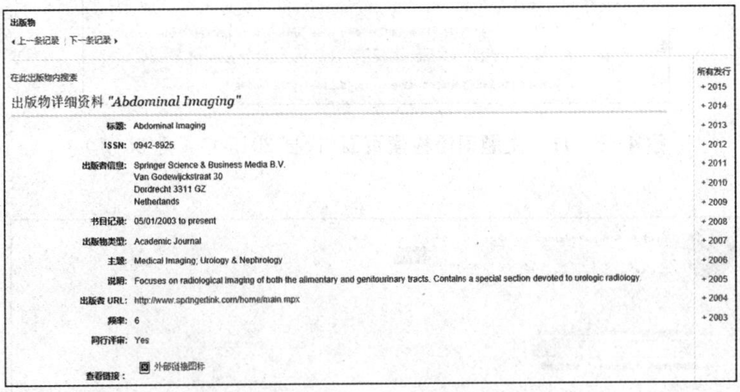

图4-5-9　出版物相关信息及所有发行页面（选自2015年4月30日）

图4-5-10　选中出版物的检索页面（选自2015年4月30日）

5. 主题词语检索

主题词语检索通过 EBSCO 自建的规范化主题词表和著者提供的关键词来检索,帮助用户查找特定主题范围的文献资源。点击 ASP 基本检索页面导航条中的"主题词语"按钮,即进入主题词语检索页面(图 4-5-11)。系统默认按词语字母顺序从 A~Z 排列,通过"上一次""下一个"翻页按钮选择,也可在检索框内输入检索词,点击"浏览",显示词语列表。点击词语链接,显示该词详细信息(图 4-5-12),包括上位词(Broader Terms)、下位词(Narrower Terms)、曾用词(used for)。在所需词前面的"☐"进行勾选,点击"添加时使用"右侧的下拉列表,选择逻辑关系"AND""OR""NOT",系统将其添加到检索框内。若勾选所选词后的"展开(Explode)",则所有下位词之间都会以逻辑"或"的关系增加到检索框中。

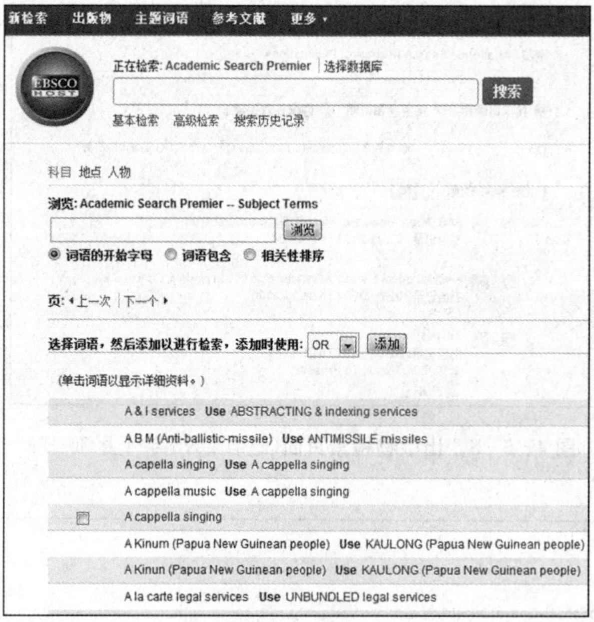

图 4-5-11　主题词语检索页面(选自 2015 年 4 月 30 日)

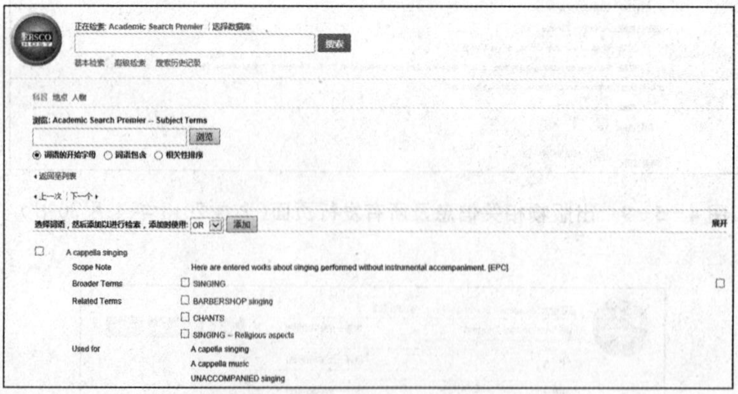

图 4-5-12　词语详细信息页面(选自 2015 年 4 月 30 日)

6. 参考文献检索

作者在撰写文章时通常会参考或引用其他文献,以"参考文献"的形式列在文章最后。点击 ASP 基本检索页面导航条中的"参考文献"链接,进入参考文献检索页面(如图 4-5-13 所示)。系统提供"引文作者(Cited Author)""引文题名(Cited Title)""引文来源(Cited Source)""引文年份(Cited Year)""所有引用字段(All Citation Fields)"等检索项。参考文献检索除了可让用户阅读文章外,还可让用户了解文章被引用的情况。

例如,查找"John David"发表的文章被引用的情况。在"Cited Author"对应的检索框,输入作者姓名"John,David",点击"搜索",获得如图 4-5-14 所示结果。结果中序号前标有复选框"□"表示该文章被其他文章引用。勾选复选框,链接到引用该文章的文章结果页面。

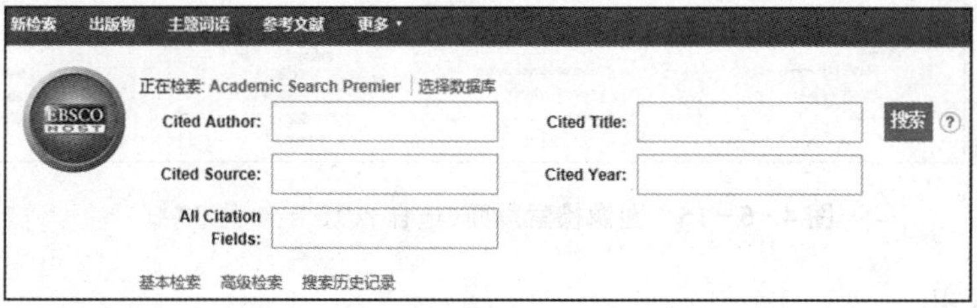

图 4-5-13 参考文献检索页面(选自 2015 年 4 月 30 日)

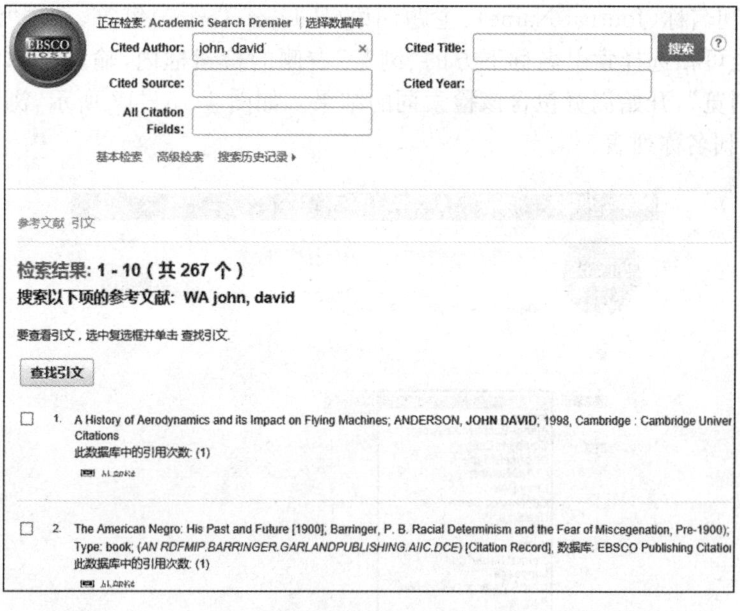

图 4-5-14 参考文献检索结果页面(选自 2015 年 4 月 30 日)

7. 图像检索

图像数据库中的图片是由 Archive Photos、Canadian Press 及 MapQuest 提供。点击"更多"下拉列表的"图像"链接,进入图像检索页面(图 4-5-15),提供检索词输入框和检索选项。图像检索结果的限制主要是对图像类型(Image Type)的限制,如人物(Photo of people)、自然科学(Naturalscience photos)、风景(Photos of places)、历史图片(Historical photos)、地图(Maps)、旗帜(Flags)等,以及黑白图(Black and White Photograph)、彩图

(Color Photograph)、曲线图(Graph)、地图(Map)、统计图(Chart)、示意图(Diagram)、插图(Illustration)等的限制。

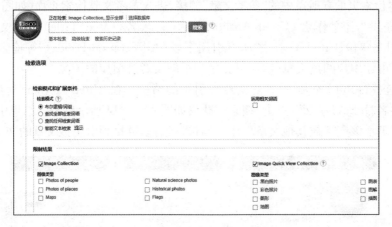

图 4-5-15　图像检索页面(选自 2015 年 4 月 30 日)

8. 浏览索引

EBSCO 数据库自建索引。点击"更多"下拉列表的"索引"链接,进入浏览索引页面(图 4-5-16)。在"浏览索引"右侧下拉列表中,选择要检索的索引名称,如著者(Author)、期刊名称(Journal Name)、主题词语(Subject Terms)等等,点击"浏览",即开始直接浏览。也可在选择索引名称下方的"浏览"右侧的检索框内,输入已选索引名称的检索词,点击"浏览",开始浏览包含该检索词的结果。如图 4-5-17 所示,浏览刊名中包含"nature"的期刊名称列表。

图 4-5-16　浏览索引页面(选自 2015 年 4 月 30 日)

9. 引文匹配检索

引文匹配检索一般是针对特定论文的检索。点击"更多"下拉列表中的"Citation Matcher",进入引文匹配检索页面(图 4-5-18),在对应的检索框输入相应的检索词即可。检索框内支持通配符和截词符,但不支持布尔逻辑运算符,检索条件之间默认布尔逻辑"与"的组配,点击"搜索"获得检索结果。

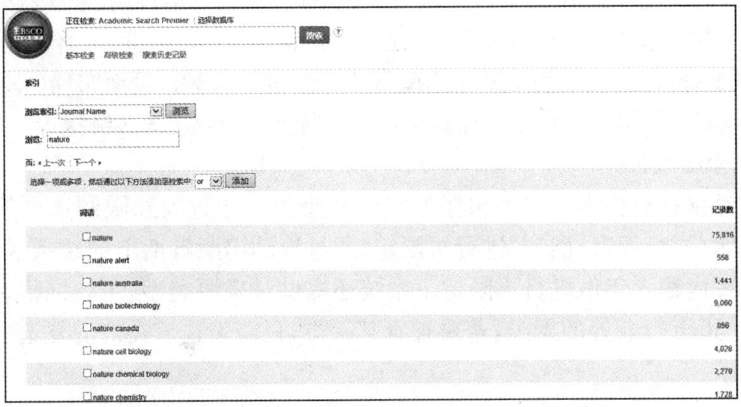

图4-5-17 浏览刊名中包含"nature"的期刊列表(选自2015年4月30日)

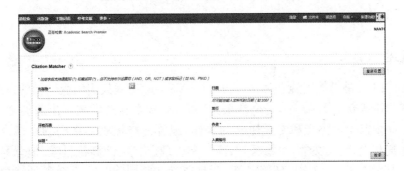

图4-5-18 引文匹配检索页面(选自2015年4月30日)

四、检索结果显示及处理

检索结果页面分2个部分:结果显示区、精炼检索结果区(图4-5-19)。

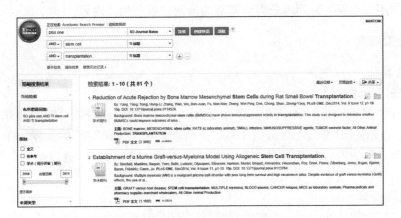

图4-5-19 检索结果页面(选自2015年4月30日)

1. 结果显示区

结果显示区显示如下信息:① 检索结果数;② 每条记录的相关信息,通过篇名右侧的预览图标"🔍",可查看文章的文摘信息,对于有全文权限的记录,记录下方提供"PDF 全文"链接供全文下载;③ 对结果进行排序的选择,系统提供按最近日期、最早日期、来源、作者、相关性等 5 种排序选择;④ 页面选项提供对结果格式的选择(标准、仅限标题、简介、详细),图像快速查看(开启、关闭)的选择,每页显示的结果数选择(5,10,20,30,40,50),页面布局(一栏、两栏、三栏)的选择等;⑤ 共享按钮可选择记录添加到文件夹,创建快讯,使用永久链接等。

2. 精炼检索结果区

精炼检索结果是对检索结果的再限制检索和聚类。通过勾选限制选项下的"全文""有参考文献""学术(同行评审)期刊"进行再限定,通过拖动出版日期下的拉条或者直接在出版日期起始年的框内输入年份进行再限定。系统还提供对来源类型、主题词语、主题、出版物、公司、国家、NAICS/行业等的聚类,若要查看某一类,只需勾选该类前的复选框即可。

(蒋 葵)

第六节 Springer Link

一、概述

Springer Link 是由德国施普林格(Springer-Verlag)出版集团出版发行的在线学术资源平台。施普林格成立于 1842 年,是全球最大的科学、技术和医学图书出版商之一。通过与世界各地 300 余家学术协会和专业协会的合作,施普林格提供一系列的在线产品和服务。资源涵盖建筑和设计、天文学、生物医学、商业和管理、化学、计算机科学、地球科学和地理、经济、教育和语言、能源、工程、环境科学、食品科学和营养、法律、生命科学、材料、数学、医学、哲学、物理、心理、公共卫生、社会科学、统计学等学科领域。Springer Link 提供超过 1 900 种同行评议的学术期刊,以及不断扩展的图书产品,包括专著、教科书、手册、地图集、参考工具书、丛书等,此外还提供实验室指南、在线回溯数据库以及更多内容。2010 年,Springer Link 第四代界面推出,第四代界面以大量的用户使用研究为基础,全面提升用户界面和功能,使用户在更短时间内获得更精准的检索结果和相关内容。

二、检索规则

1. 检索算符

(1) 布尔逻辑检索

系统采用"AND"或者"&"代表布尔逻辑"与","OR"或者"|"代表布尔逻辑"或","NOT"代表布尔逻辑"非",不区分大小写。空格默认布尔逻辑"与"的运算。在一个表达式中,布尔逻辑运算的先后顺序为:NOT 优先,OR 其次,AND 最后,通过括号()可改变运算顺序。

(2) 截词检索

通配符"?"代替单词中的一个字符,截词符"*"代替单词中的 0 至多个字符。

(3) 位置检索

系统提供"NEAR"和"ONEAR"2 种位置算符。"NEAR"表示 2 个检索词之间最多可以插入 10 个词,位置不限,"NEAR/n(n<10)",表示 2 个检索词之间最多可以插入 n 个词,位

置不限;"ONEAR"表示2个检索词紧挨着,位置不可变。

2. 词根检索

检索时系统会自动进行词根检索,即在检索框内输入检索词时,能同时检索到以所输入词的词根为基础的派生词。例如,输入检索词"controlling",系统会同时检索"control""controlled""controller"等。

3. 短语检索

在Springer Link中短语检索的表示方法是在检索词上加上英文半角状态下的双引号。短语检索时,系统仍然会对检索词进行自动词根检索。

三、检索方法

Springer Link提供浏览检索、简单检索、高级检索等3种检索方式。

1. 浏览检索

Springer Link首页(图4-6-1)左侧提供2种方式浏览数据库资源:学科和资源类型。点击某个学科名称,即进入到该学科的新页面(图4-6-2)。在首页左侧学科导航的下方,系统提供4种类型资源的浏览,分别是期刊文章(Article)、图书章节(Chapters)、参考工具书条目(Reference Work Entries)、实验室指南(Protocols)。首页检索框右下方也提供了资源类型的浏览,点击"journals""books""series""protocols""reference works"名称,即分别进入期刊、图书、丛书、实验指南和参考工具书的浏览页面。图4-6-3和图4-6-4所示分别为点击"journal"和"books"浏览的期刊列表和图书列表。

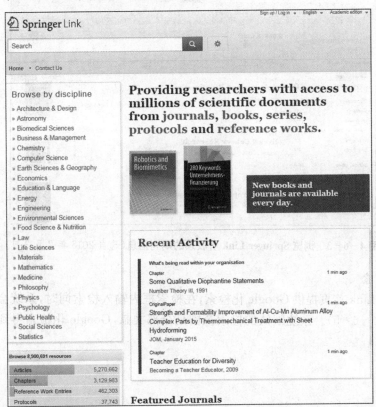

图4-6-1 Springer Link首页(选自2015年2月3日)

图 4-6-2　浏览"Medicine"分类下的文献（选自 2015 年 2 月 3 日）

图 4-6-3　浏览 Springer Link 所收录的期刊信息（选自 2015 年 2 月 3 日）

2. 简单检索

Springer Link 首页提供 Google 化检索，在检索框内输入检索词时，系统会自动建议相关检索词（图 4-6-5）。系统默认的检索范围是全部文献，Google 化检索得到一个较模糊的检索结果。

图 4-6-4　浏览 Springer Link 所收录的图书信息(选自 2015 年 2 月 3 日)

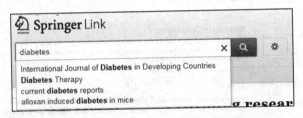

图 4-6-5　简单检索检索词的自动建议(选自 2015 年 2 月 3 日)

3. 高级检索

点击首页检索框右侧的" ✿ "齿轮状按钮,打开"检索选项(Open search options)",选择"Advanced search"进入高级检索页面(图 4-6-6)。"with all of the words" "with the exact phrase" "with at least one of the words" "without the words"分别表示逻辑 AND、精确短语、OR 和 NOT,控制检索框中多个检索词之间的逻辑关系。在这 4 个逻辑关系对应的检索框中输入的检索词是在数据库所有字段进行检索。另外,高级检索提供了文献题名和作者姓名的检索词输入框。页面下方的"Include Preview-Only content"表示用户可以限定在该机构的访问权限内检索。

图 4-6-6　高级检索页面
(选自 2015 年 2 月 3 日)

四、检索结果显示及处理

1. 检索结果的显示

在检索结果页面(图4-6-7),右下方显示检索结果列表,默认情况下显示所有的检索结果。取消"Include Preview-Only content"复选框内的勾选,将只显示权限范围内的检索结果。对于每条具体的检索结果记录,系统提供以下信息:① 内容类型;② 内容标题;③ 内容描述;④ 所列内容的作者;⑤ 在何处以何种产品形式出版;⑥ 下载PDF格式全文(有权限),预览(Look Inside)或提供获取方式链接(Get Access)(无权限)。

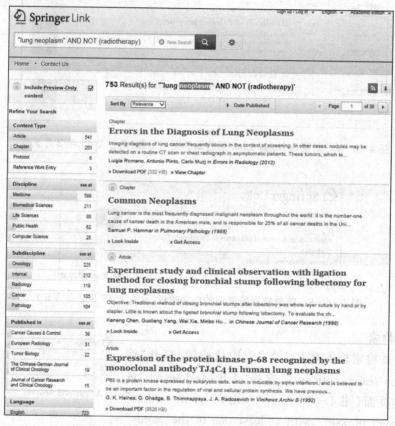

图4-6-7 检索结果页面(选自2015年2月3日)

点击检索结果列表中单篇文献的题名链接,进入该篇文献的页面(图4-6-8)。系统提供如下信息:① 文摘信息;② 内容预览(Look Inside);③ 被引文献链接(Citations);④ 导出文献(Export citation)选择,系统提供 ProCite(RIS)、Reference Manager(RIS)、Ref Works(RIS)、BookEnds(RIS)、EndNote(RIS)、PubMed(TXT)、Text only(TXT)、BibTeX(BIB)等8种导出格式供选择;⑤ 分享(Share),可将该篇文献分享到 Facebook、Twitter 或者 LinkedIn 上;⑥ 相关内容(Related Content),系统提供相关文章链接;⑦ 补充材料(Supplementary Material),如果该篇文献有补充材料,系统会以列表形式在下方显示;⑧ 参考文献(Reference),列出该篇文章的参考文献列表,通过参考文献后的"CrossRef"链接,大部分的参考文献可以链接到原始出处;⑨ 有关此文章(About this Article),此处列出该篇文章详细的题录信息,文章涉及的主题和关键词,系统为主题提供链接,链接指向一个相关主题的检索结果列表。

图4-6-8 单篇文献显示页面(选自2015年2月3日)

2. 检索结果的处理

（1）排序方式的选择　系统提供按相关度（Relevance）、按时间顺序由新到旧（Newest First）、按时间顺序由旧到新（Oldest First）等3种排序方式，通过检索结果上方"Sort by"右侧的下拉列表进行选择。

（2）出版年的限定　系统还提供对检索结果进行出版年限的定位，通过检索结果上方的"Data Published"输入年份即可。在"Page"后输入页码跳转到任何页面。点击页码右上方的箭头，可以下载CSV（Comma Separated Value，逗号分隔值文本文件）格式的文件。

（3）检索结果的精炼　检索结果页面左侧是对检索结果的聚类选项，可帮助进行检索结果的优化。聚类选项包括内容类型、学科、子学科、出版物、语言等。点击类目名称，显示该类目下的结果。

（蒋　葵）

第七节　Wiley Online Library

一、概述

John Wiley & Sons Inc公司于1807年创立于美国，是全球历史最悠久、最知名的学术出版商之一，享有世界第一大独立的学协会出版商和第三大学术期刊出版商的地位。自1901年以来，John Wiley & Sons Inc公司已为来自文学、经济学、生理学、医学、物理、化学与和平奖等各类别的450多名诺贝尔奖获奖者出版了他们的著作。

Wiley Online Library是John Wiley & Sons Inc公司于2010年8月正式发布的新一代在线资源平台，取代之前已经使用多年并获得极大成功与美誉的"Wiley InterScience"。Wiley Online Library覆盖了生命科学、健康科学、自然科学、社会与人文科学等全面的学科领域，出版物涵盖了2 000余种期刊，16 000多种在线图书、丛书、参考工具书，18种实验室指南和16个数据库（以上数据统计至2015年1月30日）。Wiley Online Library对付费用户开放。

二、检索规则

1. 自动词根检索

当在Wiley Online Library的检索框内输入检索词时，为避免用户输入检索词的多个变体，系统会自动执行词根检索功能。

（1）基本的词根检索　在检索框内输入检索词，系统会同时检索该检索词的不同语态。如输入检索词"clear"，系统会同时检索"clears""cleared""clearing""clearer""clearest"等词。

（2）英美拼写方式的变异　当检索词的英式拼写与美式拼写不同时，可使用任意一种形式检索。如输入检索词"tumor"，系统会同时检索"tumors""tumour""tumours"等词。

（3）非常规的复数形式　如输入检索词"mouse"，系统会同时检索"mice"。

（4）常见的不规则动词　如输入检索词"run"，系统会同时检索"ran""runs""running"等词。

2. 短语检索

系统支持短语检索,短语检索的表示符号为英文半角状态下的双引号。

3. 检索算符

(1) 截词检索

系统支持截词检索,截词符"*"代替单词中的任意个字母。截词符可置于词首、词中或词尾。通配符"?"代替单词中的一个字母。

(2) 布尔逻辑检索

系统支持布尔逻辑检索,布尔逻辑运算"与""或""非"分别用"AND""OR""NOT"来表示。布尔逻辑运算的优先级为 NOT 优先,AND 其次,OR 最后。检索表达式中布尔逻辑运算的先后次序可通过括号改变,括号代表优先运算。

三、检索方法

Wiley Online Library 提供浏览检索、简单检索、高级检索等 3 种检索方法。

1. 浏览检索

(1) 按学科分类浏览　平台首页中部提供 Wiley Online Library 所收录学科的一级分类(图 4-7-1),滑动鼠标到一级类目,系统会自动展开二级类目,如图 4-7-2 所示为展开"Medicine(医学)"的二级类目。点击二级类目名称,即进入该类目页面。如图 4-7-3 显示"Basic Medical Sciences(基础医学)"分类页面。通过该页面中部的"View all products in Basic Medical Sciences"展开基础医学分类下的所有资源(图 4-7-4)。

Wiley Online Library 一级学科目录是按学科名称的英文首字顺排列的,具体中文含义如下:"农业、水产业和食品科学""建筑与设计""艺术与应用艺术""商业、经济、金融和会计""化学""计算机科学和信息技术""地球、太空和环境科学""人文科学""法律与犯罪学""生命科学""数学与统计""医学""护理、口腔科学和卫生保健""物理学与工程""心理学""社会与行为科学""兽医学"。

图 4-7-1　Wiley Online Library 首页(选自 2015 年 4 月 30 日)

图 4-7-2 展开"Medicine"的二级类目页面(选自 2015 年 4 月 30 日)

图 4-7-3 "Basic Medical Sciences"分类首页(选自 2015 年 4 月 30 日)

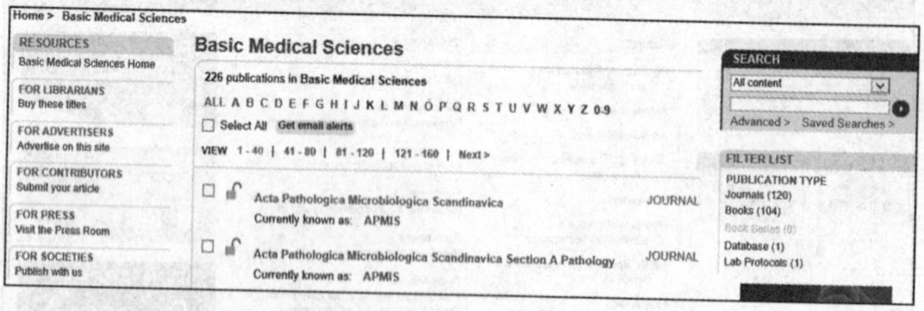

图 4-7-4 浏览"Basic Medical Sciences"分类下所有资源的页面(选自 2015 年 4 月 30 日)

(2) 按出版物名称或按出版物类别浏览 点击首页工具栏中的"Publications",即进入按字母顺序或数字顺序浏览出版物的页面(图 4-7-5)。页面右侧"Filter list"下方列出出版物的类型及各类型对应的出版物数目,可以按类浏览出版物。截止到 2015 年 4 月 30 日,系统共收录期刊 2 346 种、图书 16 800 册、丛书 44 种、数据库 16 个、实验指南 18 个。另外点击首页"Publications A-Z"下的字母或数字,则直接浏览以该字母或数字为首的出版物列表。

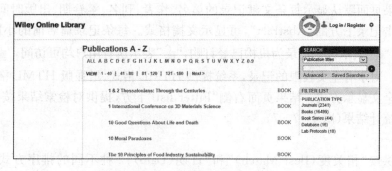

图 4-7-5　按字母或数字顺序浏览出版物的页面(选自 2015 年 4 月 30 日)

2. 简单检索

Wiley Online Library 首页"Search"下的检索框即简单检索框,可输入检索词或检索式进行检索。系统默认在所有内容(All content)中进行检索,也可选择出版物名称(Publication titles)字段进行检索。

3. 高级检索

点击首页检索框下方的"Advanced search",即进入高级检索页面(图 4-7-6)。

(1) 选择检索途径　页面检索框右侧的"All Fields"下拉列表提供检索途径的选择。系统提供的检索途径包括"所有字段(All Fields)""出版物名称(Publication Titles)""文章/章节标题(Article Titles)""作者(Author)""全文(FullText)""文摘(Abstract)""作者单位(Author Affiliation)""关键词(Keywords)""赞助机构(Funding Agency)""ISBN""ISSN""Article DOI""参考文献(References)"等。

(2) 布尔逻辑检索　通过检索框左侧的布尔逻辑运算"AND""OR""NOT",进行多个检索行之间的布尔逻辑组合检索。

(3) 限定时间　在"specify data range"下,选择时间范围或输入年份区间限定文献发表的时间。

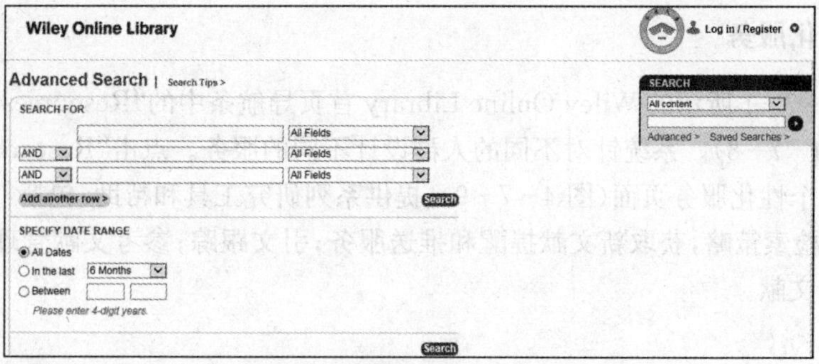

图 4-7-6　Wiley Online Library 高级检索页面(选自 2015 年 4 月 30 日)

四、检索结果显示及处理

1. 浏览

检索结果页面默认显示每条文献记录的篇名、作者、刊名、年卷期、出版时间、DOI 等题录信息。点击记录下方的"Abstract",可显示文摘格式。每条记录篇名前的小图标区分可访问的内容,"🔒"表示该条记录为机构已经订购,"🆓"表示所有用户均可访问,"🔓"表示为开放获取内容。对于有全文权限的记录,系统提供 HTML 格式、增强版 HTML 格式、PDF 格式等不同的全文显示方式。结果页面右侧"Filter list"下方,提供对检索结果按出版物类型进行的分类统计结果(图 4-7-7)。

2. 排序

系统提供按"相关度(Best Match)"和"日期(Date)"2 种不同的排序方式,供检索者选择。

3. 输出

选择记录,通过"Export Citation"可选择将记录以引文格式(citation)或引文+摘要格式(citation & abstract)输出,可保存为普通文本(Plain Text)或以参考文献管理软件,如 EndNote、Reference Manager、RefWorks、ProCite、BibTex 等格式保存。

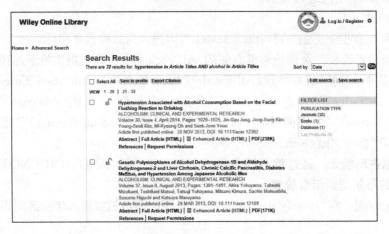

图 4-7-7 检索结果页面(选自 2015 年 4 月 30 日)

五、个性化服务

点击图 4-7-1 所示的 Wiley Online Library 首页导航条中的"Resources",进入个性化服务页面(图 4-7-8)。系统针对不同的人群设计不同的服务。点击"Researchers",进入面向科研人员的个性化服务页面(图 4-7-9),提供系列研究工具和帮助,包括:注册建立"My Profile",收藏检索策略,获取新文献提醒和推送服务;引文跟踪;参考文献管理;查看正式出版前的电子版文献。

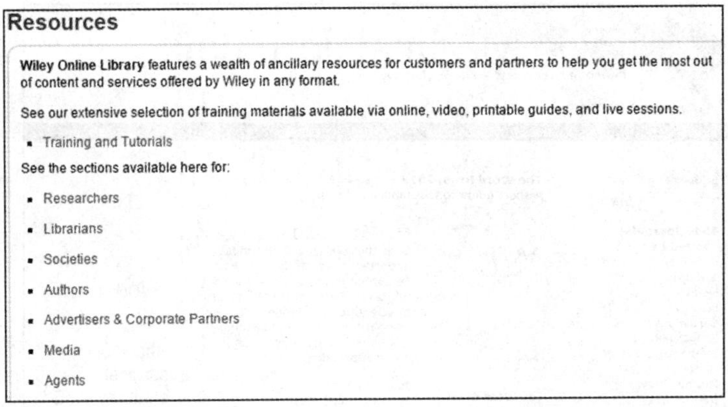

图 4-7-8　**Resources** 首页(选自 2015 年 4 月 30 日)

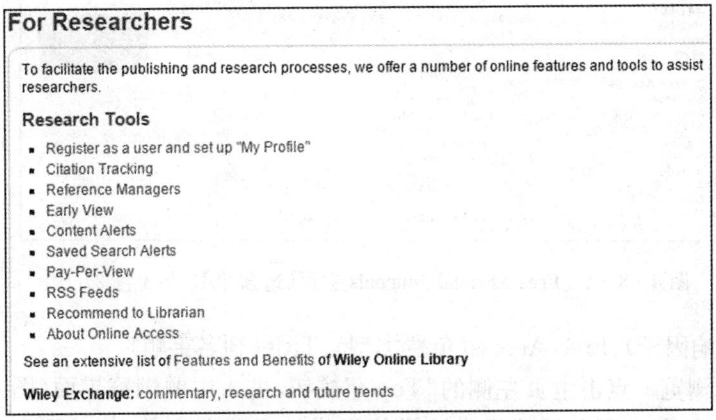

图 4-7-9　面向科研人员的个性化服务页面(选自 2015 年 4 月 30 日)

(叶春峰)

第八节　免费医学信息资源

一、Free Medical Journals

1. 概述

Free Medical Journals(简称 FMJ) 由 Bernd Sebastian Kamps 创办,截止到 2015 年 4 月底,共收录 4 500 多种医学期刊和 360 多种医学教科书的免费全文链接。这些期刊和书籍不仅是英文的,还包括法语、西班牙语等 14 种语言。本网站的日常更新由葡萄牙波尔图大学的 Manuel Montenegro 和 Amedeo literature service 的主管 Bernd Sebastian Kamps 负责。网站的目标是在若干年内实现重要医学期刊的开放获取。网址:http://www.freemedicaljournals.com。图 4-8-1 为 Free Medical Journals 主页。

2. 免费期刊

如图 4-8-1 FMJ 主页左侧所示,网站提供了 4 种浏览期刊的方式:Topic(主题)、FMJ

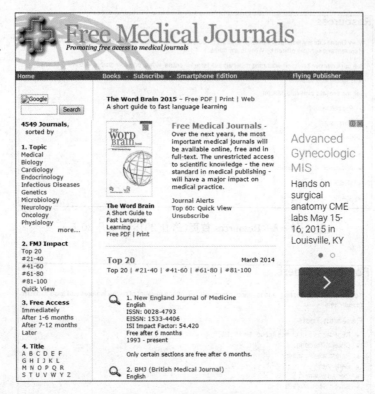

图 4-8-1　Free Medical Journals 主页（选自 2015 年 4 月 27 日）

Impact(FMJ 影响因子)、Free Access(免费类型)、Title(刊名字顺)。

（1）按主题浏览　点击主页左侧的"Topic"按钮，进入主题浏览界面（图 4-8-2）。主题按字顺排列。每个主题名词后提供该类能提供的免费期刊数，如 AIDS(6/14)，含义为 FMJ 收录 14 个与 AIDS 相关的免费期刊链接，其中 6 个期刊有 ISI 影响因子。点击某一主题名词，打开属于该类的免费期刊列表。点击刊名进入，可获得该刊免费全文的相关站点。

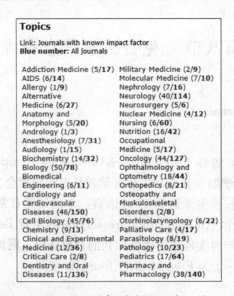

图 4-8-2　Topic 列表（选自 2015 年 4 月 27 日）

(2) 按 FMJ Impact 浏览

FMJ 按影响因子大小对收录的期刊进行排序。图 4-8-3 为影响因子排名前四的期刊名称。这里的影响因子是 FMJ 影响因子,而非大家平时所说的 ISI 影响因子。

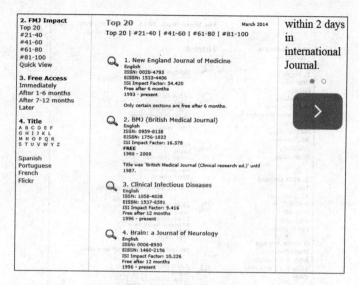

图 4-8-3　FMJ 影响因子前四位期刊(选自 2015 年 4 月 27 日)

(3) 按免费类型浏览　该网站将所有期刊按不同的免费类型分类。免费类型包括 Immediately(全免费)、after 1~6 months(出版 1~6 个月后免费)、after 7~12 months(出版 7~12 个月后免费)、Later。如点击 Immediately,即显示所有免费期刊列表(图 4-8-4)。点击刊名进入,可获得该刊免费全文的相关站点。

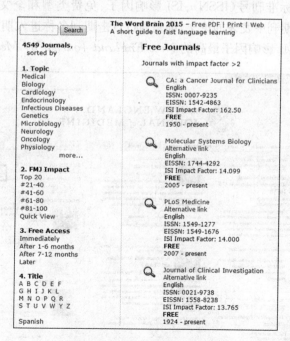

图 4-8-4　FMJ 全免费期刊列表(部分)(选自 2015 年 4 月 27 日)

(4) 按语种和刊名字顺浏览 该网站首先将所有免费期刊按语种分类(见主页左侧的"Title"栏目),英文期刊刊名按 A～Z 顺序排列。点击某一字母,即进入以该字母为首字母的期刊名称列表(图 4-8-5)。点击刊名进入,可获得该刊免费全文的相关站点。

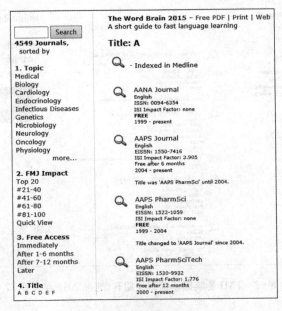

图 4-8-5 以 A 为首字母的刊名列表(选自 2015 年 4 月 27 日)

(5) 检索结果浏览

上述 4 种浏览期刊的方法虽然各不相同,但它们最终的结果都是期刊列表。表中包含期刊名称、语种、国际标准刊号(ISSN)、ISI 影响因子、免费类型和全文提供起始年份等信息。若要想获得某种期刊中发表的论文,都是通过点击期刊名称进入期刊网站,查找期刊全文。图 4-8-6 是 FMJ 影响因子最高的 *New England Journal of Medicine* 的首页。

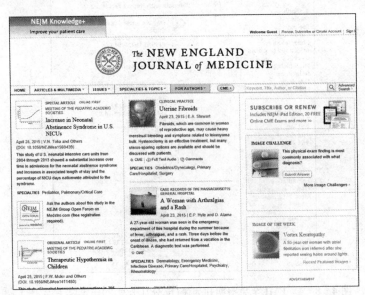

图 4-8-6 *New England Journal of Medicine* 首页(选自 2015 年 4 月 27 日)

3. 免费教科书

点击主页上方的"Books"按钮,就进入"Free Books 4 Doctors"界面(图 4-8-7)。这些免费医学书又称"FreeBooks4Doctors",意即由 4 位医生发起捐赠。该网站的目标是在若干年后实现重要医学教科书的开放获取,推进医学进步和科学知识共享。

用户可根据主题、FB4D 影响因子、语种及书名字顺、出版年和星级(按质量分为 3 星、2 星和 1 星)在线阅读和下载所需教科书(PDF 格式)。

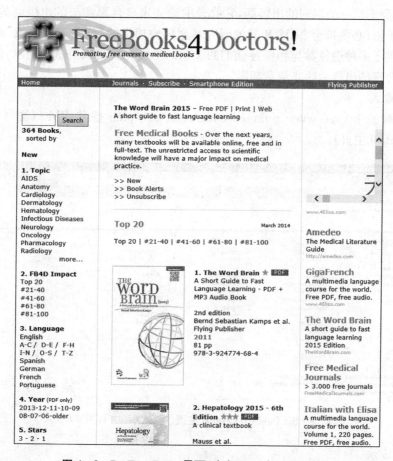

图 4-8-7　Free Books 界面(选自 2015 年 4 月 27 日)

二、美国国立医学图书馆的 PubMed Central

1. PubMed Central(PMC)介绍

(1) 概述

PMC 是由美国国立卫生研究院(National Institutes of Health,NIH)下属的美国国立医学图书馆(NLM)建立的生物医学和生命科学类期刊的免费全文数据库,在全球范围内实现开放获取。该库创建于 2000 年 1 月,由 NLM 附属的国立生物技术信息中心(NCBI)负责开发和维护。基于 NLM 合法的授权,PMC 搜集和保存生物医学全文,成为 NLM 丰富的印刷版期刊的配套服务。

(2) 免费获取是 PMC 的核心原则

作为一种保存方式,即使技术会更新、现有电子文献格式可能会被淘汰,PMC 会提供永久的服务。NLM 相信只有通过电子资源的连续性和处于使用状态,才能确保它们的可用性和价值,所以免费获取成为 PMC 的核心原则。但免费获取不等于没有版权保护,出版者和作者仍然拥有 PMC 文献的版权,使用者也必须遵守版权的相关规定。

(3) PMC 收录期刊论文的方法

PMC 本身不是一个期刊的出版商,它收录的论文来自自愿参与的出版商的提供,还有作者提供的手稿,必须符合 NIH 和其他研究基金机构规定的"公共获取政策"规定。PMC 为出版商提供了多种途径参与和保存他们的文献。尽管免费获取是基本要求,但出版者可以设定一个合理的出版后的非免费期限。

2. 登录方式

可通过网址 http://www.pubmedcentral.nih.gov/pmc 登陆 PMC(图 4-8-8 为 PubMed Central 主页)。

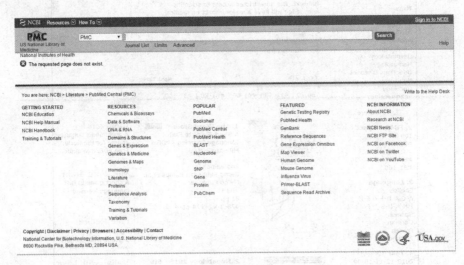

图 4-8-8　PubMed Central 主页(选自 2015 年 4 月 27 日)

3. 检索方法

PMC 与 PubMed 都是由 NCBI 开发和维护的,并处于同一个平台中,故检索页面具有相同的风格,检索功能也类似。PMC 提供了基本检索、高级检索和期刊导航共 3 种检索方式。

(1) 基本检索

基本检索区域位于 PMC 首页的上端(图 4-8-9),包括数据库选择下拉列表和检索式输入框,还有 Search、Limits、Journal List、Advanced 等按钮。

图 4-8-9　PMC 基本检索(选自 2015 年 4 月 27 日)

① 数据库选择下拉列表中显示为"PMC",表明当前检索是在 PMC 数据库中进行。点击该下拉列表,可以切换到 NIH 平台的其他数据库。

② 检索式输入框的使用方法参见本章第一节 PubMed 基本检索的介绍。
③ 点击"Journal List"和"Advanced"按钮，即分别进入期刊导航和高级检索界面。
④ 在 Limits 界面上，可以进行一些特殊条件的设置，从而使检索策略更加精准。Limits 界面包括的功能如图 4-8-10。

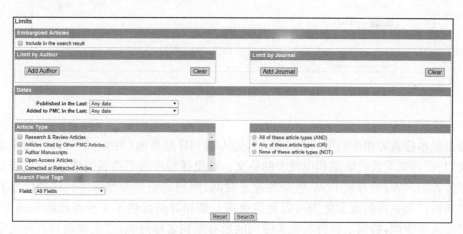

图 4-8-10　PMC 基本检索 Limits 界面(选自 2015 年 4 月 27 日)

◆ Embargoed Articles：是指那些暂时不可以，但在将来某个确切的时间点以后可以免费获取的论文。在"Include in the search result"前的多选框内打√，即表明检索结果不仅要包含已经免费的论文，而且要包含将来会免费的论文，这类论文的记录中会明确给出免费的具体时间点。

◆ 作者姓名检索：点击 Add Author 按钮一次，添加作者姓名输入框一行，可添加多个作者。可设置作者间的关系，选择"All these authors"，表明输入的多个作者姓名必须同时被论文的作者字段包含，即检索他们合作撰写的论文；选择"Any of these"表明论文的作者字段至少包含一个所输入作者的姓名，即检索他们分别写的论文和合作撰写的论文。

◆ 期刊名称检索：点击 Add Journal 按钮一次，添加期刊名称输入框一行，可添加多个期刊。目的是检索特定期刊发表的论文。

◆ 时间范围的设置：该栏目提供了"论文出版发表时间"和"论文被 PMC 收录的时间"两个选项。具体时间范围选项包括 30 天、60 天、90 天、180 天、1 年、2 年、3 年、5 年、10 年等，还可以让用户根据自身需求，设置特殊时间范围。

◆ 文献类型设置：可供选择的类型有 Research & Review Articles(研究性论文和综述论文)、Articles Cited by Other PMC Articles(被其他 PMC 论文引用的论文)、Author Manuscripts(作者手稿)、Open Access Articles(可免费获取的论文)、Corrected or Retracted Articles(修改或撤回的论文)、Digitized Back Issues(过刊中数字化的论文)、Articles with Supplementary Material(带附件材料的论文)。

◆ 检索字段的选择：Field 下拉列表提供可选择的检索字段，默认是所有字段"All Fields"。

(2) 高级检索
点击基本检索界面中的"Advanced"，进入高级检索界面(图 4-8-11)。该界面的使用方法参见 PubMed 高级检索。

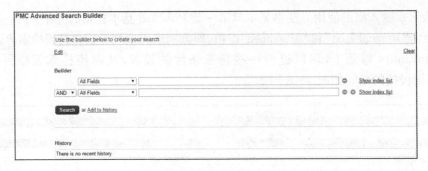

图 4-8-11　PMC 高级检索(选自 2015 年 4 月 27 日)

(3) 期刊导航

点击基本检索界面中的"Journal List",进入期刊导航界面(图 4-8-12)。检索思路是先查找期刊,再浏览或检索期刊中发表的论文。这里详细给出了期刊的信息,不仅有期刊的 ISSN 号、曾用名等,更有被 PMC 收录的起止时间、期刊的免费类型等等。这些信息有助于用户判断自己要查找的论文是否可以免费获得。期刊导航提供了 2 种查找期刊的方式:一是通过输入关键词,检索出包含有该关键词的所有期刊名称列表;二是按期刊名称的字顺排序浏览期刊列表。

Search this Journal	ISSN	Title	Volumes in PMC Latest	Volumes in PMC First	Free Access	Participation Level
	1550-7416	The AAPS Journal (v.1;1999)	v.17(2) Mar 2015	v.6 2004	12 months or less	Full
	1530-9932	AAPS PharmSciTech	v.16(2) Apr 2015	v.1 2000	12 months or less	Full
	1948-7193	ACS Chemical Neuroscience	v.5(8) Aug 20, 2014	v.1 2010		No longer participating (Full)
	1948-5875	ACS Medicinal Chemistry Letters	v.6(4) Apr 9, 2015	v.1 2010	12 months or less	Full
	1672-9145	Acta Biochimica et Biophysica Sinica	v.46(4) Apr 2014	v.41 2009	12 months	NIH Portfolio
	2052-5192	Acta Crystallographica Section B, Structural Science, Crystal Engineering and Materials	v.71(Pt 2) Apr 1, 2015	v.69 2013	12 months	NIH Portfolio
	0907-4449	Acta Crystallographica Section D: Biological Crystallography	v.71(Pt 3) Mar 1, 2015	v.55 1999	12 months	NIH Portfolio
	2056-9890	Acta Crystallographica Section E: Crystallographic Communications (v.64;2008)	v.71(Pt 3) Mar 1, 2015	v.71 2015	Immediate	Full
	2053-2733	Acta Crystallographica. Section A, Foundations and Advances	v.71(Pt 2) Mar 1, 2015	v.70 2014	12 months	NIH Portfolio
	2053-2296	Acta Crystallographica. Section C, Structural Chemistry	v.71(Pt 1) Jan 1, 2015	v.70 2014	12 months	NIH Portfolio
	2053-230X	Acta Crystallographica. Section F, Structural Biology Communications (v.61;2005)	v.71(Pt 3) Mar 1, 2015	v.70 2014	24 months or less	Full
	0001-5547	Acta Cytologica	v.55(6) Dec 2011	v.55 2011		No longer participating (NIHP)

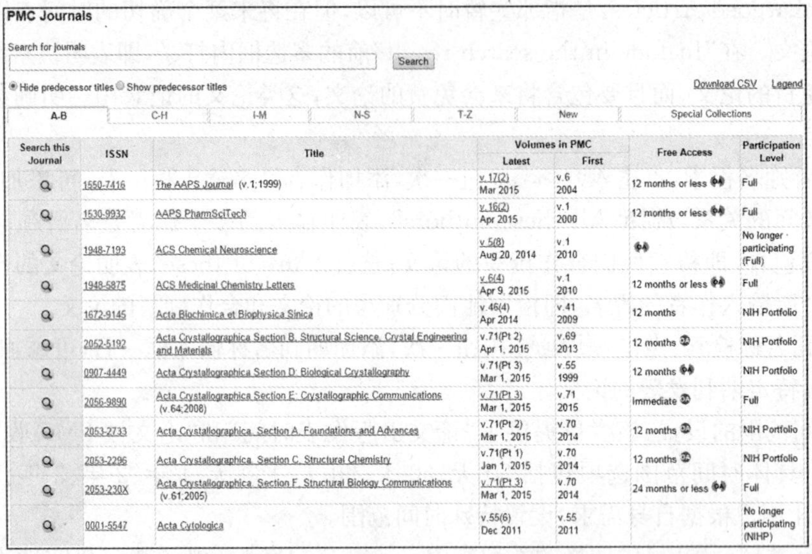

图 4-8-12　PMC 期刊导航首页(选自 2015 年 4 月 27 日)

① 输入关键词查找期刊:如在期刊导航首页上端的检索框输入 chemistry,点击"search",获得如图 4-8-13 所示的结果。每个期刊名称中均含有 chemistry。

② 按刊名字顺浏览期刊:如图 4-8-12 所示,期刊导航首页的大部分版面就是按刊名字顺浏览期刊的区域,默认显示的是刊名首字母 A-B 的期刊列表,其他还有刊名首字母为 C-H、I-M、N-S、T-Z。"New"栏目下显示的是最近 60 天被 PMC 收录的期刊。

③ 期刊列表区信息:图 4-8-12 和图 4-8-13 中都有期刊列表区,包括期刊的 ISSN(国际标准刊号)、刊名、在 PMC 中最早和最近的卷期、免费类型和期刊参与免费的论文范围。

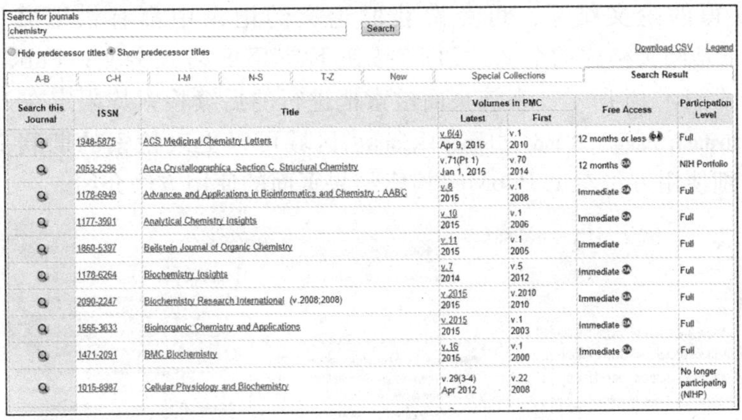

图 4-8-13 含有关键词的期刊名称列表（选自 2015 年 4 月 27 日）

◆ 刊名显示："○Hide predecessor titles ●Show predecessor titles"提供了是否显示期刊曾用名的选择。系统默认是不显示期刊曾用名。

◆ Volumes in PMC："First"栏目下是期刊被 PMC 收录的最早一期。"Latest"栏目下是浏览当时期刊当前被 PMC 收录的最后一期。

◆ Free Access：不同的期刊有不同的免费类型。系统提供的免费类型有 Immediate（全免费）、6 months、12 months or less、12 months、24 months or less、24 months 等。带有"OA"标记的是开放获取期刊。

◆ Participation Level：该栏目显示的是每一种期刊参与免费的论文范围。其中，"Full"表示某刊中的所有论文均按免费类型提供；"NIH Portfolio"表示某刊中至少受 NIH 资助的论文按免费类型提供，不覆盖该刊的所有论文；"No longer published"表示某刊已停刊，但 PMC 已收录的该刊论文将继续按免费类型提供；"No longer participating"表示某刊今后不再按免费类型提供论文，但 PMC 已收录的该刊论文将继续按免费类型提供。

④ 查找论文：无论是点击列表中某种期刊的刊名链接，还是点击该刊 ISSN 号前的"🔍"图标，均可检索到 PMC 收录的该刊发表的所有论文。如图 4-8-14 所示，是点击刊

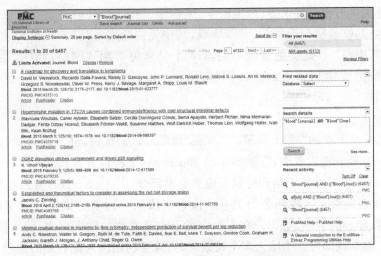

图 4-8-14 PMC 收录的 Blood 期刊论文（选自 2015 年 4 月 27 日）

名"Blood"所获得的论文结果。可免费获取论文的记录中都有供下载的全文链接："Article"按钮下是网页格式的全文;"PDF"按钮下是 PDF 格式全文;"PubReader"按钮下全文格式如图 4-8-15 所示。在该页面检索框进行的后续检索均限定在 Blood 期刊中,但" Limits Activated: Journal: Blood Change | Remove "区域可以更改检索的期刊范围。该结果显示页面的详细使用方法参见 PubMed 检索结果页面的使用方法介绍。

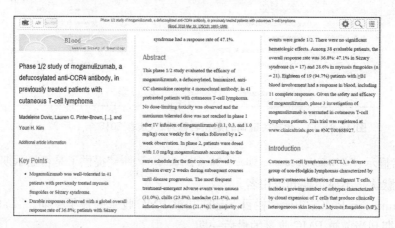

图 4-8-15　PMC"PubReader"全文格式(选自 2015 年 4 月 27 日)

三、HighWire Press

1. 概述

HighWire Press 是一个世界领先的电子出版物平台,是全球最大的在线免费全文提供者。1995 年,斯坦福大学图书馆通过推出 *Journal of Biological Chemistry*(JBC)的 Online 版,创建了 HighWire。不久,*Science*、*Journal of Neuroscience* 和 *Proceedings of the National Academy of Sciences*(PNAS)加入 HighWire,成为如今 Online 期刊的开拓者。HighWire Press 的合作伙伴有独立的学术出版者、社团、协会和大学出版社等,为他们提供强大的数字化技术解决方案。截至 2015 年 3 月 25 日,该平台拥有 3 546 种出版物,包括期刊、图书、参考工具书和会议录等,覆盖医学、生物学、物理学、社会科学等领域,尤其侧重生命科学与医学;共收录期刊论文 7 659 003 篇,其中免费全文 2 434 604 篇。平台拥有 1 856 个期刊网站,其中,31 个提供免费试用期,124 个是全免费期刊网站,287 个为过刊免费网站,1 414 个是付费期刊站点。通过网址:http://highwire.stanford.edu 登录 HighWire Press 主页(图 4-8-16)。

2. 检索方法

点击网站首页下端的"Search HighWire-hosted journals now!"按钮,进入如图 4-8-17 所示的 HighWire Press 期刊检索界面,提供 Search 和 Browse 2 种检索方式。

(1) Search　该界面位于期刊检索页面的上半部分(图 4-8-17),分为左右两部分。

① 左侧供选择检索字段和逻辑关系。检索字段从上到下分别是任意字段、题名或摘要、题名、作者、年、卷(Vol)、页码。在每个字段下方或右侧的输入框内,输入符合字段要求的一个或多个检索词即可。当输入多个检索词时,需要利用输入框右侧的选项,确定它们之间的逻辑关系。"any"是"OR"逻辑关系;"all"是"AND"逻辑关系;"phrase"是精确短语,相

图 4-8-16　HighWire Press 首页上半部分（选自 2015 年 4 月 27 日）

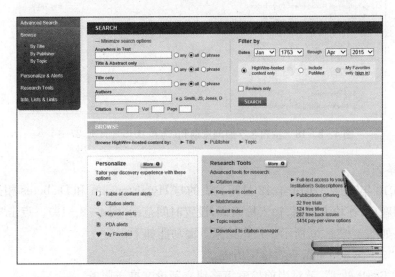

图 4-8-17　HighWire Press 期刊检索（选自 2015 年 4 月 27 日）

当于强制符双引号。

② 页面右侧提供了如下功能：时间范围设置，最早始于 1753 年；期刊范围设置：属于 HighWire 的期刊、包括 PubMed 收录的期刊、我喜爱的期刊（需注册开通此项功能）。在 Reviews only 的多选框打勾，限定只检索综述性论文。

（2）Browse　平台按 3 种方式浏览期刊：Title（刊名字顺）、Publisher（出版者）和 Topic（主题）。

① 按刊名字顺浏览期刊：点击检索界面左侧工具栏中的"Title"按钮，进入按刊名字顺浏览期刊的界面（图 4-8-18），点击某个期刊名称，即可进入该期刊的站点。

② 按出版者或主题浏览期刊与按刊名字顺浏览相似，结果都是期刊列表，最后通过点击期刊名称进入期刊网站，查找需要的全文，并结合列表中提供的期刊免费方式，判断所需论文是否属于免费范畴。

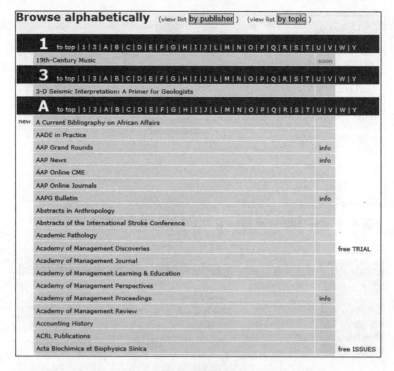

图 4-8-18　按刊名字顺浏览期刊（选自 2015 年 4 月 27 日）

3. 检索举例

"检索 2010 年 1 月—2014 年 12 月间发表的与 Hypertension 和 Diabetes 相关的免费全文"。分析课题后，在检索界面，输入检索词，设置时间范围（图 4-8-19）。点击"SEARCH"按钮，检索结果如图 4-8-20 所示。检索结果页面功能如下：

◆ 点击"SEARCH HISTORY"，查看检索历史。

◆ 点击"Create Alert"，针对当前检索策略建立新论文推送服务。

◆ 可以设置记录显示的格式（默认为 standard）、每页显示的记录数（默认 10 条）、记录排序方式（默认为相关度 best match）。

◆ 标准格式的记录包括论文题名、作者、年、卷、期、页码等信息。若为免费论文，则在记录左侧有醒目的"this article is free"标记，并在记录右侧提供 PDF 格式和网页格式 2 种格式全文的下载。

图 4-8-19　HighWire Press "Search"功能（选自 2015 年 4 月 27 日）

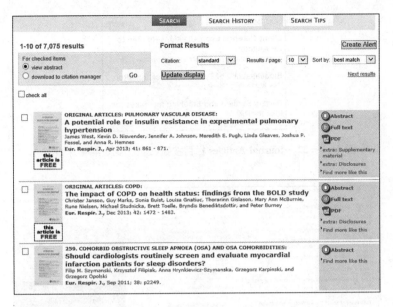

图 4-8-20 HighWire Press 检索结果（选自 2015 年 4 月 27 日）

四、Medscape

1. 概述

Medscape（医景）由美国 Medscape 公司 1994 年创建，1995 年 6 月投入使用。目前 Medscape 是 Web 上功能最强大的免费提供继续医学教育资源（CME）和临床与保健医学全文文献的网站。提供专业化的医学信息，包括综述、期刊评论、专家栏目、病人教育、重要医学会议报道、在线医学教育项目以及 Internet 上的一次医学文献等。Medscape 对会员提供免费服务，用户必须先注册成为其会员。网址为：http://www.medscape.com（图 4-8-21）。

图 4-8-21 Medscape 主页（选自 2015 年 4 月 28 日）

2. 免费期刊论文

点击主页导航条中的"News & Perspective"按钮，在所显示页面的右下方找到"Journal Articles"栏目（图 4-8-22），点击"More"按钮，进入期刊论文资源界面（图 4-8-23）。

在图 4-8-23 中，点击右上方的"**View 200+ Journals Available on Medscape**"按钮，进入

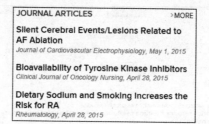

图 4-8-22 Journal Articles 栏目按钮（选自 2015 年 4 月 28 日）

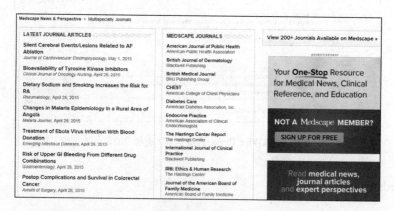

图 4-8-23 Medscape 期刊论文资源（选自 2015 年 4 月 28 日）

Medscape 200 多种期刊的浏览界面（图 4-8-24）。所有期刊按字顺排列，并可点击期刊名称链接，查看期刊发表的所有论文。

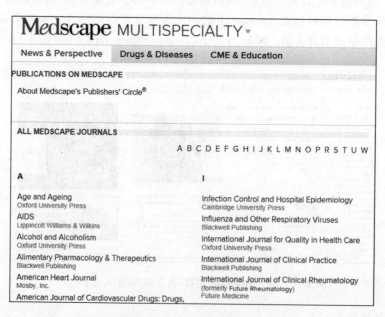

图 4-8-24 Medscape 期刊导航（选自 2015 年 4 月 28 日）

(蒋 葵)

第九节 外文印刷型检索工具概述

一、美国《医学索引》

美国《医学索引》(Index Medicus,简称 IM),是由美国国立医学图书馆(National Library of Medicine,NLM)编辑出版的一部国际上具有较大影响的题录型医学文献检索工具。IM 创刊于 1879 年,其刊名、出版机构、出版周期、编排结构几经变更,于 1960 年恢复原刊名并定型为 Index Medicus,且将此后出版的 IM 定为新版,重新编排卷号,延续至今。目前,IM 为月刊,每年出版一卷。

IM 所收录的文献主要为发表在期刊上的论文,其他还包括编辑部社论、通讯、综述、有实际意义的人物传记及讣告、国家性和国际性学术会议的会议录等,以题录形式报道。对非生物医学期刊,只选录其中与生物医学有关的文献。近年来,随着 Medline 网络检索的普及,IM 的使用越来越少,并于 2004 年停刊,但其曾经作为重要医学文献检索工具的影响力仍然存在。

二、荷兰《医学文摘》

荷兰《医学文摘》(Excerpta Medica,简称 EM)创刊于 1947 年,是用英文出版的综合性医学书目型检索刊物,覆盖学科包括药物研究、药理学、制药学、药剂学、不良反应与相互作用、毒理学、人体医学(临床与实验)、基础生物医学、生物工艺学、生物医学工程、医疗设备、卫生政策与管理、药物经济学、公共与职业卫生、环境卫生与污染控制、物质依赖与滥用、精神病学与心理学、替代与补充医学、法医学等。EM 收录全世界 110 个国家和地区的 4 000 多种期刊,年报道文献量 40 万篇。

EM 先后出版 54 个分册,各分册有不同的卷、期,但都按照统一的版式编排并具有相同的索引系统。EM 各分册每期的编排结构依次包括以下几部分:分类目次(Contents)、文摘正文(Abstract Section)、主题索引(Subject Index)和著者索引(Author Index)。

EM 各分册均提供分类、主题和著者 3 种检索途径。期索引与卷索引相同。EM 在每卷的最后一期,除了该期的分类目次及文摘部分外,均有该卷的累积分类目次、累积主题索引和累积著者索引。

三、美国《生物学文摘》和《生物学文摘/报告、述评、会议录》

《生物学文摘》(Biological Abstracts,简称 BA)由美国生物科学情报服务社(Biosciences information service,简称 BIOSIS)编辑出版,创刊于 1926 年。此刊是由 *Abstracts of Bacteriology*(《细菌学文摘》,1917—1925 年)和 *Botanical Abstracts*(《植物学文摘》,1918—1926 年),于 1926 年合并而成。

BA 是世界上生命科学领域的大型文摘型检索工具,主要报道生物学、农学、医学的基础理论,生物学研究的新技术、新方法、实验结果及有关生物学、农学和医学的情报理论和技术等有关文献。BA 收录了世界上 110 多个国家和地区以 20 多种文字出版的近 7 000 种期刊及相关出版物,年报道文献量近 40 万条。与 IM、EM 相比,BA 报道的生物医学内容侧重于基础理论方面的研究。

BA自创刊以来,其出版周期、文摘格式、索引种类有所变化。1960年起为半月刊,年出2卷,每卷12期。自1998年105卷起改为年出1卷,每卷24期。

BA主要由文摘和索引2个部分组成,其中文摘部分由主要概念标题等级表和文摘正文组成。

• 主要概念标题等级表:该表将BA所收录的文献全部按其内容进行分类编排,提供给读者从分类查找文献的一个途径,相当于BA的目次表。自1998年第105卷起,主要概念标题等级表分为77个大类,每个大类下按词之间的学科隶属关系分成若干等级(最多四级),列出168个标题等级类目,其中与生物医学相关的概念词约有124个。该表由各级类目和该类目文摘所在的起始页码组成,页码前冠以"AB"2个字母表示文摘。

• 文摘正文:是BA每期报道的主要内容,由类目名称、参照系统、文摘号和文摘组成。

• 索引:BA除提供分类途径检索文献外,还附有著者、生物分类、属类、主题4种辅助索引,提供相应的检索途径。自1998年第105卷起,生物分类索引与属类索引合并改为生物体索引。累积索引改为上半年累积索引,包含1~12期的全部内容;下半年再出版一次卷(全年)累积索引,包含全年1~24期的全部内容。累积索引由著者索引、生物体索引、主题索引组成。

《生物学文摘/报告、述评、会议录》(Biological Abstracts/Reports Reviews Meetings,简称BA/RRM)是BA的姐妹刊,其前身是《生物研究题录》(Bioresearch Titles)和《生物研究索引》(Bioresearch Index),1980年改为现名,1994年改为月刊,年出1卷。BA/RRM主要收录BA未收录的文献,补充了BA的不足。该刊主要收录世界各国生命科学和生物学的文献、综述、专利、科技报告、新书、会议录等,属题录型检索工具。

四、美国《化学文摘》

美国《化学文摘》(Chemical Abstracts,CA)由美国化学会(The American Chemical Society,ACS)下属的化学文摘服务社(Chemical Abstracts Service,CAS)编辑出版,是世界三大化学文摘中最负盛名的一个。CA创刊于1907年,比《苏联化学文摘》早出版46年,比《日本科学技术文献速报(化学化工篇)》早出版51年,1969年时还合并了德国《化学文摘》,是一个有着百年历史的大型化学化工文献检索工具刊,使用相当广泛,并且具有较强的实用性。

1. CA特点

CA历经百年,其特点非常显著,主要表现在以下几个方面。

(1) 收录范围广。CA自称收录了全世界98%以上的化学化工类文献,被誉为"打开世界化学化工文献大门的钥匙"。目前CA收录的各种出版物已达8万余种,除化学、化工外,还包括医学、药学、生物学、卫生学、农业、冶金、轻工、环境等化学相关学科的文献。收录的文献类型除期刊、会议录和资料汇编、技术报告、学位论文、新书及视听资料以及专利文献外,还摘录评述、政府报告等类型的文献。近年来,CA每年报道的文摘量约70余万条,涉及9 500多种主要的科技期刊和50个权威专利组织。其中CA自1982年起收录我国出版的期刊论文。

(2) 出版周期短。CA从1967年第66卷起至今均为周刊,每年出版2卷。一般文献发表3~4个月即可在CA上报道,大多数英文期刊论文当月就可摘录出版。

(3) 索引体系完备。CA的索引多种多样,现有的和曾经出版过的索引共计14种。包括3种期索引(关键词索引、著者索引、专利索引)、5种卷索引(化学物质索引、普通主题索引、分子式索引、作者索引、专利索引)、5或10年出版一次的累积索引以及5种辅助性索引(索引指南、登记号手册、资料来源索引、环系索引、杂原子索引),丰富的索引体系为检索CA提供了多种途径。利用索引系统查找文献是检索CA的最主要途径,也是最有针对性、最简便的途径。

(4) 学术性强。CA不摘录化学市场、商品、经济方面的文献,更增强了它的权威性和学术性。CAS将这些文献单独编辑成《化学工业札记》(Chemical Industry Notes)出版。

2. CA的内容编排

CA由文摘和索引系统2大部分组成。其中索引又分为期索引、卷索引、累积索引和辅助性索引(参见CA特点中关于索引的介绍)。CA每期均由分类目次、文摘正文、关键词索引、专利索引和著者索引组成。

CA每期的最前面都附有文摘的分类目次,共5大部分80个类目,提供了分类检索的途径。CA的文摘正文按80个类目的顺序依次排列。在每一个类目的类名和文摘正文之间,都写有一段简单的说明文字,简要概括了该类目下文摘的收录范围,根据这段说明文字可进一步判断该类目下摘录文摘的范围是否满足自己的检索要求。CA摘录的文献除新书和会议录外,一般均附有摘要。

五、美国《国际药学文摘》

《国际药学文摘》(International Pharmaceutical Abstracts,简称IPA)创刊于1964年,由美国医院药师协会(American Society of Health-System Pharmacists,ASHP)主办发行。IPA的主要目的是收集和报道药学方面的文献,包括药物的临床和技术信息、药学实践、药学教育以及有关药学药物的法律问题。IPA选择性地收录了世界50多个国家出版的750多种药学期刊文献,包括所有的美国药学期刊和大多数化妆品期刊。1988年IPA开始收录ASHP的一些重要会议的论文文摘,以及能够提供药学信息的其他文献类型,如信件、评论、药学院校的博硕士论文摘要等。

(胡小君 谢志耘 张燕蕾)

第五章 开放存取资源检索

Open Access,简称 OA,是 20 世纪 90 年代在国外发展起来的一种新的出版模式,旨在促进学术交流,扫除学术障碍。它依托网络技术,通常采用"发表付费,阅读免费"的形式,通过自归文档和开放存取期刊 2 种途径,实现开放期刊、开放图书、开放课件和学习对象仓储等内容的知识共享。开放存取包括两层含义:一是推动学术信息免费向公众开放,打破价格障碍;二是提高学术信息的可获得性,打破使用权限障碍。

第一节 开放存取概述

一、定义

开放存取(OA)是国际科技界、学术界、出版界、信息传播界为推动科研成果利用网络自由传播而发起的运动。

根据 Association of Research Libraries 的解释,"开放存取"是在传统的基于订阅的出版模式以外的另一种选择。通过新的数字技术和网络化通信,"开放存取"可使得任何人都可以及时、免费、不受任何限制地通过网络获取各类文献,包括经过同行评议过的期刊文章、技术报告、学位论文等全文信息,用于科研教育及其他活动,从而促进科学信息的广泛传播,学术信息的交流与出版,提升科学研究的共享利用程度,保障科学信息的长期保存。这是一种新的学术信息交流的方法,作者提交作品不期望得到直接的金钱回报,而是提供这些作品使公众可以在公共网络上利用。

按照布达佩斯开放存取先导计划(Budapest Open Access Initiative,BOAI))中的定义,"开放存取"是指某文献在 Internet 公共领域里可以被免费获取,允许任何用户阅读、下载、拷贝、传递、打印、检索、超级链接该文献,并为之建立索引,用作软件的输入数据或其他任何合法用途。用户在使用该文献时不受财力、法律或技术的限制,而只需在存取时保持文献的完整性,对其复制和传递的唯一限制,或者说版权的唯一作用应是使作者有权控制其作品的完整性及作品被准确接受和引用。

开放存取必须满足 2 个方面的条件:

① 作者和版权所有人承诺:所有用户具有免费、不被更改、全球和永久使用其作品的权利,在承认作者身份的条件下,为了任何负责任的目的,许可所有用户使用任何数字媒介形态,公开复制、使用、发行、传播和展示其作品,制作和发行其衍生作品,并允许所有用户打印少量份数以供个人使用。

② 完整版本的作品及其附属资料:包括上面提到的许可承诺,以适当的标准电子格

式,在原始论文发表后,立即储存在至少一个以恰当的技术标准(比如 Open Archive 定义的标准)建立的在线数据仓库中。这个数据库是由研究所、学术团体、政府机构或其他组织支持的,而这些组织机构都力求使开放式访问、无限制的传播、互用性和长期存档成为可能。

开放存取从 20 世纪 90 年代被提出以来,很快得到了世界上多个国家的响应,不仅在理论界开始了积极的研究,在实践方面也取得了可喜的进展。

二、历史与发展

虽然早在 20 世纪 60 年代中期就出现了一些 OA 活动的雏形,但直到 20 世纪 90 年代末,伴随着互联网的发展,作为应对期刊价格不断上涨、许多个人和机构的订户无力获取最新研究成果的策略,OA 运动才得到了巨大的发展。

1994 年,曾在剑桥大学出版社做过多年研究员和编辑的英国南安普斯顿大学认知科学家 Stevan Harnad 首次提出了开放存取的理念,他建议学者们将未发表、未评议、原创的著作预印本出版在全球可获取的网络存储上,使学者们可以在世界范围内通过网络方式自由获取。1998 年,他建立了美国科学家开放存取论坛,并开设大量关于开放存取的讨论列表。Harnad 的建议开启了"主动开放存取(Open Archives Initiative,OAI)"的征程。

2001 年,学术出版和学术资源联盟(The Scholarly Publishing and Academic Resources Coalition,SPARC)发起"宣布独立"倡议,鼓励科学家远离商业出版商。另外,SPARC 通过 Leading Edge 和 Scientific Communities 两大项目来探索开放存取出版的具体模式,并创建了服务于科研的学术交流社区和交流平台。同年,OSI(Open Society Institute)基金会在布达佩斯举办的信息自由传播会议上,提出了布达佩斯开放存取先导计划(Budapest Open Access Initiative,BOAI),它主张将各个领域发表的科学文章发布到网上,并主张在机构或学科类的仓储和期刊中,充分发挥自我存档作用。从此,开放存取迅速发展。

2002 年 10 月,在瑞典的隆德大学(Lund University)召开了第一届关于开放存取学术交流的北欧会议,会议提出由图书馆全面组织免费电子期刊的思路。2003 年 5 月隆德大学图书馆负责创建了《公开获取期刊题录》(Directory of Open Access Journals,DOAJ),并于 2005 年 7 月正式发布。

2003 年 7 月 20 日,《贝塞斯达开放式出版声明》(Bethesda Statement on Open Access Publishing)提出了什么样的机构、基金组织、图书馆、出版商和科学家才能够确实发挥开放存取作用的建议。德国、法国、意大利等多国科研机构则于 2003 年 10 月 22 日在德国柏林联合签署了《关于自然科学与人文科学资源开放使用的柏林宣言》,该宣言以更广的角度看待开放使用,强调它不仅仅涉及期刊文章,而是包括任何涉及研究的事情,如数据和元数据,甚至还包括任何知识和文化遗产的载体,如博物馆藏品和档案存储软件等等。

2003 年,由联合国和国际电信联盟共同主办的关于信息社会的世界峰会上,采纳了关于赋予"开放存取"实施的纲领性宣言。

2004 年 1 月 30 日,联合国经济合作和发展组织科学与技术政策委员会采纳了关于政府资金资助的研究成果开放使用的声明。

2004 年 2 月 24 日,国际图联理事会采纳了关于学术著作和研究文献开放存取的声明。

2004 年,一个由 48 个非营利出版商组成的联盟,发布了对于科学信息自由获取的华盛顿纲领。

2004年7月,英国众议院科技委员会签署文件认可对科研成果的开放存取,同时批评科技出版物价格上涨的现象,该委员会鼓励将已发表的论文存储到网络仓储中,鼓励科技出版物作者付费的出版模式。

我国对此也做出了积极的响应。2004年5月24日,全国人大常委会副委员长、中国科学院院长路甬祥和国家自然科学基金委员会主任陈宜瑜在北京分别代表各自机构签署《柏林宣言》,以推动全球科学家共享网络科学资源。

2005年7月,50余所中国高校图书馆馆长在"中国大学图书馆馆长论坛"上签署《图书馆合作与信息资源共享武汉宣言》,其中包括支持OSI在布达佩斯通过的BOAI的原则。

中国科学院文献情报中心还设立了"支持开放存取的国家和机构政策机制研究"专项课题开展深入研究。国内出现了一些预印本网站,如教育部科技发展中心主办的中国科技论文在线(http://www.paper.edu.cn),中国科学技术信息研究所与国家科技图书文献中心联合建设的中国预印本服务系统(http://www.prep.istic.ac.cn/eprint/index.jsp)等。清华大学图书馆在其图书馆主页"电子资源"下的"推荐学术站点"中列出了部分国内外开放存取资源。

为了使开放存取这一新兴的版权模式最大地发挥效用,美国政府建立了比较完善的法律体系。美国的法律体系是保障信息公共获取的核心。政府通过颁布一系列法律对信息公开制度作出了详尽的规定,其中最具有影响力的政策是美国国立卫生院NIH(The National Institutes of Health)的公共存取政策。NIH是全世界最大的综合类科研资助机构,其资助的各类研究所产生的论文每年达65 000余篇。随着这个公共存取政策不断修改、完善,到2012年,这个政策已发展成了正式具备法律效力的强制性开放存取政策。该政策规定,研究人员必须将其经过同行评议的原稿电子版存放在PubMed Central中心知识库中,论文的全文必须在发表后的12个月之内提供开放获取,并可以在PubMed Central数据库中检索到。这一强制性政策的出台和实施意味着开放存取运动已经跨出了最重要的一步。同时也影响到其他提供资助的机构。如英国关节炎运动、英国人文艺术研究理事会、英国心脏基金会、英国癌症研究中心、JISC、加拿大健康研究所、法国研究署、Flanders研究基金会、瑞士国家科学基金会等相关机构也采纳了强制性开放获取政策,欧盟理事会第七框架计划共同决议(FP7 Grant Agreement)中也包含了开放获取的强制性命令。欧洲最大的研究机构CERN实行自存储(Self-archiving)政策以来,目前其机构内的60%的研究成果可通过自存储实行开放获取,不久这一数字将达到100%。国外政府的这些策略保证了信息公共获取的执行,让开放存取获得了足够的政府资金支持。政府通过制定法律来支持开放存取,这不仅可以让最广泛的公众了解这一新兴的出版模式,而且可以解决棘手的经费问题。

三、开放存取的主要出版形式

1. OA期刊

OA期刊是以电子文献形式通过网络出版的。OA期刊与传统期刊一样,对投稿实施严格的同行评议,以确保期刊质量。它们的区别在于访问方式和访问权限的差异,传统的期刊采用用户付费的商业模式,而OA期刊采用作者付费、用户免费的模式,用户可以通过网络不受限制地访问期刊全文。OA期刊出版费用要大大低于传统期刊,作者付费模式基于作者为获得学术影响有着有偿发表自己学术成果的愿望而具有一定的合理性。

同行评议是期刊论文质量前期控制的一种重要手段,也是保证学术期刊影响力的关键举措。目前出版的 1 万多种 OA 期刊中,60%以上的期刊所刊论文需经同行评议。例如,PLOS Biology 是一份生物学领域的 OA 期刊,2003 年 10 月创刊,由美国科学公共图书馆主办。该刊定位于学科领域高端期刊,力争赶超 Science、Nature 和 Cell 三大传统生物医学领域的一流期刊。ISI 研究表明,OA 期刊被引用率和影响因子与传统期刊并无差别。

2. OA 仓储

OA 仓储也可称为 OA 文档库,是指某组织将用于共享的学术信息存放于服务器中供用户免费访问和使用。它不仅存放预印本,也存放后印本。一般来讲,OA 仓储分为学科 OA 仓储和机构 OA 仓储。OA 仓储不像 OA 期刊那样有着严格的同行评议制度,绝大多数只要求作者提交的论文基于某一特定的标准格式,并符合一定的学术规范,强调"自我管理"原则。OA 仓储费用较之 OA 期刊更加低廉,其运行费用主要依靠相关机构的赞助,常常对作者提供免费存储服务。例如,加利福尼亚大学机构收藏库(eScholarship Repository of California University)就是一种机构 OA 仓储,它是加州大学数字图书馆 eScholarship 先导计划的一项服务内容,主要致力于社会科学和人文科学领域研究成果的免费存储和访问。

目前,OA 的实现方式,除了以 OA 期刊和 OA 仓储为主要出版方式外,还包括个人 Web 站点、邮件列表服务、论坛、博客、维基、P2P 文档共享网络等 OA 工具。它们共同构成了 OA 学术交流的工具。

四、开放存取的实现方式

1. 基于 OAI(Open Archives Initiative)的元数据获取机制

OAI 于 2001 年 1 月发布了 OAI-PMH(Metadata Harvesting Project)协议。该协议提供了一个基于元数据获取的独立于具体应用的互操作框架,为网络上元数据的互操作问题提供了一种可行性方案。该协议具有很好的开放性和适应性,用户可以在使用该协议的开放存取资源中查到文献,而不需要知道开放存取资源的种类、存储位置和内容范围。

2. 基于 DOI(Digital Object Identifier)的文献标识机制

为帮助用户检索并链接到对应的文献,需要对分布在网络上的文献资源进行标识。开放存取采用 DOI 标记方法,该标识符具有永久性和可扩展性特点,便于数据的互操作和动态更新。用户通过 DOI 可以知道自己可用资源有哪些,可以找到并获得自己所需资源,可以知道资源数据来源,数据源变动后仍然可以使用自己所需资源。

3. 基于 OAIS 的数据长期保存机制

OAIS(Reference Model for Open Archival Information System)开放信息系统参考模型是一种 ISO 标准,它为数字信息的长期保存和访问提供了对存档概念的理解框架和对存档文件的操作,现被许多机构和组织采用。

4. 基于 Web Service 的分布检索机制

Web Service 是基于 XML 独立于不同平台和软件供应商的标准,是创建可互操作的、分布式应用程序的新平台。它解决了开放存取资源在不同语言、不同平台之间互操作的问题,方便用户发现并利用更为广泛的资源。

五、开放存取对学术交流模式的意义

开放存取是一种全新的学术信息交流与共享模式,它基于"自由、开放、共享"的理念,依托网络技术使学术成果可以在全球实现无障碍地传播。

传统的学术交流一般由以下几个环节组成:作者创作、出版、发行、收藏与借阅服务、读者利用等。OA学术交流则通过作者网上文献自我存档,省去了出版、发行、收藏与服务等环节,作者可以直接通过网络发表自己的作品,读者可以直接在网上获取所需文献。

OA学术交流模式从网上免费获取文献,消除了文献利用过程中的付费和使用许可等障碍,这种文献信息交流方式有利于全球科技成果的资源共享,打破学术研究的人为壁垒;OA学术交流模式减少了传统学术交流模式的传播限制和流通环节,各图书馆无须重复购买和收藏部分开放存取资源,有利于图书馆节省开支,有利于提高读者文献信息的可获得率;对于作者来说,OA学术交流模式有利于提高作者的能见度,便于统计作者文献被利用的次数,客观评价作者某一文献的学术价值和学术影响度;OA学术交流模式有利于打破国际学术壁垒,使发展中国家与发达国家在获取文献信息方面不存在任何差异;OA学术交流模式增加了科研工作者免费获取文献的渠道,使科研工作的继承性更加方便落实,便于避免重复劳动,从而促进科研工作发展;OA学术交流模式能迅速地将研究成果公布并与人分享,省去漫长的评审和出版时间,使学术交流的时效性和交互性增强。

第二节 OA期刊

OA期刊(Open Access Journal,OAJ),即基于OA出版模式的期刊。OAJ一部分是新创办的电子版期刊,另一部分是由已有的传统期刊转变而来。开放获取的期刊大都采用作者付费、读者免费的获取方式。随着"布达佩斯开放存取倡议"的确立和Biomed Central(BMC)、Public Library of Science(PLoS)、大型科学文献免费全文搜索引擎CiteSeer等机构的成立,并在学术界、基金资助机构团体、学术管理或文献服务机构的积极推动下,OA期刊如雨后春笋一般,不断涌现。

一、开放存取期刊列表(DOAJ)

1. DOAJ概况

DOAJ(Directory of Open Access Journals)是由瑞典隆德大学图书馆整理与创建的一份全球开放获取期刊目录,并于2005年7月正式发布应用的可免费获取全文的学术性期刊网络服务平台。其目标是依托因特网,运用最新电子技术,对开放存取期刊进行组织,以提高期刊的利用率,并为用户提供一站式检索服务,从而推动OA运动的更快发展,促进全球范围内的学术交流和研究。

DOAJ收录的期刊始建初期为350种,截至2014年12月,已有136个国家的10 084种期刊加入DOAJ平台,其中5 943种期刊都以链接到期刊或期刊出版商网站的方式获取全文,可检全文数量达170万篇。DOAJ收录的均为学术性期刊,要求期刊对投稿必须通过编辑、编委会、同行评议体系实施质量控制,具有免费、全文、高质量的特点,对学术研究有很高的参考价值。涵盖医学、健康科学、生物及生命科学、公共卫生、农业及食品科学、艺术及建筑学、商业与经济学、化学、地球及环境科学、交叉学科、历史及考古学、语言及文学、法律及政治学、数学及统计学、哲学及宗教学、物理及天文学、综合科学、社会科学、工程技术等几十个学科。其网站系统界面如图5-2-1所示。

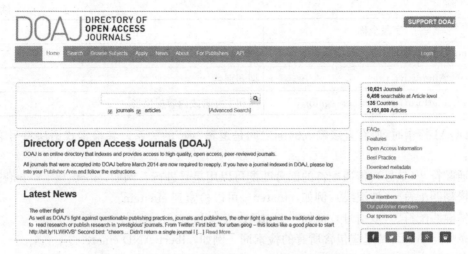

图 5-2-1　DOAJ 网站界面(选自 2014 年 11 月 18 日)

为维持 DOAJ 平台的正常运转及不断发展,DOAJ 采取会员制,征集机构及个人赞助者。缴费标准为个人会员 100 欧元/年,图书馆、大学、研究室 400 欧元/年,会员达 40 个以下的图书馆联盟、图书馆协会 4 000 欧元/年,会员 40～80 个的图书馆联盟、图书馆协会 8 000 欧元/年,会员 80 个以上的图书馆联盟、图书馆协会另行商谈,网络资源集成服务提供商 5 000 欧元/年。会员可将赞助机构的名称展示在 DOAJ 的网页上,并链接到赞助机构的网站主页。

2. DOAJ 系统内容检索

DOAJ 网络平台上的检索功能有"刊名检索"和"高级检索"2 种,其可检索字段和含义如表 5-2-1 所示。

表 5-2-1　DOAJ 提供的检索字段

字段全称	中文名含义
Title	文献篇名
Keywords	关键词
Subject	学科
ISSN	国际标准连续出版物号(印刷版) 国际标准连续出版物号(电子版)
DOI	数字对象唯一标识符
Country of Publication	出版国
Journal Language	文献语种
Publisher	出版者
Aritcle：Abstract	摘要
Aritcle：Author	著者
Aritcle：Year	出版年

续 表

字段全称	中文名含义
Aritcle：Journal title	期刊名称
Journal：Alternative title	期刊别名
Journal：Platform, host or aggregator	期刊主办者或内容提供者

DOAJ 检索时，所有直接输入的词之间是逻辑"或"的关系。其检索式语法符号有如下几种：

通配符 *（星号）：带通配符的部分匹配可以用星号进行。例如，einste *，* nstei *。

模糊匹配符～（波浪线）：例如，einsten～可以检索到 einstein。

精确匹配符""（双引号）：例如""einstein" or "albert einstein"。

条件与 AND：结果应包含所有的检索词。例如，albert AND einstein。

条件组合或 OR：结果应至少包含一个检索词。例如，albert OR einstein。

排除条款－（减号）。例如，albert－einstein。

包含＋（加号）。例如，albert－physics＋einstein（albert 是可选的，einstein 必须包含）。完整的细节在这里。

也可以通过多个操作符号组合形成检索式，例如，albert OR einste～或"albert" "einstein"。

DOAJ 系统检索界面分为 3 部分：检索提问区、检索结果过滤区、检索结果显示区（图 5－2－2）。

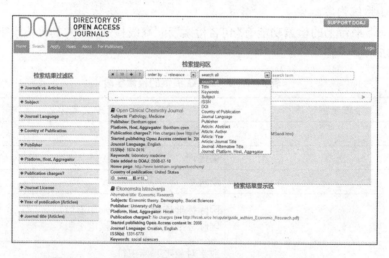

图 5－2－2　DOAJ 检索主界面（选自 2014 年 11 月 18 日）

检索提问区工具条功能有：

最左边的图标 ×：清除所有为检索而输入的检索词和相关设置，并恢复到系统默认值。

第二个图标 10：设置每页显示检索结果的记录数目，通过点击数字，在弹出的对话框中输入合适的数字，来调整检索结果的页面显示。

第三个图标 ↓：检索结果排序模式，通过点击图标箭头，可对检索结果进行升序和降序排列的切换。

第四个图标 order by ... relevance ：设置检索结果排序依据，可选择按题名、加入 DOAJ 平台的日期或出版日期来进行排列。

检索结果过滤区功能：默认情况下，通过检索，系统按照检索提问区形成的检索式进行检索，并显示所有检索记录条目。在检索结果过滤区，可以通过点击“筛选器”前面的“+”，从下拉列表中选择检索领域，将检索结果限制到特定的感兴趣的领域，筛选器列表的大小可以通过点击数值图标进行设置改变。检索结果过滤区共设置了 10 个“筛选器”。

检索结果区：显示按要求检索所得的论文或期刊的相关信息。期刊信息主要包括刊名、学科、出版者、是否付费、开放出版时间、语种、刊号、加入 DOAJ 时间、主页和出版国等内容。检索论文的信息主要包括题名、学科、作者、出版者、出版日期、出版刊名、刊号、关键词、加入 DOAJ 时间、全文链接、语种、出版国、期刊许可、摘要等内容。图 5-2-3 和图 5-2-4 分别为 DOAJ 期刊检索结果和论文检索结果示例。

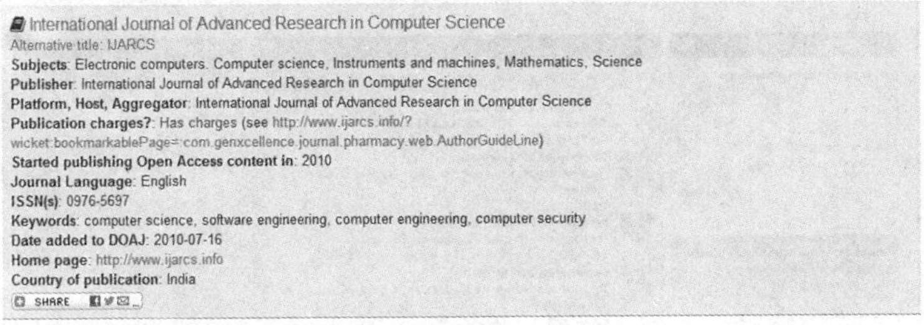
International Journal of Advanced Research in Computer Science
Alternative title: IJARCS
Subjects: Electronic computers. Computer science, Instruments and machines, Mathematics, Science
Publisher: International Journal of Advanced Research in Computer Science
Platform, Host, Aggregator: International Journal of Advanced Research in Computer Science
Publication charges?: Has charges (see http://www.ijarcs.info/?wicket:bookmarkablePage=:com.genxcellence.journal.pharmacy.web.AuthorGuideLine)
Started publishing Open Access content in: 2010
Journal Language: English
ISSN(s): 0976-5697
Keywords: computer science, software engineering, computer engineering, computer security
Date added to DOAJ: 2010-07-16
Home page: http://www.ijarcs.info
Country of publication: India
SHARE

图 5-2-3　DOAJ 期刊检索结果（选自 2014 年 11 月 18 日）

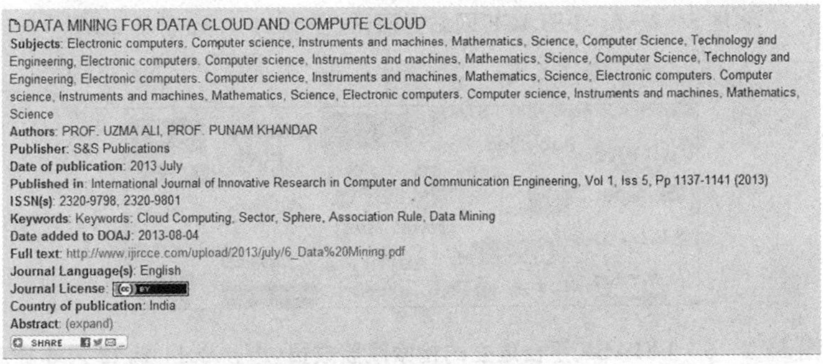
DATA MINING FOR DATA CLOUD AND COMPUTE CLOUD
Subjects: Electronic computers. Computer science, Instruments and machines, Mathematics, Science, Computer Science, Technology and Engineering, Electronic computers. Computer science, Instruments and machines, Mathematics, Science, Computer Science, Technology and Engineering, Electronic computers. Computer science, Instruments and machines, Mathematics, Science, Electronic computers. Computer science, Instruments and machines, Mathematics, Science, Electronic computers. Computer science, Instruments and machines, Mathematics, Science
Authors: PROF. UZMA ALI, PROF. PUNAM KHANDAR
Publisher: S&S Publications
Date of publication: 2013 July
Published in: International Journal of Innovative Research in Computer and Communication Engineering, Vol 1, Iss 5, Pp 1137-1141 (2013)
ISSN(s): 2320-9798, 2320-9801
Keywords: Keywords: Cloud Computing, Sector, Sphere, Association Rule, Data Mining
Date added to DOAJ: 2013-08-04
Full text: http://www.ijircce.com/upload/2013/july/6_Data%20Mining.pdf
Journal Language(s): English
Journal License:
Country of publication: India
Abstract: (expand)
SHARE

图 5-2-4　DOAJ 论文检索结果（选自 2014 年 11 月 18 日）

二、J-STAGE 日本科技信息网络电子平台

1. J-STAGE 概述

J-STAGE(Japan Science and Technology Information Aggregator，Electronic，日本电子科技信息服务）向全世界即时发布日本科学技术研究的杰出成果和发展，由日本科学技术振兴机构（Japan Science and Technology Agency，简称 JST）开发，收录了日本各科技学会出版的文献，其中包括期刊论文、会议文献、报告等。文献多数为英文，少数为日文。其网站地址为 https://www.jstage.jst.go.jp/browse/（图 5-2-5）。截至 2014 年 12 月 6 日，网站上所发布的内容包括 1 720 种期刊（含 2 339 408 篇文献）、128 种会议录。涉及的学科有数学、物理、化学、地球与天文科学、生物与生命科学、农业与食品科学、临床医学、牙科、药剂学、工

程科学、电子电气工程、通讯与信息科学、材料科学、机械工程、土木工程和人文科学等。J-STAGE 利用领先的搜索引擎和学术信息服务与 PubMed、IET Inspec、Chemical Abstracts Service(CAS)、ProQuest 等数据库建立联盟,使得发布于 J-STAGE 平台的文章很容易被全球范围内的科学家、研究人员和读者找到,大大提高了 J-STAGE 平台的文献服务水平,有效地提高了 J-STAGE 平台的文献国际显示度,促进了研究成果的广泛传播。J-STAGE每月提供约200多万篇全文下载。图5-2-6为J-STAGE平台建立的检索联盟成员。

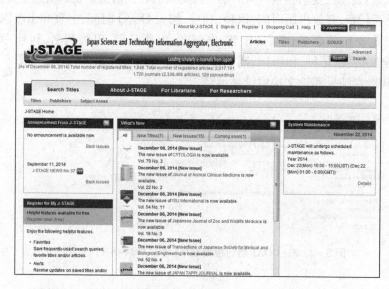

图5-2-5 **J-STAGE 网站界面**(选自2014年12月6日)

图5-2-6 **J-STAGE 平台建立的检索联盟成员**(选自2014年12月6日)

2. J-STAGE 使用

J-STAGE 的检索分为快速检索和高级检索 2 种。快速检索可选择按"题名""刊名""出版者"和"DOI/JOI"进行检索。高级检索的检索界面如图5-2-7所示。首先可以通过对需要检索的内容如"出版物类型""论文属性""语言""出版时间"和"学科"等进行限制;其次,通过下拉列表选择检索字段,输入"检索词",并进行"与或"组合;最后点击"Search"按钮即可。

网站提供免费注册服务,注册用户可以形成"My-Stage",提供保存"检索式""文献收藏""出版物收藏"等功能,以便日后使用。同时,注册用户还可以设置"新闻提醒""论文引用提醒"和"新刊出版提醒"等服务。

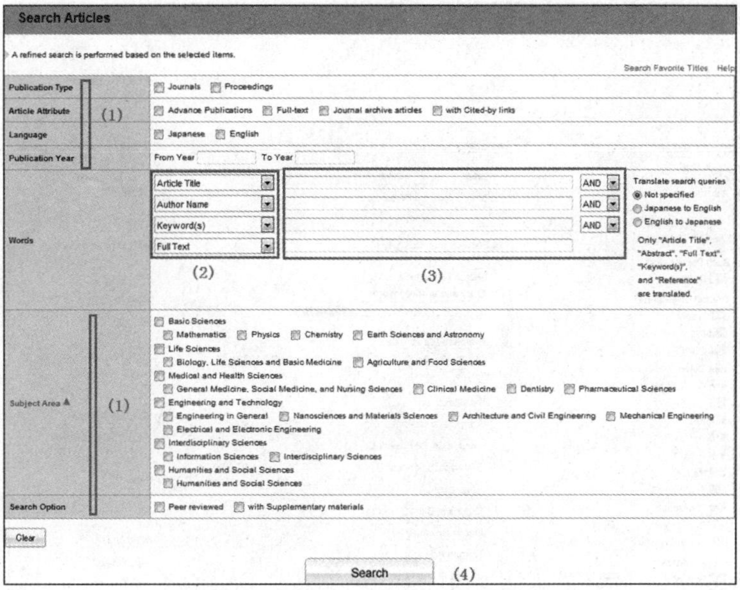

图 5-2-7　J-STAGE 高级检索界面（选自 2014 年 12 月 6 日）

三、SciELO 科学在线图书馆

1. SciELO 概述

科学在线图书馆（the Scientific Electronic Library Online,SciELO）1997 年创立于巴西,其网址为 http://www.scielo.org/php/index.php（图 5-2-8）,是国际上重要的 OA 运动国际倡议者和实践者之一。最初是由巴西的 10 种期刊的编辑发起的,其初衷是想找到一种期刊全文上网的方法,提高所出版的科技期刊的国际显示度和可获得性,使作为发展中国家和非英语国家巴西的科研成果不再成为"消失的科学"。1998 年,SciELO 巴西网站（SciELO Brazil）和智利网站（SciELO Chile）相继建成并向公众开放。此后,阿根廷、哥伦比亚、哥斯达黎加、古巴、西班牙、墨西哥、秘鲁、葡萄牙、南非等国家相继加入 SciELO。

目前,SciELO 已发展为由一个主网站和 15 个设置在不同国家的分网站组成的跨国网络平台。同时,还有公共卫生和社会科学 2 个子网站。SciELO 网络平台设英文、葡萄牙文和西班牙文 3 个界面。截至 2014 年 12 月 6 日,SciELO 网络平台上显示共有 OA 期刊 1 218 种、35 741 期、文章 521 055 篇、引文 1 168 余万条。

2. SciELO 检索功能

SciELO 平台提供论文检索和刊名检索 2 种查找模式,并设有"首字母导航""学科导航""出版者导航"和"分网站导航"4 种导航方式。"学科导航"又分设了农业科学、社会应用科学、生物科学、工程等 8 个学科类目。网络平台为每种期刊设置了主页,提供期刊网站链接、期刊简介、编委会、作者指南、期刊征订、引用统计数据等。引用统计数据包括 3 个部分：① 期刊使用报告,包括期刊下载统计、每期下载统计、单篇文章下载统计；② 作者统计报告；③ 期刊引证报告,包括 2 年影响因子、3 年影响因子、半衰期、被引频次等。在每种期刊页面,系统还提供基于期刊或基于网站的文献检索。

检索结果提供的期刊文献内容包括作者、题名、该文的引文著录信息、摘要、关键词、全

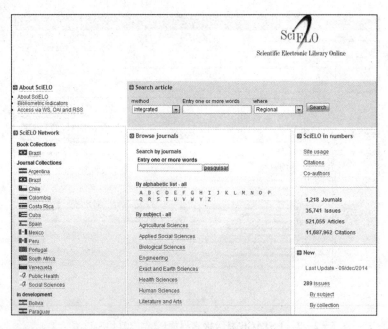

图 5-2-8　SciELO 科学在线图书馆主网站界面(选自 2014 年 12 月 6 日)

文链接等,全文提供 PDF 和 HTML 2 种格式全文。HTML 格式全文中,一般有以下几种链接:① 文章结构与文章各部分的页内链接;② 文中图、表序号与图、表的页内互链接;③ 在每条参考文献后有一个"link"图标,点击后可看到 Google 和 SciELO Network 2 个链接选择,即可使用 Google 或 SciELO Network 系统搜索该文献的摘要或全文。在文章的摘要和 HTML 全文页面,还设有论文的 XML 格式、参考文献、引用著录格式、自动翻译、下载统计、SciELO 引用情况等内容,可按需服务。

四、Socolar 一站式 OA 资源检索平台

1. Socolar 概述

基于用户的信息需求和信息检索角度考虑,中国教育图书进出口公司启动了开发开放存取资源一站式检索服务平台 Socolar 项目,经过多年的开发,于 2007 年 7 月面向社会推出该平台,其网址为 http://www.socolar.com/,见图 5-2-9。该平台力求最终实现 4 个功能:① OA 资源的检索和全文链接服务功能:全面系统收录重要的 OA 资源,包括重要的 OA 期刊和 OA 仓贮,为用户提供题名层次(Title-level)和文章层次(Article-level)的浏览、检索及全文链接服务;② 用户个性化的增值服务功能:根据用户的个性化需求,为用户提供 OA 资源各种形式的定制服务和特别服务;③ OA 知识的宣传和交流功能:建立权威的 OA 知识宣传平台和活跃的 OA 知识交流阵地,用户可以通过该平台,了解 OA 的基本知识和发展动态,也可以与他人进行互动交流;④ OA 期刊的发表和仓贮服务功能:为学者提供学术文章和预印本的 OA 出版和仓储服务。

Socolar 平台全面收录来自世界各地、各种语种的重要 OA 资源。该平台优先收录经过学术质量控制的 OA 期刊(比如同行评审期刊)。OA 期刊的收录标准为:① 对于完全 OA 期刊,一律予以收录。② 对于延时 OA 期刊,通常予以收录。③ 对于部分 OA 期刊,采用一刊一议原则。如果提供免费服务的文章只局限于时事通讯报道等非学术论文,这样的期刊

不予收录。如果每期保持为用户提供数篇(一般在3篇或3篇以上)学术论文的免费服务,这样的期刊通常予以收录。④ 对于需要注册访问的期刊,如果注册是免费的,且注册后可以免费访问全部或部分文章的,这样的期刊通常也予以收录。Socolar 还收录提供全文资源服务的基于学科和机构的仓储,同时也收录其他形式的仓储,比如个人网站等。截至2014年12月6日,Socolar 平台收录文章总计23 894 558篇。其中,收录农业和食品科学、艺术和建筑、生物学和生命科学、商学与经济学、健康科学、工程与技术等18个学科11 739种OA期刊,包含文章13 503 317篇;收录1 048个OA仓储,包含10 391 241篇文章。

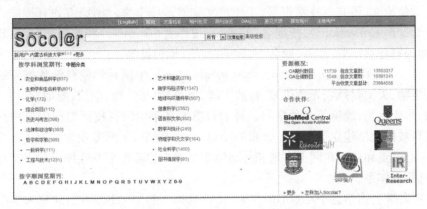

图 5-2-9　Socolar 一站式 OA 资源检索平台界面(选自 2014 年 12 月 6 日)

2. Socolar 平台检索功能

Socolar 平台提供了文章检索、期刊检索和期刊浏览3种检索途径。同时,平台还提供了快速检索和高级检索2个检索界面。高级检索时,可检索的字段包括篇名、作者、摘要、关键词、刊名、ISSN 号、出版社或者所有字段,支持与、或、非的逻辑字符组配,支持词组检索以及"?"和"*"的截词与通配符检索。检索结果提供按时间和相关度2种排序模式,结果信息包含篇名、作者、来源、摘要、关键词、作者单位等,并提供刊名、全文的延伸链接。

五、国内外其他 OA 资源

1. 国内部分 OA 资源介绍

① 中国科技论文在线(http://www.paper.edu.cn):中国科技论文在线是经教育部批准,由教育部科技发展中心主办的科技论文网站。该网站提供国内优秀学者论文、在线发表论文、各种科技期刊论文(各种大学学报与科技期刊)全文,此外还提供对国外免费数据库的链接。

② 中国预印本服务系统(http://prep.istic.ac.cn 或 http://prep.nstl.gov.cn):预印本(Preprint)是指科研工作者的研究成果还未在正式出版物上发表,而出于和同行交流的目的自愿先在学术会议上或通过互联网发布的科研论文、科技报告等文献。与刊物发表的文章以及网页发布的文章比,预印本具有交流速度快、利于学术争鸣、可靠性高的特点。中国预印本服务系统提供国内科研工作者自由提交的科技文章,一般只限于学术性文章。系统的收录范围按学科分为5大类:自然科学、农业科学、医药科学、工程与技术科学、人文与社会科学。

③ 奇迹文库预印本论文(http://www.qiji.cn):奇迹文库预印本论文系统收录的学科范

围主要包括自然科学(理学、数学、生命科学等)、工程科学与技术(计算机科学、信息处理、材料科学等)、人文与社会科学(艺术、法学、政治、经济、图书情报学等)、其他分类(科学随想、毕业论文、热门资料等)。奇迹文库预印本论文专门收录中文原创研究文章、综述、讲义及专著(或其章节),同时也收录作者以英文或其他语言写作的资料。

④ 香港科技大学图书馆知识库(http://repository.ust.hk/dspace):香港科技大学图书馆知识库是由香港科技大学图书馆用 Dspace 软件开发的一个数字化学术成果存储与交流知识库,收录该校教学科研人员和博士生提交的论文(包括已发表和待发表)、会议论文、预印本、博士学位论文、研究与技术报告、工作论文和演示稿全文。浏览方式有按院、系、机构(Communities & Collections)、按题名(Titles)、按作者(Authors)和按提交时间(By Date)等。检索途径有任意字段、作者、题名、关键词、文摘、标识符等。

⑤ 中国科学院科学数据库(http://www.sdb.ac.cn):中国科学院科学数据库的内容涵盖了化学、生物、天文、材料、光学机械、自然资源、能源、生态环境、湖泊、湿地、冰川、大气、古气候、动物、水生生物、遥感等多种学科。科学数据库基于中国科技网对国内外用户提供服务,在中国科技网上已建立了集中与分布的 Web 站点 19 个、上网专业数据库 153 个。科学数据库由中心站点和分布在网上本地和外地的相互独立的若干个专业库子站点组成了网上的科技信息服务体系。

⑥ 北京大学生物信息中心(http://www.cbi.pku.edu.cn/chinese):北京大学生物信息中心涵盖了从单个基因表达调控到基因组研究、从 DNA 序列到蛋白质结构功能,以及文献查询、网络教程等各个方面,为生命科学工作者提供全面的生物信息资源服务。

⑦ 北大法律信息网(http://www.chinalawinfo.com/index.asp):北大法律信息网法规中心提供包括法律法规司法解释全库、中国地方法规库、中华人民共和国条约库、外国与国际法律等多种不同类型的法规数据库,提供用户所需的法规文献;可以通过题目、作者、全文的方式查找所需的法学文献。

⑧ 中国医学生物信息网(http://cmbi.bjmu.edu.cn):中国医学生物信息网全面、系统、严格和有重点地搜集、整理国际医学和生物学的研究信息,包括各种原著、综述、web 资源。通过对其加以分析与综合,为我国医学和生物学的教学、科研、医疗和生物高技术产业的开发提供信息服务。

⑨ 中国微生物信息网络(http://micronet.im.ac.cn):中国微生物信息网络收录了国际核酸序列数据库、法国细菌名称数据库、中国微生物菌种目录数据库、中国经济真菌数据库、细菌名称数据库、革兰氏阳性杆菌编码鉴定数据库、微生物物种编目数据库、西藏大型经济真菌数据库。为微生物学者研究微生物提供各种有价值的资料。

⑩ 北京大学蛋白数据库(http://www.gzsums.edu.cn/htm/med/peking.htm):北京大学蛋白数据库是一个专业数据库,其中可以检索到蛋白质结构数据库(PDB)、蛋白质结构分类数据库(SCOP)、蛋白质信息资源(PIR)等生物信息资源。

2. 国外部分 OA 资源介绍

① arXiv.org(http://arxiv.org):此网站提供物理学、数学、非线性科学、计算机科学,计算生物学等方面的全文文献,目前收录文献约 45 万篇。

② 学术出版与学术资源联盟(Scholarly Publishing and Academic Resources Coalition,SPARC,http://www.arl.org/sparc):学术出版与学术资源联盟创建于 1998 年 6 月,它是由大学图书馆和相关教学、研究机构组成的联合体,本身不是出版机构,目前成员已有

300多家,旨在致力于推动和创建一种基于网络环境的真正为科学研究服务的学术交流体系。

③ 科学公共图书馆(Public Library of Science,PLoS,http://www.plos.org):科学公共图书馆是一个科学家与医学家的非营利性组织,其目的是使全世界的科学与医学资源成为开放存取资源,该图书馆提供各种生物科学与医学文献。

④ 生物医学中心(BioMed Central,BMC,http://www.biomedcentral.com):BioMed Central 的130多种杂志包括《生物学杂志》等一般期刊,也包括专论某一个科目的专业期刊(如《BMC 生物信息学》《疟疾杂志》)。BioMed Central 的杂志发表的所有研究文章全都可以公开取阅,但同时 BioMed Central 也提供各种需要订阅的额外产品和服务。例如,某些 BioMed 杂志,如《基因组生物学》,发表只向订户开放的委托评审内容。

⑤ 海威出版社(HighWire Press,http://highwire.stanford.edu):HighWire Press 是全球最大的提供免费全文的学术文献出版商,于1995年由美国斯坦福大学图书馆创立。最初仅出版著名的周刊"Journal of Biological Chemistry"。截至2015年3月25日,已收录电子期刊1 856种,文章总数已达765多万篇,其中超过243多万篇文章可免费获得全文。这些数据仍在不断增加。通过该界面还可以检索 Medline 收录的4 500种期刊中的1 200多万篇文章,可看到文摘题录。HighWire Press 收录的期刊涉及生命科学、医学、物理学和社会科学。关于 HighWire Press 的使用方法参见本书第四章第八节。

⑥ Open J-Gate(http://www.openj-gate.com):Open J-Gate 提供基于开放获取期刊的免费检索和全文链接。它由 Informatics(India)Ltd 公司于2006年创建并开始提供服务。其主要目的是保障读者免费和不受限制地获取学术及研究领域的期刊和相关文献。Open J-Gate 系统地收集了全球约4 352种期刊,其中超过2 329种学术期刊经过同行评议,是目前世界最大的开放获取期刊门户之一。Open J-Gate 每日更新,每年有超过30万篇新发表的文章被收录,并提供全文检索。Open J-Gate 提供3种检索方式:快速检索(Quick Search)、高级检索(Advanced Search)和期刊浏览(Browse by Journals)。在不同的检索方式下,用户可通过刊名、作者、摘要、关键词、地址、机构等进行检索,检索结果按相关度排列。

⑦ 基因组数据库(Genome Database)(http://gdb.mirror.edu.cn/gdb):基因组数据库是为科学家提供人类基因组的百科全书。数据库通过不断修改和补充,以反映当前的科学知识。

第三节 OA 仓储

OA 仓储主要由学术研究团体、高等院校和政府研究机构建立,因此具有极高的学术参考价值。一般分为机构 OA 仓储和学科 OA 仓储两类。

一、OA 仓储概述

开放仓储库,即 Open Access Archives(或 Open Access Repositories),是 OA 开放存取的另一种实践方式,是一个为科学研究者提供电子版科技文献存储和检索的资源库。通过开放仓储库,科学研究者可以利用自我归档技术提交、存放自己发表的论文,甚至是未发表的文章,从而使其文献可以迅速、便捷地在其学科领域内被传播、检索和讨论,从而实现推动无障碍和快速学术交流的目的。

开放仓储库中的文献可以是预印本(Preprint),也可以是后印本(或勘误本,Postprint)。可以是期刊文献,也可以是会议论文、专著篇章或其他研究成果。预印本是指科研工作者的研究成果还未在正式出版物上发表,而出于和同行交流目的自愿先在学术会议上或通过互联网发布的科研论文、科技报告等文章。与刊物发表的文章以及网页发布的文章比,预印本具有交流速度快、利于学术争鸣、可靠性高的特点。后印本则是相对预印本的另一种电子文献形式,指已经在期刊或其他公开出版物上发表的文献。

根据内部资源的收录范围和对外开放程度,开放仓储库大致可以分为两类:学科OA开放仓储库和机构专属OA仓储库。学科OA开放仓储库产生于20世纪90年代,由在物理、计算机、天文学等自然科学领域内的学者开始在网上采取预印本的形式进行专题领域内的学术交流。一些学术组织自发地开始收集这些共享的学术信息,并将其整理后存放于服务器中供用户免费访问和使用,从而在网上建立起一个公开交流且自我更新研究成果的文档库,形成了学科文献开放仓储库。目前,很多开放仓储库沿袭了这种传统方式,其服务范围并不针对特定范围内的用户,而是对某一学科领域或多个学科领域的所有研究者开放,提供免费的文献存取和检索服务供读者交流、学习。机构专属OA开放仓储库(Institutional Repository)是近2年来发展相当迅速的开放仓储库新形式,它主要保存本机构内产出的学术成果,一般由大学、大学图书馆、研究机构、政府部门等创建和维护,并为特定部门或人员提供服务,这种方式保证了机构自身所有产出成果的完整性和连贯性,成为开放仓储库的主流发展趋势。

二、中国科学院机构知识库网格

中国科学院机构知识库网格(CAS IR GRID,其网址为 http://www.irgrid.ac.cn/)以发展机构知识能力和知识管理能力为目标,快速实现对本机构知识资产的收集、长期保存、合理传播利用,积极建设对知识内容进行捕获、转化、传播、利用和审计的能力,逐步建设包括知识内容分析、关系分析和能力审计在内的知识服务能力,开展综合知识管理。在2014年5月15日召开的全球研究理事会2014北京会议的新闻通气会上,中国科学院和国家自然基金委分别发布了《中国科学院关于公共资助科研项目发表的论文实行开放获取的政策声明》和《国家自然科学基金委员会关于受资助项目科研论文实行开放获取的政策声明》,要求得到公共资助的科研论文在发表后把论文最终审定稿存储到相应的知识库中,在发表后12个月内实行开放获取。"公共资助科研项目"指受各级公共财政经费以及以公共财政经费支持为主的单位或机构经费资助的科研项目,例如国家科研经费(自然科学基金,科技部"973"、"863"、科技支撑等计划,国家各个部委科技计划等)、各级地方政府及其部门科研经费、公共事业单位和公共经费为主支持的其他机构(例如公立大学等)科研经费资助的科研项目。这些项目产生的论文均应遵循中科院开放获取政策要求。这充分体现了我国科技界推动开放获取、知识普惠社会、创新驱动发展的责任和努力,也表明我国在全球科技信息开放获取中做出的重大贡献,会极大促进科技知识迅速转化为全社会的创新资源和创新能力,支持创新型国家建设。

CAS IR GRID 收集、发布与保存中国科学院机构知识库网络的数字化研究成果。CAS IR GRID 的内容是围绕研究所知识库来进行组织的。每个研究所知识库按照该研究所的部门和专题结构进行组织。用户可以在这里找到中科院下属研究所的论文、工作文档、预印本、技术报告、会议论文,以及不同数字格式的数据集。目前,中国科学院机构知识库网格已存储了中科院所属近100个单位或部门的科研工作者已发表在学术期刊或论文集上的研究论文(包括综述、评论等)。同时,鼓励科研人员把公共资助科研项目所产生的其他形式科技成果(例如科技报告、科研数据、科技专著、演示文档、音视频资料等)存储到机构知识库供共享(图5-3-1)。

图5-3-1 中国科学院机构知识库网格界面(选自2015年4月23日)

CAS IR GRID提供关键词检索和分类浏览2种查询功能。检索CAS IR GRID的所有内容,可以使用主页右上角的蓝色的检索框。要检索某一特定研究部门或专题的内容,则应首先转到该社群或专题所处的网页,而后再使用该页上的检索框进行检索或在高级检索界面下选定相关机构。在输入检索词时,在检索词两边输入英文双引号将进行精确检索。如检索作者=Yu R.,检索结果为作者含有Yu与R.的所有条目;而使用作者="Yu R."则只检索作者名称为Yu R.的条目。检索词间若有空格将默认使用AND连接各关键词,如检索题名=方法 研究,则检索结果为题名中既含方法又含研究2个关键词的所有条目(与各关键词在题名中所处的位置无关)。高级检索允许用户对多个检索项进行组合查询,各检索项间可使用AND、OR、NOT进行关联(图5-3-2)。

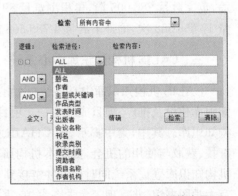

图5-3-2 CAS IR GRID高级检索界面
(选自2015年4月23日)

点击"检索"框右边的下拉箭头,选择某一个研究部门,就可将检索限定在该社群内进行。如果用户希望在CAS IR GRID的所有内容里进行检索,那么使用默认设置(默认设置为"所有内容中")即可。在"检索途径"下拉框中选定要检索的字段,在"检索内容"框中输入要检索的词或短语,点击"逻辑"下拉框"与"右边下拉框箭头,用户还可以选择布尔运算符来进行组合检索。点击"逻辑"下的"+"号或"-"号,可增加或删除检索组合项。"全文"下拉列表有"无限制""仅含全文""仅不含全文"。其中"无限制"是指满足查询条件的检索结果无论是否含有全文都显示出来,而"仅含全文"则只显示有全文的检索结果,"仅不含全文"则只显示不含全文的检索结果。选中"精确",将严格匹配查询参数值,否则将进行模糊查询。对于查询结果,可通过左侧的"分类导航"进一步缩小查询范围。检索时,必须按照顺序依次使用输入框。如果第一个"检索"框为空,系统将不会实施检索。

CAS IR GRID 还提供用户以特定的方式浏览条目的列表。

最新采集浏览:在主页上显示了 CAS IR GRID 中最新采集的 10 条数据。如果进入每个专题,还可以看到该专题最新采集的数据。

按研究所知识库列表浏览:用户可以按顺序浏览所有研究所知识库,还可以看到每个知识库下的部门和专题的内容。

按学科主题浏览:用户可以按照 CAS IR GRID 中所有条目的学科主题的字母顺序进行浏览。

按内容类型浏览:用户可以按照 CAS IR GRID 中所有条目的内容类型的字母顺序进行浏览。

按所有条目浏览:用户可以按照 CAS IR GRID 中所有条目的题名的字母顺序进行浏览。

按所有作者浏览:用户可以按照 CAS IR GRID 中所有条目的作者的字母顺序进行浏览。

条目的排序:点击列标题,可按该列字母进行顺序、倒序排序。

分类导航:针对所有浏览条目的详细统计,在站点、任一研究部门、主题首页显示该站点、研究部门、主题下面所有条目,按部门、内容类型、作者、发表日期等参数统计。通过它可以进一步缩小范围,辅助用户更快地定位自己想要浏览的条目。

截至 2014 年底,中国科学院机构知识库网格集成机构知识库 96 个,全文总量 477 308 篇,英文数量 280 005 篇,累积浏览量 89 395 802 次,累积下载量 11 388 766 篇次,国外浏览量 17 656 550 次,国外下载量 4 788 608 篇次,篇均下载 18.2 次。

三、CALIS 机构知识库中心系统

CALIS 机构知识库中心系统(网址:http://ir.calis.edu.cn/index)是"CALIS 三期机构知识库建设及推广"项目成果之一。项目的目标是建立"分散部署、集中揭示"的全国高校机构知识库。其中,集中揭示,即 CHAIR CENTRAL 的目的是,增加本机构学术研究成果被查找、获取与使用的机会,提高本机构研究成果的曝光度与影响力。另外,亦可透过中心的机构知识库登记系统同时检索并链接到全国各高校的相关学术研究文献资料。该项目由北京大学图书馆、北京理工大学图书馆、重庆大学图书馆、清华大学图书馆和厦门大学图书馆等 5 个示范馆联合建设。项目组与各高校协同工作,根据各高校的通用及特定需求,开发完成三套机构知识库系统:CALIS 机构知识库中心系统(CHAIR CENTRAL 版本)、CALIS 机构知识库本地系统开源版(CHAIR LOCAL 版本)和 CALIS 机构知识库本地系统自主开发版(CHAIR RISE 版本)。CALIS 机构知识库中心系统提供机构知识库注册、元数据收割与检索浏览服务。CALIS 机构知识库本地系统提供机构知识库建设平台,具有登录注册、提交审核、权限管理、用户管理、数据管理和检索浏览等功能。CHAIR 本地系统作为项目成果,免费提供给 CALIS 成员馆使用,并提供技术支持与服务。

目前,CALIS 机构知识库中心系统登记系统登记注册高校 33 个,收集元数据 85 732 条

（图 5-3-3）。

图 5-3-3　CALIS 机构知识库中心系统（选自 2015 年 4 月 23 日）

四、中国预印本服务系统

中国预印本服务系统（网址：http://prep.istic.ac.cn 或 http://prep.nstl.gov.cn）是由中国科学技术信息研究所与国家科技图书文献中心联合建设的以提供预印本文献资源服务为主要目的的实时学术交流系统，是国家科学技术部科技条件基础平台面上项目的研究成果。系统实现了用户自由提交、检索、浏览预印本文章全文、发表评论等功能。用户可以经过简单的注册后直接提交自己的文章电子稿，并在随后根据自己的需要和改动情况追加、修改所提交的文章。系统将严格记录作者提交文章和修改文章的时间，便于作者在第一时间公布自己的创新成果。由于中国预印本服务系统只对作者提交的文章进行简单审核，因而具有交流速度快、可靠性高的优点，避免了由于学术意见不同等原因而导致的某些学术观点不能公诸于众的遗憾。系统收录的预印本内容主要是国内科研工作者自由提交的科技文章，一般只限于学术性文章。科技新闻和政策性文章等非学术性内容不在收录范围之内。系统的收录范围按学科分为 5 大类：自然科学，农业科学，医药科学，工程与技术科学，图书馆、情报与文献学。除图书馆、情报与文献学外，其他每一个大类再细分为二级子类，如自然科学又分为数学、物理学、化学等（图 5-3-4）。

五、香港机构知识库

香港机构知识库（Hong Kong Institutional Repositories，HKIR，其网址为 http://hkir.ust.hk/hkir/)是一个机构知识库集成检索网关，提供了香港大学、香港中文大学、香港科技大学、香港城市大学等 8 所大学的机构知识库内容，该系统由香港科技大学图书馆开发与维护。目前,可检索到香港地区科研工作者 35 万条相关文献。其中期刊论文 166 021 篇，会议论文 108 743 篇，学位论文 40 909 篇，书目章节 15 517 章，著作 9 270 本，专利 2 328 个，陈述报告 1 032 篇，研究报告 715 篇，书评 572 篇。

图 5-3-4　中国预印本服务系统（选自 2015 年 4 月 23 日）

系统提供浏览导航和关键词检索 2 种查询模式。浏览导航可以按照收藏机构、内容类型、作者和主题分层展开。检索模式提供简单检索和高级检索 2 种查询方式（图 5-3-5）。

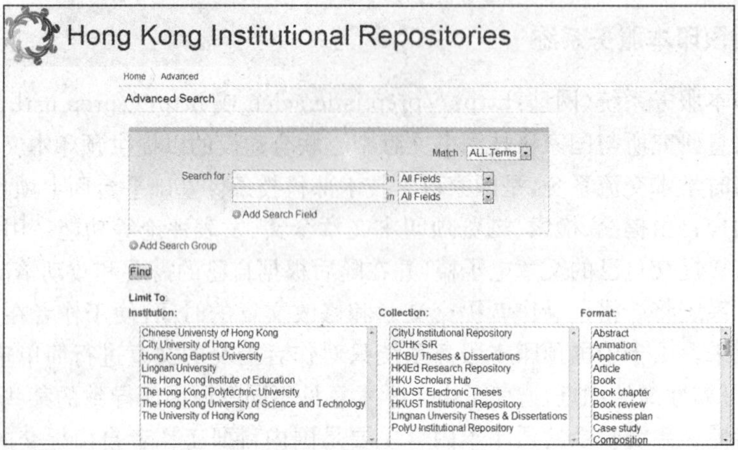

图 5-3-5　香港机构知识库集成门户（选自 2015 年 4 月 23 日）

六、台湾学术机构典藏

台湾学术机构典藏（Taiwan Academic Institutional Repository，简称 TAIR，其网址为 http://tair.org.tw/）是"国立"台湾大学图书馆建立的台湾学术成果入口网站，为台湾全体学术机构的共同成果。为彰显各参与学术机构的研究成果，TAIR 汇集各机构研究成果的书目资料（Metadata），使用者可以很方便地查询或浏览，同时可透过书目资料网址连结回原始学术机构之典藏系统，获取学术成果的全文资料，各参与机构可以很明确地展现其各自学术研究成果。

系统提供浏览导航和关键词检索 2 种查询模式。浏览导航可以按照浏览典藏机构、作者、题名、日期分层展开。检索模式提供简单检索和高级检索 2 种查询方式。

目前,TAIR有136家学术机构共同参与建设,其中一般大学57所,职业大学68所,其他机构11个。收录文献1 774 291篇(图5-3-6)。

图5-3-6　台湾学术机构典藏界面(选自2015年4月23日)

七、OpenDOAR

OpenDOAR(其网址为 http://www.opendoar.org/)是由英国的Nottingham大学和瑞典的Lund大学于2005年2月共同创建的开放获取仓储检索系统,提供全球最全面和权威的开放获取信息资源仓储库列表。它和ROAR、DOAJ一起构成当前网络开放获取学术信息资源(期刊论文、学位论文、会议论文、技术报告、专利、多媒体、预印本等)的重要平台。

OpenDOAR只收录那些提供用于学术研究的开放获取全文资源的机构知识仓储库,并人工检查申请收录的机构知识仓储库是否符合可开放获取全文学术资料,没有被OpenDOAR的机构知识仓储库收录的常见原因包括:网站经常无法访问;网站是一个电子期刊服务平台;网站不包含开放获取资源内容;网站仅提供元数据(书目)参考信息,或只链接到外部网站;网站实际上是馆藏目录或只许本地访问的电子图书的资源库;网站需要登录才能访问任何资料;网站需要订阅访问的专有数据库或杂志。

截至2015年4月,OpenDOAR收录了2 849个机构知识仓储库,用户可以通过关键词检索获取机构知识仓储库详细信息,并可通过学科主题、资料类型、机构类型、国别、语种等途径限制检索结果。检索结果包括机构知识仓储库名称及其描述、仓储库平台构建软件、收录文献量、收录文献主题和类型、收录文献语种、使用政策以及OpenDOAR ID和最近的OpenDOAR对该机构仓储库评估时间等信息(图5-3-7)。

用户还可以通过点击检索框下面的"Content Search"链接,使用Google Custom Search引擎在所有收录仓储库中检索获取全文(图5-3-8)。

八、OpenAIRE

OpenAIRE(Open Access Infrastructure for Research in Europe,网址:https://www.openaire.eu/)是一个欧盟研究项目,重点解决机构知识库、研究论文、研究数据之间的关联问题。

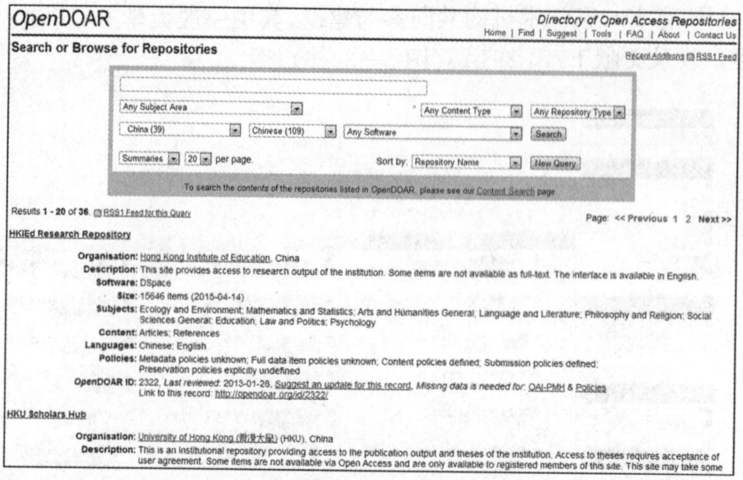

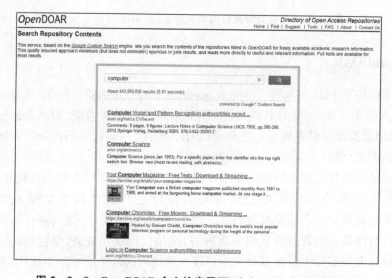

图 5-3-7　OpenDOAR 机构知识仓储库检索界面（选自 2015 年 4 月 23 日）

图 5-3-8　OpenDOAR 全文检索界面（选自 2015 年 4 月 23 日）

　　OpenAIRE 一期开始于 2009 年 1 月，是一个为期 3 年的项目，总投资 495 万欧元，旨在支持欧洲开放存取的实现，通过建立桌面帮助系统和门户及电子化基础设施，支持研究人员遵守 EC OA 开放存取试点以及帮助研究机构管理和探索机构仓储库的开发与利用。第二代 OpenAIRE，即 OpenAIREPlus 是一个 30 个月的项目，开始于 2011 年 1 月，总投资 514 万欧元，主要由欧盟第七框架计划资助，该项目汇集了 41 个泛欧洲的合作伙伴，包括 3 个跨学科研究的社区，使研究人员可以把 FP7 和 EAR 的资助的研究出版物存放到开放存取库，并提供科研成果与资助计划的交叉数据链接，通过 OpenAire 门户和 OpenAire 的协同网络进一步方便了整个欧洲科研成果的开放获取。该项目还积极利用其国际影响力在全球范围内推动建立机构仓储库通用标准和解决数据互操作性问题。2015 年 1 月，在原先的项目基础上，启动了为期 42 个月的 OpenAIRE2020 项目，总投资 1 313 万欧元，包括所有欧盟国家，超过 50 个合作伙伴，旨在促进和大幅度提高研究出版物的发现和数据的可重用性。OpenAIRE2020 项目汇集了来自图书馆的专业研究人员、开放的学术机构、网络基础设施和数据专家、IT与法律研究者等多种类型的力量,真正体现了欧洲开放存取努力的协同性。OpenAIRE平台将成为大范围汇集和互连全欧洲研究成果的重要基础设施。目前,OpenAIRE平台收录了593个数据库的10 689 527个出版物。

点击网站"Serach"菜单的"Find……"子菜单,可进入OpenAIRE的检索界面,OpenAIRE平台提供了快速导航浏览和关键词检索2种查询模式(图5-3-9)。

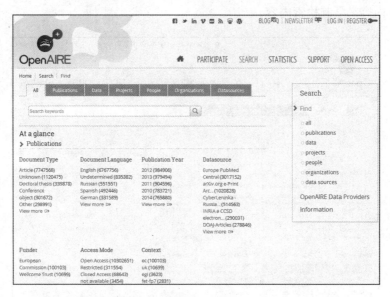

图5-3-9　OpenAIRE检索界面(选自2015年4月23日)

导航浏览检索分为"publications""data""projects""people""organizations"和"data sources"6个一级栏目,每个栏目又分多个二级子栏目。在浏览过程中,可以通过左边的栏目逐步过滤精炼查询结果(图5-3-10)。

图5-3-10　OpenAIRE浏览检索界面(选自2015年4月23日)

关键词检索提供简单检索和高级检索 2 种检索模式，简单检索一般可先在图 5-3-9 中选择点击"publications""projects""people""organizations"和"data sources"等子栏目，在检索框中输入关键词，同时可根据需要复选检索限制，执行检索命令即可（图 5-3-11）。点击图 5-3-11 的"More search options"链接，即可进入高级检索界面（图 5-3-12）。在高级检索过程中，可点击检索框右侧的"＋"，进行组合检索，也可以点击检索框下面的"edit"选项，复选检索内容来限制检索内容。

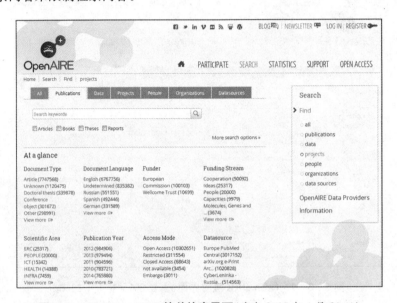

图 5-3-11　OpenAIRE 简单检索界面（选自 2015 年 4 月 23 日）

图 5-3-12　OpenAIRE 高级检索界面（选自 2015 年 4 月 23 日）

九、其他 OA 仓储库

1. 麻省理工学院数字空间（http://dspace.mit.edu/）
2. 哈佛大学机构库（http://dash.harvard.edu/）
3. 加利福尼亚大学机构收藏库（http://escholarship.org/）

4. 加州理工学院机构库(http://authors.library.caltech.edu/)
5. 康奈尔大学机构库(http://ecommons.library.cornell.edu/)
6. 弗吉尼亚理工大学机构库(http://scholar.lib.vt.edu/)
7. 卡耐基梅隆大学机构库(http://repository.cmu.edu/)
8. 剑桥大学机构知识库(http://www.dspace.cam.ac.uk/)
9. 澳大利亚国立大学科研成果库(http://eprints.anu.edu.au)
10. 日本机构知识库在线(http://jairo.nii.ac.jp/en/)

（蒋　葵）

第六章 循证医学信息检索

循证医学(Evidence-Based Medicine,EBM)即遵循证据的医学,是近20余年来在医学临床实践中发展起来的一门学科。它将预防医学中群体医学的理论应用于临床医学实践,旨在帮助临床医师在对患者进行诊断、治疗等决策之前收集充分的、最佳的、科学的证据。目前,循证医学的理念已基本渗透到所有医药卫生领域,如循证护理、循证公共卫生、循证内科、循证外科、循证儿科学、循证精神卫生等。循证医学的兴起,标志着医学实践的决策已经由单纯临床经验型进入遵循科学的原则和依据阶段。

第一节 循证医学概述

一、定义

循证医学因为需要而产生,在使用中得到发展,其定义也在不断完善,迄今最被广为接受的是 David Sackett 在 1996 年所下的定义,即循证医学是在制定病人的诊疗措施时要"慎重、准确和明智地应用当前所能获得的最佳证据来确定患者的治疗措施"。

所以,循证医学是有意识地、明确地、审慎地利用现有最好的证据制定患者的诊治方案,同时将最佳研究证据、医师的临床经验和患者的价值观三者完美结合,并在特定条件下得以执行的实用性科学。

二、历史与发展

20世纪70年代,以已故著名英国流行病学家、内科医师 Archie Cochrane(1901—1988)为代表的一批流行病学家经过大量的工作,提出只有不足 20% 的临床诊治措施被证明有效而非有害,并疾呼临床实践需要证据。1972 年,Cochrane 在其著作《疗效与效益:医疗保健中的随机对照实验》中明确指出:"由于资源终将有限,因此应该使用已被恰当证明有明显效果的医疗保健措施"。Cochrane 的这些观点很快得到了临床医生的认可、支持并付诸实践。80 年代,许多人体大样本随机对照试验结果发现,一些过去认为有效的疗法,实际上是无效或者利小于害,而另一些似乎无效的治疗方案却被证实利大于害,应该推广。例如心血管领域的临床试验证实,利多卡因虽纠正了心肌梗死后心律失常但增加了死亡率,而 β 阻滞剂在理论上纠正心律失常不及利多卡因,但实际上却能显著降低心肌梗死的死亡和再发。同样是在 80 年代初期,临床流行学发源地之一的 McMaster University,以 David L. Sackett 为首的一批临床流行病学家,在该医学中心的临床流行病学系和内科系率先对年轻的住院医师进行循证医学培训,取得了很好的效果。1992 年,David L. Sackett 教授及其同事正式提出了循证医学的概念。

同年,在英国成立了以 Archie Cochrane 博士姓氏命名的 Cochrane 中心。1993 年国际上正式成立了 Cochrane 协作网——Cochrane Collaboration,广泛地收集临床随机对照试验(RCT)的研究结果,在严格的质量评价的基础上,进行系统评价(Systematic Review)以及 Meta-分析(Meta-analysis),将有价值的研究结果推荐给临床医生以及相关专业的实践者,以帮助实践循证医学。

此后,循证医学在世界各地蓬勃发展,中国的循证医学事业也迅速发展起来。1996 年,上海医科大学中山医院王吉耀教授将 Evidence-Based Medicine 翻译为"循证医学",并在《中国临床医学》(原《临床》)杂志上发表了我国第一篇关于循证医学的文章《循证医学的临床实践》。1996 年,在四川大学华西医院(原华西医科大学附属第一医院)建立了中国循证医学中心。1999 年 3 月 31 日,中国循证医学中心经国际 Cochrane 协作网指导委员会正式批准注册成为国际 Cochrane 协作网的第 14 个中心,并且自 2002 年起在多所医学院校启动建设循证医学教育部网上合作研究中心的分中心。

三、实践循证医学的基本步骤

实践循证医学有 2 种模式:一是针对问题,查证用证;二是针对问题,创证用证。不管是哪种模式,都应遵从循证医学实践的 5 个步骤。

1. 提出明确的临床问题

临床问题大致可分为"背景"问题(Background questions)和"前景"(Foreground questions)。其中,前景问题是关于处理、治疗患者的专业知识问题,是临床问题的主要类型。好的临床问题通常包括 3 或 4 个基本成分,按 PICO 模式的原则确定。

① 患者或问题(Patient or problem,P):包括患者的诊断及分类。
② 干预措施(Intervention,I):包括暴露因素、诊断试验、预后因素、治疗方法等。
③ 对比措施(Comparison,C):与拟研究的干预措施进行对比的措施,必要时用。
④ 结局指标(Outcome,O):不同的研究选用不同的指标。

按照 PICO 模式可将复杂的临床案例进行分解,提取临床问题的关注点,有助于制定科学、具体和可操作的检索策略。

2. 检索当前最佳研究证据

基于提出的临床问题类型,按照证据分级的理念明确证据检索的思路,选择恰当的数据库,制定检索策略检索相关证据。一般首选二次研究证据的数据库资源,如高质量的系统评价及循证临床实践指南等。如果不能找到满足要求的,再查找相关的原始研究证据资源。

3. 严格评价,找出最佳证据

评价证据是实践循证医学至关重要的环节,主要从真实性、重要性和适用性 3 个角度对证据的质量进行评价。真实性是指研究方法是否合理、统计分析是否正确、结论是否可靠、研究结果是否支持作者的研究结论;重要性是从研究结果指标及具体数据来判断研究本身的临床价值;适用性是指研究结果和结论在不同地点和针对具体病例的推广应用价值。

4. 应用最佳证据,指导临床实践

将经过严格评价的研究证据,结合患者的特点及价值观,综合所处的医疗环境来指导临床实践,制定临床决策。

5. 后效评价循证实践的结果

评价应用当前最佳证据解决问题的效果,若成功即可指导进一步实践;反之,则应分析原因,针对问题进行新的循证研究和实践,直到止于至善。

(符礼平　陈亚兰)

第二节　研究证据的分类与分级

一、循证医学研究证据的分类

循证医学所遵循的证据按研究方法可分成原始研究证据和二次研究证据。

原始研究证据是对患者进行单个试验研究后所获得的第一手资料,进行统计学处理、分析和总结后得出的结论。原始研究证据包括观察性研究证据和试验性研究证据。观察性研究是未向研究对象施加干预措施的研究设计,包括队列研究(Cohort Study)、病例对照研究(Case Control Study)、横断面研究(Cross-sectional Study)等;试验性研究是给予研究对象干预措施的研究设计,包括随机对照试验(Randomized Control Trial,RCT)、交叉试验(Cross-Over Trial)、自身前后对照试验(Before-after Study in the Same Patient)等。

二次研究证据是全面收集某一临床问题的原始研究证据,进行严格评价、整合处理、分析总结后所得出的综合结论,是对多个原始研究证据再加工后得到的更高层次的证据。二次研究证据主要包括系统评价(Systematic Review,SR)、临床实践指南(Clinical Practice Guideline,CPG)、卫生技术评估(Health Technology Assessment,HTA)等。

下面介绍几种常用的研究证据类型:

1. 系统评价(SR)

系统评价是针对某一具体临床问题,尽可能全面搜集相关文献,并从中筛选出符合标准的文献,然后运用统计学的原理和方法,对这些文献进行全新的综合研究而产生的综合结论。

系统评价有别于一般的综述文献,它在收集文献的查全率、文献的质量以及分析文献的定量统计方法等方面均优于传统的综述,从而使研究结论更科学,减少了偏倚度。

2. Meta-分析(Meta-analysis)

Meta-分析是以整合研究数据为目的,将多个独立、针对同一临床问题、可以合成的临床研究综合起来进行定量分析。目前,系统评价常常与Meta-分析交叉使用,当系统评价采用了定量合成的方法对资料进行统计学处理时即称为Meta-分析。因此,系统评价可以采用Meta-分析,也可以不采用Meta-分析。

系统评价/Meta-分析属于二次研究证据,在所有临床研究结论中其可靠性最高。查找系统评价/Meta-分析这类证据常用的数据库有Cochrane Library、Ovid循证医学数据库等。

3. 随机对照试验(RCT)

随机对照试验是指采用随机分配的方法,将符合要求的研究对象分别分配到试验组或对照组,然后接受相应的试验措施,在一致的条件环境中同步研究,对试验结果进行测试和评价。

例如,为了评价糖克软胶囊(五味子提取物)治疗2型糖尿病(气阴两虚证)的疗效和安全性,入选了全国5个医院200例受试者,治疗组和对照组各100例。治疗组给予糖克软胶囊,对照组给予安慰剂软胶囊,疗程12周。通过研究相应指标的变化显示,糖克软胶囊治疗2型糖尿病有一定的降糖疗效,且安全性较好。

这类证据属于原始研究证据,在临床研究结论中其可靠性仅次于系统评价/Meta-分析。

4. 临床实践指南 CPG

临床实践指南是由各级政府、医药卫生管理部门、专业学会、学术团体等针对特定的临床问题,经系统研究后制定出的标准或推荐意见。可作为临床医师处理临床问题的参考性和指导性文件,是连接证据和临床实践的桥梁,有助于提高医疗服务质量,规范临床医生的医疗行为。

例如,中华医学会糖尿病学分会研制的《中国2型糖尿病防治指南(2013年正式版)》、美国心脏学院和美国心脏学会(ACC/AHA)联合其他学术组织发布的《2013版四项心血管疾病预防指南》等。

5. 卫生技术评估 HTA

卫生技术评估是指运用循证医学和卫生经济学的原理和方法系统全面地评价卫生技术的技术特性、临床安全性、有效性(效能、效果和生存质量)、经济学特性(成本—效果、成本—效益、成本—效用)及社会适应性(社会、伦理、法律影响),并提出综合建议,为各层次的决策者提供合理选择卫生技术的科学信息和决策依据,对卫生技术的开发、应用、推广与淘汰实行政策干预,从而合理配置卫生资源,提高有限卫生资源的利用质量和效率。

二、循证医学研究证据的分级

全球每年发表数百万篇医学文献,内容包罗万象,质量良莠不齐。要实现科学、高效的决策,使用者不必花费大量时间和精力去检索和评价证据质量(Quality of evidence),只需充分利用研究人员预先确立的证据分级标准和推荐意见,对海量文献进行分级,有助于决策者找寻最佳的研究证据。本节主要介绍目前被广泛接受和采纳的3种证据分级标准。

1. 证据金字塔

2001年,美国纽约州立大学下州医学中心推出证据金字塔(图6-2-1),在我国亦被称为"新九级"证据分级方法,它首次将动物研究和体外研究纳入证据分级系统,因其简洁明了,形象直观,得到了广泛传播。按照其分级标准,证据的级别从金字塔的底部到顶部逐层增加,即系统评价和Meta分析的级别最高。

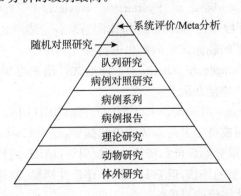

图6-2-1 证据金字塔(新九级证据分级方法)

2. 牛津大学循证医学中心证据分级方法

1998年，临床流行病学和循证医学专家Bob Phillips、Chris Ball及David Sackett等人共同制定了证据分级标准，发布于英国牛津大学循证医学中心的网站（http://www.cebm.net）。该方法首次在证据分级的基础上提出了分类概念，涉及病因、诊断、治疗、预防、危害、预后、经济学分析等7个方面，更具针对性和适用性，成为循证医学教学和循证临床实践中公认的经典标准，也是循证教科书和循证期刊使用最广泛的标准。2011年，Jeremy Howick、Paul Glasziou等专家对原有的证据分级方法进行了修正。

3. GRADE证据分级方法

2000年，包括WHO在内的19个国家和国际组织共同创立了GRADE（Grading of Recommendations Assessment, Development and Evaluation）工作组，由临床指南专家、循证医学专家、各权威标准的主要制定者及证据研究者通力协作，循证制定出国际统一的证据质量分级和推荐强度标准，于2004年正式发布，并于2011年进行了更新。

目前包括WHO和Cochrane协作网在内的74个国际组织、协会已经采纳GRADE标准（http://www.gradeworkinggroup.org/society/index.htm）。

（陈亚兰）

第三节　循证医学证据检索

循证证据检索的资源主要有循证医学数据库、综合性生物医学数据库、临床实践指南数据库、循证医学期刊及其他相关资源。

一、Cochrane图书馆（Cochrane Library, CL）

1. CL概述

CL是获取循证医学证据的主要来源，包含各种类型的证据，如系统评价、临床试验、卫生技术评估等。CL是Cochrane协作网的主要产品，由John Wiley & Sons公司负责以光盘和网络2种形式出版发行。CL旨在为临床实践和医疗决策提供可靠的科学依据和最新证据。

CL由多个数据库组成，主要包括以下6个数据库：

① The Cochrane Database of Systematic Reviews（CDSR; Cochrane Reviews）：Cochrane系统评价数据库收录由Cochrane协作网系统评价专业组在统一工作手册指导下完成的系统评价，并随着新的临床试验的产生进行补充和更新。有系统评价研究方案（Protocol）和系统评价全文（Completed Reviews）2种形式。用户可以免费浏览系统评价的摘要，只有注册并付费的用户才能获取全文。

② Database of Abstracts of Reviews of Effects（DARE; Other Reviews）：疗效评价文摘库收录非Cochrane协作网成员发表的系统评价的摘要，是对Cochrane系统评价的补充，由英国约克大学的国家卫生服务部评价和传播中心提供。DARE的特点是其系统评价的摘要包括了作者对系统评价质量的评估，但它只收集了评论性摘要、题目及出处，没有全文，而且不一定符合Cochrane系统评价的要求。

③ Cochrane Central Register of Controlled Trials（CENTRAL; Clinical Trials）：Cochrane 对照实验注册资料库收录协作网各系统评价小组和其他组织的专业临床试验资料以及来自 Medline 和 EMBase 书目数据库中的对照试验文章。仅提供标题、来源和摘要,不提供全文。

④ Cochrane Methodology Register(CMR;Methods Studies):Cochrane 方法学注册库主要收录有关临床对照试验方法和系统评价方法学的相关文献的书目信息。信息来源包括期刊文献、图书和会议录等。这些文献来源于 Medline 数据库和人工查找所得。

⑤ Health Technology Assessment Database(HTA;Technology Assessments):卫生技术评估数据库由英国约克大学 Centre for Reviews and Dissemination(CRD)编制,收集来自国际卫生技术评估协会网(INHTA)和其他卫生技术评估机构提供的已完成和正在进行的卫生技术评估。

⑥ NHS Economic Evaluation Database(Economic Evaluations):英国国家卫生服务系统卫生经济学评估数据库。由英国约克大学的证据评价与传播中心建立,收录成本效益、成本效能的分析等有关卫生保健的经济学评价的文献摘要,协助决策者基于经济学评价证据,制定高质量的临床决策和卫生政策。

2. 网络版 CL 的检索方法

通过网址登录 http://www.cochranelibrary.com/主页(图 6-3-1)。网站不仅提供 CL 最近一期的内容,还提供浏览(Browse)和检索(Search)2 种方式供用户查找 CL 的所有资源。检索方式包括基本检索(Basic Search)、浏览检索(Browse Search)、高级检索(Advanced Search)、主题词检索(MeSH Search)及检索管理功能(Search Manager)。

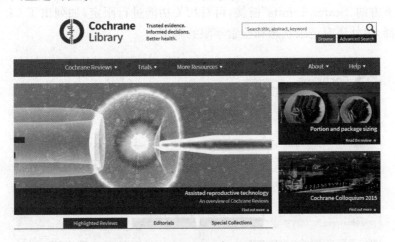

图 6-3-1　Cochrane Library 主页(选自 2015 年 3 月 26 日)

① CL 的浏览:CL 的浏览方式如图 6-3-2 所示,针对不同的资源提供不同的浏览方式。如 Cochrane Reviews 提供按照 Topic、Review Group、Highlighted Reviews 及 View Current Issue 等浏览方法,还可以对不同的数据库来源进行浏览。

② 基本检索:基本检索(图 6-3-3)一般用于查找比较简单的课题,如检索词较少、无须限定检索年限等。检索时可以在首页上方的输入框中输入检索词/式,点击检索按钮进行检索。系统默认在所有数据库的题名(Title)、摘要(Abstract)、关键词(Keyword)字段中检索,并在所有数据库中进行检索。

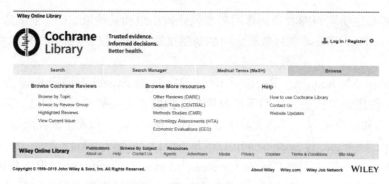

图 6-3-2　Cochrane Library 的浏览功能（选自 2015 年 3 月 26 日）

图 6-3-3　Cochrane Library 的基本检索（选自 2015 年 3 月 26 日）

③ 高级检索：高级检索（图 6-3-4）允许最多同时输入 5 个检索词，提供逻辑运算符 AND、OR、NOT 和检索字段的选择。下拉菜单中系统提供的检索字段包括 Search All Text、Record Title、Author、Abstract、Keywords、Title/Abstract/Keywords、Tables、Publication Type、Source、DOI（Digital Object Identifier）和 Accession Number 共 11 个。点击检索输入框下方的"Search Limits"链接，可对相关功能进行限定，如列出了 CL 的所有数据库供用户选择，另外还有记录状态和检索年限的限定。

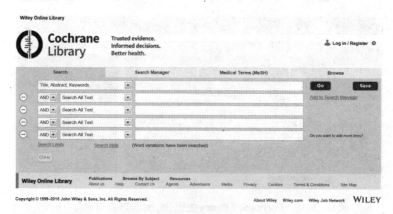

图 6-3-4　Cochrane Library 的高级检索（选自 2015 年 3 月 26 日）

④ MeSH 检索（MeSH Search）：MeSH 是 Medline 数据库的主题词表，它以树型结构揭示主题词之间的族性关系，可以提高信息检索的查全率和查准率。CL 的 MeSH 检索是利用 MeSH 词表来提高检索效率，获得更全更相关的证据。

MeSH 检索界面如图 6-3-5，在"Enter MeSH Term"检索词输入框内输入检索词，如"Back pain"，点击"Lookup"，即可查看对于该词的定义"Definition"和 MeSH 树。"Explode all trees"是扩展 MeSH 树进行检索，"Single MeSH terms（unexploded）"是只检索已选择的某一主题词。"Explode selected trees"可以选择上位主题词或下位主题词等多个主题词进行检索。

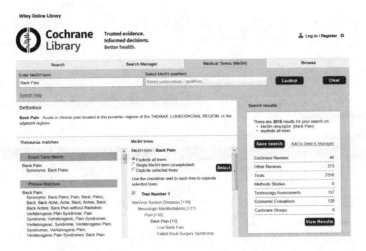

图 6-3-5 Cochrane Library 的 MeSH 检索（选自 2015 年 3 月 26 日）

二、Best Practice

1. Best Practice 概述

Best Practice(http://bestpractice.bmj.com)是《英国医学杂志》出版集团 BMJ 于 2009 年初推出的全新的循证医学在线临床决策支持工具，它完全整合了 Clinical Evidence"临床证据"中的临床治疗证据；还增添了由全球知名权威学者和临床专家执笔撰写的，以个体疾病为单位，涵盖基础、预防、诊断、治疗和随访等各个关键环节的内容，尤其收录上千种的临床疾病和上万种的诊断方法，以及 3 000 多项的诊断性检测和 4 000 多篇的诊断和治疗指南，均有比较高的参考价值。

2. Best Practice 检索方法

Best Practice 的检索方式包括"搜索题名"(Search)和"按疾病浏览"(Show Conditions)。疾病概述包括对患有该病的病人的完整临床管理信息：精粹(Highlights)、基础(Basics)、预防(Prevention)、诊断(Diagnosis)、治疗(Treatment)、随访(Follow up)和文献资料(Resources)。检索界面顶部的导航区域可以实现各部分内容的跳转，快速查找所需信息。

例如，在 Best Practice 数据库中查找治疗方案证据时，可选择不同检索方式，输入疾病名称(图 6-3-6)，然后选择类似的研究对象类型，确认患者群，最后查看证据推荐的治疗方案及其具体内容，从而进一步调整治疗决策(图 6-3-7)。

图 6-3-6 Best Practice 的检索界面（选自 2015 年 4 月 18 日）

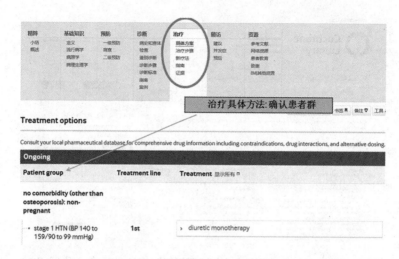

图 6-3-7 Best Practice 的检索结果界面(选自 2015 年 4 月 18 日)

三、临床实践指南

1. 美国国家指南交换中心

美国国家指南交换中心(National Guideline Clearinghouse, NGC)(http://www.guideline.gov)(图 6-3-8),是由美国 Agency for Healthcare Research & Quality、American Medical Association 和 American Association of Health Plans 主办的循证医学临床实践指南数据库,可提供全文,并提供检索、浏览和多个实践指南的比较等功能。

NGC 的检索分为基本检索、浏览检索和高级检索 3 种模式,每周更新。

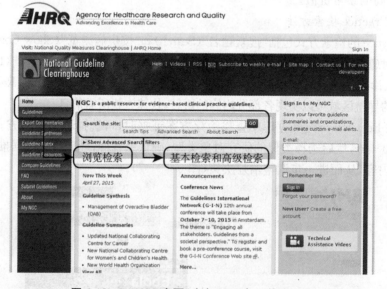

图 6-3-8 NGC 主页(选自 2015 年 4 月 18 日)

2. 英国国家临床优化研究所

英国国家临床优化研究所(National Institute for Health and Clinical Excellence, NICE)(http://www.nice.org.uk)成立于 1999 年,是一所独立的研究机构,负责制定英国国

家临床指南,旨在提高英国卫生保健系统的卫生服务质量。NICE的循证临床实践指南和其他信息产品有助于减少医学诊疗过程中的不确定性,提供最有效的诊断、治疗和预防的方法。

检索时可选用主页上的直接检索功能,或点击主页上的"Guidance",针对疾病类型、干预措施类型、发表时间等进行浏览和检索(图6-3-9)。

图6-3-9 NICE主页(选自2015年4月18日)

四、其他循证医学证据资源

1. PubMed

PubMed数据库隶属于美国国立医学图书馆(NLM)的国家生物技术信息中心(NCBI),网址为http://www.ncbi.nlm.nih.gov/pubmed,是生物医学领域权威的数据库。

在PubMed中,针对循证医学证据的检索提供了多种方法,下面主要介绍2种方法。

① 通过定制功能进行限定:在输入框中输入检索词后,如"Diabetes",可以通过左侧导航区域"Article types"下面的"Customize"按钮,对文献类型进行定制筛选。选项卡中包括所有文献类型(Article types),如 Clinical Trial(临床试验)、Meta-Analysis(Meta-分析)、Practice Guideline(实践指南)和 Randomized Controlled Trial(随机对照试验)、Systematic Reviews(系统评价)等类型可供选择(图6-3-10)。

选中后点击"show",所选的文献类型便显示在导航区域中(图6-3-11)。选中指定文献类型后,系统将从之前的结果中自动筛选出符合要求的检索结果。

② 通过 Clinical Queries(临床查询):采用检索过滤器,由有关专家在检索系统中预设了针对有关临床问题的检索策略。只需在输入框中输入疾病名称或干预手段等检索词,然后点击"Search",即可获取涉及临床的 Etiology、Diagnosis、Therapy、Prognosis 或 Clinical prediction guides 等类型的系统评价、Meta-分析、临床试验、指南等循证医学类证据。

例如,在 Clinical Queries 中,输入"Diabetes AND cancer"(图6-3-12),得到系统评价984篇,临床试验9 985篇,医学遗传学研究5 375篇。如果觉得临床试验结果太多,可将"Scope"从"Broad"换成"Narrow"缩小范围。

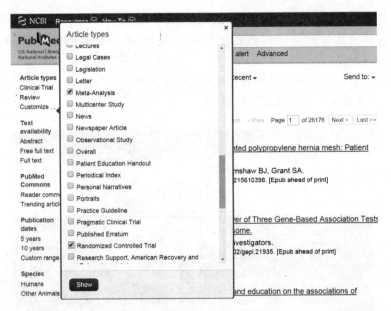

图6-3-10 PubMed中的文献类型定制选择界面(选自2015年4月18日)

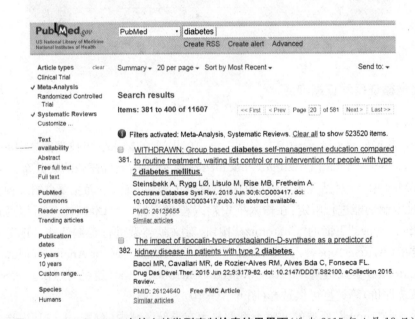

图6-3-11 PubMed中的文献类型定制检索结果界面(选自2015年4月18日)

2. TRIP Database

TRIP(Turning Research Into Practice)意为将研究结果运用于实践,该网站(http://www.tripdatabase.com)于1997年正式运行,收录多个高质量医学信息资源,既可直接检索高质量的二次研究证据,也可检索原始研究证据。用户直接输入检索词,即可进行简单检索,TRIP同时提供高级检索方式。

例如,利用高级检索方式,以题名检索"diabetes"和"exercise",限定检索时间:2010—2015(图6-3-13)。Trip Database检索特点是借鉴循证医学问题的组成部分,提供了"PI-CO"检索,用户可在对应部分输入检索词,快速找到特异度高的检索结果。Trip Database检

· 278 ·

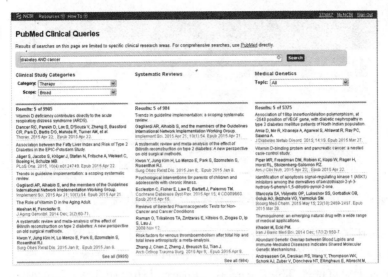

图 6-3-12 Clinical Queries 的结果显示界面(选自 2015 年 4 月 18 日)

索结果界面默认是证据(Evidence)类型,还可以查看图片资料(Images)、视频(Videos)、健康教育材料(Education)等有关信息。

图 6-3-13 Trip Database 的检索结果显示界面(选自 2015 年 4 月 18 日)

3. 中国生物医学文献数据库(CBM)

中国生物医学文献数据库(China Biology Medicine disc,CBMdisc)是由中国医学科学院医学信息研究所研制开发的综合性中文医学文献数据库(图 6-3-14),收录 1978 年以来 1 800 多种中国生物医学期刊,以及汇编、会议论文的文献题录 800 余万篇,是检索国内生物医学资源的主要工具之一,全部题录均进行主题标引和分类标引等规范化加工处理。它检索入口多,检索功能完备,尤其是多种词表辅助检索功能对检索循证医学证据有较大帮助。目前,年增文献 50 余万篇,每月更新。

综上所述,循证医学的证据检索可按照证据的种类分为原始研究证据检索和二次研究证据检索。研究者为了撰写系统评价或 Meta-分析,需要掌握大量的原始研究证据,如随机对照试验、交叉试验、队列研究等,用于统计分析。这类检索属于原始研究证据的检索,可选择 PubMed、EMBase、CBM 等生物医学文献数据库和各类临床试验数据库。

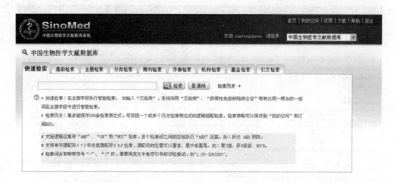

图 6-3-14　中国生物医学文献数据库(CBM)主页（选自 2015 年 4 月 18 日）

研究者在临床医疗、临床科研过程中,可以通过查阅二次研究证据来指导医疗实践行为,帮助科研选题。二次研究证据有系统评价、Meta-分析、临床实践指南、卫生技术评估等。检索这类证据时可选择 The Cochrane Library、Trip Database、PubMed 和临床实践指南等。

（陈亚兰）

第七章　引文信息检索

全世界每年发表几百万篇科技文献,而且每篇文献都不是孤立的,文献之间相互影响、相互联系、相互引用,构成一个巨大的文献网,为人们提供了关联度极高的文献资源空间。

第一节　引文概述

一、引文

1. 概念

引文即科技文献所引用的参考文献,是指为撰写或编辑科技文献而引用或参考有关文献资料的著录,通常附在论文、图书章节之后,有时也以注释(附注或脚注)形式出现在正文中。1961 年,ISI 的创始人 Dr. Eugene. Garfield 创造性地提出了"引文"这个概念,并构造了独具特色的引文检索法。

2. 引文的作用

(1) 提供查找相关文献的线索。在对某一研究课题进行文献调研时,常会以 1~2 篇文献为起点,通过查找其引用的参考文献以获取更多的相关文献。

(2) 表达对被引作者的尊重。在进行科学研究时,任何人都会不可避免地从他人的文献中汲取营养。将参考的文献以引文的形式作为自己文献的一部分,是对被引作者的尊重,同时反映文献作者的科学态度。

(3) 反映文献作者的信息能力和文献的起点深度。从一篇文献的引文数量、引文发表时间、引文来源文献质量等方面,可以考察文献作者是否具有很强的获取信息的能力,也可以考察文献研究内容的新颖性和质量的高低。

(4) 有助于开展文献计量学研究,实现对科技文献的评价。对引文进行分析是文献计量学的重要研究内容。科技期刊的总被引频次和影响因子已成为评价科技文献和科技期刊质量高低的重要指标。

二、引文索引

1. 概念

引文索引是一种以科技期刊、专利、专题丛书、技术报告等文献资料所发表的论文之后所附的参考文献的作者、题目、出处等内容,按照引证与被引证的关系进行排列而编制的索引。

2. 引文索引的作用

引文索引法是对传统检索系统的补充。它从文献之间相互引证的角度,提供了一种新的检索途径。这种独特的索引系统,既能揭示作者何时在何刊物上发表了何论文,又能揭示某篇论文曾经被哪些研究人员在何文献中引用过。它不仅能像其他的检索系统一样反映出收录的出版物在一定时间内所发表的文献,而且还能反映大量有关的早期文献。

引文索引之所以在科学研究中具有重要的作用,就在于它揭示了科技文献之间引证与被引证的关系,展示了科技文献内容之间的相互联系。这种索引由于遵循了科学研究之间承前启后的内在逻辑,从而在检索过程中大大降低了检索结果的不相关性。借助引文索引,可以应用循环法不断扩大检索范围,以获取越来越多的相关文献。

三、引文分析法

1. 概念

引文分析法,就是利用各种数学和统计学的方法以及比较、归纳、抽象、概括等逻辑方法,对科学期刊、论文、著者等分析对象的引用和被引用现象进行分析,以揭示其数量特征和内在规律的一种文献计量研究方法。总被引频次和影响因子是 2 种常用的评价指标。

2. 总被引频次

总被引频次是指某期刊创刊以来所登载的全部论文在统计当年被引用的总次数。这是一个客观实际的评价指标,显示该期刊论文被使用和受重视的程度,以及在科学交流中的作用和地位。就某篇论文而言,被引用的次数越多,说明该论文受人关注的程度越高,它对本学科及其相关领域的影响也就越大,其学术影响力越大,在一定程度上体现了论文的学术质量和学术价值。

3. 影响因子

影响因子是 E.加菲尔德于 1972 年提出的,现已成为国际上通行的期刊评价指标,即某期刊前 2 年发表的论文在统计当年的被引用总次数除以该期刊在前 2 年内发表的论文总数。该指标是相对统计值,可克服期刊由于载文量不同所带来的偏差。一般来说,期刊的影响因子越大,其学术影响力也越大。

计算公式为:

$$影响因子 = \frac{该刊前 2 年发表论文在统计当年被引用的总次数}{该刊前 2 年发表论文总数}$$

四、我国引文检索技术的发展

我国引文检索技术的发展经历了以下 3 个阶段。

1. 依附在期刊论文库中的引文检索

这是我国引文检索技术发展的初级阶段,主要特点是没有独立的引文数据库,引文检索只是通过在期刊论文库中设置"引文"或"参考文献"检索字段得以进行,如 CNKI《中国期刊全文数据库》中的"参考文献"字段。

在期刊论文库中选择参考文献为检索途径,输入一个检索词(可以是姓名或其他有意义的词),那么该检索词出现在作为结果的每一篇论文最后参考文献中的作者姓名、文章篇名或出版物名称部分。这种方法最突出的缺点就是不能区分同名同姓的作者,而且将作者姓名、文章篇名和出版物名称三部分混为一个整体。

2. 独立的引文数据库

本阶段引文检索技术的主要特点是建立了独立的引文数据库,并将参考文献中的作者姓名、文章篇名和出版物名称设置为3个独立的检索字段,提高了检索结果的准确率。本阶段技术的典型代表为重庆维普公司的《中文科技期刊数据库(引文版)》。

虽然,与初级阶段相比,独立的引文数据库有了较大的进步,但由于这类数据库可提供的检索字段仅限于被引文献的作者姓名、文章篇名和出版物名称,所以检索者无法进行对被引文献其他字段信息的检索,并且仍不能区分同名同姓的作者。

3. 与期刊论文库相联的引文数据库

目前,网络中有很多知识服务平台,它们实现了在同一平台中不同数据库间的跨库检索。利用这种技术开发的引文数据库可以实时地与同平台的期刊库链接,以获取关于被引文献的全部信息,彻底改变了前述两个阶段的引文检索局限于参考文献著录内容的局面。这类引文数据库可提供的检索字段和期刊论文库一样丰富。本阶段技术的典型代表为中国知网 CNKI 的《中国引文数据库》。

当前,世界上最著名的引文检索工具是美国的《科学引文索引》及其扩展版,我国国家科技图书文献中心的《国际科学引文数据库》也为查询外文引文信息提供了方便。用于查找中文文献被引用情况的主要工具是 CNKI 的《中国引文数据库》和《维普期刊资源整合服务平台》(文献引证追踪),因2个数据库收录的期刊不尽相同,故它们提供的被引情况统计可形成互补。

第二节 《中国引文数据库》

一、数据库简介

中国知网 CNKI 的《中国引文数据库》(Chinese Citation Database,简称 CCD)收录了中国学术期刊(光盘版)电子杂志社出版的所有源数据库产品的参考文献,涉及期刊类型、学位论文类型、会议论文类型、图书类型、专利类型、标准类型、报纸类型等超千万次被引文献。该库通过揭示各种类型文献之间的相互引证关系,不仅可以为科学研究提供新的交流模式,同时也可以作为一种有效的科学管理及评价工具。在真实、客观、公开、全面地反映学术文献生产、传播的理念下,CCD 为各方面研究人员提供了引文检索平台和统计分析平台,从引文分析的角度为用户提供一个客观、规范、正确的综合评价分析工具,使得用户能够全面、系统地了解分析对象,能够从定量的角度综合判断分析对象的学术综合实力,从而促进期刊文献质量和科研绩效管理水平的提高。

CNKI 的源数据库包括中国学术期刊全文数据库、中国博士学位论文全文数据库、中国优秀硕士学位论文全文数据库、中国重要会议论文全文数据库等。

二、数据库登录

从网址"http://www.cnki.net"登录中国知网主页(图 7-2-1),进入首页左侧的"资源总库"栏目,在其页面右下方点击"中国引文数据库",进入该库的检索界面(图 7-2-2)。该库具有与 CNKI 期刊库、学位论文库等相同的检索风格。

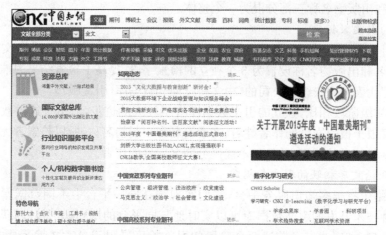

图 7-2-1　CNKI 主页（选自 2015 年 5 月 4 日）

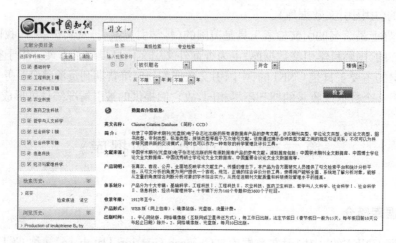

图 7-2-2　中国引文数据库主页（选自 2015 年 5 月 4 日）

三、检索方法

1. 基本检索

中国引文数据库默认的检索方法即基本检索，如图 7-2-2 所示。基本检索界面包括如下功能。

（1）选择学科领域

与 CNKI 期刊库相同，共分为 10 大专辑：基础科学、工程科技Ⅰ、工程科技Ⅱ、农业科技、医药卫生科技、哲学与人文科学、社会科学Ⅰ、社会科学Ⅱ、信息科技和经济与管理科学。10 专辑下分为 168 个专题和近 3 600 个子栏目。点击专辑名称前的"＋"，可打开下一级的类目。当出现的类名前没有"＋"，即表示该类已是最小类目，不可继续往下细分。

（2）检索条件输入框的增加和减少

点击检索条件输入区域的"加号（＋）"一次，即增加一行检索条件输入框，最多可增加到 5 行（图 7-2-3）。点击"减号（－）"一次，即减少一行检索条件输入框，最少要保留一行。每一行包括 2 个检索词输入框。

图7-2-3 中国引文数据库的基本检索(选自2015年5月4日)

(3) 逻辑关系

引文库用"并且""或者""不含"分别表达 AND、OR、NOT 逻辑关系。

(4) 检索字段

共提供8个检索字段:被引题名、被引作者、被引第一作者、被引单位、被引来源(如被引刊名、被引会议录名称)、被引文献关键词、被引文献摘要和被引文献分类号。选择一个检索字段可对应输入2个检索词。

(5) 时间范围设定

被引文献发表的时间范围设定。默认是数据库收录的所有时间,从1915年至今。

2. 高级检索

点击检索条件输入区域上方的"高级检索"按钮,进入高级检索界面(图7-2-4)。该界面默认显示4行检索条件输入框,通过点击"加号(+)"最多可增加到7行。

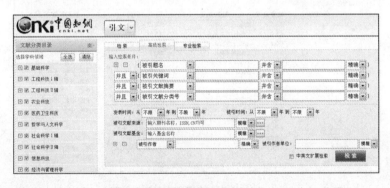

图7-2-4 中国引文数据库的高级检索(选自2015年5月4日)

高级检索与基本检索的使用方法大部分相同,不同之处如下所述。

(1) 检索字段

高级检索的字段下拉列表中只提供4个选项:被引题名、被引文献关键词、被引文献摘要和被引文献分类号。将原属于基本检索字段下拉列表中的被引作者、被引第一作者、被引单位和被引来源放置到了页面中单独列出。除此之外,高级检索增加了"被引文献基金"检索字段。

(2) 时间范围设定

高级检索设置了2种时间的设定,分别是文献发表时间和文献被引时间。

3. 专业检索

点击检索条件输入区域上方的"专业检索"按钮,进入专业检索界面(图7-2-5)。专业检索即利用检索词、检索字段代码、逻辑关系符和优先符(即小括号)等构造检索式直接进行检索。专业检索适用于图书情报专业人员开展查新、信息分析等工作,要求掌握娴熟的检索式构建能力。

检索字段代码和检索式举例见图7-2-5中检索式输入框下方区域。点击输入框右侧的"检索表达式语法",可查看更多的检索表达式举例(图7-2-6)。

图7-2-5 中国引文数据库的专业检索(选自2015年5月4日)

图7-2-6 专业检索表达式语法(选自2015年5月4日)

四、检索结果

假设"检索《中华医学杂志》2010年发表的论文被引用的情况"。检索条件输入和检索结果显示分别见图7-2-7和图7-2-8。

1. 检索结果分组

如图7-2-9所示,数据库可以按学科、发表年度、研究层次、基金、作者和机构对检索结果进行分组浏览。数据库默认按发表年度对检索结果进行分组,点击某个年份可查看该年份的结果。

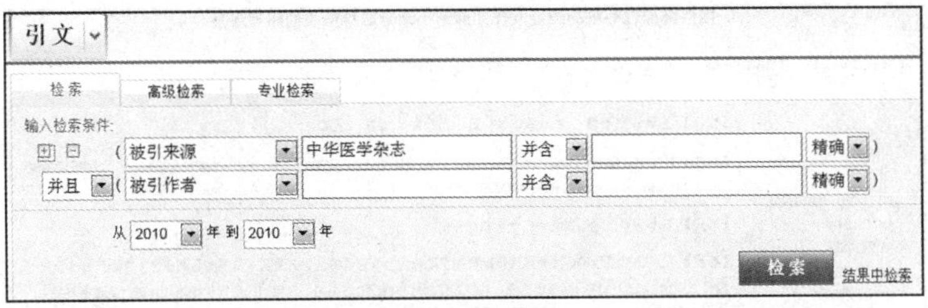

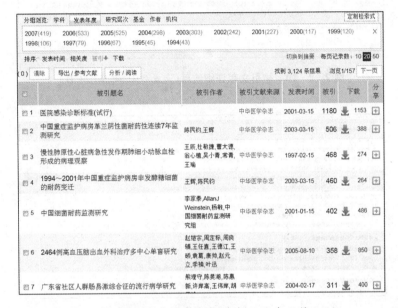

图7-2-7 引文库检索条件输入举例(选自2015年5月4日)

图7-2-8 引文库检索结果(选自2015年5月4日)

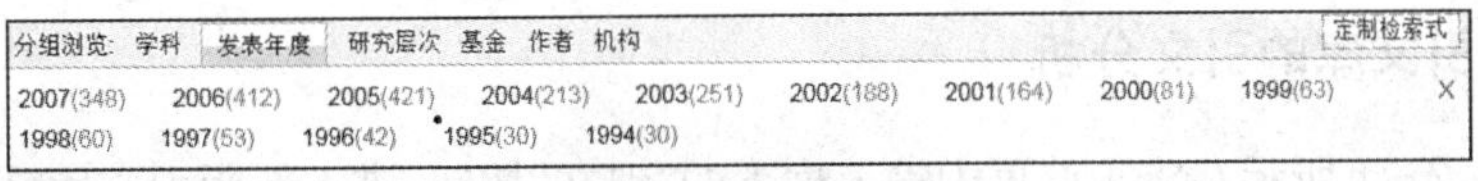

图7-2-9 引文库检索结果分组浏览(选自2015年5月4日)

2. 检索结果排序

数据库提供按发表时间、相关度、被引次数或下载次数对检索结果进行排序,默认按被引次数进行排序。

3. 检索结果列表

如图7-2-8所示,检索结果列表包括多选框、记录顺序号、被引文献题名、被引作者、被引文献来源、文献发表时间、文献被引次数、文献被下载次数等信息。其中,点击被引文献题名打开该文献的详细信息页面(图7-2-10)。点击文献被引次数打开引用该文献的引证文献(图7-2-11)。引证文献来自于CNKI期刊库、学位论文库和会议论文库。

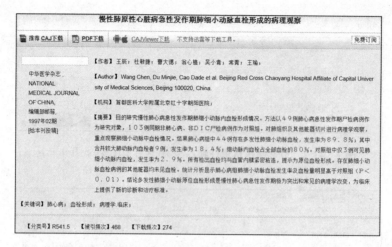

图 7-2-10 被引文献详细信息(选自 2015 年 5 月 4 日)

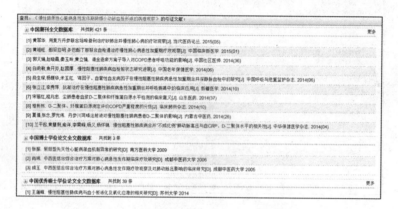

图 7-2-11 引证文献列表(选自 2015 年 5 月 4 日)

五、新版引文库的引文分析

点击图 7-2-1 所示 CNKI 首页中输入框下的"引文"按钮,进入新版引文库(图 7-2-12)。

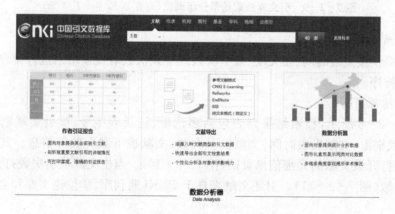

图 7-2-12 CNKI 新版引文库(选自 2015 年 5 月 4 日)

新版引文库除了被引信息检索功能外,还提供了强大的引文分析功能,简单介绍如下:
1. 作者引证报告
① 检索指定对象全部的被引文献;② 剖析该对象文献被重要文献引用的详细情况;③ 可打印客观、准确的引证报告。
2. 文献导出
① 涵盖 8 种文献类型的引文数据:期刊论文、学位论文、会议论文、报纸、图书、专利、标准和年鉴。② 快速导出全部引文检索结果。导出格式有参考文献格式、CNKI E-Learning、Refworks、EndNote、BIB 和纯文本格式等。③ 对指定对象的学术影响力进行个性化分析。
3. 数据分析器
可面向对象提供统计分析数据,用图形直观显示同类对比数据,多维多角度客观揭示学术情况。
(1) 作者分析器
统计学者的各年发文量、下载频次、被引频次和 H 指数等,分析作者间的合作和互引关系,揭示其研究热点和趋势等。
H 指数:是从引证关系上评价学术实力的指标,是指被统计对象至多有 H 篇论文分别被引用了至少 H 次。
(2) 机构分析器
统计分析某一科研机构的学术产出和学术影响力,以及基金资助情况,也可与其他同行机构对同一指标进行比较分析。
(3) 期刊分析器
统计分析一种或多种期刊的出版、基金资助和被引情况,跟踪影响因子等评价指标的变化趋势,揭示期刊间的互引关系,了解期刊的价值。
(4) 基金分析器
针对某一科研基金,统计其资助的论文产出和被引情况,分析基金资助的学科范围和各省分布情况,以及重点资助的科研机构等,认识基金的作用和价值。
(5) 地域分析器
统计分析中国各省的学术产出和学术影响力,了解科研基金的使用情况,以及各学科的人才分布状况,也可与其他省份对同一指标进行比较分析。
(6) 出版社分析器
针对出版社,统计各年的出版情况,揭示出版社的各年被引频次的变化趋势,以及计算 H 指数等指标。
4. 高被引排序
数据库提供了按作者、期刊、院校、医院、文献和学科进行高被引排序,如图 7-2-13 所示。
5. 新版引文库的检索方法
新版引文库的基本检索和高级检索界面分别如图 7-2-14 和图 7-2-15 所示。详细检索方法请参见 CNKI 其他数据库的介绍,在此不再重复。

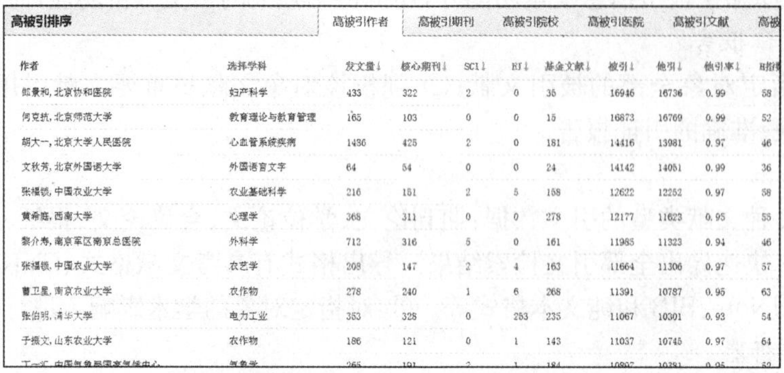

高被引排序 | 高被引作者 | 高被引期刊 | 高被引院校 | 高被引医院 | 高被引文献 | 高被

作者	选择学科	发文量↓	核心期刊↓	SCI↓	EI↓	基金文献↓	被引↓	他引↓	他引率↓	H指数
郎景和,北京协和医院	妇产科学	433	322	2	0	35	16946	16736	0.99	58
何克抗,北京师范大学	教育理论与教育管理	165	103	0	0	15	16873	16769	0.99	52
胡大一,北京大学人民医院	心血管系统疾病	1436	425	2	0	181	14416	13981	0.97	46
文秋芳,北京外国语大学	外国语言文字	64	54	0	0	24	14142	14051	0.99	36
张福锁,中国农业大学	农业基础科学	216	151	2	5	158	12622	12252	0.97	58
黄希庭,西南大学	心理学	368	311	0	0	278	12177	11623	0.95	55
黎介寿,南京军区南京总医院	外科学	712	316	5	0	161	11965	11323	0.94	46
张福锁,中国农业大学	农艺学	208	147	2	4	163	11664	11306	0.97	57
曹卫星,南京农业大学	农作物	278	240	1	6	268	11391	10787	0.95	63
张伯明,清华大学	电力工业	353	328	0	253	235	11067	10301	0.93	54
于振文,山东农业大学	农作物	186	121	0	1	143	11037	10745	0.97	64
丁一汇,中国气象局国家气候中心	气象学	265	191	2	1	184	10897	10381	0.95	52

图 7-2-13　**CNKI 新版引文库高被引排序**(选自 2015 年 5 月 4 日)

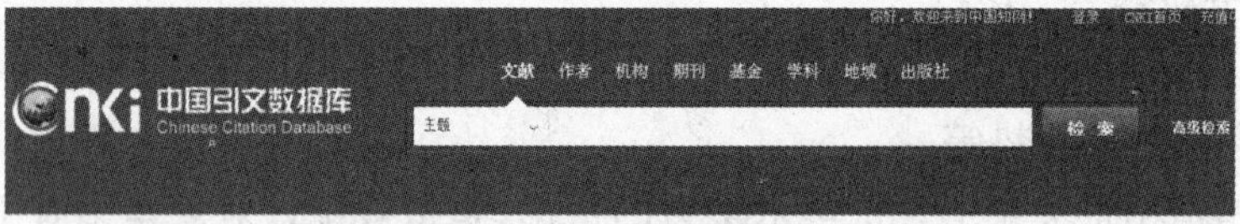

图 7-2-14　**CNKI 新版引文库基本检索**(选自 2015 年 5 月 4 日)

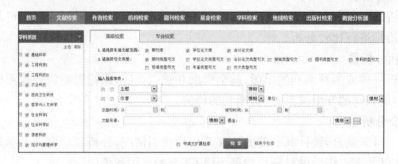

图 7-2-15　**CNKI 新版引文库高级检索**(选自 2015 年 5 月 4 日)

第三节　《维普期刊资源整合服务平台》(文献引证追踪)

一、数据库简介

文献引证追踪是重庆维普公司期刊资源整合服务平台的重要组成部分,是目前国内规模最大的文摘和引文索引型数据库。该产品采用科学计量学中的引文分析方法,对文献之间的引证关系进行深度数据挖掘,除提供基本的引文检索功能外,还提供基于作者、机构、期刊的引用统计分析功能,可广泛用于课题调研、科技查新、项目评估、成果申报、人才选拔、科研管理、期刊投稿等用途。该功能模块现包含维普所有的中文科技期刊数据,引文数据回溯加工至 2000 年,除帮助客户实现强大的引文分析功能外,还采用数据链接机制实现到维普资讯系列产品的功能对接,极大提高资源利用效率。

二、数据库登录

维普期刊资源整合服务平台面向付费用户开放。用户需通过单位提供的链接进入该平台(图7-3-1)。点击检索区域上端的"文献引证追踪"按钮,进入图7-3-2所示的引文检索界面。

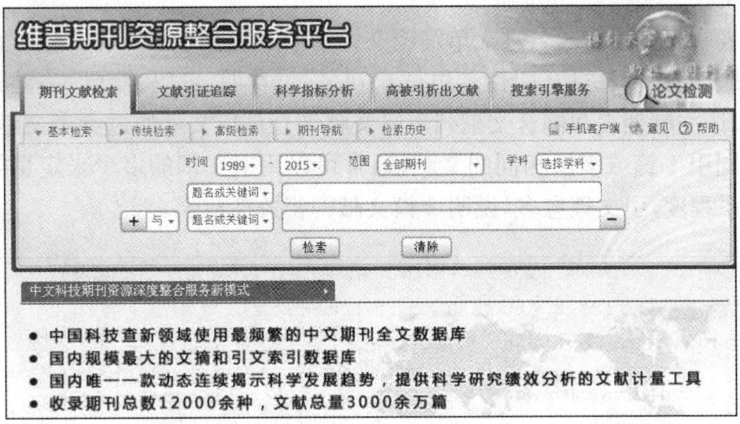

图7-3-1 维普期刊资源整合服务平台首页(选自2015年5月4日)

图7-3-2 维普文献引证追踪页面(选自2015年5月4日)

三、检索方法和检索结果

维普期刊资源整合服务平台的"文献引证追踪"提供了基本检索、作者索引、机构索引和期刊索引等4种检索方法。

1. 基本检索

(1)基本检索条件设置

① 论文发表时间范围 数据库默认为1989年至今,可根据需要进行设定。

② 选择学科 默认在数据库提供的35个学科中进行检索,可根据需要选单个或多个学科进行检索,缩小查询范围,提高查准率。

③ 检索字段 可选字段包括题名/关键词、题名、关键词、文摘、作者、机构、刊名、参考文献。

④ 逻辑运算符 提供了与、或、非三个选项。

（2）基本检索结果

如图 7-3-3 所示,基本检索结果页面可查看结果总数和所用的检索策略。检索结果列表中包含多选框、记录顺序号、论文题名、显示文摘按钮、作者、发表年份、论文出处（刊名、年卷期、页码）、被引量。

点击每篇论文的被引量数字,可打开每篇论文的引证文献列表,即查看引用了当前论文的所有施引论文。

在结果列表中点击论文题名进入单篇论文详细信息页面（图 7-3-4）。该页面提供的信息包括论文题名、作者、机构（即作者单位）、刊名、年卷期、页码、摘要、关键词、分类号、参考文献列表、引证文献列表和耦合文献列表。文献耦合是指文献通过参考文献进行的耦合,是指 2 篇论文同引 1 篇或多篇相同的文献,通常可以用引文耦的多少来定量测算 2 篇文献之间的静态联系程度,引文耦愈多,说明 2 篇文献的相关性愈强。

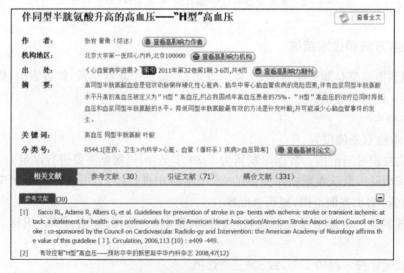

图 7-3-3　维普文献引证追踪基本检索结果（选自 2015 年 5 月 4 日）

图 7-3-4　维普文献引证追踪单篇论文详细信息（选自 2015 年 5 月 4 日）

另外,单篇论文详细信息页面还提供以下 4 个按钮:

①“查看高影响力作者”:点击该按钮,可查看如图 7-3-5 所示的按作者被引量从高到低排序的作者列表。

②“查看高影响力机构”:点击该按钮,可查看如图 7-3-6 所示的按机构被引量从高到低排序的机构列表。

③“查看高影响力期刊”:点击该按钮,可查看如图 7-3-7 所示的按期刊被引量从高到低排序的期刊列表。

④“查看高被引论文”:点击该按钮,可查看如图 7-3-8 所示的按论文被引量从高到低排序的论文列表。

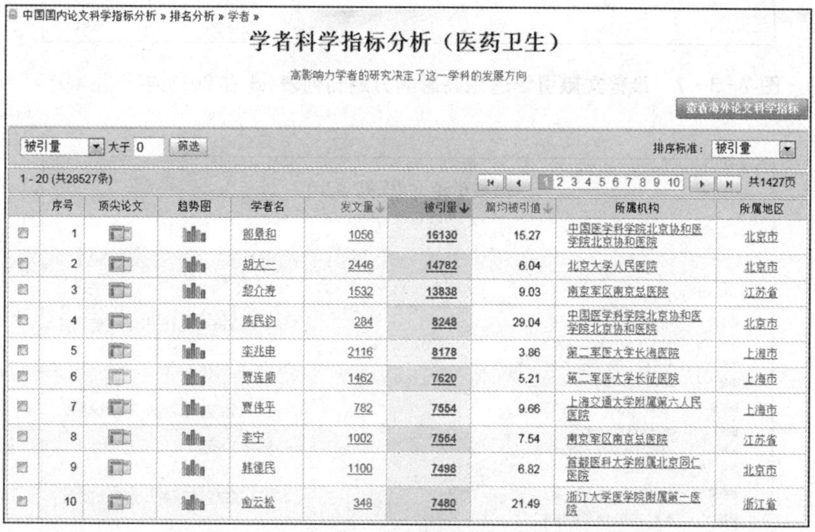

中国国内论文科学指标分析 » 排名分析 » 学者 »

学者科学指标分析(医药卫生)

高影响力学者的研究决定了这一学科的发展方向

查看海外论文科学指标

被引量 大于 0 筛选　　排序标准:被引量

1-20 (共28527条)　　1 2 3 4 5 6 7 8 9 10　共1427页

序号	顶尖论文	趋势图	学者名	发文量	被引量	篇均被引值	所属机构	所属地区
1			郎景和	1056	16130	15.27	中国医学科学院北京协和医学院北京协和医院	北京市
2			胡大一	2446	14782	6.04	北京大学人民医院	北京市
3			黎介寿	1532	13838	9.03	南京军区南京总医院	江苏省
4			陈民钧	284	8248	29.04	中国医学科学院北京协和医学院北京协和医院	北京市
5			李兆申	2116	8178	3.86	第二军医大学长海医院	上海市
6			贾连顺	1462	7620	5.21	第二军医大学长征医院	上海市
7			贾伟平	782	7554	9.66	上海交通大学附属第六人民医院	上海市
8			李宁	1002	7554	7.54	南京军区南京总医院	江苏省
9			韩德民	1100	7498	6.82	首都医科大学附属北京同仁医院	北京市
10			俞云松	348	7480	21.49	浙江大学医学院附属第一医院	浙江省

图 7-3-5　维普文献引证追踪高影响力作者列表(选自 2015 年 5 月 4 日)

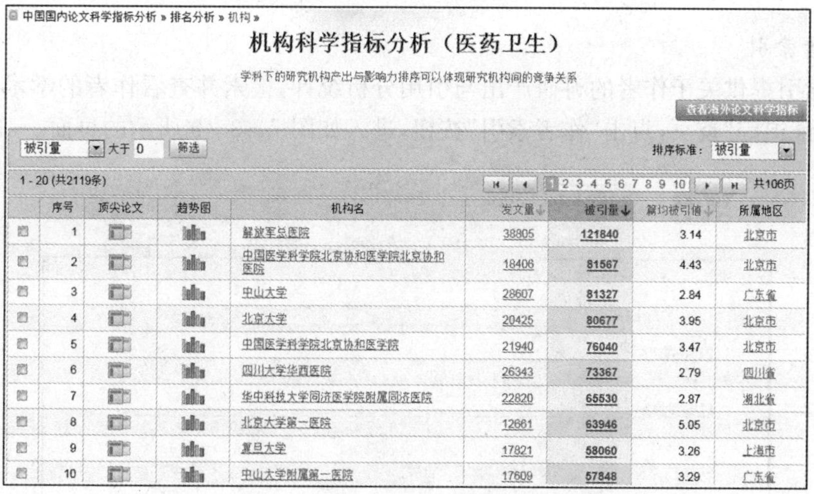

中国国内论文科学指标分析 » 排名分析 » 机构 »

机构科学指标分析(医药卫生)

学科下的研究机构产出与影响力排序可以体现研究机构间的竞争关系

查看海外论文科学指标

被引量 大于 0 筛选　　排序标准:被引量

1-20 (共2119条)　　1 2 3 4 5 6 7 8 9 10　共106页

序号	顶尖论文	趋势图	机构名	发文量	被引量	篇均被引值	所属地区
1			解放军总医院	38805	121840	3.14	北京市
2			中国医学科学院北京协和医学院北京协和医院	18406	81567	4.43	北京市
3			中山大学	28607	81327	2.84	广东省
4			北京大学	20425	80677	3.95	北京市
5			中国医学科学院北京协和医学院	21940	76040	3.47	北京市
6			四川大学华西医院	26343	73367	2.79	四川省
7			华中科技大学同济医学院附属同济医院	22820	65530	2.87	湖北省
8			北京大学第一医院	12661	63946	5.05	北京市
9			复旦大学	17821	58060	3.26	上海市
10			中山大学附属第一医院	17609	57848	3.29	广东省

图 7-3-6　维普文献引证追踪高影响力机构列表(选自 2015 年 5 月 4 日)

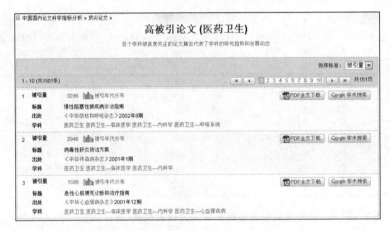

图7-3-7 维普文献引证追踪高影响力期刊列表(选自2015年5月4日)

图7-3-8 维普文献引证追踪高被引论文(选自2015年5月4日)

2. 作者索引

作者索引提供关于作者的科研产出与引用分析统计,检索并查看作者的学术研究情况。在"文献引证追踪"首页,点击"作者索引"按钮,进入如图7-3-9所示的页面。

图7-3-9 维普文献引证追踪作者索引(选自2015年5月4日)

（1）检索方法

作者索引提供了 3 种检索作者的方法：① 在作者姓名输入框输入姓名查找所选作者；② 按作者姓名首字母浏览，查找所选作者；③ 按学科浏览，查找所选作者。

（2）检索结果

下面通过输入作者姓名方法介绍检索结果。在图 7－3－9 中的作者姓名输入框，输入“张三”，获得包含“张三”的所有作者姓名列表（图 7－3－10）。

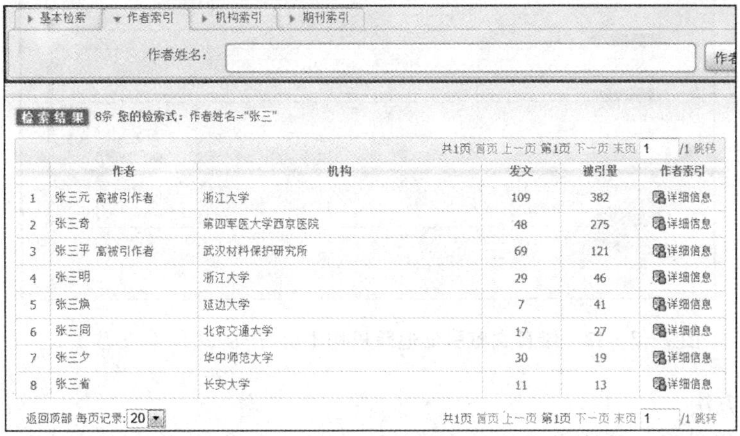

	作者	机构	发文	被引量	作者索引
1	张三元 高被引作者	浙江大学	109	382	详细信息
2	张三奇	第四军医大学西京医院	48	275	详细信息
3	张三平 高被引作者	武汉材料保护研究所	69	121	详细信息
4	张三明	浙江大学	29	46	详细信息
5	张三焕	延边大学	7	41	详细信息
6	张三同	北京交通大学	17	27	详细信息
7	张三夕	华中师范大学	30	19	详细信息
8	张三省	长安大学	11	13	详细信息

图 7－3－10　作者索引检索结果（选自 2015 年 5 月 4 日）

作者姓名列表包括作者姓名、作者单位、发文量、被引量和作者详细信息按钮等栏目。点击“详细信息”，查看所选作者的详细信息界面（图 7－3－11）。

所选作者详细信息页面分为以下 3 部分：① 简介：姓名、作者编号和所属机构；② 学术研究情况 1：发文量（点击可查看发表的所有论文）、被引次数（点击可查看所有的引证论文）、H 指数及 H 指数图、合著者；③ 学术研究情况 2：提供按刊名浏览所选作者所发表的论文。

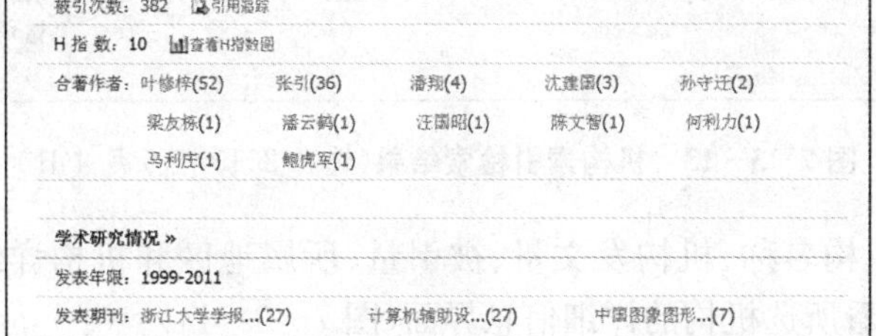

图 7－3－11　作者索引特定作者详细信息（选自 2015 年 5 月 4 日）

3. 机构索引

机构索引提供关于机构的科研产出与引用分析统计,全面了解机构的科研实力。在"文献引证追踪"首页,点击"机构索引"按钮,进入如图7-3-12所示的页面。

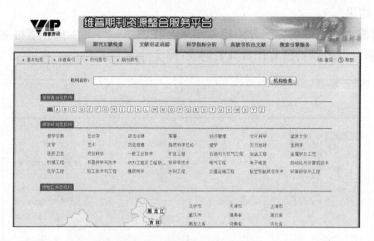

图7-3-12 维普文献引证追踪机构索引(选自2015年5月4日)

(1) 检索方法

机构索引提供了4种检索机构的方法:① 在机构名称输入框输入名称查找所选机构;② 按机构名称首字母浏览,查找所选机构;③ 按学科浏览,查找所选机构;④ 按地区浏览机构,查找所选机构。

(2) 检索结果

下面通过输入机构名称方法介绍检索结果。在图7-3-12中的机构名称输入框,输入"南京医科大学",获得包含"南京医科大学"的所有机构列表(图7-3-13)。

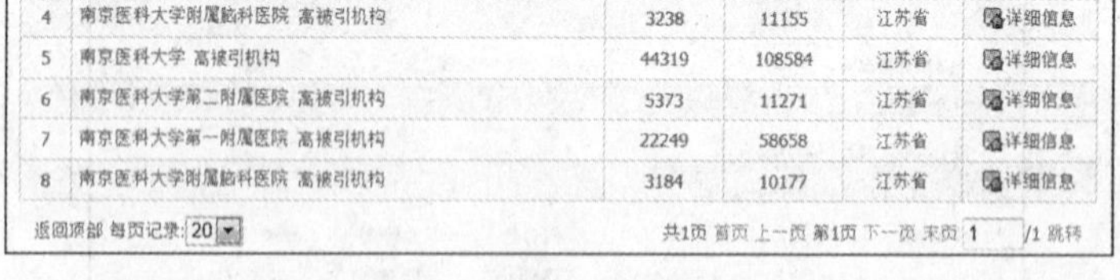

图7-3-13 机构索引检索结果(选自2015年5月4日)

机构列表包括机构名称、机构发文量、被引量、所属地区和机构详细信息按钮等栏目。点击"详细信息",查看所选机构的详细信息界面(图7-3-14)。

所选机构详细信息页面分为以下2部分:① 简介:机构名称、机构标识和所属地区;② 研究成果:发文量(点击可查看该单位发表的所有论文)、作者数(点击可查看该单位所有的作者列表)。

图 7-3-14 特定机构详细信息(选自 2015 年 5 月 4 日)

4. 期刊索引

期刊索引提供关于期刊的科研产出与引用分析统计,全面展示期刊的学术贡献与影响力。在"文献引证追踪"首页,点击"期刊索引"按钮,进入如图 7-3-15 所示的页面。

图 7-3-15 维普文献引证追踪期刊索引(选自 2015 年 5 月 4 日)

(1) 检索方法

期刊索引提供了 3 种检索期刊的方法:① 在期刊名称输入框输入名称查找所选期刊;② 按期刊名称首字母浏览,查找所选期刊;③ 按学科浏览,查找所选期刊。

(2) 检索结果

下面通过输入期刊名称方法介绍检索结果。在图 7-3-15 中的期刊名称输入框,输入"中华医学杂志",获得如图 7-3-16 所示的检索结果。

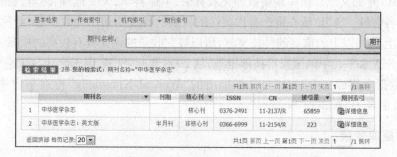

图 7-3-16 期刊索引检索结果(选自 2015 年 5 月 4 日)

期刊列表包括期刊名称、刊期、是否核心期刊、ISSN、CN、被引量和期刊详细信息按钮等栏目。点击"详细信息",查看所选期刊的详细信息界面(图7-3-17)。

所选期刊详细信息页面分为以下2部分:① 简介:期刊名称、主办单位、ISSN(国际标准书号)和CN(统一刊号);② 期刊发文量和被引量年代分布。

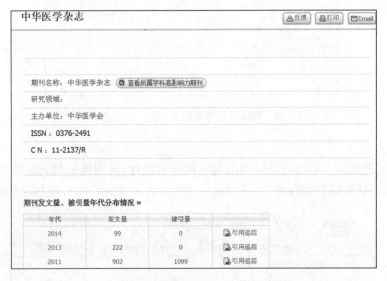

图7-3-17 所选期刊详细信息(选自2015年5月4日)

第四节 美国《科学引文索引扩展数据库》

一、数据库简介

美国《科学引文索引》(Science Citation Index,SCI)由美国科学信息研究所(Institute for Scientific Information,ISI)于1961年创刊,最初为印刷版,1988年5月推出光盘版,1997年被纳入网络版Web of Science(WOS)之中。WOS还包括ISI的另2种引文索引:社会科学引文索引和艺术与人文引文索引。由于网络版SCI的来源刊数大于光盘版和印刷版,故称为SCI扩展版(Science Citation Index Expanded,SCIE)。

《科学引文索引扩展数据库》目前收录期刊8 700多种(统计截止于2015年5月5日),最早回溯到1945年的文献。该库涵盖数理化农林医、生命科学、天文地理、环境、材料、工程技术等自然科学各领域。SCIE精心挑选有代表性的权威的科技期刊作为数据源,声称这些数据源包括了世界上90%以上的重要的科技文献,所以被它收录的论文具有较高的质量,代表了当时有关领域的先进水平。中国国家科技部批准,从2000年起,SCIE用于统计SCI论文。

SCIE数据库集成在ISI于1997年推出的"Web of Knowledg"检索平台中,该平台于2014年1月更名为"Web of Science"。

二、数据库登录

"Web of Science"检索平台中的数据库只对有使用权限的用户开放,并开发了中文检索界面以方便中国用户使用。我国的很多高校都购买了 SCIE 数据库的使用权。用户可从本单位提供的链接,登录"Web of Science"检索平台(图 7-4-1)。在"所有数据库"下拉列表中选择"Web of Science 核心合集"(图 7-4-2),进入核心合集基本检索页面(图 7-4-3),并在此页面中选择 Science Citation Index Expanded 数据库。

图 7-4-1　Web of Science 的基本检索(选自 2015 年 5 月 5 日)

图 7-4-2　Web of Science 数据库选择(选自 2015 年 5 月 5 日)

图 7-4-3　Web of Science 核心合集基本检索(选自 2015 年 5 月 5 日)

Web of Science 核心合集包括 5 个引文数据库和两个化学数据库。5 个引文数据库分别是 Science Citation Index Expanded(SCIE,科学引文索引及扩展版)、Social Sciences Citation Index(SSCI,社会科学引文索引)、Arts & Humanities Citation Index(A&HCI,艺术与人文科学引文索引)、Conference Proceedings Citation Index-Science(CPCI-S,会议录引文索引自然科学版)、Conference Proceedings Citation Index-Social Science & Humanities(CPCI-SSH,会议录引文索引社会科学和人文科学版)。2 个化学数据库分别是 Index Chemicals(IC)和 Current Chemical Reactions(CCR-EXPANDED)。

三、检索方法

Web of Science 平台提供了基本检索、作者检索、被引参考文献检索、化学结构检索和高级检索。除化学结构检索外,其他都是 SCIE 常用的检索方法。

1. 基本检索

基本检索为数据库的默认检索界面(图 7-4-3),用于检索被 SCIE 收录的论文。

(1) 检索条件输入

① 选择检索字段:可供选择的字段包括主题、标题、作者、作者识别号、团体作者、编者、出版物名称、DOI、出版年和地址。"主题"表示在文献的题名、摘要和关键词字段进行检索。

② 检索词输入框:确定检索字段后,在检索词输入框输入单个检索词或由多个检索词构成的检索式。多个检索词由逻辑运算符连接。

③ 确定检索的时间范围:栏目名称为"时间跨度"。可以选择数据库提供的时间段,有所有年份、最近 5 年、本年迄今、最近 4 周、最近 2 周、本周;也可以自行设定时间范围。

④ 添加检索词输入框:点击输入框下方的"添加另一字段"按钮一次,即可增加一行检索词输入框。

(2) 检索结果

如图 7-4-4 所示,基本检索结果页面提供了结果显示、结果精炼和结果输出三大项功能。

图 7-4-4 基本检索结果页面(选自 2015 年 5 月 5 日)

① 结果显示:显示内容包括结果总数和默认按出版日期降序排列的检索结果,每页显示 10 条记录。每条记录包括题名、作者、刊名、年卷期、页码、被引频次、查看出版商处全文按钮和查看摘要按钮。其中点击被引频次,即可查看引用当前文献的所有文献。

排序可选项有出版日期降序、出版日期升序、最近添加、被引频次降序、被引频次升序、相关性、第一作者降序、第一作者升序和来源出版物升序。

② 结果精炼:按 Web of Science 类别、文献类型、研究方向、作者、团体作者、来源出版物名称、基金资助机构、国家地区、开放获取等对检索结果进行分类浏览。如需查看某一分类,只需勾选该分类前的复选框即可在页面右侧显示该分类下的文献。其中开放获取用于精炼可免费查看的全文。

③ 结果输出:在选中记录前的多选框打勾。将所选记录输出的方式如下:点击"✉"将所选记录发送至指定邮箱;将所选记录添加到标记结果列表;点击"🖶"将所选记录设置为可供打印的格式;可保存至 Endnote 的在线版本或者离线版本,或者其他的文件格式。

2. 作者检索

在图 7-4-3 所示的页面中,点开"基本检索"右侧的下拉列表,选择"作者检索",进入如图 7-4-5 所示的页面。作者检索可以简单方便地确认并检索特定作者发表的文献。作者检索可将同名的不同作者所发表的文献区分开。

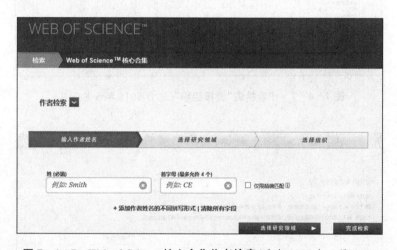

图 7-4-5 Web of Science 核心合集作者检索(选自 2015 年 5 月 5 日)

作者检索步骤如下:

(1) 输入作者姓名 要求姓全称,名取首字母。

(2) 选择研究领域 填写好作者姓名后,点击"选择研究领域",进入研究领域选择页面(如图 7-4-6 所示)。点击研究领域名称前的"+",获取下属领域的名称。在所选研究领域前的多选框打勾。

(3) 选择组织 选定研究领域后点击"选择组织"进入如图 7-4-7 所示的页面。该页面用于选择与作者关联的机构名称。机构名称按字顺排列。在所选机构名称前的多选框内打勾,点击"完成检索"。检索结果页面同基本检索,参见图 7-4-4。

3. 被引参考文献检索

在图 7-4-3 所示的页面中,点开"基本检索"右侧的下拉列表,选择"被引参考文献检索",进入如图 7-4-8 所示的页面。从被引文献角度对数据库进行检索,查询文献被引用的情况。

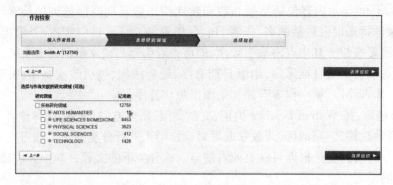

图 7-4-6 作者检索"选择研究领域"(选自 2015 年 5 月 5 日)

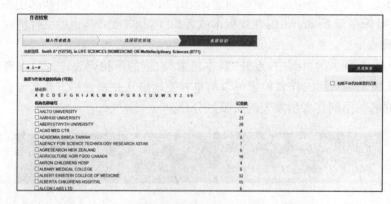

图 7-4-7 作者检索"选择组织"(选自 2015 年 5 月 5 日)

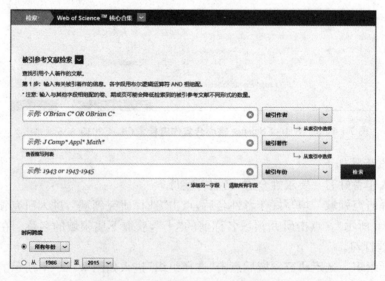

图 7-4-8 Web of Science 核心合集被引参考文献检索(选自 2015 年 5 月 5 日)

(1) 检索条件输入

被引文献检索界面可提供的检索字段包括被引作者、被引著作、被引年份、被引卷、被引期、被引页和被引标题。

若选择“被引作者”或“被引著作”字段，数据库提供作者姓名索引或期刊名称索引供选择。

被引年既可输入一个年份（如 2001），也可输入一个时间范围（如 2000－2004）。另外，与基本检索界面相同，被引参考文献检索也提供了“时间跨度”功能。

(2) 检索结果

如图 7－4－9 所示，被引参考文献检索结果列表提供了如下信息：

被引参考文献索引
参考文献：第 1－50 条，共 307

◀ 第 1 页，共 7 页 ▶

选择页面 全选* 全部清除 完成检索

选择	被引作者	被引著作 [显示完整标题]	出版年	卷	期	页	标识符	施引文献**	查看记录
	Agrawal, Nishant...Tang, Jiabin +[显示所有作者]	CELL	2014	159	3	676	10.1016/j.cell.2014.09.050	33	查看记录在 Web of Science 核心合集中
	Amadio, P +[显示所有作者]	J Hand Surg Br	2005	30	1	100		32	查看记录在 MEDLINE 中
	Amadio, P...Tang, JB +[显示所有作者]	J HAND SURG-BRIT EUR	2005	30B	2	238	10.1016/j.jhsb.2005.02.002	1	查看记录在 Web of Science 核心合集中
	Behjati, Sam...Tang, Jiabin +[显示所有作者]	NAT GENET	2014	46	4	376	10.1038/ng.2921	16	查看记录在 Web of Science 核心合集中

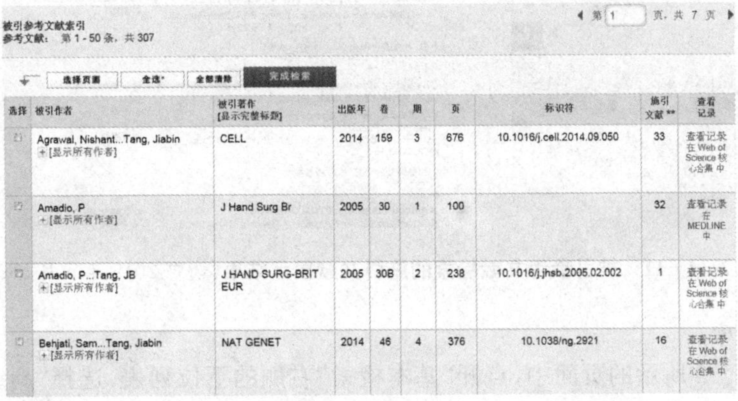

图 7－4－9　被引参考文献检索结果页面（选自 2015 年 5 月 5 日）

① 被引作者姓名：默认显示第一作者和末位作者，可显示全部作者姓名。

② 被引著作：默认只显示出版物名称，点击“显示完整标题”，即可显示文献题名。

③ 出版年、卷、期、起始页和标识符。

④ 施引文献数，即当前文献的被引次数。

⑤ 点击“查看记录”，显示当前文献的详细信息，如图 7－4－10 所示，包括题名、作者及通讯地址、文献出处、摘要、关键词和出版物信息等等。

WEB OF SCIENCE™

检索　返回检索结果

全文选项 ▼　查找全文　保存至 EndNote online　添加到标记结果列表

Recurrent PTPRB and PLCG1 mutations in angiosarcoma

作者: Behjati, S (Behjati, Sam)[1,2]; Tarpey, PS (Tarpey, Patrick S.)[1]; Sheldon, H (Sheldon, Helen)[3]; Martincorena, I (Martincorena, Inigo)[1]; Van Loo, P (Van Loo, Peter)[1,4,5]; Gundem, G (Gundem, Gunes)[1]; Wedge, DC (Wedge, David C.)[1]; Ramakrishna, M (Ramakrishna, Manasa)[1]; Cooke, SL (Cooke, Susanna L.)[1]; Pillay, N (Pillay, Nischalan)[6,7] 更多内容

NATURE GENETICS
卷: 46 期: 4 页: 376-+
DOI: 10.1038/ng.2921
出版年: APR 2014
查看期刊信息

摘要
Angiosarcoma is an aggressive malignancy that arises spontaneously or secondarily to ionizing radiation or chronic lymphoedema(1). Previous work has identified aberrant angiogenesis, including occasional somatic mutations in angiogenesis signaling genes, as a key driver of angiosarcoma(1). Here we employed whole-genome, whole-exome and targeted sequencing to study the somatic changes underpinning primary and secondary angiosarcoma. We identified recurrent mutations in two genes, PTPRB and PLCG1, which are intimately linked to angiogenesis. The endothelial phosphatase PTPRB, a negative regulator of vascular growth factor tyrosine kinases, harbored predominantly truncating mutations in 10 of 39 tumors (26%). PLCG1, a signal transducer of tyrosine kinases, encoded a recurrent, likely activating p. Arg707Gln missense variant in 3 of 34 cases (9%). Overall, 15 of 39 tumors (38%) harbored at least one driver mutation in angiogenesis signaling genes. Our findings inform and reinforce current therapeutic efforts to target angiogenesis signaling in angiosarcoma.

关键词
KeyWords Plus: BLOOD-VESSEL DEVELOPMENT; PHOSPHATASE VE-PTP; TYROSINE PHOSPHATASE; TUMOR ANGIOGENESIS; SOMATIC MUTATIONS; CELL TUMOR; RNA-SEQ; CADHERIN; REVEALS; IMMUNODEFICIENCY

作者信息
通讯作者地址: Campbell, PJ (通讯作者)

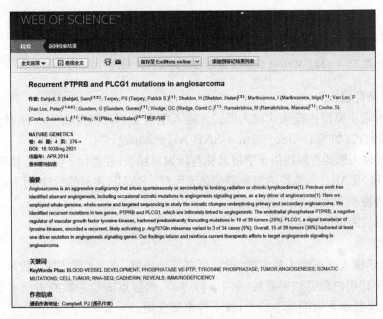

图 7－4－10　被引参考文献单篇文献详细信息（选自 2015 年 5 月 5 日）

⑥ 查看施引文献:在所选被引文献前的多选框内打勾,然后点击"完成检索"按钮,即可获取所有的施引文献(图 7-4-11)。该页面与基本检索结果页面相同。

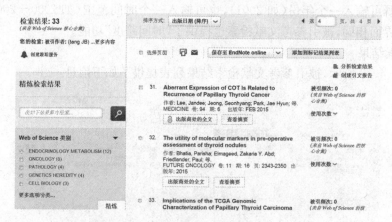

图 7-4-11　被引参考文献检索的施引文献显示结果(选自 2015 年 5 月 5 日)

4. 高级检索

在图 7-4-3 所示的页面中,点开"基本检索"右侧的下拉列表,选择"高级检索",进入如图 7-4-12 所示的页面。

图 7-4-12　Web of Science 核心合集高级检索(选自 2015 年 5 月 5 日)

(1) 检索条件输入

① 高级检索主要提供检索式输入框。该输入框需要用户构造由字段标识、检索词和运算符组成的检索式,如"TI＝information AND AU＝Zhang S"。

② 检索式输入框的右侧提供了字段名称与标识对照表,并提供了 5 个运算符:AND、OR、NOT、SAME 和 NEAR。运算符的每个字母必须大写。SAME 表示前后检索词在同一句中。

③ 提供语种和文献类型的选择。

④ 提供时间跨度的设定。

(2) 检索结果

在高级检索输入框内输入检索式,设定所需其他条件,点击检索按钮,数据库首先在"检索历史"栏目中让用户预览结果总数(图 7-4-13),然后点击结果数查看所有的检索结果。高级检索的结果显示页面同基本检索,故不再重复介绍。

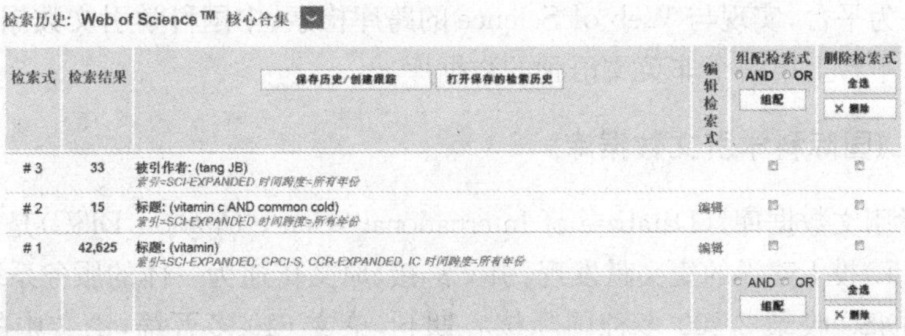

图 7-4-13 Web of Science 核心合集检索史页面(选自 2015 年 5 月 5 日)

第五节 其他引文数据库介绍

一、《中国科学引文数据库》

《中国科学引文数据库》(Chinese Science Citation Database,简称 CSCD)创建于 1989 年,1999 年起作为中国科学文献计量评价系列数据库之 A 辑,由中国科学院文献情报中心与中国学术期刊(光盘版)电子杂志社联合主办,并由清华同方光盘电子出版社正式出版。通过清华大学和中国科学院资源与技术的优势结合和多年的数据积累,CSCD 已发展成为我国规模最大、最具权威性的科学引文索引数据库——中国的 SCI,为我国科学文献计量和引文分析研究提供了强大工具。

CSCD 收录我国数学、物理、化学、天文学、地学、生物学、农林科学、医药卫生、工程技术、环境科学和管理科学等领域出版的中英文科技核心期刊和优秀期刊千余种,目前已积累了从 1989 年到现在的论文记录 4 172 554 条、引文记录 47 253 626 条(统计截止于 2015 年 5 月 5 日)。CSCD 分为核心库和扩展库。核心库的来源期刊经过严格的评选,是各学科领域中具有权威性和代表性的核心期刊。扩展库的来源期刊也经过大范围的遴选,是我国各学科领域较优秀的期刊。CSCD 的网络版始建于 2003 年,与中国科学学科文献库、中国科学文献目次库集成为"中国科学文献服务系统——Science China"(图 7-5-1)。2007 年中国科学引文数据库与美国 Thomson-Reuters Scientific 合作,中国科学引文数据库以 ISI Web

图 7-5-1 中国科学文献服务系统网站首页(选自 2015 年 5 月 6 日)

of Knowledge 为平台,实现与 Web of Science 的跨库检索,中国科学引文数据库是 ISI Web of Knowledge 平台上第一个非英文语种的数据库。

二、NSTL《国际科学引文数据库》

《国际科学引文数据库》(Database of International Science Citation, DISC)是国家科技图书文献中心(NSTL)投入建设的集文献发现、引文链接、原文传递为一体的服务系统。截至 2015 年 4 月 18 日,DISC 收录 2 200 多种国际核心期刊,论文 610 多万篇,论文中的参考文献共 19 500 多万条。内容涉及数学、物理、化学、天文学、地理科学、生物学、农业科学、基础医学、药学、预防医学、一般工业技术(含材料学)、无线电与电子技术、计算机科学、金属学、环境科学等学科领域。该数据库的建设为我国科研人员提供了一条新的获取外文文献引文信息的途径。

通过网址 http://www.nstl.gov.cn 登录国家科技图书文献中心首页(图 7-5-2),点击导航条中的"引文检索",进入国际科学引文数据库(图 7-5-3)。

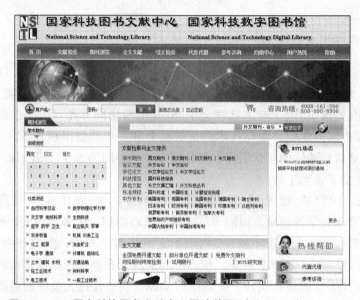

图 7-5-2 国家科技图书文献中心网站首页(选自 2015 年 5 月 6 日)

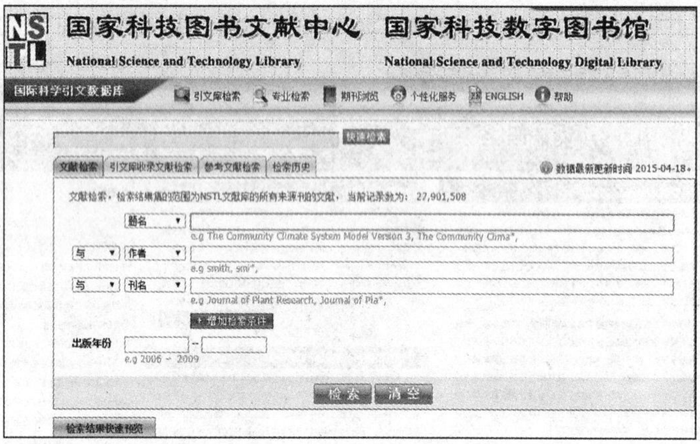

图 7-5-3 NSTL 国际科学引文数据库首页(选自 2015 年 5 月 6 日)

引文库检索结果如图7-5-4所示,论文列表中包含题名、作者、文献出处、被引次数(点击可查看施引文献)和全文链接。结果显示页面提供了按作者、期刊、年代和关键词对结果进行分组浏览的功能,并可对检索结果进行年文献量、年被引量和作者合著关系的可视化分析。

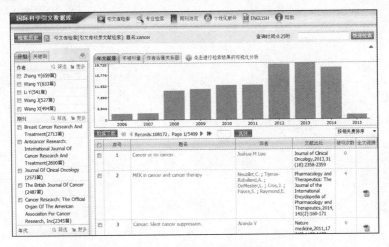

图7-5-4 NSTL国际科学引文数据库检索结果(选自2015年5月6日)

三、《中国生物医学期刊引文数据库》(CMCI)

《中国生物医学期刊引文数据库》(Chinese Medical Citation Index,CMCI)是解放军医学图书馆自行研制的生物医学专业引文数据库("十一五"国家重点电子出版物出版规划项目171号)。该库收录了1994年以来中文生物医学期刊1 800余种,累积期刊文献690余万篇,并含有参考文献。CMCI整合了发表文献查询、引文查询、出具引证报告等多项功能。数据每月更新,全年12期(图7-5-5)。

图7-5-5 中国生物医学期刊引文数据库(选自2015年5月6日)

CMCI数据库全面地反映了我国20多年来的中文医学期刊文献的引用和被引用情况。在医学领域,CMCI具有其他引文数据库无法比拟的优势,查全查准率高,已被许多医学院校、医院、科研机构使用,尤其成为卫生查新单位查询医学引文的重要数据库。

(蒋　葵)

第八章 特种文献检索

科技文献是记载科技知识或科技信息的物质载体。特种文献(Special Document)是指那些在出版发行和获取途径两方面都较为特殊的科技文献,有的难以搜求(如科技报告),有的能提供解决纠纷的功能(如专利文献和标准)。

特种文献一般包括会议文献、科技报告、专利文献、学位论文及标准文献等。它们的特点是种类繁多,内容广泛,数量大,报道快,参考价值高,是非常重要的情报源,在科技文献检索中占很大的比例。

第一节 会议文献

一、概述

会议文献(Conference Literature)一般是指在各种学术会议上发表的学术报告、会议录和论文集。

• 按举办的规模可分为国际性会议、全国性会议和地区性会议。通常学术会议只涉及某个学科领域的一个或几个相关主题,与会者大多是该领域的研究人员,他们对会议主题的历史、现状及发展趋势有着不同程度的研究和了解,他们带来各自最新的研究成果,面对面地进行交流切磋,使学术会议成为学科研究最新动态的集散地。因此与学术会议密切相关的会议文献具有专深性、新颖性、导向性的特点,已越来越受到科研人员的重视,是他们获取科技信息的一个重要来源。

• 按发表时间的不同分为会前文献和会后文献。会前文献传递信息及时,会后文献是在前者的基础上加工而成,它的系统性更强,价值更高。会后文献的主要出版形式是图书和期刊。

二、会议文献信息的检索

目前,全世界每年召开的国际性科技会议达上万个,我国每年召开的学术会议数以千计。会议文献数量的增长远大于图书、期刊的增长,且有逐年增长的趋势。面对浩瀚的会议文献资源,人们怎样才能快速、准确地找到自己所需的科技情报呢?会议文献的检索一般有3条途径。

1. 利用传统工具书检索会议文献

(1)《世界会议》(World Meetings,简称 WM) 由美国世界会议出版社编辑,麦克米伦公司出版,预报两年内将在世界各地召开的农、林、医及科学与技术方面的国际会议。季刊,每期分正文和索引2部分,共4个分册:《世界会议:美国与加拿大》《世界会议:美国与加拿大以外》《世界会议:医学》及《世界会议:社会与行为科学,人类服务与管理》。WM提供6种索引:关键词索引、会议地址索引、会期索引、主办单位索引、论文征集截止日期索引和出版物情况索引。

(2)《会议论文索引》(Conference Papers Index,简称CPI) 是由美国剑桥科学文摘社出版的检索工具,月刊,创刊于1973年,主要报道生命科学、医学、工程技术、化学和自然科学领域的会议论文题目和会议名称等,是一种题录式报道工具,年报道量达10万。它具有新、快的特点,是检索最新会议论文的好工具。CPI有印刷版和机读版2种形式。

(3)《科学会议录索引》(Index to Scientific and Technical Proceedings,简称ISTP) 是检索正式出版的国际会议论文的最有影响力的权威工具。ISTP由美国科学信息研究所(Institute for Scientific Information,简称ISI)编辑出版,创刊于1978年,月刊,有年度累积索引。ISTP覆盖的学科范围很广,涉及农业、生命科学、数学、物理与化学科学、生物和环境科学、临床医学、航空航天、森林、仪器仪表、核技术、管理科学、通讯、统计等。能提供范畴索引、著者/编者索引、会议地点索引、会议主持者索引、团体著者索引及轮排主题索引等多种检索途径。

(4)《中国学术会议文献报道》 1982年创刊,是由中国科技信息研究所与中国农业大学主办的报道国内学术会议及会议文献(包括会前、会后文献)的重要检索刊物。它以题录的形式报道全国各学会、协会、各部委及所属单位在国内召开的全国性及国际性学术会议的会议文献。

除了以上介绍的4种工具书外,英国的《近期国际科技会议》(Forthcoming International Scientific and Technical Conferences)、美国的《在版会议录》(Proceedings in Print)、《已出版的会议录指南》(Directory of Published Proceedings)、《工程索引》(Engineering Index)、中国国防科技信息中心的《中国国防科技报告通报与索引》及上海科技情报研究所的《中文科技文献目录》等均可用于检索会议文献。

2. 利用计算机检索会议文献

(1) 中国学术会议文献数据库(CCPD) 该库是以中国科技信息研究所为主要依托的万方数据股份有限公司推出的国内收集学科最全面、数量最多的会议论文数据库,由中文全文数据库和西文全文数据库两部分构成。西文库主要收录在中国召开的国际会议的论文,论文内容多为西文。CCPD收录了1983年以来由国际及国家级学会、协会、研究会组织召开的各种学术会议论文,每年涉及上千个重要的学术会议。其内容涵盖人文社会、自然、农林、医药、工程技术等各学科领域。截至2015年4月,数据库共收录会议论文274万余条。可通过网址http//www.wanfangdata.com.cn登录万方数据知识服务平台的主页(图8-1-1)。下面介绍数据库的检索方法和检索结果。

① 简单检索:点击检索框上方的"会议"标签,进入会议论文检索界面(图8-1-2),系统提供以下检索功能:

• 会议论文检索:直接输入检索词或检索式,点击检索框右侧的"检索论文"进行会议论文的检索。

• 会议信息检索:直接输入检索词或检索式,点击检索框右侧的"检索会议"进行会议信息(包括会议名称、会议主办单位、会议年份)的检索。

图 8-1-1　万方数据知识服务平台主页(选自 2015 年 4 月 27 日)

• 会议信息浏览:通过检索框下方的"学术会议分类"或"会议主办单位"进行会议信息的浏览。

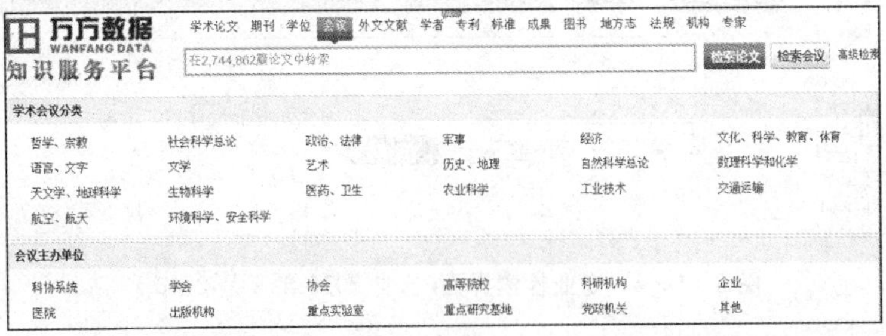

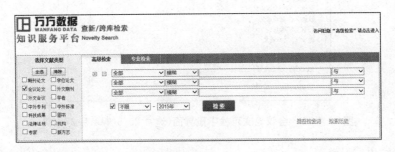

图 8-1-2　会议论文简单检索界面(选自 2015 年 4 月 27 日)

② 高级检索:点击会议论文简单检索页面检索框右侧的"高级检索"按钮,进入会议论文高级检索页面(图 8-1-3)。

图 8-1-3　高级检索界面(选自 2015 年 4 月 27 日)

系统提供以下功能:

• 选择检索途径:点击"全部"下拉列表选择所需的检索途径。可选字段包括主题、题名或关键词、题名、创作者、作者单位、关键词、摘要、日期、DOI、会议名称、主办单位、会议 id。其中 DOI 是数字对象识别号(Digital Object Identifier)的简称,是一套识别数字资源的机制,包括的对象有视频、报告或书籍等。它既有一套为资源命名的机制,也有一套将识号解析为具体地址的协议。DOI 作为数字化对象的识别符,对所标识的数字对象而言,相当于人的身份证,具有唯一性。这种特性保证了在网络环境下对数字化对象的准确提取,有效地避免了重复。

- 选择匹配模式:系统提供"模糊"和"精确"两种匹配模式的选择。
- 选择布尔逻辑运算:在检索框右侧通过"与"下拉列表选择布尔逻辑运算"与""或""非"。
- 选择年限:点击年限下拉列表框,选择起止年份,使其在限定的年份范围内检索。

③ 专业检索:专业检索比高级检索功能更强大,但需要检索人员根据系统的检索语法编制检索式进行检索(图 8-1-4)。检索框右侧的"可检索字段"帮助构建并生成检索表达式。点击"可检索字段"链接,打开"可检字段"对话框(图 8-1-5)。在构建检索表达式时,只需在"可检字段"对话框中选择相应的检索字段,输入检索词,选择逻辑关系即可,无须手动输入检索字段和布尔逻辑运算符。布尔逻辑运算按从左到右的顺序进行。

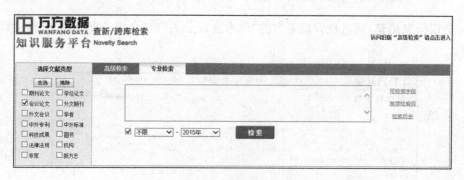

图 8-1-4　专业检索界面(选自 2015 年 4 月 27 日)

图 8-1-5　会议论文可检字段界面(选自 2015 年 4 月 27 日)

④ 检索结果
- 显示模式:数据库提供了"详细模式(图 8-1-6)"和"精简模式(图 8-1-7)"2 种结果显示方式。详细模式显示每一篇会议论文的题名、作者、会议名称、会议年份、论文摘要和关键词。简单模式只显示每一篇会议论文的题名、作者、会议名称和会议年份。可通过点击论文题名获取更详细的信息。
- 检索结果的分类统计:数据库对检索结果按照学科和年份分别进行统计,统计结果分别列于检索结果的上方和左侧(图 8-1-6、图 8-1-7 所示)。

图8-1-6 检索结果详细模式(选自2015年4月27日)

图8-1-7 检索结果精简模式(选自2015年4月27日)

• 文献的导出：在需要导出的记录前面的复选框内打勾，或者在检索结果上方的记录填写框内输入需要导出的连续记录的起始号，点击结果上方的"导出"标签，进入导出格式选择页面(图8-1-8)，可选择文献导出格式，包括参考文献格式、自定义格式、查新格式及NoteExpress、Refworks、NoteFirst和EndNote等文献管理软件格式，可将导出文献复制到剪贴板或直接导出以文本格式保存。

(2) 国内外重要会议论文全文数据库 该库由中国知网(CNKI)研制开发，收录我国1999年以来中国科协系统及国家二级以上的学会、协会，高校、科研院所，政府机关举办的重要会议以及在国内召开的国际会议上发表的文献。其中，国际会议文献占全部文献的

图 8-1-8　选择文献导出格式(选自 2015 年 4 月 27 日)

20%以上,全国性会议文献超过总量的 70%,部分重点会议文献回溯至 1953 年。截止到 2015 年 4 月,已收录出版国内外学术会议论文集 26 000 余本,累积会议文献总量近 240 万篇。共分为 10 大专辑:基础科学、工程科技Ⅰ辑、工程科技Ⅱ辑、农业科技、医药卫生科技、哲学与人文科学、社会科学Ⅰ辑、社会科学Ⅱ辑、信息科技、经济与管理科学。10 大专辑下分为 168 个专题和近 3 600 个子栏目。可通过网址 http//www.cnki.net 登录中国知网主页(图 8-1-9)。点击检索框上方的"会议"标签,可进行会议论文的快速检索。点击检索框下方数据库名称列表中的"会议"按钮,进入会议论文数据库检索页面(图 8-1-10)。下面介绍数据库的检索方法和检索结果。

图 8-1-9　CNKI 主页(选自 2015 年 4 月 27 日)

① 检索导航区域:如图 8-1-10 所示,左侧的检索导航区域具有 2 项功能。

• 分类检索功能:如前所述,数据库将所有会议论文按 10 大专辑、168 个专题和近 3 600 个子栏目从大到小进行分类。点击专辑名称,可层层往下细分,点击各级类名,即可直接导出该类目下的文献。

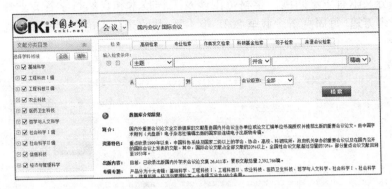

图 8-1-10　CNKI 会议论文库检索界面(选自 2015 年 4 月 27 日)

• 设置检索范围：数据库默认的检索范围是全部专辑。通过各级类名前的多选框可按需设置检索的学科范围。

② 检索条件设置区域：检索条件设置区域(图 8-1-11)可选择检索方式，系统提供普通检索、高级检索、专业检索、作者发文检索、科研基金检索、句子检索、来源会议检索等方式。不同检索方式下的检索操作不同，此处仅介绍普通检索提供的检索途径，包括主题、篇名、关键词、作者、单位、会议名称、基金、摘要、全文、论文集名称、参考文献、中图分类号等。具体操作请参见本教材第三章第二节 CNKI 的介绍。

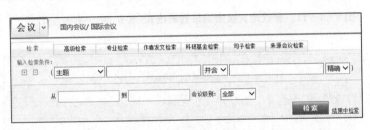

图 8-1-11　会议论文库检索条件设置区域(选自 2015 年 4 月 27 日)

③ 检索结果：检索结果默认以列表格式显示。显示内容包括会议论文篇名、论文作者、会议名称、来源数据库(中国会议和国际会议)、会议时间、被引频次和下载频次(见图 8-1-12)。点击某一论文篇名，即可获取该篇论文除全文以外的详细信息，包括会议录名称、作者单位、会议地点、主办单位、论文摘要、引文网络、相似文献、同行关注文献、相关作者文献和相关机构文献等，并提供 CAJ 和 PDF 2 种格式的全文下载功能(图 8-1-13)。

(3) NSTL 会议论文数据库　NSTL 是国家科技图书文献中心的简称，该中心是根据国务院领导的批示于 2000 年 6 月 12 日组建的一个虚拟的科技文献信息服务机构，成员单位包括中国科学院文献情报中心、中国科学技术信息研究所、中国医学科学院图书馆在内的 9 家单位。NSTL 的会议论文数据库包括中文会议论文和外文会议论文 2 部分。

• 中文会议论文库主要收录了 1980 年以来我国国家级学会、协会、研究会以及各省、部委等组织召开的全国性学术会议的论文。数据库的收藏重点为自然科学各专业领域，每年涉及 600 多个重要的学术会议，年增加论文 4 万多篇，每月更新。截至 2015 年 4 月，共收录会议论文 196 万余篇。

• 外文会议论文库主要收录了 1985 年以来世界各主要学协会、出版机构出版的学术会议论文,部分文献有少量回溯。学科范围涉及工程技术和自然科学各专业领域。每年增加论文约20多万篇,每周更新。截至2015年4月,共收录会议论文724万余篇。

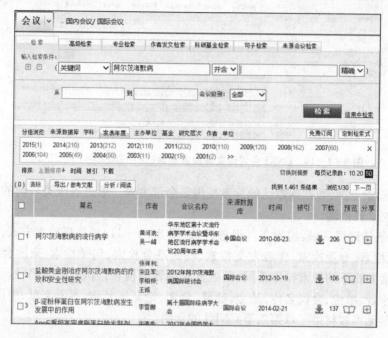

图8-1-12　会议论文检索结果列表格式(选自2015年4月29日)

图8-1-13　会议论文检索结果详细格式(选自2015年4月29日)

可通过网址 http://www.nstl.gov.cn 登录 NSTL 网站主页(图 8-1-14),下面介绍数据库的检索方法和检索结果。

图 8-1-14　NSTL 主页(选自 2015 年 4 月 29 日)

① 检索方法:点击 NSTL 首页"文献检索与全文提供"栏目中的"会议文献",进入会议文献检索页面(图 8-1-15)。

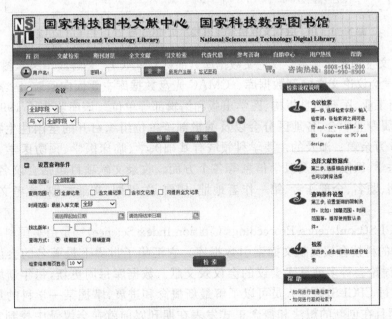

图 8-1-15　会议文献检索界面(选自 2015 年 4 月 29 日)

• 选择检索字段,输入检索词:点击"全部字段"下拉列表,选择检索字段。系统提供题名、作者、关键词、会议时间、会议名称、ISBN、文摘等检索项。输入检索词,检索词之间可选择"与""或""非"进行布尔逻辑运算。

• 设置查询条件：包括馆藏范围、查询范围（对是否需要记录提供文摘或全文进行选择）、时间范围、出版年、查询方式（模糊查询和精确查询）等。

② 检索结果：如图 8-1-16 所示，数据库在结果显示页面提供论文题名、作者、分类号、总页数、会议名称、会议地点和会议时间等信息。每条记录右侧的两个图标"▥"和"▥"是针对注册用户而言，分别为将该条记录加入购物车和加入收藏。若想获取论文更详细的信息，点击论文题名即可。

图 8-1-16 会议文献检索结果显示页面（选自 2015 年 4 月 29 日）

(4)《中文生物医学学术会议论文数据库》（简称 CMAC） 是解放军医学图书馆研制开发的中文医学会议论文文摘型数据库。CMAC 光盘数据库主要面向医院、医学院校、医学研究所、医药工业、医药信息机构、医学出版和编辑部等单位。该库收集了 1994 年以来中华医学会所属专业学会、各地区分会以及编辑部等单位组织召开的全国性生物医学学术会议论文 55 万余篇。涉及的主要学科领域有基础医学、临床医学、预防医学、药学、医学生物学、中医学、医院管理及医学信息等各个方面。收录文献项目包括会议名称、主办单位、会议日期、题名、全部作者、第一作者地址、摘要、关键词、文献类型、参考文献数、资助项目等内容。

(5) CPCI-S(Conference Proceedings Citation Index-Science) 是由美国科学信息研究所（ISI）出版的科技会议文献文摘索引数据库。它汇集了世界上最著名的会议、座谈、研究会和专题讨论会等多种学术会议的会议录文献。数据库每周更新，每年新增记录超过 38 万条。通过 CPCI-S，研究人员可以了解最新概念和进展，掌握某一学科的最新研究动态和趋势，而且在创新的想法和概念正式发表在期刊以前就在会议录中找到它。CPCI-S 通过 Web of Science 平台进行检索。在 Web of Science 核心合集的更多设置中选择 CPCI-S 即可（图 8-1-17）。具体检索操作参见本教材美国《科学引文索引扩展数据库》部分。

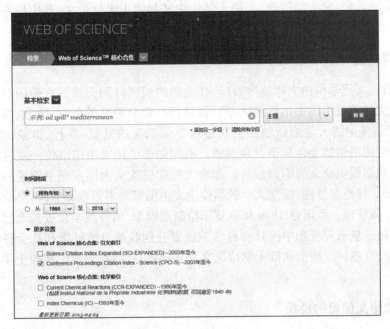

图 8-1-17　Web of Science 核心合集界面（选自 2015 年 4 月 29 日）

3. 通过查找期刊和查询科技报告检索会议文献

除了利用专门的检索工具书和数据库外，人们还可以利用期刊和科技报告获取会议文献。许多会议文献发表在相关的期刊上，或以期刊的增刊形式出现。而科技报告多是科研进展的研究报告，常包含有会议文献，两者内容相互交叉渗透。

三、国外学术会议文献在我国的馆藏情况

国家图书馆主要收藏社科类及部分自然科学的国外学术会议文献。中国科技信息研究所主要收藏 IEEE、IEE、SPIE 和 SAE 等学会出版的系列性学术会议文献。中国国防科技信息中心收藏航空、航天和电子方面的会议文献。上海图书馆主要收藏科技类的会议文献，重点收藏 IEEE 和 SPIE 学会的全部会议录。

（蒋　葵）

第二节　学位论文

一、概述

学位论文（Dissertation）是为了获取不同级别学位的候选资格、专业资格或其他授奖而提出的研究成果或研究结论的书面报告。简言之，学位论文就是学生为了获取学位向学校或其他学术单位提交的学术研究论文。

学位论文是各学科领域研究和探讨的原始成果，能直接或间接地反映出各学科领域中学术研究较新的发展状况，对教学科研有一定的学术价值和参考价值。

学位论文有3种:学士学位论文、硕士学位论文和博士学位论文,其中后两者的学术价值较高。

二、世界各国对学位论文的管理情况

欧洲多数国家把学位论文印刷数百份,作为国内或国际间交换用。美国对学位论文比较重视,二次大战前就由图书馆界和大学共同进行一部分论文的复制、缩微、编制索引等活动。1938年后,美国的大学缩微制品公司进行学位论文的复制、发行、辑录、文摘等业务。另外,美国研究图书馆协会也从事此项业务。英国的学位论文由国家统一规定存储于国家外借图书馆,该馆提供原文的缩微胶片。加拿大的学位论文由国家图书馆统一管理。日本的学位论文分2种情况处理,国立大学的学位论文由国家图书馆收藏管理,私立大学的则由本校图书馆收藏管理。我国自1979年恢复学位制度以来,国务院学位委员会已指定国家图书馆、中国科技信息研究所和中国社会科学院负责分别收藏自然科学和社会科学博士学位论文及其摘要、自然科学博士和硕士学位论文及其摘要、社会科学博士和硕士学位论文及其摘要。

三、学位论文信息的检索

学位论文是非正式出版物。一篇论文的数量有限,一般仅满足论文作者自己收藏和提交申请学位之用,故比较难以获取,所以必须了解多种检索方法,以便更好地开发利用极有学术价值的学位论文。

1. 利用传统工具书检索学位论文

(1) 世界上有许多的检索工具书都收录学位论文,如美国的《化学文摘》、英国的《科学文摘》、法国的《国际文献通报》、日本的《科学技术文献速报》及前苏联的《文摘杂志》等。另外,还可以通过专有的检索工具查阅学位论文,如《国际学位论文文摘》《美国博士论文目录》《学位论文综合索引》《英国学位论文索引》《加拿大学位论文》《德国大学出版物年度目录》及法国的《大学学位目录》等。其中使用最广泛的是《国际学位论文文摘》,创刊于1938年的《国际学位论文文摘》(Dissertation Abstract International)由美国大学缩微品国际出版公司出版,是查找国外博士论文的检索工具。该刊主要报道美国和加拿大500多所大学的博士论文,还报道100多所欧洲大学及少量其他国家的论文。《国际学位论文文摘》的出版形式有书本式、缩微胶片、磁带、光盘和网络数据库(PQDT)。

(2) 《中国学位论文通报》是我国自然科学类学位论文的权威性检索工具,1985年创刊,双月刊,能提供论文题目、学位名称、著者、发表年月、文摘、图表及中国科技信息研究所馆藏资料索取号等。对过去未曾报道的论文,补收在《中国博士硕士学位论文通报》中。

2. 利用计算机检索学位论文

(1) CNKI的学位论文全文数据库　包括《中国博士学位论文全文数据库》和《中国优秀硕士学位论文全文数据库》。《中国博士学位论文全文数据库》收录了1999年以来全国423家博士培养单位的博士学位论文,是目前国内相关资源最完备、高质量、连续动态更新的中国博士学位论文全文数据库。《中国优秀硕士学位论文全文数据库》收录了1999年以来全国664家硕士培养单位的硕士学位论文。截止到2015年4月,累积收录博硕士学位论文全文文献257万余篇。

可通过网址http//www.cnki.net,登录中国知网主页。点击数据库名称列表中的"博硕"按钮,进入学位论文全文数据库(如图 8-2-1 所示)。下面介绍数据库的检索方法和检索结果。

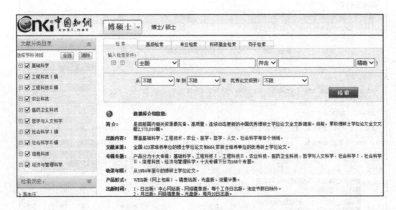

图 8-2-1 CNKI 学位论文检索界面(选自 2015 年 4 月 29 日)

① 检索方法:CNKI 为不同的文献数据库构建了相同的检索平台,所以关于学位论文库检索界面的使用方法请参见本章第一节 CNKI 会议论文库的介绍。

此处介绍学位论文数据库的检索字段,包括主题、题名、关键词、摘要、作者、学位授予单位、导师、学科专业名称、目录、参考文献、全文、中图分类号等。下面介绍一些字段使用时需注意的地方。

• 主题 本数据库检索字段中的"主题"不等于检索语言中所谓的"主题词",它其实是个复合检索途径,是题名、关键词和摘要 3 个字段的总称。选择"主题"字段,意味着在论文的题名、关键词和摘要 3 个字段进行检索,而且 3 个字段是"或者"关系,即不要求 3 个字段同时包含检索词,至少有 1 个字段包含检索词即可。

• 学科专业名称 当检索者需要了解国内其他单位培养的与自己所学专业相同的作者撰写的毕业论文时,可选择"学科专业名称"作为检索途径。需要注意的是,由于各高校和科研单位在确定专业名称时不尽相同,故需要先到相关单位的网站中获取准确的专业名称,以免造成漏检,影响检索效果。

② 检索结果:检索结果默认按列表格式显示。显示内容包括论文中文题名、作者姓名、学位授予单位、来源数据库(博士学位论文库和硕士学位论文库)、学位授予年度、被引频次和下载频次等(图 8-2-2)。

点击某一论文题名,即可获取该篇论文的详细信息,包括中文题名、作者、导师、作者基本信息、关键词、中文摘要、分类号、网络出版投稿人、引文网络、参考文献、相似文献、同行关注文献、相同导师文献等(图 8-2-3)。在中文题名下方,提供了在线阅读、整本下载、分章下载和分页下载等功能,实现对论文全文进行阅读和下载的不同操作;查看全文,需下载安装 CAJViewer 阅读器。学位论文全文如图 8-2-4 所示,界面左侧为论文目录,右侧显示论文具体内容。

(2)《中国学位论文全文数据库》 该库隶属于万方数据,始建于 1985 年,收录了我国自然科学和社会科学各领域的硕士、博士及博士后研究生论文。从侧面展示了中国研究生教育的庞大阵容以及中国科学研究的整体水平和巨大的发展潜力。论文资源来源于国家法定学位论文收藏机构——中国科技信息研究所。

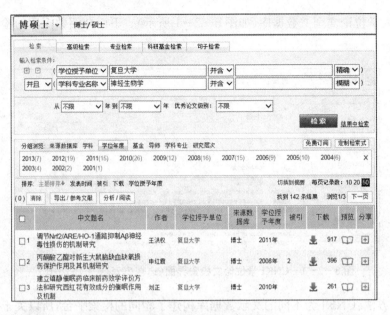

图 8-2-2 学位论文库检索结果列表格式(选自 2015 年 4 月 29 日)

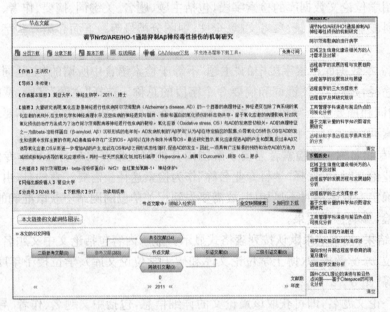

图 8-2-3 学位论文库检索结果详细格式(选自 2015 年 4 月 29 日)

从网址 http//www.wanfangdata.com.cn 登录万方数据知识服务平台的主页,点击检索框上方的"学位"标签,进入学位论文检索界面(图 8-2-5)。检索方法参见本章第一节万方《中国学术会议论文数据库》的介绍。

(3) ProQuest Dissertations and Theses(PQDT) 1938 年,当时的 UMI 公司(现已更名为 ProQuest)开始收集博士论文,并对如何访问这些重要的学术资源进行了创造性的改革,由此诞生了截至目前为止世界上最大的国际性博硕士论文资料库。该公司是美国的国家图书馆(国会图书馆)指定的收藏全美国博硕士论文的分馆,也是加拿大国家图书馆指定的收藏全加拿大博硕士论文的机构。

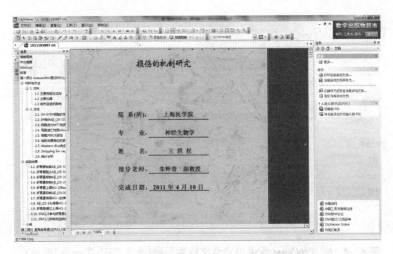

图8-2-4 学位论文全文(选自2015年4月29日)

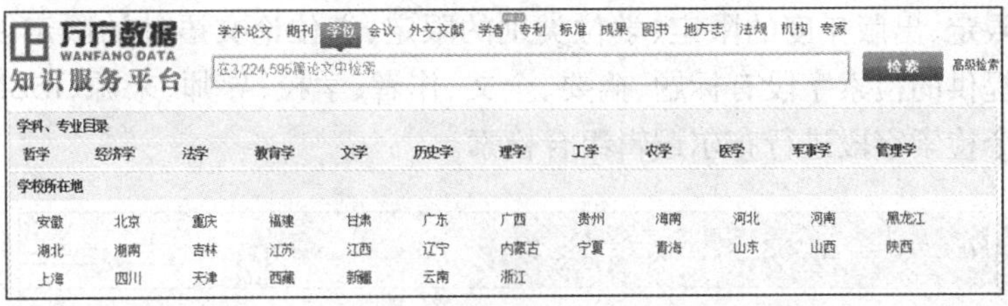

图8-2-5 万方学位论文检索界面(选自2015年4月29日)

  ProQuest的学位论文数据库(PQDT)现已收录从1861年至今的400余万条记录,其中包括1861年获得通过的全世界第一篇博士论文(美国),每年增加论文达7万多篇。用户可以访问超过90%的北美地区每年获得通过的博硕士论文以及许多国际性的博硕士论文的文摘。数据库中除收录与每篇论文相关的题录(Citations)外,1980年以后出版的博士论文信息中包含了作者本人撰写的长达350个字的文摘,1988年以后出版的硕士论文信息中含有150个字的文摘。1997年以后的绝大多数论文可以看到前24页的扫描图像,而且还能立即从网上通过单篇订购方式获取这些论文的PDF格式全文。

  为满足国内用户对ProQuest博硕士论文全文的广泛需求,北京中科进出口公司和亚洲信息服务有限公司协助国内若干图书馆、文献收藏单位每年联合购买一定数量的ProQuest博硕士论文全文,提供网络共享,即凡参加联合订购的成员馆均可共享整个集团订购的全部学位论文资源。目前,该库收录国外博硕士学位论文51万余篇。为此,中科—亚信协同国内各图书馆组织建立了ProQuest博硕士论文中国集团联盟站点,并在国内建立了3个镜像站,分别是CALIS镜像站、上海交通大学镜像站和中国科技信息研究所镜像站,3个镜像站界面一致(图8-2-6)。以下介绍ProQuest学位论文全文检索平台的检索方法和检索结果。

  ① 基本检索:平台首页即为基本检索页面(图8-2-6),在首页检索框内输入检索词,点击"检索"即可,系统默认在所有字段中检索。

图 8-2-6　ProQuest 学位论文全文检索平台（选自 2015 年 4 月 29 日）

② 高级检索：点击首页"高级检索"按钮，进入高级检索页面（图 8-2-7）。高级检索提供检索字段的限定、出版年度的限定、学位类别的限定、学位论文语种的限定以及结果显示的设置。系统提供的检索字段有标题、摘要、全文、作者、学校、导师、来源、ISBN、出版号等，可同时输入 7 个检索字段进行布尔逻辑组合检索。

图 8-2-7　ProQuest 高级检索（选自 2015 年 4 月 29 日）

③ 分类浏览：首页检索框下方即学科导航区，点击需要浏览的类目，即可查看该类目下的论文。例如，在首页点击"Health Sciences"，进入该学科浏览页面（图 8-2-8），显示共有 40 946 项结果，在页面右侧还列出"Health Sciences"的二级学科名称及相应的论文数。

④ 检索结果：PQDT 的检索结果页面如图 8-2-8 所示。系统提供了论文题名、部分摘要、作者、学位、学校、学位年度等信息。每条记录下方的"查看详情"链接可查看学位论文的详细信息，包括作者、学校、学位、指导老师、学科、来源、出版日期、ISBN、语言、摘要等信息（图 8-2-9）。记录下方的"查看 PDF 全文"链接，可直接打开 PDF 格式的学位论文全文。

图8-2-8 学位论文结果界面(选自2015年4月29日)

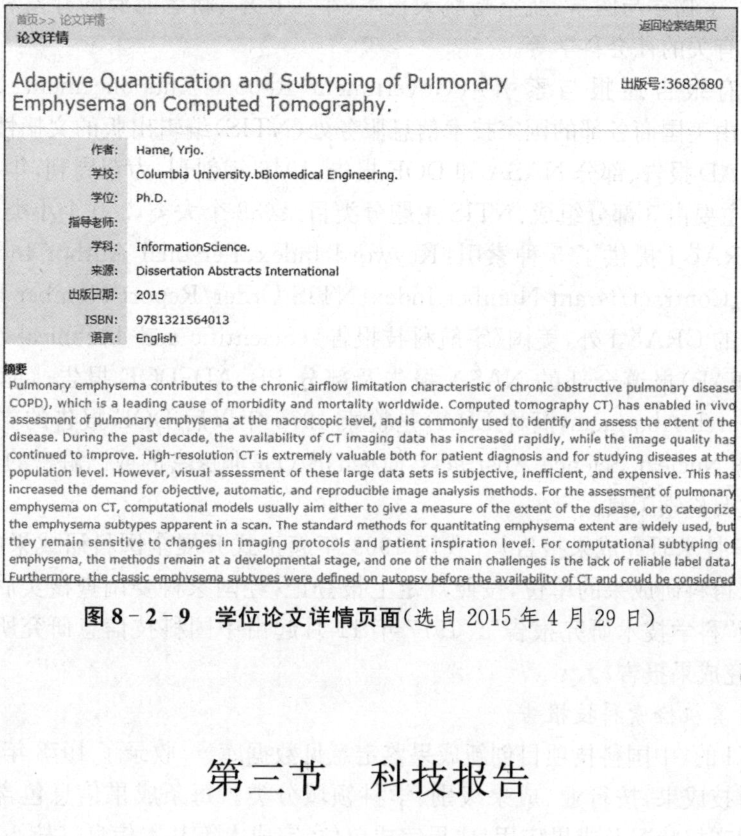

图8-2-9 学位论文详情页面(选自2015年4月29日)

（蒋 葵）

第三节 科技报告

一、概述

科技报告(Scientific and Technical Report)是关于某科研项目或活动的正式报告或记录，多是研究、设计单位或个人以书面形式向提供经费和资助的部门或组织汇报其研究设计和开发项目的成果或进展情况的汇报。科技报告是在第二次世界大战期间及战后迅速发展起来的，并逐渐成为传播科技情报的重要工具。

• 325 •

科技报告内容专深新颖，往往涉及尖端学科或世界最新研究课题，常带有不同程度的保密性质。科技报告对问题的论述既系统又完整，内容丰富，信息量大。据报道，全世界每年产生的科技报告在100万件以上。科技报告的种类很多，按科研活动阶段可划分为初步报告、进展报告、中间报告和终结报告。按密级可划分为绝密、秘密、非密级限制发行、解密、非密公开等。按内容性质则分为报告书、札记、论文、备忘录和通报等。

二、科技报告信息的检索

1. 利用传统工具书检索科技报告

世界上许多国家都有自己的科技报告，例如英国航空委员会报告(ARC)、法国原子能委员会报告(CER)、德国宇航研究报告(DVR)、瑞典国家航空研究报告(FFA)等，但美国的"四大报告"一直是全世界科技人员注目的重心。这"四大报告"是行政系统侧重于民用工程技术的PB报告、军事系统侧重于军事工程技术的AD报告、报道航空航天技术的NASA报告及原子能和能源管理系统的DOE报告。内容涉及数学与计算机科学、物理学和化学、天文学与地球科学、生物学与医学、航空与航天技术、军工技术、新老能源的开发利用技术、环境科学技术以及有关的社会科学等。

(1)《政府报告通报与索引》(Government Report Announcement & Index，简称GRA&I) 是由美国商务部的国家技术信息服务处(NTIS)编辑出版的文摘性检索工具，报道全部PB和AD报告、部分NASA和DOE报告，1946年创刊，为双周刊，年报道量约5万件。GRA&I主要由3部分组成：NTIS主题分类目录(38个大类，350个小类)、文摘部分和索引部分。GRA&I提供了5种索引：Keyword Index、Personal Author Index、Corporate Author Index、Contract/Grant Number Index、NTIS Order/Report Number Index。

除了上述的GRA&I外，美国《宇航科技报告》(Scientific and Technical Aerospace Reports，简称STAR)报道全部的NASA报告及部分PB、AD、DOE报告；《能源研究文摘》(Energy Research Abstracts，简称ERA)是检索1976年以后DOE报告的主要检索工具；《核科学文摘》(Nuclear Science Abstracts，简称NSA)是非保密的或已解密的美国原子能委员会报告的主要检索工具。

(2)《科学技术研究成果报告》 我国1963年起正式开展全国科研成果的统一登记和报道工作。取得科研成果的单位，按照规定上报登记，经家科委调查核实后，发出科研成果公报和出版"科学技术研究报告"。1977年11月起由中国科技信息研究所出版，名称为《科学技术研究成果报告》。

2. 利用计算机检索科技报告

(1) CNKI的《中国科技项目创新成果鉴定意见数据库》 收录了1978年以来所有正式登记的中国科技成果，按行业、成果级别、学科领域分类。每条成果信息包含成果概况、立项、评价、知识产权状况及成果应用，成果完成单位、完成人等基本信息。核心数据为登记成果数据，具备正规的政府采集渠道，权威、准确。成果的内容来源于中国化工信息中心，相关的文献、专利、标准等信息来源于CNKI各大数据库。

该库的特点与优势在于收录了专家组对各项成果的推广应用前景与措施、主要技术文件目录及来源、测试报告和鉴定意见等内容的鉴定数据。与通常的科技成果数据库相比，《中国科技项目创新成果鉴定意见数据库(知网版)》每项成果的知网节集成了与该成果相关的最新文献、科技成果、标准等信息，可以完整地展现该成果产生的背景、最新发展动态、相关领域的发展趋势,可以浏览成果完成人和成果完成机构更多的论述以及在各种出版物上发表的文献。

从网址 http://www.cnki.net 登录中国知网主页,在数据库列表中点击"成果"标签,进入成果库(图8-3-1)。

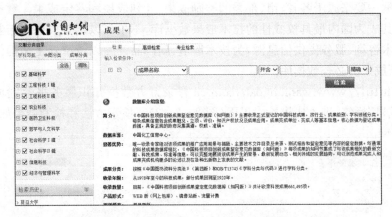

图8-3-1 CNKI 中国科技项目创新成果鉴定意见数据库(选自 2015 年 4 月 29 日)

成果检索界面与 CNKI 其他数据库检索界面相似,由检索导航区域、检索条件设置区域和结果显示区域 3 部分构成。

- 检索导航区域:提供了"学科导航""中图分类导航"和"成果分类导航"3 种分类体系。该区域不仅提供了分类检索的功能,而且可以配合其他检索途径确定查询的范围。
- 检索条件设置区域:提供普通检索、高级检索和专业检索 3 种检索方式。可供选择的检索字段有成果名称、关键词、成果简介、中图分类号、学科分类号、成果完成人、第一完成单位、单位所在省市名称和合作完成单位。高级检索方式还提供"成果应用行业"和"成果课题来源"的选择。
- 结果显示区域:结果显示分为列表格式和详细格式 2 种。列表格式提供成果名称、成果完成人、第一完成单位和完成年等信息;点击某一成果名称获取该成果的详细信息(图8-3-2)。

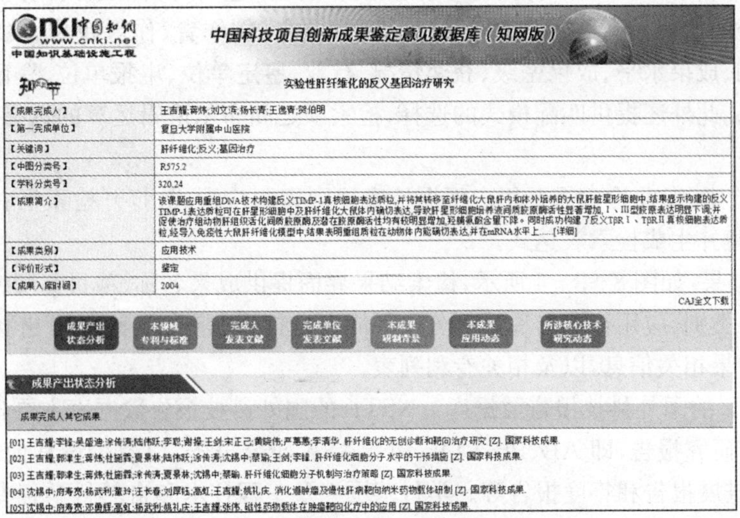

图8-3-2 成果详细信息(选自 2015 年 4 月 29 日)

(2) 万方的《中国科技成果数据库》 《中国科技成果数据库》收录了国内的科技成果及国家级科技计划奖励、计划、鉴定项目,范围有新技术、新产品、新工艺、新材料、新设计,涉及自然科学的各个学科领域,是国内数量最大的成果信息库,截至 2015 年 4 月,收录成果 83 万余项。数据主要来源于各省、市、部委的奖励成果、计划成果和鉴定成果。数据的准确性、详实性已使其成为国内最具权威性的技术成果数据库,不仅可以用于成果查新和技术转让,还可以为技术咨询、服务提供信息源,为技术改造、新产品开发以及革新工艺提供重要依据,是新技术、新成果的必查数据库。

从网址 http://www.wanfangdata.com.cn 登录万方数据知识服务平台主页,点击检索框上方的"成果"标签,进入成果检索界面(图 8-3-3)。检索方法和检索结果如下所述。

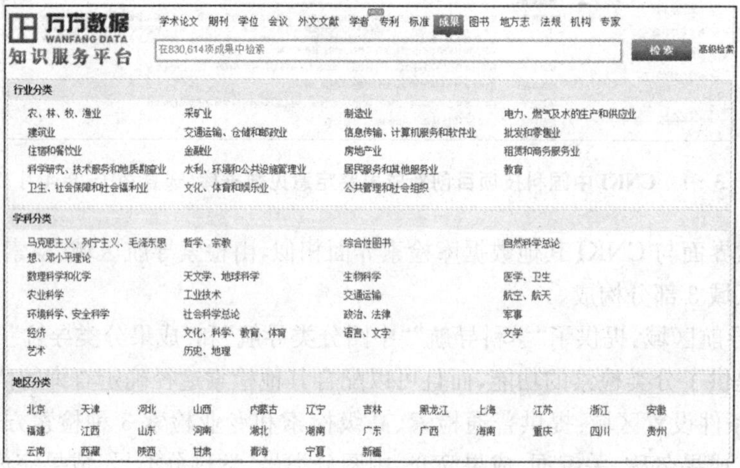

图 8-3-3 万方中国科技成果数据库检索界面(选自 2015 年 4 月 29 日)

① 简单检索:直接在检索框内输入检索词检索,检索范围为全部字段。

② 浏览检索:如图 8-3-3 所示,检索框下方列出成果库的 3 种浏览方式,分别为行业分类、学科分类和地区分类。

③ 高级检索:点击检索框右侧的"高级检索"按钮,进入高级检索页面。高级检索提供多个检索途径的选择,包括主题、题名或关键词、题名、创作者、作者单位、关键词、摘要、日期、省市、类别、成果水平、成果密级、获奖情况、行业、鉴定单位、申报单位、登记部门、联系单位、联系人等。此外还提供匹配模式的选择,检索项之间布尔逻辑运算的选择及时间范围的选择。

④ 专业检索:专业检索需要用户根据检索规则编制检索式,打开检索框右侧的"可检索字段"帮助构建并生成检索表达式。

⑤ 检索结果:如图 8-3-4 所示,检索结果界面提供成果名称、项目年度编号、中图分类号、省市、成果类别、应用行业名称及部分成果简介。打开"查看详细信息"链接,显示完整的成果简介和成果相关信息,以及相关专利列表。

(3) NSTL 的国外科技报告数据库 NSTL 的国外科技报告数据库主要收录 1978 年以来的美国政府研究报告,即 AD、PB、DOE 和 NASA 研究报告,以及少量其他国家学术机构的研究报告、进展报告和年度报告等。学科范围涉及工程技术和自然科学各专业领域,每年增加报告 2 万多篇,每月更新,目前累计 128 万余篇。

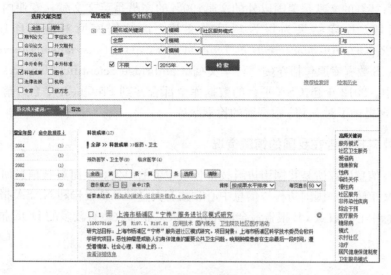

图8-3-4 万方科技成果库检索结果(选自2015年4月29日)

从网址 http://www.nstl.gov.cn 登录 NSTL 网站主页,点击"文献检索与全文提供"栏目中的"国外科技报告",进入检索界面(图8-3-5)。该检索界面与 NSTL 其他数据库具有相同的风格,故检索方法和检索结果显示可参见本章第一节 NSTL 会议论文库的介绍。检索界面中对应于国外科技报告库的检索字段包括题名、作者、关键词、ISSN、分类号、出版年、出版者和文摘等。

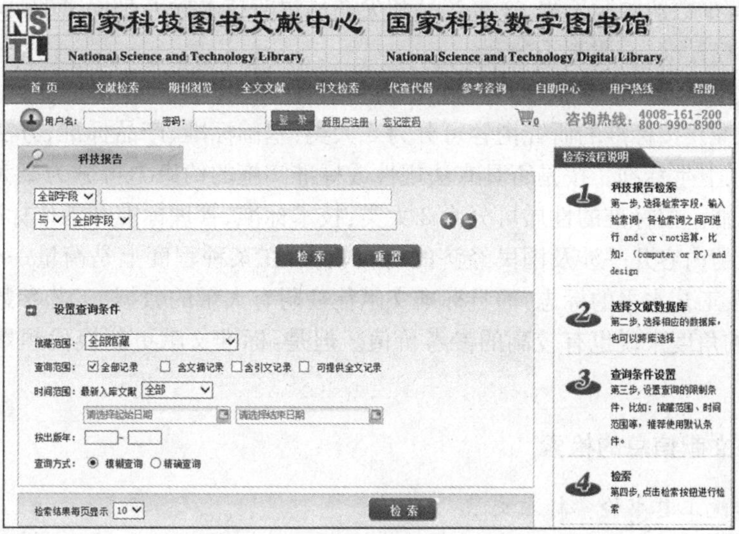

图8-3-5 NSTL国外科技报告检索界面(选自2015年4月29日)

(4) NTIS(National Technical Information Service) 是美国国家技术信息服务局出版的美国政府报告数据库(网址:http://www.ntis.gov),以收录1964年以来美国政府立项研究及开发的项目报告为主,收录少量西欧、日本及世界各国(包括中国)的科学研究报告。收录的报告包括项目进展过程中递交的一些初期报告、中期报告、最终报告等,反映最新的政府重视的项目进展。该库75%的文献是科技报告,其他文献有专利文献、会议论文、期刊论

· 329 ·

文、翻译文献；25％的文献是美国以外的文献；90％的文献是英文文献。专业内容覆盖科学技术各个领域。检索结果为报告题录和文摘。该数据库所对应的印刷型刊物为 *Government Reports Announcements & Index*（GRA & I）和 *Government Inventions for Licensing*。NTIS 数据库原包括在剑桥科学文摘（Cambridge Scientific Abstracts，简称 CSA）数据库平台中。2012 年起，CSA 平台的数据库全部合并到 ProQuest 平台。清华图书馆的 ProQuest 平台提供了对 NTIS 数据库的检索服务。

三、国外科技报告在我国的馆藏情况

中国科技信息研究所是我国引进科技报告最主要的单位。上海科技信息研究所也有四大报告的原文馆藏。中国国防科技信息中心收藏有大量的 AD 报告和 NASA 报告。中国科学院文献信息中心是收藏 PB 报告最全的单位。核工业部收藏有较多的 DOE 报告。

（蒋　葵）

第四节　标准文献

一、概述

标准文献（Standard Document）是指由技术标准、管理标准、规范、规程、标准草案、技术要求等具有标准性质的类似文件所组成的一种特定形式的科技文献体系。标准文献一般是公开的，但也有少数的国际工程、军事产品和尖端科学的技术标准是保密的，仅在内部发行，尤其是企业内控标准，一般都不公开。

标准文献按照使用范围可分为 6 大类：国际标准、区域标准、国家标准、行业标准、地方标准和企业标准。按标准的研究内容可分为 5 大类：基础标准、产品标准、方法标准、安全与环境保护标准、卫生标准。按是否具有法规性或标准实施的约束力可分为 2 大类：强制性标准和推荐性标准。按标准的性质可分为 3 大类：技术标准、管理标准和工作标准。

标准文献的内容几乎涉及国民经济的所有领域，在某种程度上是衡量一个国家产品质量、企业管理及工艺水平的标志，而且标准文献往往附有大量的数据、工艺参数或图表，实用性强，从技术的角度来说也有较高的参考价值。但是，标准文献更新换代频繁，使用时必须注意时效性。

二、标准文献信息的检索

1. 利用传统工具书检索标准文献

目前，查找国内外标准文献的检索工具书的发展已相当成熟。

（1）查找国内标准文献的检索工具书主要有国家标准目录、行业标准目录、地方标准目录、企业标准目录、国家军用标准目录、标准发布公告和标准化期刊等。

（2）查找国际标准文献的检索工具书主要有 ISO 国际标准目录（原文版、中文版）、IEC 国际标准目录（原文版、中文版）、27 个国际组织标准目录（中文版）、国际标准题内关键词索引（英文版）和各国标准对照手册（中文版）。

（3）查找其他国家标准文献的检索工具书主要有美国的《美国国家标准目录》、德国的

《技术规程目录》、日本的《日本工业标准目录》(日、英、中文版)、英国的《英国标准目录》(英、中文版)和法国的《法国国家标准目录》(法、英、中文版)等等。

2. 利用计算机检索标准文献

(1) CNKI 的标准数据总库 CNKI 的标准数据总库分为《中国标准题录数据库》《国外标准题录数据库》《国家标准全文数据库》和《中国行业标准全文数据库》。

- 《中国标准题录数据库》收录了所有的中国国家标准、国家建设标准、中国行业标准的题录摘要数据,共计标准约 13 万条。
- 《国外标准题录数据库》收录了世界范围内重要标准,如国际标准、国际电工标准、欧洲标准、德国标准、英国标准、法国标准、日本工业标准、美国标准、美国部分学协会标准等标准的题录摘要数据,共计标准约 31 万条。
- 《国家标准全文数据库》收录了由中国标准出版社出版的、国家标准化管理委员会发布的所有国家标准,占国家标准总量的 90% 以上。
- 《中国行业标准全文数据库》收录了现行、废止、被代替以及即将实施的行业标准,全部标准均获得权利人的合法授权。

标准的内容来源于中国标准化研究院国家标准馆,相关的文献、专利、成果等信息来源于 CNKI 各大数据库。

从网址 http//www.cnki.net 登录中国知网主页,点击数据库名称列表中的"标准"按钮,进入相应数据库(见图 8-4-1),检索界面与 CNKI 其他数据库的界面类似。检索操作参见本章第一节 CNKI 会议论文的检索。

图 8-4-1 CNKI 标准数据库检索界面(选自 2015 年 4 月 29 日)

(2) 万方的《中外标准数据库》 万方数据知识服务平台的《中外标准数据库》包括标准文摘数据库和标准全文数据库,收录中国国家标准、建设标准、建材标准、行业标准、国际标准、国际电工标准、欧洲标准以及美、英、德、法国国家标准和日本工业标准等各类标准题录,截至 2015 年 4 月,已累计收录中外标准 39 万余条。从网址 http://www.wanfangdata.com.cn,登录万方数据知识服务平台主页,点击检索框上方的"标准"标签进入标准文献数据库(图 8-4-2)。检索操作参见本章第一节万方会议论文的检索。

(3) 标准专业网站介绍 除上述综合性文献数据库网站外,检索者还可以通过标准专业网站直接检索标准文献。

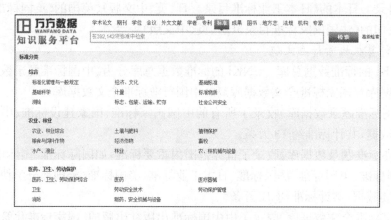

图 8-4-2 万方中外标准数据库检索界面(选自 2015 年 4 月 29 日)

① 中国标准服务网(http://www.cssn.net.cn)(图 8-4-3) 是国家级标准信息服务门户,是世界标准服务网的中国站点。中国标准服务网的标准信息主要依托于国家标准管理委员会、中国标准化研究院标准馆及院属科研部门、地方标准化研究院(所)及国内外相关标准化机构。提供的栏目内容有资源检索、网上书店、标准动态、馆藏资讯、专题浏览、典型案例等。中国标准服务网的文献资源收藏了齐全的中国国家标准和 66 个行业标准,60 多个国家、70 多个国际和区域性标准化组织、450 多个专业协(学)会的成套标准,160 多种国内外标准化期刊及标准化专著。截至 2015 年 4 月,标准文献题录数据库量已达 130 余万条,是我国迄今为止最全的标准文献信息库。网站自 2001 年 4 月起推出开放式标准服务,标准信息数据库免费向社会开放。下面介绍中国标准服务网的检索方法和检索结果。

图 8-4-3 中国标准服务网首页(选自 2015 年 4 月 29 日)

- 简单检索:中国标准服务网首页的检索框提供用户按标准号或中英文关键词进行标准文献的检索。在检索框下方提供资源类型的选择,点击资源类型名称进行切换。
- 高级检索:点击首页检索框右侧的"高级检索",进入高级检索页面(图 8-4-4)。高级检索提供关键词、标准号、国际标准分类、中国标准分类、采用关系、标准品种、年代号等多字段的组合检索,还可限定标准状态"现行"或"作废"。每个检索框下方提供检索示例,帮助用户在检索框内输入正确的检索词或检索式。国际标准分类、中国标准分类、标准品种对应的检索框内不能直接输入检索词,需点击检索框右侧的"选择"按钮,进入国际标准分类、中国标准分类、标准品种选择相应的分类,选中的分类自动添加到相应的检索框内。检索字段之间默认为布尔逻辑"与"的运算关系。

图 8-4-4 标准文献高级检索界面(选自 2015 年 4 月 29 日)

• 专业检索:点击高级检索页面上方检索方式中的"专业检索",进入专业检索页面(图 8-4-5)。选择检索字段:点击"全部字段"按钮,可打开检索字段选择的下拉列表,系统提供标准号、中文标题、英文标题、原文标题、中国标准分类号、国际标准分类号、中文主题词、英文主题词、原文主题词、代替标准、被代替标准、引用标准、修改件、被修改件、补充件、被补充件、适用范围等多个检索字段,供检索者选择。选择匹配方式:系统还提供检索词的"精确"和"模糊"2 种匹配方式供选择。选择标准品种:系统提供中国国家标准、中国行业标准、中国地方标准、国外国家标准、国外学协会标准、国际标准 6 种标准供筛选,分别点击名称显示发布单位供选择。

• 分类检索:点击高级检索页面上方检索方式中的"分类检索",进入分类检索页面(图 8-4-6)。分类检索提供国际标准分类(ICS)和中国标准分类(CCS)2 种分类选择,点击类目名称后的"⊟"展开下层类目,点击类目名称或勾选类目名称前的复选框,点击"确定"直接显示该类目下的标准文献。

• 检索结果:对于非注册用户,中国标准服务网提供标准文献的标准号、标准中英文名称、发布日期和实施日期等基本信息(图 8-4-7)。对于注册用户,提供标准文献的基本信息、使用范围、关联标准、标准分类号等更详细的标准文献信息。

图 8-4-5　标准文献专业检索界面（选自 2015 年 4 月 29 日）

图 8-4-6　标准文献分类检索界面（选自 2015 年 4 月 29 日）

图 8-4-7　标准文献检索结果界面（选自 2015 年 4 月 29 日）

② 国际标准化组织 ISO(http://www.iso.org)　ISO 是一个全球性的非政府组织,是国际标准化领域中一个十分重要的组织。ISO 的任务是促进全球范围内的标准化及其有关活动,以利于国际间产品与服务的交流,以及在知识、科学、技术和经济活动中开展国际间的相互合作。它由各国国家级标准化机构组成,制定自愿性技术标准,并且只制定那些为市场所需的标准。自 1947 年以来,ISO 已经出版了 14 000 个以上的国际标准,其工作项目的范围从用于传统活动,如农业和建筑、机械工程的标准直到信息技术的最新发展,如用于多媒体应用的视听信号的数字编码标准。

ISO 于 1995 年开通了在互联网上的标准信息检索服务,通过互联网发布制定标准的动态信息和有关文件。

③ 国际电工委员会 IEC(http://www.iec.ch/)　IEC 是从事电气工程和电子工程领域中的国际标准化工作的国际机构,成立于 1906 年。其宗旨是促进电气、电子工程领域中的标准化及相关问题的国际合作,增进相互了解。目前,IEC 的工作领域已由单纯研究电气设备、电机的名词术语和功率等问题,扩展到电子、电力、微电子及其应用、通讯、视听、机器人、信息技术、新型医疗器械和核仪表等电工技术的各个方面。IEC 成员国包括了绝大多数的工业发达国家及一部分发展中国家。这些国家拥有世界人口的 80%,其生产和消耗的电能占全世界的 95%,制造和使用的电气、电子产品占全世界产量的 90%。IEC 标准的权威性是世界公认的。IEC 每年要在世界各地召开 100 多次国际标准会议,世界各国的近 10 万名专家参与了 IEC 的标准制订、修订工作。IEC 通过其网站提供标准的检索及其他出版物的信息服务,并提供新出版标准信息、标准作废替代信息等。

(施李丽)

第五节　专利信息

一、专利相关知识

1. 专利的概念和类型

专利一词包含三层含义:一指专利法保护的发明创造,二指专利权,三指专利说明书等专利文献。其核心是受专利法保护的发明创造,而专利权和专利文献是专利的具体体现。由于各国的专利法不同,专利种类的划分也不尽相同。美国分为发明专利、外观设计专利和植物专利。中国、日本、德国等国分为发明专利、实用新型和外观设计专利。

(1) 发明专利

发明专利是指对产品、方法或者其改进所提出的新的技术方案,是属于改造客观世界的成就。对于认识客观世界的科学发现和科学理论不属此列。发明专利是 3 种专利中技术含量最高的一种,我国对发明专利的保护期为 20 年。

(2) 实用新型专利

实用新型专利是指对产品的形状、构造或者将两者结合所提出的适于实用的新技术方案。实用新型专利比发明专利在技术水平的要求上要低一些,大都是一些改进性的技术发明。我国对实用新型专利的保护期为 10 年。

（3）外观设计专利

外观设计专利是对产品的形状、图案、色彩或者综合其外观所做的富有美感并适于工业上应用的新设计方案。它偏重于产品的装饰性与艺术性。我国对外观设计专利的保护期为10年。

实用新型专利和外观设计专利都涉及产品的形状，两者的区别是：实用新型专利主要涉及产品的功能，外观设计专利只涉及产品的外表。如果一件产品的新形状与功能和外表均有关系，申请人可以申请其中一个，也可分别申请。

2. 专利权的概念和特点

从法律上来说，专利是一项产权。产权有3种：动产权、不动产权、知识产权。知识产权又叫智力成果权，是指智力劳动者对其创造性的智力劳动成果依法享有的专有权利。智力劳动成果主要指科学技术、文学艺术、文化知识等精神产品，它们是非物质化的知识形态的劳动产品，没有一定的形体，也不占据一定的空间，人们对它的占有不表现为实在的、具体的控制，而表现为认识和利用。因此，知识产权是一种无形产品的财产权，保护这种财产权免受侵犯就不像保护有形财产权免受侵犯那么明确、那么容易实现或做到。为了实现对知识产权的保护，必须通过特殊的法律措施，所以就产生了不同以往的财产法的新的法律制度：在与商品生产直接相关的科学技术发明领域出现了专利权；与商品销售活动密切关联的商品标记方面出现了商标权；在文学艺术创作及科学作品以商品形式流通的领域出现了著作权。这些法律形式最后逐步扩大为知识产权。

专利权是知识产权的一种，是指专利权人在法律保护下享有的权益。一般而言，专利包括3方面的特点：其一是专有性，即专利权人对其发明创造具有独占性的制造、使用、销售的权利，其他任何单位或个人未经专利权人许可不得生产、经营、制造、使用、销售其专利产品或者使用其专利方法。其二是地域性，即专利具有在其专利授予国或地区内有效的特性。某个国家或地区依照其本国或地区的专利法律授予的专利权，仅在该国或地区法律管辖范围内有效，对其他国家没有约束力，对其专利权不承担法律保护义务。其三是时间性，即专利权人对其发明创造所拥有的法律赋予的专有权只在法律规定的时间内有效的特性。超过法律赋予的时间，专利权人对其发明创造就不再享有制造、使用、销售的专有权。其发明创造就成为公开的可共享的社会的公共财产，任何人与任何单位均可无偿使用。

3. 专利权的授予条件

专利权的授予必须建立在专利的新颖性、创造性、实用性基础上。

新颖性是指申请的专利发明必须是创新的、未曾出现过的。对新颖性的具体描述，各国也有不同的说法。一种称世界新颖性或绝对新颖，即申请专利的发明在申请日之前在世界上从未在出版物上公开发表或以其他方式为公众所知，也未被人公开使用；二是本国新颖性或称相对新颖性，即申请专利的发明在申请日之前在本国范围内从未公开发表或以其他方式为公众使用即可；三是混合新颖性，即在世界范围内未公开发表，在本国范围内未公开使用的发明。

创造性是指申请的专利与在申请日之前已存在的所有技术相比，该申请具有突出的实质性特点和显著的进步。

实用性是指申请专利的发明能够制造或使用，并能在运用中产生实际的使用效果。

二、专利文献概述

1. 专利文献的概念

专利文献是实行专利制度的国家及国际性专利组织在审批专利过程中产生的官方文件及其出版物的总称。按功能不同，专利文献一般可分为3大类：(1)详细描述发明创造具体内容及其专利保护范围的各种类型的专利说明书；(2)刊载专利题录、专利文摘、专利索引的专利公报、专利年度索引；(3)专利分类表等。

专利说明书是申请人向政府递交说明其发明创造的书面文件，上面记载着发明的实质性内容及付诸实施的具体方案，并提出专利权范围，是专利文献的核心，通常有题录、说明书正文和附图3部分组成。题录部分包括发明名称、发明人和申请人姓名、地址、申请日期、申请号、分类号、专利号、文摘等。说明书正文包括序言、发明细节叙述及权利要求3部分。附图一般放在说明书的最后，用于解释发明的内容原理。

2. 专利文献的特点

专利文献具有不同于其他科技文献的如下特点：

(1) 内容新颖、实用、规范、具体

专利需经过新颖性、创造性、实用性的审核，因而其内容新颖、实用、可靠。专利文献集法律性与技术性于一体，兼有技术文献与法律文献的特点。专利文献要求格式规范、内容具体、编排方式统一，一般采用统一的专利分类表、统一的著录项目代码和相近的说明书格式，便于检索、阅读和计算机处理。

(2) 出版迅速、数量庞大、涉及范围广

专利文献几乎涵盖人类生产活动的全部技术领域。由于专利的新颖性特点，因而要求其出版速度快。目前，世界上约有100个国家、地区、国际性专利组织用大约30种官方文字出版专利文献，全世界每年出版的专利文献达到150万件以上，占世界年科技文献出版物总量的1/4。历年的累积量已超过3 000万件。

(3) 时效性与地域性强

专利文献的时效性与地域性是由其专利的基本特性决定的。专利保护的最终目的是使其能大范围推广应用，成为人类的共同财富。因此，各国的专利权法律均规定了一定的保护时效，时间长短各国有不同的规定，但专利权的适用范围只限于授予专利权的国家和地区。专利在其保护期满或在非授权国使用，均不会构成对专利权人的侵权。

(4) 不同阶段的专利文献，其效用与内容不同

专利的获取一般要经历3个阶段：申请、审定、授权。在不同阶段产生的专利文献，其文献内容与信息提供的方式各异，因而其效用与价值也不同。

3. 专利文献的作用

随着各国工业和贸易的发展、国际科技合作的加强，查找专利文献和利用专利情报的必要性愈来愈被广大科研、生产、设计和外贸人员所认识和重视。专利文献的作用如下：

(1) 专利文献是申请专利和专利审查工作的必备资料

专利申请必须首先了解与本发明有关的国内外专利情况，确定本申请专利是否具备"三性"(新颖性、创造性、实用性)和是否侵犯他人的专利权(俗称侵权)。专利机构为了审查鉴定新的技术发明是否符合条件，也必须进行大量查新工作，即通过检索专利文献来确定申请案是否"新颖"或"非显而易见"。根据专利合作条约这个国际组织的规定，审查发明是否具

有新颖性,必须查阅的最低限度的文献量应是美国、英国、日本、(前)联邦德国、法国、(前)苏联和瑞士等7个国家以及两个国际组织(专利合作条约和欧洲专利局)从1920年以来的全部专利文献,还有169种水平较高的非专利专业期刊近5年内发表的文章,可见查新工作十分艰巨和慎重。

(2) 从专利文献可以获得最新的技术信息

由于新颖性是获得专利权必须具备的"三性"之一,毋庸置疑,所批准的专利在当时是内容最新的,是超过现有水平的。另外,为了保密的需要,绝大多数发明的技术内容都是在专利文献上公布之后才披露于其他文献类型中。国外有调查指出,专利文献中报道的技术内容,只有5.77%刊载于其他文献上。这表明,绝大多数的发明和革新只有通过查阅专利文献才能知道。如果一个科技人员不懂得利用专利文献,他将失去取得新技术知识的绝大部分机会。因此,专利文献已成为人们在大量的技术开发中不可缺少的信息来源,它可以为科研及工程技术人员开发新的研究课题或新的技术产品提供宝贵资料。通过专利文献了解国外先进技术发展情况,对拟定研究课题、制订研究计划、试制新产品、进行技术革新和技术攻关,都会起到很好的帮助作用。人们普遍称专利文献为科技界、制造业人士的"必读文献",因而其科技信息价值愈来愈高,使用率也愈来愈高。

(3) 通过大量专利调查,进行技术预测

专利文献中记载着一种新产品、新工艺、新设备,从最初发明到以后的每一步改进,都在陆续公布的一系列专利中反映出来。如果能系统地、深入地查阅这些专利文献,就可以了解某一技术领域已有技术的沿革、发展水平及其发展趋势,从而可以从市场需求和科学规律两个方面寻找新的突破口,选择研制目标,安排合理投资,避免重复研究、重复投资。

(4) 专利文献提供技术经济情报,在外贸进出口和技术交流、参观、考察中显示重要作用

随着改革开放的发展,外贸和技术交流日益活跃。在计划引进国外技术设备时,事先要比较各国、各公司的技术、设备的先进程度,以及是否满足我国国情的其他条件,这就需要查阅专利文献;外商提供的专利项目,也要通过查阅专利文献核实是否确有专利,专利权人是谁,技术是否先进,专利是否有效,专利寿命还有多久等等。只有充分了解,才能加强己方的谈判地位,避免上当。在引进技术中也常常涉及专利和专用技术,只有熟悉要购买的产品及其技术水平,才能在谈判中定出合理的价格,敢下成交的决心,这也需要及时查阅专利文献。在计划出口技术或产品时,也要事先仔细查阅专利文献,弄清楚出口会不会侵犯别人的专利权,设法摆脱被动局面,并努力在原基础上作出新的突破,使自己的发明超过对方。通过查阅相同专利,根据授予专利权的不同国家的地理分布,可分析产品和技术的销售规模、潜在市场等情况。在出国参观、考察前查阅专利文献能了解对方近期有哪些新技术、发明创造,以便心中有数,有的放矢地进行参观考察。

总之,专利文献蕴含法律信息、技术信息和经济信息,增强专利意识,掌握查阅专利文献的方法十分重要。

4. 国际专利分类法

世界上很多国家都有本国的专利分类法,但随着专利制度走向国际化,需要一种国际通用的专利分类法,即国际统一化、标准化管理专利文献的科学、系统、完善的专利分类体系。国际专利分类法(International Patent Classification,IPC)就是使各国专利文献获得统一分类及提供检索的工具。

IPC能提供如下服务:(1) 作为工具来编排专利文献,使用者可以方便地从中获得技术

上和法律上的信息;(2)作为对所有专利信息使用者进行有选择的信息传播的基础;(3)作为某一技术领域中现有技术调研的基础;(4)作为进行工业产权统计的基础,从而可以对各个领域的现有技术做出评价。

IPC结合了功能分类原则及应用分类原则,兼顾了各个国家对专利分类的要求,因此适用面较广。目前,世界上已有50多个国家及2个国际组织采用IPC对专利文献进行分类。

IPC按照专利文献中所包括的全部技术主题来设立类目,它采用混合分类体系,系统分成部、大类、小类、大组和小组等5级结构,分类号按等级排列。IPC共有8个部,将现有的专利技术领域进行总体分类,每个部包含了广泛的技术内容。8个部的技术范畴如下。

A部:人类生活必需(Human Necessities),如食品与烟草;保健与娱乐;个人与家用物品。

B部:作业、运输(Performing Operation Transporting),如分离、混合;成型;印刷;交通运输。

C部:化学(Chemistry and Metallurgy),如化学;冶金。

D部:纺织、造纸(Textiles and Paper),如纺织;造纸。

E部:固定建筑物(Fixed Construction),如建筑;采矿。

F部:机械工程(Mechanical Engineering),如发动机或泵;一般工程;照明、加热;武器;爆破。

G部:物理(Physics),如仪器;核子学。

H部:电学(Electricity),如太阳能电池。

5. 专利文献检索的种类

(1) 专利技术文献检索

专利技术文献检索是指就某一技术主题对专利文献进行检索,从而找出一批参考文献的过程,可分为追溯检索和定题检索。追溯检索是指人们利用检索工具,由近而远地查找专利技术信息的工作。定题检索是指在追溯检索的基础上,定期从专利数据库中检索出追溯检索日之后出现的新的专利文献的工作。

(2) 新颖性检索

新颖性检索是指专利审查员、专利申请人或代理人为确定申请专利的发明创造是否具有新颖性,从发明专利的主题对包括专利在内的全世界范围内的各种公开出版物进行的检索,其目的是找出可进行新颖性对比的文献。

(3) 创造性检索

创造性检索是指专利审查员为对某项申请专利的发明创造获得专利权的可能性进行判断而进行的检索,它是在确定发明创造的新颖性基础上,再检出若干件用以确定发明的创造性的对比文献。

(4) 侵权检索

侵权检索分避免侵权检索和被动侵权检索。避免侵权检索是指对一项新的工业项目或进出口产品中可能涉及的现有专利进行检索判断,以避免发生侵权纠纷的一种检索。被动侵权检索是指企业受到侵权指控后采取的一种自卫性检索,检索目的是查明原告依据的专利是否仍然有效,以及是否有过先行技术,从而力图从根本上否定专利的有效性,使自己摆脱困境。

(5) 专利法律状态检索

专利法律状态检索是指对专利的时间性或地域性进行的检索,可以分为专利有效性检索和专利地域性检索。专利有效性检索是指对一项专利或专利申请当前所处的状态进行的检索,其目的是了解该项专利是否有效。专利地域性是对一项发明创造在哪些国家和地区申请了专利进行检索,其目的是确定该项专利申请的国家范围。

(6) 专利族检索

专利族检索包括相同专利检索和相关专利检索,相同专利检索主要是判断某一发明在哪些国家取得了专利保护以及在不同国家的保护范围,据此间接地判断发明的价值,判断在技术合作及开辟技术市场方面各国及公司间的联系。

(7) 技术贸易检索

技术贸易检索根据要达到的目的分为技术引进检索和产品出口检索。技术引进检索是一种综合性检索,它是指把专利技术信息检索和专利法律状态检索结合到一起交叉进行的专利信息检索,其目的是对引进的技术做综合性评价。产品出口检索也是一种综合性检索,它是指把防止侵权检索和专利法律状态结合到一起交叉进行的专利信息检索,其目的是对出口的技术做综合性评价。

三、利用计算机检索专利信息

1. 万方中外专利数据库

(1) 数据库简介 中外专利数据库包括中国专利文献、国外与国际组织专利两部分,收录7个国家及2个组织(中国、美国、日本、德国、英国、法国、瑞士、欧洲专利局和世界知识产权组织)的专利信息数据,内容涉及自然科学各个学科领域。

(2) 数据库登陆 从网址 http://www.wanfangdata.com.cn 登录万方数据知识服务平台主页,点击检索框上方的"专利"标签,进入如图8-5-1所示的检索界面。

图8-5-1 万方中外专利数据库检索界面(选自2015年4月30日)

(3) 数据库使用 万方中外专利数据库分基础版和加强版。基础版主要提供文献检索和文献浏览2种功能。文献浏览是进行IPC的浏览,选择IPC中的相应类目,进行该类目下专利文献的浏览。文献检索的检索操作参见本章第一节万方会议论文的检索。加强版是万方基于专利文献资源特色开发的一个提供综合性服务的应用工具,提供文献检索、文献浏览、法律状态查询、技术生命周期分析、文献对比分析、发明人专利成果跟踪、竞争环境分析、机构对比分析、专利权人专利成果跟踪等功能。

2. NSTL专利类数据库

(1) 数据库简介 国家科技图书文献中心(NSTL)专利类数据库的收录情况如下:

- 《中国大陆专利库》主要收录中国国家知识产权局自 1985 年以来的所有公开的发明、实用新型和外观专利,每年增加专利 23 万多件,共收录 1 250 万余条。
- 《美国专利库》主要收录美国专利商标局自 1972 年以来的所有公开(告)的发明和实用新型专利,每年增加专利 20 多万件,共收录 393 万余条。
- 《英国专利库》主要收录英国国家知识产权局自 1979 年以来的所有公开(告)的发明和实用新型专利,每年增加专利 3 000 多件,共收录 189 万余条。
- 《法国专利库》主要收录法国国家知识产权局自 1985 年以来的所有公开(告)的发明和实用新型专利,每年增加专利 5 000 多件,共收录 95 万余条。
- 《德国专利库》主要收录德国国家知识产权局自 1981 年以来的所有公开(告)的发明和实用新型专利,每年增加专利 2 万多件,共收录 328 万余条。
- 《瑞士专利库》主要收录瑞士国家知识产权局自 1978 年以来的所有公开(告)的发明和实用新型专利,每年增加专利 500 多件,共收录 71 万余条。
- 《日本专利库》主要收录日本国家知识产权局自 1976 年以来的所有公开(告)的发明和实用新型专利,每年增加专利 35 万多件,共收录 2 313 万余条。
- 《欧洲专利库》主要收录欧洲专利局自 1978 年以来的所有公开(告)的发明和实用新型专利,每年增加专利 2 万多件,共收录 278 万余条。
- 《世界知识产权组织专利》主要收录世界知识产权组织自 1978 年以来的所有公开(告)的发明和实用新型专利,每年增加专利 3 万多件,共收录 252 万余条。

此外 NSTL 还收录了中国台湾专利 116 万余条,韩国专利 348 万余条,印度专利 39 万余条,以色列专利 16 万余条,俄罗斯专利 51 万余条,前苏联专利 46 万余条,加拿大专利 5 万余条。以上数据统计截至 2015 年 4 月。

(2) 数据库登陆及使用　从网址 http://www.nstl.gov.cn 登录 NSTL 网站主页,点击首页"文献检索与全文提供"栏目中的"中外专利",进入检索界面(图 8-5-2)。该检索界面与 NSTL 其他数据库具有相同的风格,故检索方法和检索结果显示可参见本章第一节 NSTL 会议论文库的介绍。中外专利库提供的检索字段包括专利名称、发明人、申请人、摘

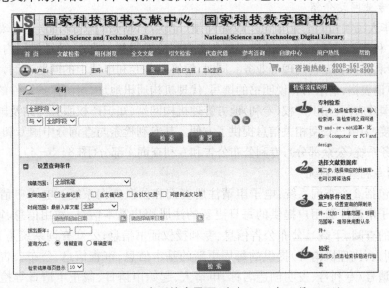

图 8-5-2　NSTL 专利检索界面(选自 2015 年 4 月 30 日)

要、申请号、公开号、申请日期、公开日期、专利类型、申请人地址、专利分类号等。

3. CNKI 专利数据库

CNKI 专利数据库包括《中国专利全文数据库》和《海外专利摘要数据库》。中国专利数据库收录了 1985 年 9 月以来的所有专利,共 1 179 万余篇,包含发明专利、实用新型专利、外观设计专利 3 个类型,双周更新。专利的内容来源于国家知识产权局知识产权出版社,相关的文献、成果等信息来源于 CNKI 各大数据库。海外专利数据库收录 1970 年至今的国外专利,共收录 4 129 万余篇。

与通常的专利库相比,CNKI 的中国专利数据库每条专利的知网节集成了与该专利相关的最新文献、科技成果、标准等信息,可以完整地展现该专利产生的背景、最新发展动态、相关领域的发展趋势,可以浏览发明人与发明机构更多的论述以及在各种出版物上发表的信息。

从网址 http//www.cnki.net 登录中国知网主页,点击数据库名称列表中的"专利"进入相应数据库(图 8-5-3),该检索界面的功能与 CNKI 其他数据库相同。

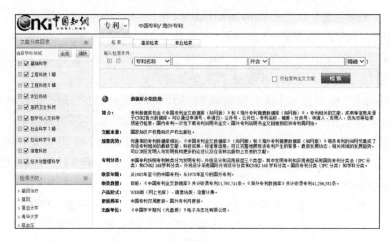

图 8-5-3 CNKI 专利数据界面(选自 2015 年 4 月 30 日)

4. 专利专业网站介绍

(1) 中华人民共和国国家知识产权局网站(http://www.sipo.gov.cn) 是政府性官方网站,提供中文和英文 2 种界面,向公众提供免费专利检索服务。此外,还承接国内外专利申请、专利审查、专利保护和专利代理等业务。同时,解答一些专利申请上的问题咨询,如申请费用、申请程序、申请表格、请求书和说明书的撰写、代理机构通讯地址、司法保护案件的分析等。该网站还与中国政府网、知识产权(专利)地方管理机构网站、知识产权服务网站及国外知识产权机构网站链接,为用户查阅相关信息提供了方便。其专利检索与查询分中国专利查询系统、专利检索与服务系统(公众部分)、专利公布公告和专利查询 4 部分(图 8-5-4)。

① 中国专利查询系统

该系统包括 2 个查询系统:电子申请注册查询和公众查询系统。电子申请注册用户查询是专为电子申请注册用户提供的每日更新的注册用户基本信息、费用信息、审查信息(提供图形文件的查阅、下载)、公布公告信息、专利授权证书信息;公众查询系统是为公众(申请人、专利权利人、代理机构等)提供的每周更新的基本信息、审查信息、公布公告信息。公众查询提供申请号/专利号、发明创造名称、申请人、起始申请日、截止申请日等检索条件的精确查询(图 8-5-5),查询条件中的发明创造名称、申请号、申请人三者必须填一个。

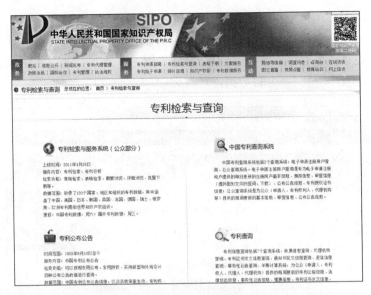

图 8-5-4 中华人民共和国国家知识产权局专利检索与查询界面(选自 2015 年 4 月 30 日)

图 8-5-5 中国专利公众查询界面(选自 2015 年 4 月 30 日)

② 专利检索与服务系统(公众部分)

专利检索与服务系统于 2011 年 4 月 26 日上线,收录 103 个国家、地区和组织的专利数据,其中涵盖了中国、美国、日本、韩国、英国、法国、德国、瑞士、俄罗斯、欧洲专利局和世界知识产权组织的专利数据,提供专利检索和专利分析服务(图 8-5-6)。该系统每周三更新国外专利数据,每周六更新中国专利数据。

图 8-5-6 专利检索与服务系统(公众部分)界面(选自 2015 年 4 月 30 日)

③ 专利公布公告

收录 1985 年 9 月 10 日至今中国专利公布公告信息,以及实质审查生效、专利权终止、专利权转移、著录事项变更等事务数据信息,数据每周三更新。可通过发明公布、发明授权、实用新型和外观设计 4 种公布公告数据进行查询(图 8-5-7)。

图 8-5-7　专利公布公告界面(选自 2015 年 4 月 30 日)

④ 专利查询

专利信息查询包括 7 个查询系统:收费信息查询、代理机构查询、专利证书发文信息查询、通知书发文信息查询、退信信息查询、事务性公告查询、年费计算系统,为公众(申请人、专利权人、代理人、代理机构)提供每周更新的专利公报信息、法律状态信息、事务性公告信息、缴费信息、专利证书发文信息、通知书发文信息、退信信息,以及代理机构备案信息、年费缴纳与减缓信息。

(2) 美国专利商标局网站(United States Patent and Trademark Office,简称 USPTO)(http://patft.uspto.gov/)　包含专利全文数据库(PatFT:Patents Full-Text)和专利申请数据库(AppFT:Applications)(见图 8-5-8)。PatFT 可以检索 1790 年至最近一周美国专利和商标局公布的全部授权专利文献。其中 1790—1975 年的专利只有全文图像页,只能通过专利号和美国专利分类号检索。1976 年 1 月 1 日以后的专利除了全文图像页,还提供可检索的授权专利基本著录项目、文摘和专利全文数据(包括说明书和权利要求书)。AppFT 可检索 2001 年至今的记录。

(3) 欧洲专利局(European Patent Office,简称 EPO)　作为欧洲专利组织的执行机构,EPO 与美国专利商标局、日本特许厅并称世界 3 大专利机构。欧洲专利局于 1998 年联合各成员国的国家专利局在互联网上设立 Espacenet 数据库,向用户提供免费专利文献检索,网址为 http://www.epo.org/searching.html(图 8-5-9)。Espacenet 数据库的数据由欧洲专利局及其成员国提供,收录时间跨度大,涉及的国家多,由 3 部分构成:世界专利数据库(Worldwide),收录了 1920 年以来(各国的起始年代有所不同)世界上 90 多个国家(地区)和专利组织公开的专利;世界知识产权组织专利(WIPO)数据库;欧洲(EP)数据库。Espacenet 数据库提供全球范围内 8 000 余万件专利文献的免费检索,涉及 1836 年至今的发明和技术信息。

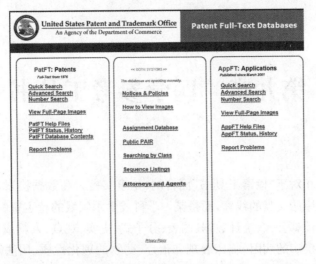

图 8-5-8 美国专利商标局界面(选自 2015 年 4 月 30 日)

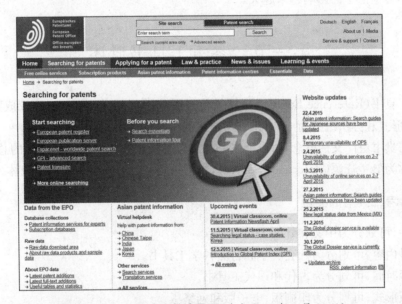

图 8-5-9 EPO 专利检索界面(选自 2015 年 4 月 30 日)

(施李丽)

第九章 医学参考工具书

参考工具书是相对于"检索工具书"而言的,是事实检索和数据检索常用的工具书。它所提供的不是获取原始文献的线索,而是某一学科或学术领域的特定资料、基本概念和基本知识,如名词概念、计算公式、统计数据、图表、分子式、史实、观点、人物或机构简介等。医学参考工具书还提供疾病的病因、临床表现和治疗、药物的理化性质、用法等简单事实问题的参考信息。随着计算机和网络技术的发展,网络版参考工具书和一些网站中的相关参考功能在人们学习生活中的影响越来越大。

第一节 参考工具书概述

参考工具书(Reference Book)是根据某种需要,汇集一定范围内的、比较成熟的知识材料,以特定形式和方法编排而成,专供查考之用的工具性图书。

参考工具书更广义的概念,可以泛指一切用以查找相关知识的资料来源的总称,有很多人又把其称为参考资源(Reference Source),包括一切可以解答咨询的知识载体。

一、参考工具书的类型

按文种,可划分为中文和外文工具书。

按学科内容,可划分为社会科学和自然科学工具书。

按撰写时间,可划分为古代和现代工具书。

按出版形式,可划分为印刷版、电子版和网络版。

按功能,可划分为字典、词(辞)典、百科全书、类书、政书、年鉴、手册、年表、文摘、目录、题录、索引、地图、图谱、总集汇编等。

二、参考工具书的特点

与普通图书相比,工具书具有参考性、概述性和易检性等特点。

1. 参考性

工具书是在大量的普通图书的基础上,经过整序、提炼和浓缩而成的信息密集型文献,其编制目的不是供人们进行系统阅读,而是供人们临事查考、释疑解难之用的。

2. 概述性

从内容材料来看,参考工具书广采博收,旁征博引,论述精炼,为人们提供尽可能准确的资料或文献信息,它的内容比较广泛、概括。

3. 易检性

工具书讲究科学的编排体例，或按部首，或依笔画，或用号码，或以音韵，或按分类主题，或以时间地域为序，使读者能够通过多种途径查阅，一目了然，一索即得。

三、参考工具书的功能

利用工具书，有助于解决查考字词、文句、成语、典故、人名、地名、诗词、论文、图书、法规、条约、纪年、典章制度等方面的问题。如果使用得法，能迅速而准确地查到所需要了解的知识、资料以及文献的线索。

1. 指导读书门径

它具有辅导自学、指导读书门径的功能，因此常被人们称之为"良师益友""案头顾问"。参考工具书以其比较成熟的基本知识、较为可靠的数据信息和方便快捷的检索途径，可使人们的看书学习、科学研究收到事半功倍的效果。

2. 解决疑难问题

人们在读书学习中常常会碰到疑难问题，诸如不认识的字、不理解的概念、不了解的人物、不知道的历史事件等。在临床医疗和科研教学中，常常需要获取某些数据或确切的概念，利用参考工具书便可找到准确的答案。

3. 提供参考资料

参考工具书能为学习和研究提供可靠程度较高的权威资料，与学术专著和论文等相比，其负载的知识信息更为成熟。

4. 掌握学术进展

通过年鉴、百科全书等工具书，可查获某学科、某专业或某一科研领域的学术进展和研究状况的有关信息。

5. 传播思想文化

人类的进步离不开图书。工具书是人类知识的精华，它保存了人类的思想文化，传播科学，使特定的社会思想形态、文化技术成果在更广阔的时间与空间得到交流和传播，促进社会的进步。

但是在了解工具书作用的同时，也要正确认识工具书的性质。就思想内容来说，综合性和社会科学工具书，从收录范围、资料取舍、思想观点，甚至编排方法等方面，都可看到它的政治倾向性，从工具书中查出的资料要注意分析与鉴别。就知识性来说，工具书也必然受编者所生活的时代及其社会地位、学术水平的限制，大家一定要善于从中汲取精华，扬弃谬误。就资料性来说，任何一部工具书都难以完美无缺，从工具书中查出的资料，必要时要与相关文献进行核对，以去伪存真。就功能来说，工具书不是万能的，不是什么资料都可以从工具书中查到的，要注意利用相关的资料书与参考书，予以补充。

四、参考工具书的排检方法

参考工具书因其内容的不同，其主体部分和辅助索引的编排也有所不同，在使用前应仔细阅读前言、凡例，深入了解工具书的排检方法，以便更为快捷地获取所需资料。参考工具书的排检方法主要有字顺法和类序法 2 大类。

1. 字顺法

西文参考工具书字顺排检法通常按照字母顺序编排，查找方法简便易学。而中文参考工具书的字顺排检法比较复杂，主要有形序法、音序法和号码法。

（1）形序法　形序法包括部首法和笔画法，指按汉字的形体结构，笔画数目多少，偏旁部首的异同进行排检的方法。

① 部首法：部首法是根据汉字的形体结构，按照偏旁、部首归类的一种排检方法，部首按笔画数排序，同部首的字按笔画多少排列。目前我国的大型语文性字（词）典（如《汉语大词典》《汉语大字典》等）都采用此法。

② 笔画法：笔画法也称笔数法，是根据汉字的形体结构，按笔画数目的多少为排列次序的检字法。笔画数相同的，再按每个字的部首或起始笔形加以区别。此法在医学工具书中用得很普遍，例如，《中国医学大辞典》《中国药学大辞典》等采用此法。

（2）音序法　音序法是根据汉字的发音规律，按照一定的语言符号，将汉字序列化的排检方法，常用的是汉语拼音字母排列法。

在医学参考工具书中，用汉语拼音字母排检法的很多，如《现代临床医学辞典》《汉英医学大词典》等。有的医学参考工具书虽然采用部首法编纂，但大多辅以汉语拼音索引。

（3）号码法　号码法是根据汉字的形体结构，用数码代表汉字的各部位笔形并按数码大小排列起来的方法，最有影响的一种是四角号码法。编纂年代较早的工具书，用四角号码法排检的较多。

2. 类序法

类序法是根据一定的学科体系、事物性质、主题范畴、时空观念来排检有关知识的方法，书目、索引、文摘、年鉴、手册、名录等工具书多采用此种方法。类序法又可分为分类法、主题法、时序法和地序法等。

（1）分类法　分类法是将所收载的知识材料按其内容性质、学科属性分门别类地加以组织的排检方法。一般分为以下 2 大类型：

① 学科体系分类法：是将文献或知识内容，按照学科属性归类，并按学科体系编排的一种方法。有些采用此法的工具书是根据图书分类法编排的，有些则按自己拟定的分类表编排，如《中国医学百科全书》（单卷本）将所收载的资料按社会医学与卫生管理学、医学统计学、儿童少年卫生学、流行病学、免疫学、传染病学等 92 个学科分类编排。

② 事物性质分类法：是将知识内容按事物性质归类的一种排检法。这是传统的分类排检法，古代的类书，政书，现代的一些年鉴、手册等多采用这种方法编排。如现在出版的《中国卫生年鉴》，共分"政策法规""工作进展""军队卫生工作""省、自治区、直辖市卫生工作""台港澳卫生工作"等部分，其中"工作进展"下又分十几个类。

（2）主题法　主题法是根据代表事物或概念的名词术语的字顺进行排检的方法。因为它是围绕主题汇集资料，可弥补分类法的不足。按主题编排的主要有资料型工具书、教科书、专著等书后所附的主题索引或关键词索引，通过查找书后辅助索引，可快速查到某一主题内容在书中的具体页次。例如，《中国医学百科全书》（预防医学综合本）书后附有关键词索引。

（3）时序法　时序法是按内容的时间顺序排检，多用于年表、历表、大事记及历史纲要之类的工具书，供人们查考换算历史时间、历史事件以及图像资料。例如《中国医史年表》《中国历代名医、名方全书》等。

（4）地序法　地序法是按内容的地域顺序排检，多用于地图集和年鉴等类工具书，主要用于查考地理和地方资料。例如《中国血吸虫病地图集》《中国中医机构志》等。

五、工具书指南

工具书指南是对相应范围的工具书按学科及类型进行汇编的一种书目,它向读者介绍已出版的重要工具书,它是收录、报道、评论工具书的工具书,被称之为"工具书之工具书"。其中,外文工具书类别繁多,数量庞大,要能有效地选择和利用工具书,还须借助于工具书指南和有关工具书的书评刊物。

第二节 印刷版参考工具书

一、印刷版参考工具书概述

印刷版参考工具书又称纸质参考工具书,是指以印刷技术为主要手段、以纸张为信息记录载体的参考工具书。印刷版参考工具书的种类繁多,按其功能用途分,有字典、词(辞)典、百科全书、年鉴、手册、图录表谱、名录、药典等。

1. 字典、词(辞)典（Dictionary）

指汇集某种语言的字(词)及短语,分别给予拼写、发音和词义解释,并按字顺组织起来以便人们随时查检词语信息的语言工具书。

字典、词典的种类很多,按内容分,字典有一般字典、音韵字典等;词典有综合性词典和专科性词典,专科性词典又可分为科技词典、人名词典、地名词典等;按语种划分,有单语种词典、双语种词典和多语种词典;按编制规模划分,有大型词典、中型词典、小型词典及微型(袖珍)词典等。

医学词(辞)典可用来查找医学名词术语、医界人物资料、医学名词译名、医学词语的用法、缩略语词、药物名称等。

按学科体系分类,常用的医学词(字)典有:

(1) 综合性医学词(辞)典 如 Dorland's Illustrated Medical Dictionary(《多兰氏插图医学词典》)、Dictionary of Medical Syndromes(《医学综合征词典》)、《最新简明英汉医学辞典》《世界最新英汉医学辞典》《汉英医学大辞典》等。

(2) 中医药学词典 如《中医大辞典》《中药辞海》《现代中药学大辞典》《中药别名速查大辞典》等。

(3) 基础医学词典 如《英汉生理学词汇》《英汉病理学词典》《英汉标记免疫分析词汇》等。

(4) 临床医学词典 如《诊断学大辞典》《现代护理学辞典》《临床医学冠名词典》等。

(5) 临床各科词典 如《中国骨伤科学辞典》《内科学词典》《心脏病学词典》《汉英神经内科词典》等。

2. 百科全书（Encyclopedia）

百科全书是汇集各门学科或某一门类知识,按照辞典的形式分列条目,加以简要概述的工具书。它汇集百科,分类叙述,并附有参考书目。因为它包罗万象,并通常由权威学者编纂词条,素有"工具书"之王的美誉。实际上百科全书所汇集的知识范围可大可小,按收录的知识范围来划分,可分为综合性百科全书和专业性百科全书。

医学百科全书是汇集医学领域内各学科知识的大型工具书,它着重反映医学各分支学科的重要内容和最新成就,可用来查考医学事物的概念、定义、发展史、医林人物、医界大事等资料,如《中国医学百科全书》。

3. 年鉴(Yearbook 或 Annual)

年鉴是概述一年事物发展,记录最新事实,汇集统计资料,按年度出版的资料工具书,英文称 Year Book,法文称 Annuaire,德文称 Jahrbuch,都是记载一年间的大事和汇集一年间统计资料的工具书。

年鉴是事实便览性工具书,它一般包括大事记、专论或综述、事实概览、统计资料或图表、索引等基本内容。按其性质、内容大体可以归纳为 3 种类型:综合性年鉴、专门性年鉴和统计性年鉴。

目前我国出版的医学年鉴有 20 余种,由各年鉴的编辑委员会编辑,主要由人民卫生出版社出版。可用来查找医学界最新统计资料、大事记、某一专题研究状况和进展、人物和机构、医疗卫生法规等资料,还可查找医药卫生新书出版动态和一些回溯性资料,如《中国卫生年鉴》《中国医药年鉴》《中国内科年鉴》《中国外科年鉴》《中国药学年鉴》等。

4. 手册(Handbook 或 Manual)

手册是事实便览性工具书,它汇集某一学科或某一方面经常要参考的基本资料和数据,如相关的事实、数据、公式、符号、术语以及操作规程等专门化的具体资料。

医学手册主要用来查找某种疾病的病因、病史、诊断、治疗及药品处方、药物用法用量、禁忌事项等常用数据、图表等事实和技术资料,如《国内外药典(制剂)对照手册》等。

5. 名录(Directory)

名录是指机构名录和人名录,用于查找机构的地址、创立日期、宗旨、成员、历史及当前业务现状等简要信息或专家、名人个人资料。

医学名录主要介绍医学人物和机构的基本情况和资料,包括医学人名录、医学机构名录等,如《中国医学人名志》、*Medical Sciences International Who's Who*(《医学国际人名录》)等。

6. 图录表谱(Atlas)

图录是以图像为主体并附简要文字说明,着重反映空间和形象概念的参考工具书;表谱是以编年或表格形式记载事物发展的参考工具书。其主要特点是直观形象和简明清晰。

医学图谱品种繁多,主要有医药图谱(包括解剖图谱、诊断图谱、治疗图谱、药物图谱)、医学地图集、医学大事年表、医学专用表等,用以查找医学图片、实物照片、医林人物肖像等资料。

7. 药典(Pharmacopoeia)

药典是一种用途特别的医学专业词典。它不是普通的药物词典,而是国家制订的药品质量标准,具有法律效力。它是查找有关药学知识的重要工具书,如《中华人民共和国药典》、*United States Pharmacopoeia*(USP,《美国药典》)、*British Pharmacopoeia*(《英国药典》)、*European Pharmacopoeia*(《欧洲药典》)等。

二、印刷版参考工具书的利用

参考工具书种类繁多,内容非常丰富。有些工具书的内容是单一的,有些则是综合性的,而且工具书之间在内容上存在一定的重复交叉现象。同一知识内容、数据资料可能被多种工具书收录,即使是编纂目的、专业内容或读者对象相同的工具书,也有可能有多种不同的版本,因此在解决问题需查找工具书的时候,常常有多种选择的余地。使用者要根据提问的条件和解决问题的侧重点选择合适的工具书,有时甚至需要综合利用多种工具书。对于某些复杂课题来说,在各种医学工具书配合使用的同时,还应注意利用普通医学书刊,甚至非医学参考工具书。

1. 医学词语的查找

(1) 一般医学名词术语的查找

① 利用医学词典:查找一般医学名词首先应选用医学词典,因为这类词典对医学词汇的收录比较全面,解释详尽。例如,欲查"衣原体"一词,可利用《实用医学大词典》。

② 利用医学百科全书:医学百科全书也是查找医学名词术语的常用工具书,它收录的内容全面、系统,提供更深入、更贴切的词义解释,并涉及各相关学科的名词术语,如《中国医学百科全书》。

③ 利用综合性词典或百科全书:综合性词典或百科全书往往包含普通的和各个学科领域的词汇及其词义解释,其特点是收录范围宽,提供的词语丰富,但解释没有医学词典或医学百科全书详尽,如《辞海》《中国大百科全书》等。

④ 利用普通医学专著:医学专著或教科书通常是围绕某个专题进行全面、系统的论述,它可提供有关概念、定义、术语等专门而明确的解释。

(2) 医学名词译名的查找

医学名词译名的查找实际上是指2种以上语言词语含义的相互翻译,可利用双语种或多语种词典。如需要查找"激酶""基因突变"的英语翻译,可查阅《汉英医学大词典》;再如,要知道"colony""medial atrial vein"的中文意思是什么,一般使用《英汉医学词汇》这类医学词典。

(3) 医学缩写词和缩略语的查找

查找医学缩写词和缩略语可利用下列工具书:

① 医学缩略语词典:这类词典所收录的缩写词和缩略语相对较为丰富,如《英汉医学缩略语词汇》等。

② 一般医学词典:一般医学词典收录一些常用的医学缩写词和缩略语,因此也可用来解答有关缩略语查找的问题,如《英汉现代医学药学辞海》等。

③ 科技缩略语词典:除了专门的医学缩略语词典外,许多科技缩略语词典也收录了相当数量的医学缩略语,如《英汉科技文献略语词典》《英汉缩略语综合大词典》等。

④ 有关医学书刊中附设的缩略语对照表:不少医学书刊常常附有缩写词或缩略语一览表,它们所列的词汇往往限于特定文献中所出现的缩写词或缩略语,有可能收录更专门、更罕见的特殊用语。如《生物学文摘》(Biological Abstracts)和《化学文摘》(Chemical Abstracts)等每期均附有缩略语对照表,《医学索引》(Index Medicus)等文献检索工具均提供刊名缩写与全称对照表,可供查询期刊名的缩写或全称。

2. 医学人物资料的查找

凡是涉及古今中外医学人物的生平事迹、研究成果、发表的理论专著等方面的问题,均可用医学名人录等工具书来解答。

(1) 利用医学名人录或医学传记词典

通常,医学名人录只收当代在世的医林人物,且叙述简略,不加评论,而医学传记词典主要收录历史上的医学家,且叙述详尽,附加评论,如《国际医学名人录》(International Medical Who's Who)、《美国医学家传记词典》(Dictionary of American Medical Biography)等。

(2) 利用医学百科全书或医学年鉴

医学百科全书和医学年鉴往往收录相当多的人物资料,而医学年鉴还较多地报道当今医学学科著名人物的活动,并有专门的人物评价专栏和人物索引,如《中国药学年鉴》《中国中医药年鉴》等。

(3) 利用有关的人物传记索引

利用传记索引查找特定医学家的传记资料是比较便捷的途径,因为从待查人姓名出发,可以迅速查明所有报道此人的有关传记词典和名人录。例如,在某传记索引中查到有 10 种传记词典或名人录报道了待查人的情况,就可从这 10 种工具书中选择一种或几种进行查阅。如《古今世界科学家传记和肖像索引》(Index to Scientists of the World from Ancient to Modern Times: Biographies and Portraits)。

3. 医学机构资料的查找

在实际工作中,为了及时了解和吸收国内外同行的先进经验和技术,需要进行学术交流和业务合作,邀请国外著名医学专家来华讲学,派人出国考察、进修留学等,开展这些工作都必须事先调查了解对方的详细情况,医学机构名录则是调查了解情况的最佳工具书之一。

(1) 利用医学机构名录

医学机构名录是查找医学机构资料的主要工具书。如欲了解美国哈佛大学医学院的入学条件、学科设置及各科教师、学生生活、年度费用、经济资助等情况,可利用《美国医学教育指南》(Dictionary of American Education)等。

(2) 利用医学年鉴

医学年鉴常收录医学机构的资料,如《中国卫生年鉴》《中国药学年鉴》等,这些年鉴都提供有关医学机构的名称、负责人、创建时间、地址等信息,读者亦可将其作为查找医学机构,特别是新成立的医学机构的常用工具书。

4. 医学统计资料的查找

涉及有关医学统计资料的查找,主要有以下途径:

(1) 利用专门的统计年鉴

统计年鉴专门收录统计资料,不但统计指标集中、系统,而且资料新颖、准确、可靠,是查找医学统计资料的主要工具书。例如,欲查某年全世界的婴儿出生率和死亡率,即可利用《世界卫生统计年鉴》(World Health Statistics Annual)等。此外,查找医疗卫生统计资料,还可利用综合性统计年鉴,如《中国统计年鉴》等。

(2) 利用一般医学年鉴

一般医学年鉴也收载医疗卫生统计资料,如《中国卫生年鉴》设有"卫生统计"栏目,《中国计划生育年鉴》设有"人口与计划生育统计"栏目,亦是查找这类资料的常用工具书。

(3) 利用医学资料汇编或资料性手册

医学资料汇编一般都收集医疗卫生统计资料,如《中国卫生保健》《当代中国的卫生事业》等。此外,不少资料性手册也收录医疗卫生统计资料,如《计划生育手册》《中国概况手册》等。

5. 医疗卫生法规资料的查找

法规是法律、法令、条例、规则、章程的总称,查找这类资料,主要利用卫生法规汇编、医学年鉴、卫生法规文摘和索引等。

(1) 利用卫生法规汇编

卫生法规汇编比较集中和系统地收集了各种有关医疗卫生的法规和条例等内容,使用起来较为便捷。例如《最新医疗卫生法规全书》《全国卫生防疫标准规范与防疫机构工作政策法规全书》等。此外,综合性法规汇编也收录医疗卫生法规,如《中华人民共和国法规汇编》《中华人民共和国法律汇编》等。

(2) 利用医学年鉴

医学年鉴设有专门栏目来报道近期颁布的卫生法规和条例,如《中国卫生年鉴》设有"政策法规"栏目,适合查找近期公布的尚未收入法规汇编的卫生法规资料。

(3) 利用卫生法规文摘和索引

卫生法规文摘和索引能为读者提供有关法规的摘要和线索,从而取得事半功倍的效果。如《国际卫生法规文摘》(International Digest of Health Legislation)等。此外,还可利用综合性法规文摘和索引,如《中华人民共和国法规目录》等。

6. 医界大事资料的查找

(1) 利用医界大事年表

医界大事年表收集了一定时间范围内发生的主要医学事件与活动,分别给以简要记述,并按照医学事件发生的日期排列,它是查找医界大事的主要工具。如欲查"我国第一例试管婴儿是哪年哪月于何地何机构由何人主持研究获得成功的",可利用《简明中外医史手册》等。

(2) 利用医学百科全书

医学百科全书一般都收载发生在医学领域的重大事件,并介绍有关事件的背景,内容较为详尽,亦是查找医界大事的重要工具书。如欲查"细胞病理学学说创立于何时,其发展经过怎样",可利用《中国医学百科全书》。另外,《中国医学百科全书·医学史》卷后有《中国医史年表》和《世界医史年表》。

(3) 利用医学年鉴

医学年鉴几乎都设有专栏反映本年度发生的医界大事,如《中国中医药年鉴》设有"中医药界纪事",《中国计划生育年鉴》设有"计划生育大事记"。因此,医学年鉴最适合查找近期发生的医界大事。如欲查找我国2013年医药界的大事,可利用2014年版的《中国卫生年鉴》中的大事记栏目。

(4) 利用医史专著、医学参考工具书及其后的附录

查某些医界历史大事,还可直接利用医史专著,这类书籍常附有"大事年表"和"主题索引""人名索引"等,使用起来较为方便。附录也是查找医界大事不可忽视的资料来源,例如,《简明中医字典》后附有"中国医学大事年表",《中国医学史》后附有"中国医学史大事年表"。

7. 医学图像资料的查找

医学图像资料主要包括各种医学图片、疾病分布图、医学人物肖像图等。这类资料的特点是直观、形象,弥补了文字表达的不足。查找这类资料,主要应利用各种医学图谱,也可利用图文并茂的医学工具书或专著。

(1) 利用医学图谱

例如,美国出版的《外科手术图谱》(Atlas of Surgical Operation)以图片形式详细介绍了一些高难度且十分复杂的手术方法,不仅可供给那些因实践期短、大手术机会少的青年医生

参考,而且可利用手术图谱查找某一手术方法图示等信息。

(2) 利用医学地图集

医学地图集主要可用来查找疾病的分布图。例如,查找我国肝癌的分布图,即可利用《中华人民共和国恶性肿瘤地图集》。

(3) 利用医学人物肖像集

医学人物肖像集可用来查找医学人物的肖像、照片和简历等信息。例如,欲查我国明代杰出的医药学家李时珍的肖像,可利用《中国历代名医图传》。

(4) 利用含图的医学工具书

图像作为表达思想、记录事实和传播知识的手段,通常是出版物不可缺少的组成部分,有的甚至依赖插图表达其内容,为读者查找图像资料提供了丰富的图像源。例如,欲查中枢神经系统常见病的 MRI 表现,就可利用《磁共振成像读片指南》。

8. 药学资料的查找

(1) 利用药典查找药品标准

药典是国家药品标准,具有国家法规的性质。如欲查我国现行的药品标准,可利用《中华人民共和国药典》。国际上比较有名的药典还有《美国药典》《英国药典》《欧洲药典》《国际药典》等。

(2) 利用医药词典或手册查找药品名称

查找中药,可利用《中药辞典》《中药大辞典》《中华药海》《有毒中草药大辞典》《中华本草》《中医大辞典》等。查找药名的中外文互译,可利用《英汉临床药物最新词汇》《汉英医学大词典》《汉英中医药大辞典》等。查找临床药物的中外文名称,可利用《临床药物手册》《临床合理用药手册》《临床用药大全》《抗癌药物手册》等。通过查阅最新版的《默克索引》(The Merck Index)、《医师案头参考书》(Physicians' Desk Reference)等药物手册,可查到最新药名。如果要查已知化学结构药物的中外文名称,还可利用《当代结构药物全集》等工具书。

(3) 利用百科全书查阅背景资料

读者如果需查阅有关药物的背景资料,可利用百科全书查找。例如,《中国医学百科全书》的方剂学分卷、药物学与药理学分卷,《临床用药大全》等。

(4) 利用医学年鉴查找药物的研究进展及临床应用情况

若查找药物的临床应用和理论研究的新成果和新进展等,可利用医学年鉴,如《中国中医药年鉴》《中国药学年鉴》等。

(5) 利用药物手册查药物的临床知识等实用性资料

药物手册一般根据临床各科实际应用情况选编成册,故具有较强的实用性和针对性。例如,《新编实用药物手册》《临床常用中药手册》《现代临床治疗药物大全》《默克索引》《马丁代尔药典》《医师案头参考书》等。这些工具书通常提供药物的规格、药理作用、临床应用、用法用量、不良反应及处理、注意事项、适应证、禁忌证等临床知识。

(6) 利用进口药物手册查找国外药品资料

若要查找进口药物的各种名称、理化性质、药理、临床知识等,可利用进口药物手册,如《进口注册药品手册》《常用进口药物手册》《进口医药商品手册》等。

(7) 利用医学文摘和索引查找最新资料

若需查找药物最新资料,须利用期刊式的索引和文摘,如《中文科技资料目录》(中草药分册)、《中文科技资料目录》(医药卫生分册)、《中国药学文摘》等。

第三节 网络版参考工具书

随着科学技术的发展，人们越来越不满足于对传统的印刷型参考工具书的利用，而更趋于通过计算机和网络来获取所需的参考资料，因此已有很多大型工具书（百科全书、年鉴等）都出版了光盘版和网络版。

一、网络版工具书的概念

网络工具书也称工具书在线（Tool Books Online），是伴随现代电子信息技术，特别是互联网技术和信息存储技术迅猛发展而诞生的一种新型工具书服务模式。它是在传统印刷版工具书的基础上，结合互联网特点而兴起的一种新的参考源。这种参考源一般以网站的形式出现。

《工具书学概论》将网络工具书定义为：以数据库为基本信息储存单位，以网络为传输媒体，将工具书的内容以电子数字编码形式通过网络传输，由出版机构提供一种"在线"的即时服务。由此，网络工具书是传统工具书在新的技术环境下的发展。目前，网络版工具书发展势头迅猛，且逐渐趋于规范成熟，典型的例证是国内外涌现出来的受到普遍欢迎的各种综合性或专业性数据库，如不列颠百科全书网络版在其免费供应使用的第一周内，查阅人数超过了1 000万人次，这在使用传统纸质工具书的年代里是不可想象的。

与传统工具书相比，网络工具书具有使用成本低、出版周期短、时效性强、内容广泛、无纸印刷、多媒体表现形式、检索快速方便、可与读者互动等特点。

二、网络版工具书的类型

从广义的层面上理解，网络工具书也称工具书在线，不仅包括印刷版工具书的内容，还包括该网站所集成的其他工具书甚至它所提供的网络链接。网络工具书大致可以分为衍生型、集成型和开放型3种类型。

1. 衍生型网络工具书

它是指传统工具书数字化后形成的网络版。工具书的发展有着悠久的历史，传统工具书的排列、阅读方式已经在人们心目中形成根深蒂固的使用习惯，因而出现了既迎合人们传统阅读习惯，又能提供数字化快速查找方式的参考工具书网站。此类型工具书以印刷版为依托，不改变传统工具书的内容、体例，只增加相关知识点之间的链接。如中国大百科全书出版社数据库检索系统，在《中国大百科全书》（共74卷）基础上，采用超文本数据库结构来揭示每个条目之间的逻辑关系，相关条目之间使用超链接可跳转阅读。

2. 集成型网络工具书

它包括2种情况，一种是多种工具书的集成整合网站，如智慧藏百科全书网（www.wordpedia.com），它集成了大英百科全书、中国大百科全书等，以及字典辞典和网络知识库等多种资源；另一种是以某一知名工具书为基础并整合其他资源，既保留了原有工具书的权威性、科学性与内容特色，又集成了其他工具书，同时对网络资源进行筛选与提供。如不列颠在线（Britannica On-line）是不列颠百科全书公司推出的网络服务，其收录内容大大多于印刷版，集成了《梅里亚姆—韦伯斯特大词典》（Merriam-Webster's Dictionary and Thesaurus)、《世界地图全集》(World Atlas)、《〈不列颠百科全书〉年鉴》(Britannica Books of the Year)等多种资源,以对信息做更全面的揭示。

3. 开放型网络工具书

它是指使用维基(Wiki)技术的网上免费参考工具书,也称为维基百科。Wiki 一词来自于夏威夷语"Wiki-Wiki",意思是迅速、快捷。Wiki 是一种超文本系统,这种超文本系统支持面向社群的协作式工作,不但可以在 Web 的基础上对维基文本进行浏览,还可以任意创建和更改。也就是说,每位访问者可以同时扮演读者和作者的双重角色。其权威性和准确性尚未得到学术认可,只具参考意义。

三、网络版工具书介绍

(一) 在线医学词典

在线医学词典(Online Medical Dictionary)是一种特殊的、重要的网络信息资源。随着科学技术的飞速发展,几乎每天都有各种各样的新名词出现。医学教学、科研和临床工作人员在每日的学习与工作之中,总会遇到这样或那样不熟悉的单词或短语。现简要介绍一些免费的在线医学词典的使用。

1. Medical Dictionary Online(http://www.online-medical-dictionary.org/)

Medical Dictionary Online 是一个医学术语及缩略语、药学、医疗(护理)设备、健康状况等的在线医学辞典,提供搜索引擎和字顺表 2 种检索方式(图 9-3-1)。

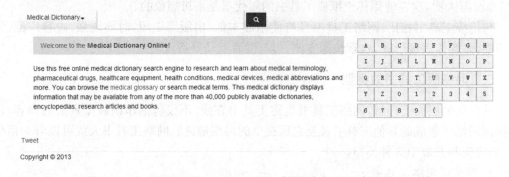

图 9-3-1　Medical Dictionary Online 主页(选自 2015 年 5 月 19 日)

2. 英汉医学词典(http://www.esaurus.org/)

网上英汉医学词典收录逾 15 000 个医学名词术语,附加医学图像。进入主页面后(图 9-3-2),点击右侧 dictionary 下面所要查找的单词的第一个字母即可。例如,要查"heart",其第一个字母是 H,点击 H 即可。

3. MedicineNet MedTerms Dictionary (http://www.medicinenet.com/medterms-medical-dictionary/)

MedicineNet 医学专业词汇词典,收录超过 16 000 条医学术语解释,帮助医生查阅比较难以理解的医学术语,方便快捷地检索到拼写困难或容易拼写错误的医学词汇。MedicineNet 提供搜索引擎和字顺表 2 种查询方式,可以通过字顺浏览或者直接在检索框中输入检索词进行查找(图 9-3-3)。

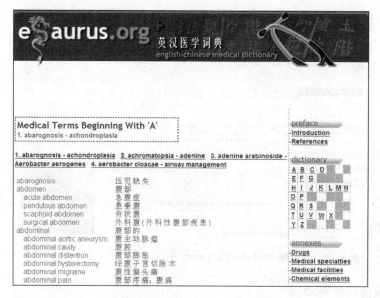

图 9-3-2 英汉医学词典主页(选自 2015 年 5 月 19 日)

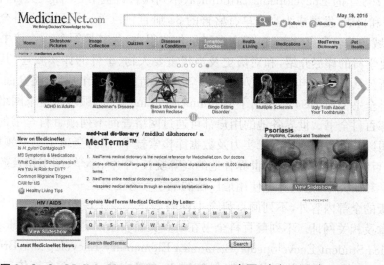

图 9-3-3 MedicineNet MedTerms Dictionary 主页(选自 2015 年 5 月 19 日)

4. The Diabetes Dictionary(http://diabetes.niddk.nih.gov/dm/pubs/dictionary/)

《糖尿病词典》是由美国 National Institute of Diabetes and Digestive and Kidney Disease 提供的 The Diabetes Dictionary 电子版,可按字顺查找相关术语。该站点还提供其他一些有关糖尿病以及健康方面的词典链接(图 9-3-4)。

5. 其他在线医学词典

(1) 你的词典(http://www.yourdictionary.com/diction1.html) 提供单词检索和多语种在线翻译。

(2) 网上牛津英语词典(http://www.oed.com/) 有多种牛津词典可供查询。

(3) 字典网(http://zhongwen.com/zi.htm) 包括国语辞典、台语辞典、中文字典、中文字谱、日英字典等。

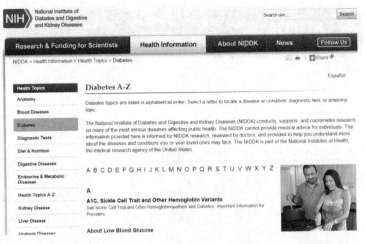

图 9-3-4　The Diabetes Dictionary 主页（选自 2015 年 5 月 19 日）

(二) 在线百科全书、大全

1. 不列颠百科全书网上数据库（EB Online）

诞生于 1768 年的 Encyclopedia Britannica（不列颠百科全书，又称大英百科全书），历经 200 多年修订和再版，发展成为当今享有盛誉的 32 册百科巨著。不列颠百科全书由世界各国、各学术领域的著名专家学者（包括众多诺贝尔奖得主）为其撰写条目。该书囊括了对人类知识各重要学科的详尽介绍，和对历史及当代重要人物、事件的详实叙述，其学术性和权威性为世人所公认。2012 年 3 月不列颠百科全书公司宣布停印纸质版，将全面转向数字版。

大英百科全书公司 1994 年推出了 Britannica Online（不列颠百科全书网络版），是因特网上的第一部百科全书。世界各地的用户都可通过网络查询不列颠百科全书的全文。大英百科全书公司以其强大的内容编辑实力及数据库检索技术，成为全球工具书领域的领航者。目前，不列颠百科全书网络版已被世界各地的高等院校、中学、小学、图书馆及政府机构等普遍应用于教学和研究中，是世界上使用最广泛的电子参考工具之一。

除印刷版的全部内容外，不列颠百科全书网络版还收录了最新的修订和大量纸本中没有的最新文章及相关网址。不列颠百科全书在线英文版收录内容包括 Encyclopedia Britannica、Britannica Student Encyclopedia、Britannica Elementary Encyclopedia、Britannica Concise Encyclopedia 等 4 部百科全书，共整合 225 000 多篇文章，23 000 多篇传记，27 000 多篇图解、地图、统计图，3 300 多段动画、影片等，可链接近千种期刊，如 Buddhist-Christian Studies、Education Digest、USA Today Magazine 等。此外，还收录了大英网络指南（Britannica Internet Guide）、韦氏大学生辞典（Merriam-Webster's Collegiate Dictionary and Thesaurus）、世界地图（World Atlas）、大英主题（Spotlights）、时间序列主题（Timelines）等内容。

不列颠百科全书网络版检索主界面如图 9-3-5 所示。在主页提供智能模糊检索和高级检索 2 种方式。智能模糊检索在全文中检索，在检索框输入任何单词或短语，点击"GO"按钮，即可进行百科词条标题及正文的"全文检索"功能，从而找到所需信息。高级检索提供了 4 种逻辑关系供选择："包含全部检索词（AND）""精确短语检索（强制检索）""至少包含任一检索词（OR）"和"不包含检索词（NOT）"（图 9-3-6）。

不列颠百科全书网络版还提供浏览查询功能，可按字母顺序、主题顺序、名人传记、贡献者、电子版原著、多媒体资源集等 8 种浏览方式查询相关内容（图 9-3-7）。

图 9-3-5　不列颠百科全书网络版主页(选自 2015 年 5 月 19 日)

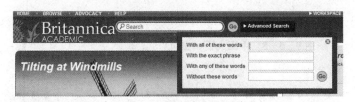

图 9-3-6　不列颠百科全书高级检索选项(选自 2015 年 5 月 19 日)

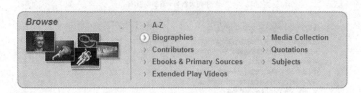

图 9-3-7　不列颠百科全书浏览查询方式(选自 2015 年 5 月 19 日)

2. 中国大百科全书数据库(http://ecph.cnki.net/)

中国大百科全书数据库是一套大规模数字化的百科综合性工具数据库,以《中国大百科全书》和中国百科术语数据库为基础,向用户提供在局域网范围内检索使用的《中国大百科全书》。该库收录共计逾 16 万条目,近 100 万知识点,2 亿文字量,并配有数万张高清图片、地图,内容涵盖哲学、社会科学、文学艺术、文化教育、自然科学、工程技术等 66 个学科领域。此外该数据库还收有多种附录数据及特殊数据资源。

中国大百科全书数据库主页界面简洁,提供条头检索、全文检索、高级检索和卷册浏览查询等检索方式(图 9-3-8)。

通过中国大百科全书数据库卷册索引选定了某一个卷册进行浏览或查看词条时,可以通过"卷内检索"在该卷内检索所要查询的词条内容。中国大百科卷册索引,如图 9-3-9 所示。中国大百科全书数据库包含有现代医学和中国传统医学卷,在其卷内索引下将医学领域内容进行了细分,通过逐层浏览可以查询到所需医学知识条目。

3. Medlineplus Medical Encyclopedia (http://www.nlm.nih.gov/medlineplus/encyclopedia.html)

Medlineplus Medical Encyclopedia 是美国国立医学图书馆网站的医学百科全书,包括

4 000多篇涉及疾病、试验、症状、外科等方面的文献,而且含有大量的医学图片及图解数据,是一部以概念条目字顺形式出现的百科全书,也可进行单词检索(图9-3-10)。

图9-3-8　中国大百科主页(选自2015年5月19日)

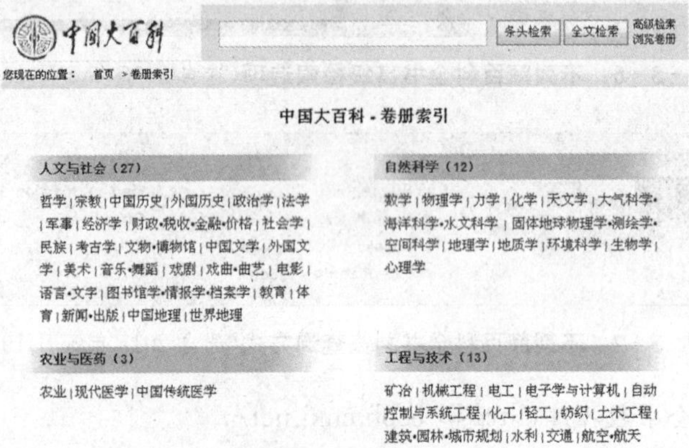

图9-3-9　中国大百科卷册索引界面(选自2015年5月19日)

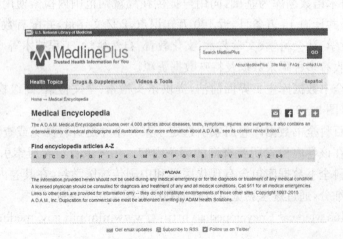

图9-3-10　Medlineplus Medical Encyclopedia主页(选自2015年5月19日)

4.《中国医学百科全书》网络版(http://gongjushu.cnki.net/refbook/default.aspx)

《中国医学百科全书》是由原卫生部部长钱信忠主持编著,上海科技出版社出版的大型医学参考工具书,从酝酿、编著到出版,历经30余载,凝聚了4 000多名医药学专家的智慧和心血。这部全书包括现代医学各个领域(含中医学、少数民族医学),涉及基础医学、临床医学、预防医学、军事医学等学科,堪称代表我国医学科学水平的一部现代巨著。《中国医学百科全书》网络版由中国学术期刊(光盘版)电子杂志社出版,并被收录在《中国工具书网络出版总库》中。

CNKI《中国工具书网络出版总库》中的"书目浏览"界面,在"分组浏览"→"工具书类型"中选择"百科全书",在检索框中输入"中国医学百科全书",按书名找书,获得结果80册(图9-3-11)。此库中除了76个分册以外,还包括朝医学、蒙医学、藏医学和维吾尔医学4个分册。可以通过词条、词目、书目浏览等途径查询所需资料。

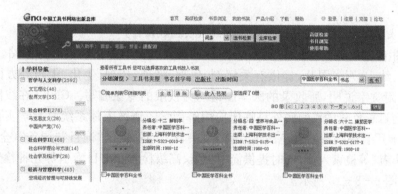

图9-3-11 CNKI工具书库《中国医学百科全书》检索结果(选自2015年5月20日)

5. 细胞因子百科全书(http://www.copewithcytokines.de)

Cytokines & Cells Online Pathfinder Encyclopedia(图9-3-12),该网站能够提供各种细胞因子及受体的基因结构、氨基酸序列的详尽资料,最新版本为Version 31.4(Spring 2013 Edition)。该网站收录了31 400多个条目,84 890多条参考文献,1 137 890多个站内超链接,完全集成了有关细胞和细胞因子方面所有分主题的信息资源,是进行细胞因子研究不可多得的信息源。

图9-3-12 细胞因子百科全书主页(选自2015年5月20日)

(三) 在线医学图谱

在线医学图谱(Medical Atlas Online)是因特网上描述医学实体的图像数据库(Image Database)。近年来,随着数字化技术的应用普及,在线医学图谱的数量剧增,品种繁多,已成为医学生和医务人员重要的学习参考资源。

在线医学图谱资源主要有实体相片、计算机模拟图片、显微镜下图片、各种放射学图谱等,内容包括解剖学、生理学、病理组织学、寄生虫学、内科疾病、外科手术、皮肤病损伤以及眼底图谱等,涉及医学基础和临床各学科。通过 Yahoo 的 health 分类表输入 atlas 进行检索,可获得许多图库站点;通过国外医学图书馆网站,也可以检索到欧美一些国家医学图书馆的医学图谱。目前网上提供的血液学图谱、寄生虫学图谱、解剖学、病理组织学、内镜、外科学、眼科学、放射学、综合类等医学图库的网址较多,下面简要介绍几个重要的医学图谱资源数据库。

1. 中国知网在线医学图谱(http://medmap.cnki.net/)

CNKI 中国知网免费在线医学图谱,是全球最大的医学图谱在线服务网站,收录了 368 部医学图谱,约 15 万张图片,提供有关解剖、生理、病理、药理、生化、中药等方面的医学图片、照片,并附文字说明,所收录的医学图谱均为权威的专家编写。CNKI 在线医学图谱包含了《本草纲目彩色图谱》《颅底外科临床应用解剖学图谱》《人体系统解剖学实物图谱》《胸部 CT 图谱》《甲真菌病诊治彩色图谱》等经典书目。网站提供"词目""词条"(全文)"书名""出版者""作者"等检索入口,同时提供简单检索、高级检索和书目索引等几种检索途径。检索主界面如图 9-3-13 所示。

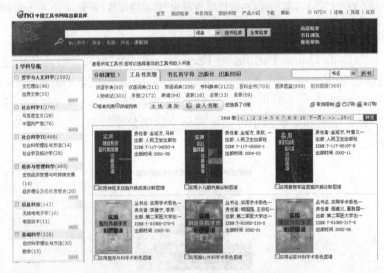

图 9-3-13 中国知网在线医学图谱检索界面(选自 2015 年 5 月 20 日)

2. 大众医药网医学图谱(http://www.51qe.cn/index3002.php)

该网站提供大量医学图谱相关资料,涉及系统解剖学、局部解剖学、病理学、微生物学、普通外科学、骨科学、神经外科学、妇产科学、耳鼻喉科学、眼科学、儿科学、中医学、皮肤性病学、肿瘤学等,并有相当丰富的药学知识,功能齐全,值得借鉴。该网站将医学图谱分为以下几类:中草药图谱、手术图谱、系统解剖学图谱、皮肤病性病图谱,最近新增了局部解剖学图谱和系统解剖学图谱,并附有文字说明。该网站主页面如图 9-3-14 所示。

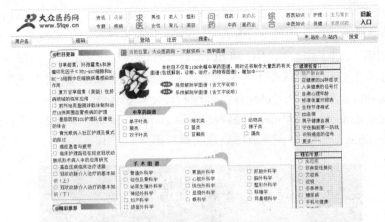

图 9-3-14　大众医药网医学图谱(选自 2015 年 5 月 20 日)

3. 可视人计划(http://www.nlm.nih.gov/research/visible/visible_human.html)

"可视人计划"(VHP)是美国国立医学图书馆(NLM)于 1986 年开始规划的一项研究项目,他们预见到数字图像的存储、传输和查阅将成为可能,这对临床和生物医学研究极为重要,于是着手组建医学图像图书馆,并于 1989 年确定首先组建一个完整的正常男性或女性测量体积数据的数字图像数据集,使生物医学工作能像使用文献检索一样简便。1991 年立项称为可视人计划,如图 9-3-15 所示。当年,NLM 与美国 Colorado 大学签约,由 Victor M Spityer 博士和 David G Whitlock 博士负责建立图像数据库。

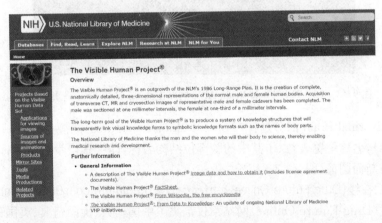

图 9-3-15　NLM 可视人计划网站主页(选自 2015 年 5 月 21 日)

可视人计划的目标是建立一个完整的、解剖详细的、三维的男性人体及女性人体数字化可视模型。NLM 分别于 1994 年和 1995 年宣布完成可视男、女解剖数据集的提取。可视人数据集由正常人尸体冷冻切片的数字照相、CT 和 MRI 数字图像组成。可视人数据集分成略有重叠的 6 个亚集,分别是头部(Head)、胸部(Thorax)、腹部(Abdomen)、盆部(Pelvis)、大腿(Thighs)和足部(Feet)。

1996 年 10 月和 1998 年 10 月 NLM 召开了可视人计划使用者大会,尔后越来越多的医师和科学家应用可视人替代医学院的实体解剖培养医学生、训练外科医生、模仿手术损伤细节。使用可视人数据集必须获得相关许可。

4. The Whole Brain Atlas (http://www.med.harvard.edu/aanlib/home.html)

1995年由哈佛大学医学院的Keith A. Johnson博士和麻省理工学院的J. Alex Becker开发的"全脑图谱"提供了用CT、MRI和SPECT/PET（单光子/正电子衍射计算机断层扫描）采集到的正常人脑和病理状态下人脑的数字影像集。"全脑图谱"的主体内容分5个部分：Normal Brain（正常脑），Cerebrovascular Disease（stroke or "brain attack"）（脑血管疾病），Neoplastic Disease（brain tumor）（脑肿瘤），Degenerative Disease（退行性病变），Inflammatory or Infectious Disease（炎症或感染性疾病）（图9-3-16）。

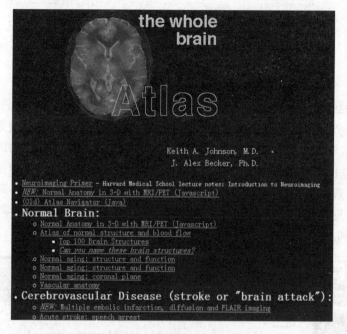

图9-3-16　The Whole Brain Atlas网站主页（选自2015年5月21日）

例如，从Normal Brain部分选择"Top 100 Brain Structures"链接，可得到106个正常人脑不同部位结构名称一览表，点击其中的脑部位结构名称，即可获得带有文字标注的特定部位系统的脑横断面图像（图9-3-17）。

（四）药物在线(Drug Future Online, http://www.drugfuture.com/Index.html)

药物在线（Drug Future Online）网站不仅汇集了中国药典、美国药典、英国药典、日本药典、印度药典、欧洲药典、马丁代尔大药典等国内外大型药物标准查询工具书，而且还收录美国FDA药品数据库、化学物质索引数据库、化学物质毒性数据库以及中外专利等。药物在线网站主页不仅提供各类工具书单独检索链接，同时提供站内资源快速检索（图9-3-18）。

1. 药品标准查询数据库(http://www.drugfuture.com/standard/)

Drug Future的药品标准查询数据库收载国内外药品标准和药典目录及全文，不定期增加收录内容，至2015年5月，可提供全文的药典包括：

美国药典USP35-NF30、USP32-NF27；

欧洲药典EP6.0、EP7.0、EP7.8、EP8.0；

英国药典BP2013、BP2012、2010、2009；

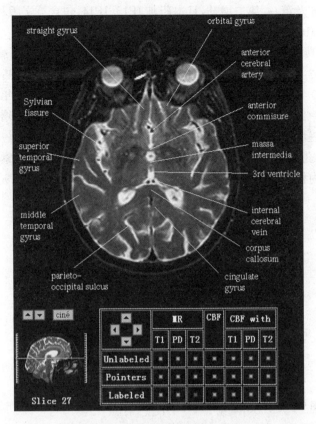

图 9-3-17 特定部位系统的脑横断面图像(选自 2015 年 5 月 21 日)

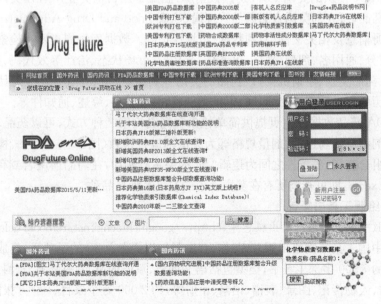

图 9-3-18 Drug Future 网站主页(选自 2015 年 5 月 21 日)

日本药典 JP16 及第一、第二增补,日本药典 JP15、JP14,包含英文版和日文版;

印度药典 IP2010 版;

WHO 国际药典 IntPh 第 4 版,提供标准索引查询,部分提供全文下载。

中国药典:1953 年版、1963 年版、1977 版、1985 年版、1990 年版、1995 年版(含 1997 年、1998 年增补)、2000 年版(含 2002 年、2004 年增补)、2005 年版(含 2006 年、2009 年增补)、中国药典 2010 年版一部(中药)、二部(化学药品)、三部(生物制品)、第一增补本(2012),第二增补本(2013),第三增补本(2014)。

该数据库可以药品通用名、专论名为关键字进行检索,支持模糊检索,同时可对检索范围进行"全部""国内标准""国外标准"进行限定。检索界面如图 9-3-19 所示。

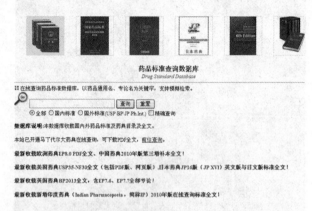

图 9-3-19　药品标准查询数据库主页(选自 2015 年 5 月 21 日)

2. 美国 FDA 药品数据库(U.S. FDA Drugs Database)(http://www.drugfuture.com/fda/)

Drug Future 提供的美国 FDA 药品数据库,涵盖了至目前为止所有在美国上市或曾经上市的全部药品,可查询美国食品药品管理局(U.S. Food and Drug Administration)批准的药品审批注册信息及相关文件、专利数据、市场保护等。数据库每周更新。检索结果包括商品名、有效成分、通用名、剂型、规格、申请号、产品号、市场状态、治疗等效代码、批准日期、是否参比药品、药品类别、申请机构,该药品的美国专利信息、市场保护情况,药品注册审批信息包含全部历史审批数据、审批时间、审批类别、药品说明书、综述、通知件等。

美国 FDA 药品数据库主页提供简单检索和高级检索 2 种方式,可以药品名称、活性成分、申请号、剂型或给药途径、剂量规格等为关键词进行检索(图 9-3-20)。检索条件支持模糊查询和组合查询,各条件之间为逻辑"与"的关系。例如,在药品通用名或有效成分栏中输入 Levofloxacin,即可查询所有在美国上市的左氧氟沙星品种。

(五)网络版工具书集锦

1. CNKI《中国工具书网络出版总库》(http://gongjushu.cnki.net/refbook/default.aspx)

CNKI《中国工具书网络出版总库》作为《中国知识资源总库》的子项目,集成了近 200 家知名出版社的 7 300 多部工具书,类型包括语文词典、双语词典、专科辞典、百科全书、鉴赏辞典、医药图谱、人物传记、图录、表谱、语录、手册等,约 2 000 万个条目、100 万张图片,所有条目均由专业人士撰写,内容涵盖哲学、文学艺术、社会科学、文化教育、自然科学、工程技术、医学等各个领域,是释疑解惑的超级工具,是集成化的、便于快速查询的工具书检索系统。CNKI《中国工具书网络出版总库》主页如图 9-3-21 所示。

图 9-3-20　美国 FDA 药品数据库检索界面（选自 2015 年 5 月 21 日）

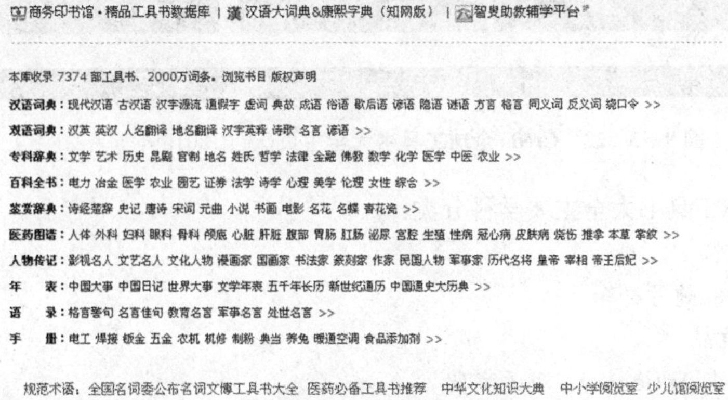

图 9-3-21　CNKI《中国工具书网络出版总库》主页（选自 2015 年 5 月 21 日）

CNKI《中国工具书网络出版总库》为用户提供了方便快捷的查阅方式,检索入口包括词条、词目、释文、书名、出版社、作者、ISBN等,也可以进行模糊检索或精确检索,此外还提供高级检索和书目浏览查询。可以对检索结果进行选择和控制,可供查询名词术语、人物、地名、事件、器物、年表、同义词、反义词、成语、俗语、歇后语、谚语、方言、典故等等。

CNKI《中国工具书网络出版总库》按学科分10大专辑168个专题,其中医药卫生专辑已收录1 683部工具书,主要包括双语词典、专科辞典、百科全书、医药图谱、图录图鉴、手册等类型,是传统工具书的数字化集成整合。该数据库不但保留了纸本工具书的科学性、权威性和内容特色;而且配置了强大的全文检索系统,大大突破了传统工具书在检索方面的局限性;同时通过超文本技术建立了知识之间的链接和相关条目之间的跳转阅读,使读者在一个平台上能够非常方便地获取分散在不同工具书里的、具有相关性的知识信息。此外,知网工具书库除了实现了库内知识条目之间的关联外,每一个条目后面还链接了相关的学术期刊文献、博士硕士学位论文、会议论文、报纸、年鉴、专利、知识元等,帮助人们了解最新进展,发现新知,开阔视野。

2. Credo全球工具书大全(http://search.credoreference.com/)

Credo Reference Ltd(原Xrefer Limited)是一家领先的图书馆与信息中心参考资源提供商,自1999年以来即开始向图书馆提供完全定制的参考信息。其Credo Reference(原Xreferplus Reference)服务汇集了全球最好的工具书出版社的最主要的专题内容,通过独有的跨资源技术,向全球400万用户提供最权威的答案。目前,Credo Reference向读者提供全球范围内近80家出版社的670多种参考工具书的全文,共计300多万个条目,1亿个链接,20万个音频文件与6万余张图片,并且计划每年新增工具书数十种。Credo全球工具书大全网站主页提供基本检索和高级检索2种方式(图9-3-22)。

图9-3-22 Credo全球工具书大全主页(选自2015年5月21日)

Credo全球工具书大全主要学科分类:

- Art/艺术
- Business/商务
- Food/食品
- Bilingual Dictionary/双语字典
- Biography/传记

- Dictionary/字典
- Encyclopedia/百科全书
- General Reference -Quotations /语录
- Geography /地理
- History/历史
- Language/语言
- Law/法律
- Literature/文学
- Medicine/医药
- Music/音乐
- Philosophy/哲学
- Psychology/心理学
- Religion/宗教
- Science/自然科学
- Social Sciences/社会科学
- Technology/科技

该数据库主要功能与特点如下：

- 汇集全球数十家著名出版社的工具书，合作出版社与收录书目随时增加。
- 多语种检索界面：中文、英语、波兰语、乌尔都语、法语、西班牙语。
- 每月更新：只要所收录书目有新版本时，内容都将得到相应更新。
- 思维导图（Concept Map）功能独特：提供360度全方位的检索，以节点表示条目，并以关系网的形式使所有关联条目形成网状的动态思维导图，条目间的关联一览无余，瞬间掌握所有相关主题。
- 互动地图（Interactive Maps）：读者可直接点击地图获得与所需地理位置相关的文章。
- 动态统计表功能：读者可以选择需要的统计表，并输出到Excel文件。
- 主题页面（Topic Page）：将全库所有关联条目尽收眼下，无论是人物、图片还是多媒体。
- 读者可以建立自己的timeline，以阅读相同时间发生的其他主题的内容。
- 超过20万张图片，其中包括2万余幅艺术品的图片。
- 多媒体包括20万条音频文件的音频字典，卡通、音频与视频文件，使读者身临其境。
- 关联条目：关联词条贯穿全库，而不是限定在同一册书内。
- 可以链接到图书馆的"Ask-A-Librarian"或类似服务，即使不是图书馆注册用户也可以收到查询结果电子邮件。
- 静态网址与书目信息：每个条目、主题与书目都有其唯一网址，方便使用。
- 每种图书都有自己的界面，可以在本书内进行检索。
- 高度个性化的图书馆馆员管理功能：可以链接到本馆订购的其他资源，以提高使用率。

(六) 网上名录

在众多的信息源中，人物信息与机构信息也是重要的信息来源。与同行进行学术交流，向著者索取原始文献,寻找科研合作伙伴,求职求学等,都离不开人物信息与机构信息的查询。医学人物资料可利用医学名人录或医学传记词典等,医学机构信息的查找可利用医学机构名录等工具书。随着现代信息技术和网络技术的发展,一些著名的名人录和机构名录网络版也相继问世。

1. 阿维森纳医学名录(http://avicenna.ku.dk/database/medicine)

阿维森纳医学名录(Avicenna Directory for Medicine),是由哥本哈根大学与世界卫生组织和世界医学教育联合会合作维护的卫生专业教育机构名录。该名录包括2007年版的世界医学院校名录及2007年以后哥本哈根大学收到的所有更新信息。阿维森纳医学名录网站主页如图9-3-23所示。该网站提供简单检索和高级检索2种方式,并可按国家、城市和学校名称字顺浏览查询(图9-3-24)。每所学校的信息包括:学校结构、与学术机构和医疗机构的附属关系;用于提供教育计划和给予学生支持的资源和设施;包括外部评估在内的质量保证;医学专业的时间长度和结构以及招生规模等。每个国家的信息包括医学专业数量、医学教育体制与层次、质量保证机制、登记与注册要求等。

图9-3-23 阿维森纳医学名录网站主页(选自2015年5月21日)

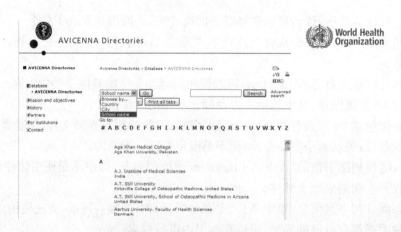

图9-3-24 阿维森纳医学名录浏览查询页面(选自2015年5月21日)

2. 中国资讯行(http://www.infobank.cn)

中国资讯行是香港专门收集、处理及传播中国商业信息的高科技企业,其数据库China

InfoBank(中文)建于1995年,搜集了许多机构、人物数据库,如中国医疗健康库、中国科研机构库、中国科技信息机构库、中国人物库、中国科技名人库等。该数据库适合查询各类统计数据、法律法规、动态信息、人物信息等事实与数据信息。中国资讯行网站主页提供简单检索和专业检索2种方式,并可选择"全部字词命中""任意字词命中""全部词不出现"的条件限定(图9-3-25)。

如要查询著名肝胆外科学家吴孟超的有关信息,可选择"中国人物库",在检索框中输入"吴孟超",点击"检索"按钮即可获得条目信息,点击词条链接即可阅读详细信息(图9-3-26)。

图9-3-25 中国资讯行主页(选自2015年5月21日)

图9-3-26 中国资讯行"中国人物数据库"检索结果页面(选自2015年5月21日)

由于电子版和网络版工具书具有存储信息量大,检索途径多,方便快捷,查全率和查准率高,内容更新及时,图像、声音、视频表现丰富等特点,使人们改变了查阅工具书的传统方式,在浩如烟海的文献资料中查询所需资料变得轻而易举,瞬间即得,而且还为读者分析信息、使用信息提供了多方位的知识挖掘和智能化服务,提高了信息的利用率,加快了知识传播的速度。

(张志美)

第十章 医学文献综合利用和管理

利用各类检索工具获取文献资料只是信息查询的第一步,对获取的文献信息进行整理、甄别、再搜集和分析,并进行充分有效地利用,使其服务于科学研究和临床实践才是医学信息查询的根本和最终目的。因此,医学文献综合利用包括查询、收集、加工、整理和分析。

第一节 医学信息分析

一、概述

医学信息分析是根据课题研究目标,收集国内外相关医学信息,经过鉴别筛选后,对有价值的医学信息进行综合分析,编写出有根据、有分析、有对比、有评价和有预测的报告,为医学教学、科研、临床检测、卫生服务、卫生管理和市场商务提供知识管理和科学服务的劳动过程。

医学信息分析对跟踪国内外医学科研的发展状态、预测医学科研发展趋势、分析国内外医学科研环境、制订医学科研发展规划等都起着重大的作用。在课题选题时,通过信息分析可以帮助用户了解课题研究的相关背景,国际国内研究的现状,决定课题的定向、创意、实际可行性。如国内外已有哪些相关研究以及研究水平,目前的研究中尚有哪些问题有待解决,国内外研究的动向和主攻点。在课题研究中,通过信息分析,用户可了解同类研究的最新方法,解决科研过程中的各种技术问题,掌握相关领域研究的最新动态,不断地完善课题,使课题更富有新意,也有利于科研课题更趋于成熟合理。课题完成后,通过信息调研,将本课题与国内外相关研究进行科学性、新颖性、先进性和实用性比较,找出本课题的创新点,确定成果研究水平是世界领先还是国际水平或国内领先。

因此,医学信息分析具有以下特性:① 目的性。医学信息分析是建立在用户需求的基础上,并最终服务于用户的一些知识再创造过程。② 研究性。医学信息分析是在收集相关医学信息资料的基础上,经过一系列相对规范的综合、分析、研究等对信息深度加工环节,是一项具有研究性质的智力活动和高层次的信息服务模式。③ 价值型。泛在的医学信息,经过一系列相对规范的综合、分析、研究等加工环节,形成了一种科学的、高质量的、增值的信息产品,对用户的科学决策、发展预测、医学研究和临床决策具有积极的指导作用。④ 从属性。医学信息分析不是漫无边际的自由工作,一般从属于各级各类医疗卫生机构,医学信息分析产品通用性也较差,大多从属于某位或某些特定的用户和机构的决策需求。

医学信息分析分类标准较多,按照其研究的内容可分为医学科学发展全局信息分析和医学科学专题信息分析。医学科学发展全局信息分析主要通过医学科学的发展现状、重大成就、最新进展、重要理论、实验技术、未来发展以及各种科学数据等的分析，提出涉及医学科研政策、规划科技发展方向及对社会的影响较大的决策与方案等。医学科学专题信息分析涉及面广，专业指向性强，一般面向某一专业领域的某一方面，如：医药卫生重点产品、关键技术、制造工艺等医药卫生技术信息分析；基础医学发展研究，临床或实验发展研究；临床诊治方案选择；公共卫生、群体医学专题研究等。

二、医学信息分析步骤

1. 确定信息分析的目标

医学信息分析要根据课题的需要和用户特定委托的需求，确定信息分析要求和信息分析目标，为使信息分析更具针对性，分析人员应直接接触课题主要决策者，沟通并了解信息分析的真实需求，同时也要和国内外信息系统建立有效的联系，掌握国内外科学技术相关信息资源建设的情况，以使信息分析工作更具针对性，满足用户需求。

2. 制订信息分析计划

分析要求和分析目标确立后，为了保证分析工作的顺利进行，必须制订详细的计划，明确信息分析研究的目的、主要内容，确定文献资源及收集的范围及时间，制订实施计划的措施、研究的方法、完成时间与步骤。

3. 搜集信息资料

医学信息分析主要的研究对象是医学文献资源，广泛搜集分析所需的信息资料是信息分析的重要条件，及时掌握完整、可靠的信息资料，以及具备熟练的信息检索技能方法是有效地完成搜集信息资料工作最重要的保障。

4. 信息资料的鉴别、整理与分析

通过检索文献和实际调查所得的资料是原始素材，必须经过筛选、鉴别、整理，才能加以应用。在此基础上，运用科学的方法予以分析，进行逻辑推理、归纳、综合等思维方法以及统计、分类与文献计量学方法，才能得出信息分析的结论。

5. 撰写信息分析报告

信息分析的成果必须以书面的形式加以表达和反映，同时信息分析工作的最终质量就反映在分析报告上。

三、医学信息分析方法

信息分析是一项综合性很强的学科，它与自然科学、社会科学、管理科学、决策学、科学学、系统工程等诸多学科相互联系和交叉。这种特点决定了信息分析的方法多数是从自然科学、社会科学和某些边缘学科的研究方法中借鉴过来的。信息分析也已进入计算机辅助的新阶段，对于计算机辅助信息分析而言，软件技术及有关的计算机应用技术使信息分析的方法和手段产生某些重大的甚至是意想不到的变化。

1. 内容分析法

内容分析法（Content Analysis）是一种对文献内容做客观系统的定量分析的专门方法，其目的是弄清或测验文献中本质性的事实和趋势，揭示文献所含有的隐性情报内容，对事物发展作情报预测。内容分析法是一种规范的方法，类目定义和操作规则十分明确与全面，不同的研究者或同一研究者在不同时间里重复这个过程都应得到相同的结论。它以定性研究为前提，找出能反映文献内容的一定本质的量的特征，并将它转化为定量的数据。内容分析

法可以揭示文献内容的本质,查明几年来某专题的客观事实和变化趋势,追溯学术发展的轨迹,描述学术发展的历程,揭示大众关注的焦点等。

运用内容分析法进行研究大致可分为 6 个步骤,包括确定研究问题或假设、抽取样本、界定分析单元、分析的内容分类、建立量化系统、分析资料与做出解释推论,其中分析单元和内容分类是 2 个关键的步骤。

词频分析是内容分析法的常用手段,词频分析又包括主题词词频分析和指示词词频分析。主题词词频分析以主题词作为分析单元,从分析对象中统计有关主题词出现的频次,并进行分析和推断。所用的主题词取自现成的、通用的高度规范的主题词表或数据库的叙词表,所以要求熟悉文献标引和有关专业的知识。指示词词频分析是用特定的指示词作为分析单元,根据其频次进行分析判断。指示词是依据具体的分析对象和分析目标专门选定的,是非标准或非规范的,由于无法利用现成的规范的文献标引,要在所选定的指示词的基础上专门建立有关的数据库,因此往往工作量要大得多。

南京大学的袁晓园和华薇娜以 Web of Science 为数据源,检索我国医学信息学领域国际发文量,利用 SPSS 统计分析软件对文献关键词进行因子聚类分析,结合因子分析和聚类分析的结果,归纳出我国医学信息学领域国际研究成果的 6 大主题。

2. 引文分析法

引文分析法(Citation Analysis)是文献计量学的重要组成部分,根据文献间存在的相互引证的关系和特点,利用图书馆学、统计学及数学、逻辑思维等方法,对文献的引用和被引用现象进行分析,在杂乱、无序的文献中寻找统一、有序的规律,用来评价论文的质量、某机构或著者的学术水平和预测某学科的发展趋势。

科学的引文分析对于改善文献信息工作和管理,提高文献信息定量研究的水平都具有重要意义。对引文的数量进行分析,可用于评价期刊、论文;对引文间的网状和链状关系进行分析,可用来揭示学科的发展及联系;对引文的主题相关性方面进行分析,可揭示科学结构、学科的相关程度和进行文献检索。引文指标分析包括引文年代、引文语种、引文类型、引文国别、引文作者、引证经典著作等的分析。

3. 德尔菲法

德尔菲法(Delphi Method)又名专家意见法或专家函询调查法。该方法主要是由调查者拟定调查表,按照既定程序,以函件的方式分别向专家组成员进行征询,专家组成员又以匿名的方式(函件)提交意见。经过几次反复征询和反馈,专家组成员的意见逐步趋于集中,最后获得具有很高准确率的集体判断结果。德尔菲法是一种利用函询形式进行的集体匿名思想交流过程。它有 3 个明显区别于其他专家预测方法的特点,即匿名性、多次反馈、小组的统计回答。

德尔菲法的工作流程大致可以分为 5 个步骤,在每一步中,组织者与专家都有各自不同的任务:① 组建预测领导小组。② 根据研究主题的专业需要和对专家的熟悉程度选择专家,建立专家库。③ 形成专家函询问卷。④ 经典四轮专家函询。⑤ 结果统计分析处理。

德尔菲调查法的优点有:① 被调查的专家事前有准备;② 可阅读前次调查结果,了解别人的意见;③ 匿名形式,被调查的专家无框框束缚,敞开思路,避免正面冲突;④ 调查表格化,便于进行定量分析。其主要缺点是过程比较复杂,花费时间较长。

德尔菲法作为一种主观、定性的方法,不仅可以用于预测领域,而且可以广泛应用于各种评价指标体系的建立和具体指标的确定过程。中南大学公共卫生学院熊明洲等人利用

Delphi法分析男同性恋性取向成因影响因素。选择19名专家进行两轮Delphi专家咨询,对7个一级指标、56个二级指标进行函询,根据指标重要性赋值得分和变异系数以及专家讨论结果确定所需指标,共有16名专家完成了2轮咨询,最后共选出了一级指标7项、二级指标37项作为男同性恋性取向成因指标。

4. Meta分析

Meta分析(Meta-Analysis)又称元分析或荟萃分析,是指全面收集某个主题所做的众多实证研究,并逐个进行严格评价和分析,再用定量合成的方法对资料进行统计学处理得出综合结论的整个过程。Meta分析强调对研究课题进行系统全面的文献检索,确定文献纳入和剔除的标准,并对纳入文献进行严格评价,在此基础上对结果进行定量合并。因此,与传统的文献综述相比Meta分析能最大限度地减少偏倚,保证结论的客观性、真实性和可靠性。

Meta分析本质上是一种观察性研究。其研究过程总体包括以下几个方面:① 提出问题,制订研究计划。明确指出所要解决的问题是后面几步的基础,而后应制订详细的研究计划书,包括研究目的、研究意义等背景材料,文献检索的途径和方法,文献纳入和剔除的标准,数据收集的方法及统计分析步骤,结果的解释等。② 检索相关文献。系统、全面地收集相关文献是Meta分析有别于传统文献综述的重要特征之一,也是完成一份高质量的Meta分析报告的基础。文献资料来源可包括专家或研究组织在本领域的研究工作报告、计算机数据库、出版的索引、被公认的有关论文的参考文献等。检索文献时应保证较高的查全率,综合考虑检索结果的敏感性和特异性。保证较高的查全率是最重要的,尽量避免漏检和误检,漏检了重要文献可能直接影响Meta分析结论的可靠性和真实性。③ 筛选文献。根据研究计划书中提出的文献纳入和剔除标准,在检出的相关文献中选择符合要求的文献。例如可根据研究对象、研究方法、样本大小、取样方法、结果测量、统计分析方法等各项特定指标筛选文献,使Meta分析结果有较好的可重复性。④ 评价文献质量。纳入文献的质量高低可以用权重表示,也可以用量表或评分系统进行评分,或组织专家对入选文献进行评分,但目前还没有统一的标准模式。⑤ 提取数据信息。从符合纳入要求的文献中摘录用于Meta分析的数据信息,可以设计专用表格记录,一般包括基本信息、研究特征、结果测量等内容。⑥ 处理资料的统计学。统计学处理是Meta分析最重要的步骤之一,正是这种定量合并的方式使Meta分析有别于一般意义上的文献述评。数据计算可借助Excel或专用的统计软件SAS、SPSS等完成,目前也出现了一些Meta分析的专用软件。⑦ 分析结果和讨论。在得到Meta分析结果后,应对结果进行分析和讨论,指出研究中实验设计、数据分析等的不足,并通过综合为这一主题将来的研究指明方向。

下面为苏州大学附属医院的侯云英在《自我血糖监测对2型糖尿病非胰岛素治疗患者血糖控制效果的meta分析》的样例。目的:评价自我血糖监测(Self-Monitoring Blood Glucose,SMBG)对非胰岛素治疗2型糖尿病患者血糖控制的效果。方法:检索PubMed、EMBASE、Cochrane Library、中国知网全文数据库(CNKI)和中国维普全文数据库(VIP),收集SMBG对非胰岛素治疗2型糖尿病患者效果的随机对照试验,以RevMan 5.1软件进行统计处理。结果纳入文献7篇。SMBG使2型糖尿病患者糖化血红蛋白(HbA1c)下降0.41%。亚组分析结果显示,使用SMBG结果调整糖尿病管理方案使HbA1c下降0.42%,单纯SMBG无改善血糖控制的作用。结论:SMBG可改善非胰岛素治疗2型糖尿病患者的血糖控制,但需要与患者管理相结合。

5. 循证医学

循证医学(Evidence-Based Medicine,EBM),意为"遵循证据的医学",又称实证医学,港台地区也译为证据医学,其核心思想是医疗决策(即病人的处理,治疗指南和医疗政策的制定等)应在现有的最好的临床研究依据基础上作出,同时也重视结合个人的临床经验。循证医学的信息分析一般步骤如下:① 准确地构建临床问题。围绕具体疾病或患者提出的需要构建临床问题,找准临床问题是实施循证医学的前提条件。② 系统全面地查找证据。一是搜集与问题相关的原始研究证据文献,可采用检索医学文献数据库、网络资源、会议文献及专家通信等手段,全面搜集有关文献;二是检索经严格评价的证据文献,主要检索系统评价(Systematic Review)、临床指南(Practice Guideline)及 Meta 分析等经过严格质量评估的循证医学文章、数据库、期刊和图书,网站等资源,获取有关证据文献。③ 严格地筛选与评价证据文献。评价时常根据证据的价值大小分为5个等级。A 级:设计良好的随机对照试验;B 级:设计较好的队列或病例对照研究;C 级:病例报告或有缺点的临床试验;D 级:个人的临床经验;E 级:没有足够的证据以形成一种意见。④ 应用最佳证据,指导临床决策。临床医生综合分析获取的证据,否定无效或有害措施,应用最佳证据支持自己的药物选择和治疗方案。⑤ 后效评价。对临床诊治方法的应用效果进行随诊追踪和再评价,并修正错误,发现新的更好的方法,进一步完善临床诊治水平。

第二节　文献管理软件

一、文献管理概述

在学习和项目研究的过程中,需要检索和收集大量的文献信息,并对已检索得到的文献信息进行有效的组织与管理,对加快学习和研究进程,提高学习效率有着重要的作用。同时,在科技论文写作的过程中,每篇论文都会引用一定数量的参考文献,特别是投稿论文,其参考文献还有着不同的著录格式要求。因此,如何科学地管理文献、有效而准确地使用文献就显得特别重要。科技文献的快速增长导致了文献管理软件的开发和应用。

文献管理软件是用于记录、组织、调阅、引用文献的计算机程序。文献管理软件能够对收集的文献进行检索和整理、标注引文、按格式要求生成参考文献列表,可以解决传统手工文献管理效率低下的弊端,正日益受到越来越多的科研工作者的喜爱,成为科研工作者不可缺少的工具。目前,主要的文献管理软件有 EndNote、RefWorks、NoteExpress、Biblioscape、CNKI E-Learning、医学文献王等。这些文献管理软件的基本功能相似,主要包括以下功能:

① 建库:将本地计算机或远程数据阵的参考文献导入到资料库中,实现参考文献的组织和管理。

② 检索:可按特定数据搜索本地资料库和联网文献检索。

③ 储存:按照特定的格式存储参考文献,以满足随时调用的需要。

④ 管理:去重、排序、分类组织参考文献等。

⑤ 输出:按参考文献的标引格式进行自动编排。

二、EndNote

EndNote 是 Thomson Scientific 公司出品的个人文献管理官方软件，是一个优秀的在线检索工具，也是一个具有下载、存储、查询等功能的个人文献管理软件，更是一个有力支持论文写作的引文管理工具。EndNote 的最新版本为 EndNote X7。

1. EndNote X7 的优点

① EndNote 支持 3 776 种国际期刊的参考文献格式，几百种写作模板，几乎涵盖各个领域的杂志。使用这些格式和模板，可有效帮助和支持 SCI 论文的撰写和投稿。

② EndNote 与上千个数据库直接连接，并提供通用的检索方式，帮助用户提高科技文献的检索效率。

③ EndNote 能管理大于 10 万条之多的参考文献，从外文数据库下载的数据基本上都支持 EndNote 格式，方便用户使用。

④ EndNote 嵌入到 Word 编辑器的快捷工具栏及"所引即所得"的引文模式，可以很方便地边书写论文边插入引文、格式化引文等。

⑤ 自动调整参考文献格式。参考文献数据库一经建立，可根据杂志的要求自动调整参考文献格式。此外，对文章引文的增、删、改以及位置调整都会自动重新排序。

⑥ EndNote 分为单机版和网络版，作为网络版的 EndNote Web 与 Web of Science 完全整合。Web of Science 用户可以免费登录 EndNote Web 来标记研究文献和撰写科技论文，方便地支持与同事协同工作。

2. 主界面

打开 EndNote，可在默认指定目录建立名称为 My EndNote Library.enl 的文献数据库，用户可以根据需要修改文献数据库名称和存储目录。EndNote 操作主界面主要由 6 个部分组成（图 10-2-1）。工作界面可以通过图右下角的 Layout 重新设置。

图 10-2-1 EndNote 文献管理工具界面（选自 2014 年 12 月 6 日）

(1) 快速工具栏部分 前 3 个图标分别实现本地参考文献视图、在线检索（临时参考文献视图）和集成参考文献视图 3 种模式的切换。其余分别是输出格式选择、在线检索文献复制到本地数据库、新建题录数据、在线检索、导入和导出书目数据、查找全文、打开链接、打开全文、插入引文、格式化参考文献、返回 WORD 以及本地 EndNote 与 EndNote Web 数据同步。

(2) 分组管理/在线搜索部分　提供参考文献分类组织导航,包括软件预设的"所有参考文献""导入的参考文献"等群组和用户自定义群组;提供 PubMed、Web of Science 等常用数据库的联网检索以及 EndNote Web 和在线查找全文导航。

(3) 组合检索部分　可以设置检索范围和检索字段,输入检索词以及建立组合条件进行检索,检索结果显示在下方的题录显示窗口。

(4) 题录显示部分　以列表形式显示文献题录,每一行为一条题录。单击题录上部的某个字段,则可以对显示题录进行递增/递减排序;拖动字段,则可调整字段显示顺序;右击题录标题行,则可增加或减少题录的显示字段。单击某条题录,则在下方窗口分别浏览和编辑该题录详细数据信息以及浏览文献全文。

(5) 题录编辑部分　通过下拉滚动条,可以浏览该文献的详细题录,单击某题录项下的数据,则可直接进行题录的快速编辑;也可双击,开启新窗口编辑和格式题录。

(6) 全文预览部分　可以对论文进行标注、打印、E-mail 等。

3. EndNote 偏好设置

偏好设置可以根据个人使用习惯和使用条件设置 EndNote 的相关参数,点击 Edit 菜单,选择 Preference,在图 10-2-2 的弹出对话框中设置相应项目。设置参数包括改变大小写、设置题录显示字段及字段标题、设置显示字体、在线检索结果查重模式、查找全文途径、存储目录、格式化参考文献选项、启动 EndNote 打开的库、已读文献标记以及与 EndNote Web 同步等。

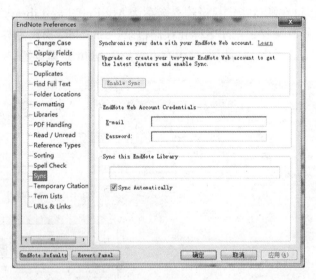

图 10-2-2　EndNote 偏好设置(选自 2014 年 12 月 6 日)

4. 建立个人题录数据库

建立个人题录数据库是文献管理及应用的基础,其目的是将来源不同的文献资料聚合到一个文件中,同时剔除重复记录,形成一个数据库文件,便于分析、管理与应用。EndNote 建立数据库的方法有 4 种:手工建立、EndNote 联网检索、导入其他数据库检索结果以及由 PDF 文档建立。

（1）手工建立　常用于添加零散收集到的文献信息。单击快速工具栏 New Reference 图标，或者在 References 菜单下选择 New Reference 选项，在弹出的新窗口中，首先选择所要添加文献的类型，系统默认为"Journal Article"，用户选择文献类型后，系统将自动调整文献信息题录模板，EndNote 共提供 51 种文献类型模板，如期刊文献、会议文献、图书、专利等。其次，根据模板，输入相应内容，输入时需注意多个作者、关键词等必须分行输入。无论哪种类型模板，都带有"File Attachments"和"Figure"2 个字段，用户根据需要可以对题录添加附件。

（2）EndNote 联网检索　利用 EndNote 内置的数据库进行远程联网检索，可下载检索结果信息到 EndNote 题录数据库中。可直接点击左侧已列出的在线数据库下的 More 或 Online Search 图标，选择在线数据库后，在组合检索部分输入检索条件后，点击"Search"按钮，系统自动远程检索，并在题录浏览部分显示检索结果。用户可以选择下载其中部分检索结果信息。在线联网检索的信息为暂存信息，必须将这些题录信息拷贝至新的题录数据库或已有题录数据库中才能保存。如直接关闭系统时，这些信息将会丢失。选择检索到的题录，通过"Find Full Text"功能，系统会自动查找文献全文。

（3）导入其他数据库检索结果　目前，大多数的文献数据库如 PubMed、Web of Science、CNKI 等都支持查询结果的 EndNote 格式的导出。在数据库中查询完毕后，勾选需导出的数据记录，点选"Export""Download""Export Citation""Download Citation"或"导出"等按钮，即可实现文献题录导入至 EndNote 中。例如，从 PubMed 导入查询结果至 EndNote。

① 进入 PubMed 查询数据（http://www.ncbi.nlm.nih.gov/pubmed/）。

② 勾选所需数据，点击"Send to"，并选择"Citation manager"，点击"Create File"按钮，生成后缀为".nbib"的文件（图 10-2-3）。

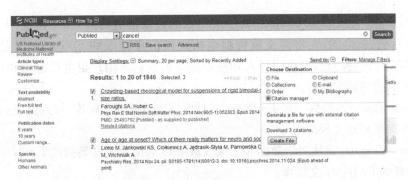

图 10-2-3　PubMed 中导出题录（选自 2014 年 12 月 6 日）

有些数据库在题录导出时，提供多种导出引文格式供选择。在 CNKI 数据库检索和勾选记录完成后，点击"导出/参考文献"，将出现图 10-2-4 的导出数据操作界面，用户可直接选择 EndNote 格式，点击"导出"按钮，即可自动生成文件名为"CNKI-635543528113452500.TXT"的 EndNote 格式的引文记录文件。

③ 直接打开该文件或在 EndNote 中点击工具栏"Import"按钮，选择导入文件和设置"Import option"为"EndNote generated XML"，点击"Import"按钮，相关记录则导入至"Import reference"分组中（图 10-2-5）。

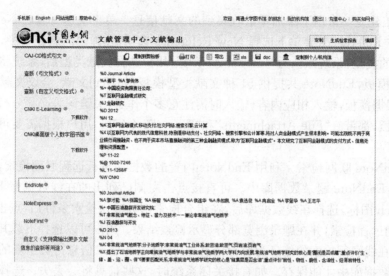

图 10-2-4　CNKI 中导出题录(选自 2014 年 12 月 6 日)

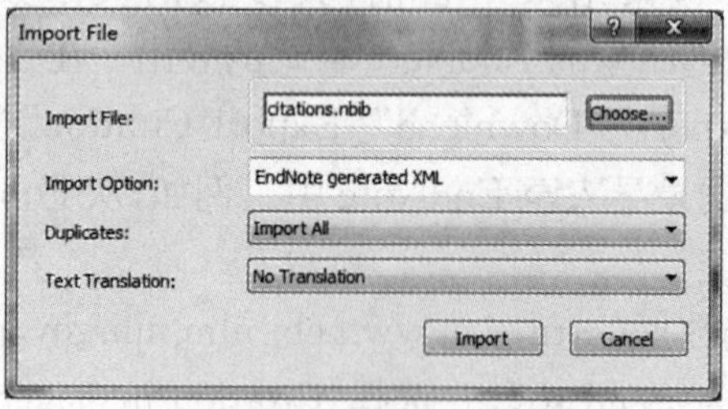

图 10-2-5　EndNote 题录导入(选自 2014 年 12 月 6 日)

外部题录导入 EndNote 时,都需要一个特定的过滤器进行导入,不能混用。过滤器的功能相当于一个解读器,它将源文献资料内的字段信息转入到 EndNote 相应的字段中。EndNote 自带 448 种过滤器,可以导入相应数据库的资料。用户也可以编辑和创建新的过滤器。常见的过滤器含义有:

EndNote Library:将另一个 EndNote 文献库导入数据到文献库,导入完成后,还需要将该映像文件拷贝到新文献库内。

EndNote Import:将从网络数据库下载或从 EndNote 导出并转换成 EndNote 格式的文本,导入到新的 EndNote 文献库。

Refer/BibIX:将 RefWorks 和 Biblioscape 程序导出的题录文本,导入到 EndNote 文献库。

ProCite:将从 ProCite 导出的题录文本,导入到 EndNote 文献库。

Tab Delimited:将以跳格键(Tab)分隔信息的题录文本,导入到 EndNote 文献库。

Reference Manager(RIS):将 Reference Manager、Reference Update、Reference Web Poster 和其他任何 RIS 格式资源导出的文档,导入到 EndNote 文献库。

ISI-CE:将来自于 ISI 数据资源的文本文档,导入到 EndNote 文献库。

Multi-filter(Special):将具有不同来源文献的文档,导入到 EndNote 文献库。

EndNote generated XML:将从 EndNote 导出的 XML 格式的文件,导入到 EndNote 文

献库。

Other Filters：可以选择 EndNote 自带的大量的对应于不同的网络数据库过滤器，每个数据库都需要一个特定的滤镜，即使供应商相同也不可混用。

Use Connection File：将一个 connection file 作为过滤器。当用 EndNote 的 Connect 命令搜索某一数据库时会生成 Connect.log 文件，将此文件导入成为文献库数据。该 Connect.log 应该包含 all references from your previous session。

导入数据的重复处理模式有：

Import All：导入所有文献，包括与目的库内有重复的文献。

Discard Duplicates：导入文献时剔除与目的库内有重复的文献。

Import into Duplicates Library：导入文献到目的库，但将所有重复文献放入一个名为"File-Dupl.enl"的库中，"File"是目的库的库名。使用者可以在稍后浏览这些文献或者合并2个库。

（4）由 PDF 文档建立　点击"Import"图标，选择需要导入的 PDF 论文文件，过滤器选择 PDF，系统根据论文的数字对象唯一标识符（Digital Object Unique Identifier，DOI）自动识别相关字段数据并填入。对于没有 DOI 的中文论文，系统无法正确识别和导入。通过"File→Improt→Folder"菜单操作，可以将文件夹中的多个 PDF 文件直接导入。

5. 管理文献库

（1）管理群组　群组具有分类和浏览导航作用，EndNote 有 All References、Imported References、Search Results、Unfiled 和 Trash 5 个预定义群组，其中 Imported References 和 Search Results 为临时群组，在关闭程序后消失。用户也可自定义群组（My Groups）和群组集（Groups Set），并将文献加入到自定义群组或群组集中。任意一篇文献可以同时加到不同群组中，还可建立智能群组（Smart Group），系统则动态地将数据库中的题录分配到智能群组中。删除自定义群组中的文献，不会清除数据库的该文献信息。

（2）文献排序　通过"Tools→Sort Library"命令，可建立按多个字段组合的文献排序规则，便于浏览、查看文献，也可以直接单击题录显示窗口的某个字段进行升序或降序排列。

（3）记录查重　在建立 EndNote 数据库的过程中，数据可来源于多个不同数据库，因而，可能得到重复记录。通过"References→Find Duplicates"命令，可发现重复文献，并且在重复文献对比视窗中可以选择、删除、编辑文献。EndNote 的偏好可以设置查找重复文献的标准。

（4）附件管理　EndNote 数据库包括的文献信息为题录和摘要以及以附件形式管理的 PDF 文件、Word 文档、网页、图片、表格或网络链接等。以添加文件形式产生的附件，将存放在 EndNote 数据库的附件文件夹下，附件将随数据库一并复制或移动。

（5）记录搜索　通过组合检索窗口，选择搜索的字段与搜索条件、内容等，以及布尔逻辑运算符、匹配程度等。单击 Search 按钮，即可在本地数据库中进行搜索。通过选择检索字段"Any Field+PDF"或"PDF"，还可对 PDF 文件进行全文检索。

（6）数据库文件压缩　EndNote 支持数据库压缩功能，选择"File→Compressed Library(.enlx)"命令，既可以对群组，也可以对选择的文献进行压缩，压缩后的文件名后缀为.enlx，便于文件的移动或复制。

6. 写作辅助

（1）插入参考文献　EndNote"边写边引"（Cite While You Write，CWYW）可以有效帮

助作者在文献写作时自动插入、编排参考文献。EndNote 安装完成后,在 Word 工具菜单中将自动添加菜单项 EndNote 以及如图 10-2-6 的工具条。

图 10-2-6　Word 中的 EndNote 工具条(选自 2014 年 12 月 6 日)

分别打开 EndNote 数据库和 Word 文档,在数据库中找到并选中需引用的参考文献(按"Ctr"和"Shift"可以间隔或连续选中多个文献),在 Word 中将鼠标指针停留在要插入文献的位置上,点击"Insert Selected Citation(s)"图标即可将选择的文献作为参考文献插入到论文,并在 EndNote 的群组中自动增加了正在撰写论文的参考文献列表。EndNote 插入默认的"Annoteated(注解)"参考文献显示样式,如{Billoski,1992♯6;Forbes,1860♯8}这样的字符,这些是 EndNote 用来识别它的参考文献格式的字符串,通过"Format Bibliography"操作,可以转换成作者需要的格式的参考文献。如果已经按照某个期刊的格式进行了"Format Bibliography"操作,则插入的引用直接显示该期刊的引文格式。

(2) 格式化引文　单击快捷工具栏中的"Format Bibliography"按钮,在弹出对话框的"With output"下拉列表框中,选择合适的投稿期刊,也可点击"Browse…"按钮,在列表中进行选择后,Word 中参考文献的格式会重新编排。

(3) 利用模板撰写论文　EndNote 提供 200 多种杂志的全文模板,可以按照模板输入相关信息。打开 EndNote 本地数据库后,选择"Tools→Manuscript Template"命令,选择要投稿的期刊模板,自动生成 Word 文档,根据提示在文档内输入论文内容即可。

(4) 去除域代码投稿　格式化后的文稿内含有许多域代码,有的杂志要求提供的电子版稿件需要去掉文稿里的域代码。点击"EndNote X7"菜单,选择"Remove Field Codes",该操作将创建一个新的去掉了所有域代码的 Word 文档,原文件仍然打开且无改动,点击"确定"将新文件存到指定地点。新文件内容和原文件完全相同,只是无域代码,因此不能再对引文进行格式化。执行此操作前,应对原稿做好保存操作。

(5) EndNote Web　EndNote Web 与 Web of Science 和 EndNote 完全整合。Web of Knowledge 用户可以免费登录 EndNote Web 来统一管理不同来源的文献信息,并在论文写作过程中自动插入参考文献和按照要求期刊的格式生成参考文献列表,从而使文献管理与论文写作更快捷,EndNote Web 是对单机版 EndNote 的补充,提供给不在自己电脑前的使用者一种管理文献的方法。

三、NoteExpress

NoteExpress 是由北京爱琴海乐之技术有限公司自主研发、拥有完全知识产权的文献检索、管理与应用系统,全面支持简体中文、繁体中文和英文。

1. NoteExpress 核心功能

数据收集:内置几百个收费、免费电子资源库的接口,可以快速下载大量题录(文摘),针对性下载对读者有价值的全文。

管理:可以高效地管理电子文献题录以及全文,做到海量数据井然有序。

分析:对检索结果进行多种统计分析,有的放矢,事半功倍。

发现:综述阅读方式,快速发现有价值文献,与文献相互关联的笔记功能随时记录思想火花。

写作:支持 Word 以及 WPS,在论文写作时自动生成符合要求的参考文献索引,繁琐工作,一键完成。

用户可以到 http://www.inoteexpress.com 网站上下载 NoteExpress 的安装程序,并购买授权码进行安装和使用。NoteExpress 的工作主界面如图 10-2-7 所示。

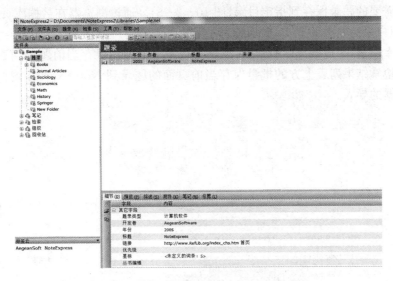

图 10-2-7　NoteExpress 主界面(选自 2014 年 12 月 6 日)

2. 新建数据库

可以通过"文件→新建数据库"菜单命令或点击工具栏的数据库图标,选择新建数据库,在弹出对话框中指定新建数据库的名称和存储位置,同时,需选择数据库附件的保存位置以及附件保存方式。NoteExpress 默认在建立数据库的位置建立附件文件夹,如需要将附件存放在别的地方,可自行设置。空白数据库建立时,系统已自动建立了题录、笔记、检索、组织、回收站等目录。用户可以根据研究的需要,为数据库建立其他分类目录以及对目录进行增删改和排序等。用户也可以根据需要建立多个数据库,NoteExpress 支持打开多个数据库,并在这些数据库中移动和复制数据。

3. 收集数据

NoteExpress 是通过题录(文献、书籍等条目)为核心来对文献进行管理的,建立新的题录数据库后,用户还需要把文献题录数据添加到数据库中,NoteExpress 提供了 4 种数据收集的方式。

(1) 手工录入　选定手工录入的题录所存放的目录,右击"→"选择新建题录,并选定新建题录的类型,在编辑界面中录入相关数据后保存数据,即完成了手工录入的数据收集。手工录入作为题录收集的补充收集方式,费时费力,差错率高。需要手工录入时,也可以先复制一个与录入题录内容较为接近的题录,然后通过修改这条新题录来减少手工录入的劳动强度。

(2) 外部数据库检索结果导入　NoteExpress 支持国内的维普、万方、CNKI 以及国外的 PubMed、ProQuest 等多家数据库的检索结果直接导入。系统自带了近 200 种导入过滤器以及 1 600 多种文献样式。外部数据库检索结果导入分为两个步骤:一是在外部数据库中将检索结果按某种格式导出;二是在 NoteExpress 中选择对应的过滤器将数据导入到数据库。

(3) 联网检索导入　NoteExpress 提供了在线检索和内嵌浏览器 2 种方法将检索结果保存到题录数据库。在线检索步骤:点击"在线检索"按钮及"选择在线数据库…"菜单项,在弹出对话框中选择所需检索的数据库,在检索界面,输入检索词检索,即可看见检索结果,用户可勾选检索结果,或使用批量获取功能,一次性可勾选多页检索结果,点击"保存勾选的题录",即可将需要的题录保存到指定目录(图 10-2-8)。通过浏览器在数据库页面上进行文献搜集,是用户最为熟悉的方式,也是最为常用的方式。用户可在 NoteExpress 内置的浏览器进行数据库检索,完成数据库检索后,点击某个记录后面的保存当前题录到 NoteExpress 图标或点击检索结果列表上方的批量保存当前页面的题录到 NoteExpress 图标,即可实现联网检索数据的导入。

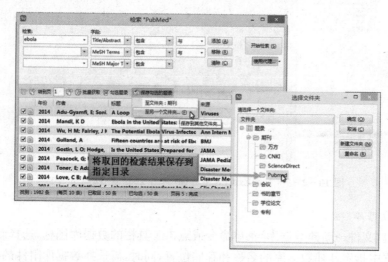

图 10-2-8　NoteExpress 在线检索结果导入(选自 2014 年 12 月 6 日)

(4) 全文导入、智能识别、更新　对于已经下载了大量全文的用户,导入全文的功能可以快速实现将大量全文用 NoteExpress 管理起来,自动生成题录并将文献作为附件,实现文献管理的基本功能。NoteExpress 一次能导入多个文件,也可导入整个目录及其子目录下的所有文件,系统能自动根据目录的结构在数据库中建立对应的文件夹结构。NoteExpress 支持 PDF 和 CAJ 文件题录部分内容的智能识别及智能更新,还可手动选择在线更新,提高题录获取的效率及正确率。

4. 数据库管理

导入文献题录基本形成了个人文献数据库,NoteExpress 拥有强大的管理功能,对纷繁的题录进行整理,为进一步的研究设计或文章撰写等服务。

(1) 查找重复题录　在不同数据库中用相同检索条件进行检索,或者分次检索合并,都不可避免地出现重复题录。重复题录不仅浪费磁盘空间,而且对其中的一条进行了修改,别的相同题录不能同时更新,对文献管理阅读以及引用都会造成麻烦。点击菜单"检索→查找重复题录"或者点击工具栏中的"查重"按钮,启动查重功能,选择需查重的文件夹和字段范围,限定查重标准和比较选项,重复的题录高亮显示,右击选择菜单项"特殊删除",指定删除重复题录的文件夹。

（2）虚拟文件夹　NoteExpress提供虚拟文件夹功能管理同一数据库中一条题录分属于2个或几个不同的分类目录的跨学科文献。同一条文献可以属于多个文件夹，但数据库中只保存一条。修改任何文件夹中的该条题录，在其他文件夹下都会同时修改；删除其中一个文件夹下的这条题录，其他文件夹中仍然存在，只有将最后一条题录删除掉，这条题录才会彻底从数据库中消失。选择属于多个文件夹的一条或多条题录，高亮选择后，点击鼠标右键，选择菜单项"链接到文件夹"，弹出"选择文件夹"对话框，选择需要保存的文件夹，这样，选择的题录就属于2个文件夹了。

（3）附件管理　NoteExpress提供强大的附件管理功能，常见的PDF、Word、Excel、视频、音频文档以及文件夹、URL等都可作为题录的附件。添加了全文附件的题录，在"题录相关信息命令"栏显示一个回形针标志，点击回形针，可以迅速打开附件。NoteExpress在用户第一次添加附件时，会询问用户需要将附件存放在哪个文件夹中，用户可以根据自己的需要，将附件存放在需要的位置，作为附件文件夹。添加附件即将题录与全文关联起来进行管理。NoteExpress支持一条题录添加多个附件。高亮选中需要添加附件的题录，点击附件菜单，选择要添加的附件，即可完成为单条题录添加附件。批量附件链接操作如下：点击"工具→批量链接附件"，在打开的批量链接对话框中，选择需要批量链接附件的虚拟题录文件夹和附件文件夹的位置，点击对话框底部的"开始"，用户可以拖动匹配度按钮设置题录和文件的匹配程度，数字越高，匹配条件越严格，点击对话框底部的"应用"，完成链接操作后提示链接结果。通过NoteExpress提供的批量下载全文的功能，可将全文快速下载到本地并与题录关联。从NoteExpress题录列表头的不同颜色的小方块中可直接看到每个题录的附件情况。左上角红色表示关联文件附件，右上角紫色表示关联笔记，左下角黄色表示关联文件夹，右下角棕色表示关联题录。

（4）标签标记　NoteExpress提供多种标签来标记某一文献状态和重要性。如未读已读状态标记、星标、优先级、标签云等。

（5）本地检索　NoteExpress提供了简单检索和高级检索2种模式对本地数据库中的文献进行检索，以实现快速地帮助用户找到自己所需文献。

（6）数据备份　执行菜单"文件→数据库备份"命令，即可实现包含题录、标签、笔记、附件存放位置等信息的数据备份。由于NoteExpress的附件单独保存在附件文件夹中，因此在备份数据的时候，附件是需要单独备份的；自定义的题录类型及笔记类型、自己制作的Style、自己制作的过滤器、自定义的表头列表等也需要单独备份。

（7）分析　NoteExpress提供方便快捷的文献信息统计分析功能，帮助用户快速地了解某一领域的重要专家、研究机构、研究热点等。分析结果能导出为txt和csv等多种格式，方便做出精准的报告。

（8）综述与笔记　提供包括作者、标题、来源、关键词、摘要等字段内容的综合阅读视图，帮助研究者快速阅读，发现有价值的文献。同时，可随时记录下看文献时的想法和关于研究的设想，便于日后进一步展开工作。

5. 辅助写作

NoteExpress内置了多种国内外学术期刊、学位论文和国标的格式规范，通过NoteExpress插入文献，并用需要的格式进行格式化，可以快速自动地生成参考文献，而且可以根据需要随时调整参考文献的格式，用户也可以非常方便地编辑自己需要的格式，实现"即写即引"的功能。NoteExpress首创的多国语言模板功能，自动根据所引用的参考文献不同实现差异化输出。

四、CNKI E-Learning

CNKI E-Learning 是中国知网(CNKI)推出的一个数字化学习与研究平台，主要用于文献管理，旨在为用户量身定做探究式学习工具，展现知识的纵横联系，洞悉知识脉络，实现文献资源一站式阅读和管理、文献检索和下载、深入研读、数字笔记、知识管理、写作和排版、在线投稿等功能，是一款免费的软件，目前版本为 E-LearningV2.2.0，其操作主界面如图 10-2-9。

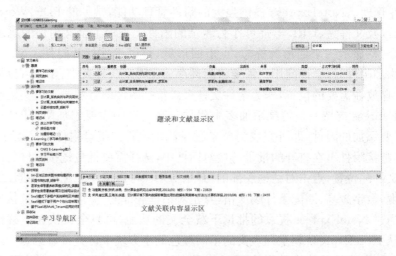

图 10-2-9　CNKI E-Learning 文献管理工具界面(选自 2014 年 12 月 6 日)

1. 学习单元

学习单元用于管理所需学习的文献、书籍、论文等资料以及辅助学习。可将本地计算机上的文献添加到不同的学习单元内进行分类阅读和管理；每个学习单元内还可以创建多层级文献夹，用于有效管理文献，构建知识脉络。在文献阅读学习过程中，还可以对学习单元内的文献记录笔记，并将笔记与文献一起保存在学习单元内。

（1）新建学习单元　系统提供 4 种新建学习单元的方法：① 从"学习单元"菜单下的"新建学习单元"创建。② 点击工具栏上的"新建"按钮创建。③ 右键导航树上的学习单元根节点，选择"新建学习单元"菜单创建。④ 快捷键"Ctrl+N"创建。

（2）打开学习单元　① 从"学习单元"菜单下的"打开学习单元"选择学习单元打开。② 点击工具栏上的"打开"按钮选择学习单元打开。③ 右键导航树上的学习单元根节点，选择"打开学习单元"菜单打开。④ 快捷键"Ctrl+O"打开。

（3）添加文献到学习单元　① 右键导航树上的某一学习单元，选择"添加文献"，可从计算机中添加文献至指定学习单元。② 从"临时阅读"中添加文献，单键"临时阅读"，在右边文献列表中单选或多选几篇文献，拖拽鼠标到某一学习单元下，再松开鼠标左键即可将该文献添加到指定学习单元中。③ 从"文献库"中添加文献，选中导航树上的"文献库"下的任意分类，然后在右边文献列表中单选或多选几篇文献，通过拖拽鼠标到某一学习单元下实现添加文献到学习单元。

2. 检索工具

系统提供 CNKI 学术搜索、CNKI 总库检索、Google Scholar 检索、工具书检索、学术概念检索、学者检索、数字检索、图形检索、表格检索、工具栏中检索和翻译助手等多种检索途径和方法,实现文献信息资源的联网查找。

3. 文献题录管理

题录是描述文献的外部特征的条目,例如文献的重要度、标题、作者、发表时间等。CNKI E-Learning 文献的题录列表如图 10-2-10 所示。

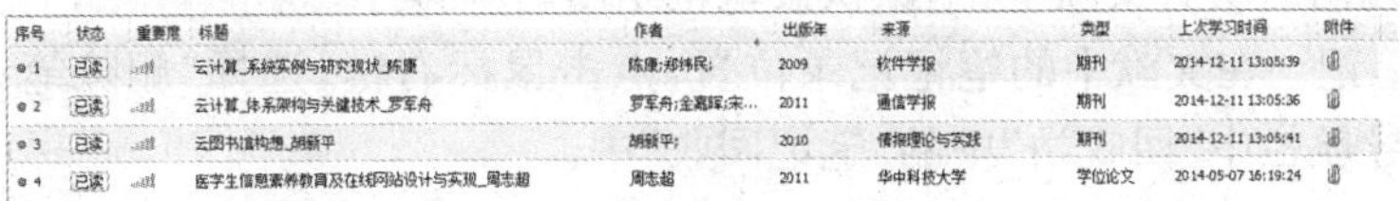

图 10-2-10　CNKI E-Learning 文献的题录列表(选自 2014 年 12 月 6 日)

(1) 更新题录　右键单击准备更新的 CNKI 数据库上的文献题录,然后单击快捷菜单上的"更新题录信息",则系统自动将当前的文献题录与 CNKI 上的最新的题录信息同步,并做对应修改;同时,底边栏的"题录"中的内容也会自动更新。

(2) 新建题录　选择某篇文献后,点击右键菜单,选择"新建题录",在弹出的新建题录对话框中输入题录详细信息,也可以在这里为题录"添加附件"和"添加链接",填写完成后进行保存。

(3) 导入题录　可以将从 CNKI 或其他文献数据库中下载的文献题录导入至 E-Learning,还可以从其他文献管理软件(如 NoteExpress)将文献题录导入 E-Learning。右键点击 E-Learning 内学习单元的文献夹,单击快捷菜单上的"导入题录"或者单击菜单"文献"内的"导入题录",选择题录文件和样式过滤器(样式包含"CNKI""NoteExpress""EndNote""RIS""BibTex"),单击"导入"即可;若导入预览出现乱码,可尝试更改文件编码后再次预览或导入。

(4) 检索题录　在题录列表上方的"范围"下拉菜单中,选择检索字段,并在检索内容框中输入检索关键词即可。

4. 文献阅读

(1) 打开全文文献　打开文献全文有 4 种方式:① 右击文献题录,单击快捷菜单上的"打开全文"。② 双击需要打开文献的题录。③ 单击左侧导航栏中的文献。④ 直接双击打开本地计算机上的文献文件,该文献即在"临时阅读"处打开,"临时阅读"处可以打开多篇文献,但只保存最后打开的 10 篇文献。同时,临时阅读文献记录的笔记无法保存,需要将文献拖动到相应的学习单元内,才能保存文献笔记。

(2) 文字识别　单击工具栏"文字识别"图标,光标变为文字识别的"+"形状,按住鼠标左键对文献中的内容进行拖拽,选择需要识别的文字后,释放鼠标左键,识别出来的文字可以选择"复制到剪贴板"或"发送到 WORD"。

(3) 对比阅读　将学习单元内的 2 篇文献全文并排对比,以便查看文献之间的异同。单击菜单栏中的"文献阅读"→"对比阅读"或单击工具栏上的图标,在弹出的对话框中勾选需对比阅读的 2 篇文献,单击"确定"按钮即可。

5. 记录笔记

阅读文献时,可以对该文献记录笔记,笔记分为知识点、注释、问题和读后感 4 类。

(1) 添加笔记　选定需要记录笔记的文字,附近会自动浮现一条快捷工具条,点击"添加笔记"图标,在输入框内输入笔记内容即可。

（2）标注文献　标注是指用高亮工具、直线工具、曲线工具、矩形工具和椭圆工具对文献中部分内容予以标注。

（3）查看笔记　① 查看单篇文献的笔记：打开文献全文，单击鼠标右键，在菜单中选择"文献笔记"，在文献全文和导航栏之间即列出该文献的所有笔记，可以对笔记进行通览和编辑。② 查看学习单元内的所有笔记：单击导航栏中该学习单元目录下的"笔记本"，主界面显示该学习单元内的所有文献笔记，默认按笔记学习时间排序。

（4）删除笔记　在文献中的笔记记录位置，点击鼠标右键，选择"删除笔记"，删除后的笔记放到左侧导航栏中"回收站"中的"笔记回收"中。

（5）管理笔记　系统提供按时间、按标签内容和加星标3种方式查看和管理笔记。

6. 参考文献的格式化

当 CNKI E-Learning 安装完毕后，Windows Word 中会增加一个 CNKI E-Learning 工具栏(图10-2-11)。

图10-2-11　CNKI E-Learning Word 工具栏(选自2014年12月6日)

（1）插入引文　单击工具栏"插入引文"按钮，在弹出的对话框的文献列表中选择需要插入到 WORD 中的参考文献，单击"确定"，在所编辑的论文的光标处自动插入参考文献编号，同时，在论文的最后自动插入参考文献条目内容。

（2）编辑引文　在引文编号处，单击"编辑引文"按钮，在弹出的对话框中选中一条引文，单击"修改"，即可对引文的不同字段进行编辑。

（3）更新引文　如果在 E-Learning 已经将文献的题录做了修改，单击"更新引文"，参考文献即可与 E-Learning 中的文献题录信息保持一致。

（4）定位引文　可实现引文编号与引文内容间的双向定位。

（5）更换引文样式　可按照预先设定的引文格式，更换引文的格式。

7. 写作和投稿

CNKI E-Learning 提供数千种论文模板和相应的参考文献样式，实现选刊投稿。通过菜单栏"写作和投稿"→选择出版物撰写论文，即选择一种出版物，并按照该出版物的投稿要求撰写论文。撰写论文过程中，基于 WORD 的通用写作功能，提供了面向学术等一系列论文写作工具，包括插入引文、编辑引文、编辑著录格式及布局格式等，可以批量修改参考文献格式和样式。撰写论文后，通过菜单栏"写作和投稿"→选择出版物投稿，即选择一种要投稿的出版物，可快速进入该期刊的作者投稿系统进行论文投稿；也可以点击 WORD 中插件的投稿按钮，进行在线投稿。

五、医学文献王

医学文献王是北京医脉互通公司开发的面向医学生、医学工作者的文献管理工具，自2004年1.0版上市以来，历经10年来的不懈努力，已成为中国医学工作者重要的文献管理工具。2014年11月的最新版本是 Version4.1.2 版。用户可在网站(http://refer.medlive.cn)下载软件，注册医脉通账号，用户均可免费使用该产品，但是部分功能受限，如需使用全部功能，需使用激活码激活为专业版。4.0版增加了用户每天签到获取医脉通积分的功能，积分可兑换激活码使用时长、求助全文、翻译求助等服务。医学文献王与其他文献管理软件有许多功能相似，如支持中外文数据的导入导出、管理文献题录并插入各种附件、辅助写作等。

1. 特色功能

（1）加强医学文献检索　检索功能除了有预设的 PubMed、万方和 CNKI 数据库检索外，还增加了 MeSH 主题词检索功能，在期刊检索处还加入了核心期刊和影响因子的查询。

（2）实时汉化外文文献　在题录编辑界面，增加了快捷汉化按钮，对题录中的标题、关键词、摘要等可以实时汉化，帮助阅读。

（3）全文求助和 RSS 订阅功能　和医脉通全文求助软件绑定，可以向同行求助全文。软件中另外设计了 RSS 订阅功能，可以订阅医学数据库及医学论坛的专题信息。

（4）丰富的医学期刊著录格式　软件收集了 1 500 多种医学文献著录格式，方便医学科研者使用。

（5）期刊抢先读　软件中预设了呈现医脉通期刊文献频道整理的几十种医学期刊最新文摘信息。

2. 操作主界面

医学文献王具有智能化文献收集、专业化文献管理、便捷全文获取和自动化写作辅助四大特点，可以大大简化文献管理工作，提高学习和工作效率。标准版界面如图 10-2-12 所示。操作主界面分为五个部分，菜单栏、工具栏、文献库导航栏、题录列表栏和题录编辑栏。

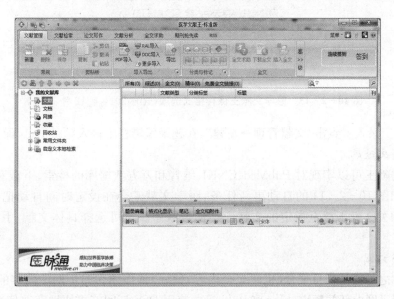

图 10-2-12　医学文献王主界面（选自 2014 年 12 月 12 日）

（1）文献库导航栏　文献库导航是实现文献管理的基础，其操作类似于 Windows 系统的资源管理器，可以根据需要新建、修改和删除目录。还可以通过该软件自带或自定义的过滤器把本地机中的文献导入医学文献王的目录中进行统一管理。

（2）题录列表栏　选择文献库导航栏中的某个目录，在题录列表区显示其所有题录信息，可对这些题录进行更新、标记、排序、查重、导出等操作。

(3) 题录编辑栏　该栏由格式化显示窗口和题录编辑显示窗口组成。格式化显示窗口可浏览题录内容。题录编辑显示窗口可编辑题录内容,可编辑内容包括标题、作者、作者地址、出版年、摘要等文献的题录信息。

3. 建立文献库

(1) 在线检索导入　软件提供的文献检索有2种方式——在线检索和浏览器检索。点击在线检索,可以进行各种条件的限定检索和布尔逻辑运算检索,其中PubMed检索更支持中英文转换,大大降低语言门槛。浏览器检索与日常用IE等浏览器登录数据库的检索习惯相同。选中检索结果,点击"保存此页选择题录到医学文献王"可将检索结果直接导入文献库中。

(2) 过滤器导入　首先在其他数据库中检索,并将检索的题录结果以特定格式导出至题录文件;其次,在医学文献王中点击菜单"文献管理→更多导入",在弹出对话框中选择合适的过滤器,并注意勾选"导入时过滤重复文献",即可实现批量题录数据的导入。当过滤器选择为"PDF导入智能插件"或"MyDoc导入插件",则可同时选择多个PDF或Word文档导入。

(3) 网页导入　在医学文献王浏览器界面浏览网页或实时检索时,单击鼠标右键,选择弹出如图10-2-13的菜单,则可将题录或网摘保存到医学文献王中。

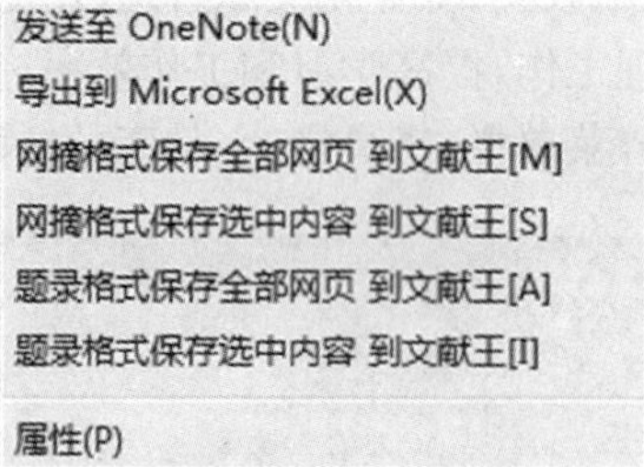

图10-2-13　医学文献王保存格式选项(选自2014年12月12日)

(4) 手工录入　点击"文献管理→新建",在题录编辑栏中输入题录信息,保存即可。

4. 更新文献库

医学文献王可以实现对PubMed、CNKI、维普和万方数据库的检索、下载和自动更新。通过建立如图10-2-14的自动更新任务,医学文献王会在设定时间自动把指定数据库中最新的相关文献下载至指定的文献库存储目录中。也可选择具体文献,手动更新相关信息。

5. RSS订阅

RSS称之为简易信息聚合(也叫聚合内容),是一种描述和同步网站内容的格式。RSS目前广泛用于网上新闻频道、blog和wiki等。使用RSS订阅能更快地获取信息,网站提供RSS输出,有利于让用户获取网站内容的最新更新。网络用户可以在客户端借助于支持RSS的聚合工具软件,在不打开网站内容页面的情况下阅读支持RSS输出的网站内容。医学文献王中已经内置了"医学数据库""医学论坛""医学期刊""医学信息"和"新闻频道"等5大类几十个RSS订阅频道。用户可以通过增、改、删以及收取等操作,实现RSS信息的管理和阅读。

图 10-2-14 医学文献王自动更新(选自 2014 年 12 月 12 日)

6. 管理文献库

医学文献王提供了题录排序、库内检索、笔记标识及内容汉化等操作功能,帮助用户便捷和高效地管理文献数据库。

(1) 排序　可以单击题录标题栏字段对数据库中的文献进行排序,也可以利用高级排序功能,按多个字段进行排序。

(2) 查重　选择"文献管理→题录高级管理→查重除重"命令,设置需要查重的字段,软件自动将查重结果中重复的题录选中并锁定,按 Delete 键,可一次性将显示重复的题录全部删除。

(3) 完善题录　可以为题录做笔记、做标识,添加题录的全文、相关网址及文件等。

(4) 本地检索　选择"文献管理→题录高级管理→高级检索"命令,可使用与、或、非等逻辑运算符进行组合,快速从所建数据库中查找需要的文献。

(5) 管理不同来源的文献资料　选择"文献管理→导入或导出"等命令,可以与 EndNote、NoteExpress、Reference Management 等文献管理软件进行数据交换,还能通过过滤器导入其他格式的题录。

(6) 全文获取　选择"文献管理→全文求助、下载全文、插入全文"等命令,软件不仅可以自动下载全文(需要有全文下载权限),还可以直接发送全文求助信息到医脉通平台求助全文,一般情况下 2 个小时内可得到全文。

7. 文献分析

对管理的数据库文献,软件提供按照主题词、关键词、作者、发表时间、发表期刊和发表单位等对数据库中文献情况进行分析。选择"文献分析"命令后,可继续选择"基本分析"和按自定义标记及分类标签对文献分布情况作简单统计,还可对文献进行二次分析。

8. 辅助写作

医学文献王安装完成后,在 Word 中会出现如图 10-2-15 的工具条。工具条一共有 17 个功能图标,常用功能有以下几种:

图 10-2-15 医学文献王 Word 工具条（选自 2014 年 12 月 12 日）

（1）查找并插入引文　点击"查找引文"按钮后，弹出"查找并插入引文"窗口，在该窗口中检索到满足条件的引文，选中需要插入的引文后，点击"插入"按钮，在 Word 文档中的光标处自动插入引文标记并且在文章末尾插入引文。

（2）插入选中引文　在医学文献王中选中要插入的参考文献后，在 Word 中将光标置于需要插入引文处，点击该按钮即可插入引文标记和引文。

（3）著录格式与布局　可设置不同的著录格式以及文末参考文献的字体、字号及行距等排版格式。设置完毕后，word 中的引文格式随之变化。

（4）快速格式化　如果调整了引文标记的位置，点击该按钮可以形成新的序号编排。

（5）编辑文中引用　将光标停留在所需编辑的引文标记处，点击该按钮打开"编辑文中引用"窗口，编辑完引文后点击"确定"按钮，Word 中该引文自动更新为修改后的引文。

（6）添加新的引文　该功能类似于手工录入题录，将光标放在需要插入引文处，点击该按钮弹出"添加新的引文"对话框，输入引文字段后，按"确定"按钮，可在 word 中光标停留处插入新添加的引文并可将题录添加到医学文献王文献库中。

（7）删除域代码　用于取消 Word 域代码，执行该操作后医学文献王就无法对引文的著录格式进行更换，同时也不能再对参考文献序号进行自动编排。建议最好在论文确定准确无误后再删除域代码。

（8）导出参考文献　点击该按钮，可把本 Word 文档中引用的参考文献导出到指定目录中。

第三节　医学论文写作规范

一、概述

医学论文是指讨论或研究医学范畴中学术问题的议论说理性的文章，用以表明作者的见解和学术观点。医学论文应具有科学性、创新性、理论性、规范性、可读性、简洁性等科技论文的基本特征。

科学性就是要求论文资料详实、内容先进。资料详实，指论文内容、材料、结果必须是客观存在的事实，能够经得起科学的验证和实践的考验，不能主观臆断，更不能为达到"预期目的"而歪曲事实，伪造数据；内容先进，要求论文理论和实践水平能够代表当今国内外医学发展水平，如果失去了这一点，论文也就失去了价值。创新性即文章要报道新发现，发表新方法、新理论，对于已为人知的观点不必复述，而应突出阐明自己新的观点。不同于一般的科研记录或实验报告，医学论文应提炼出指导医学科研活动及临床实践的经验教训，发现规律，并上升为理论，来指导实践，体现其理论。论文要用最短的文字说明要阐述的问题，材料方法部分应简明扼要，结果部分可用较少的图表说明较多的问题，讨论部分不重复已有的讨论，不赘述已公认的东西。论文的逻辑性是指论题、论点、论据、论证之间的联系一环扣一环,循序撰写,首尾呼应,并做到资料完整,设计合理,避免牵强附会,空洞无物。论文文字通顺,结构清晰,所用词汇既具有专业性又最易读懂,能让读者用较少的脑力和时间理解所表达的观点和结论,并留下深刻的印象,具有较高的可读性。

二、医学论文的分类

医学论文种类繁多,按论文的研究内容及资料内容分类,医学论文可分为实验研究、调查研究、实验观察、资料分析、经验体会等。按论文的论述体裁分类,主要可分为7大类:评论类、论著类、简报类、病例报告类、综述(讲座)类、会议纪要类、消息动态类等。

1. 评论类

评论类文章的常见形式有述评、专论、编者的话、编者按、编后语等。述评和专论是作者或编者针对某一科研项目或研究专题进行较为广泛而深入的阐述与评论,要求观点鲜明、针对性强。编者的话、编者按及编后语三者均是从编者的角度对某一刊物或某一组、某一篇具体文章的某个观点进行评论或阐述。编者按和编后语要求简明扼要、观点鲜明、语言精练、用词准确而且慎重。

2. 论著类

医学论著包括实验研究、临床研究、临床报告、现场调查研究等,是报道基础、临床、预防等研究成果与实践经验的学术性论文,均属于一次性文献,它们构成了各种医学学术性期刊的核心。

3. 简报类

简报类常见的形式有论著摘要、简报等。要求语言简练,内容高度概括,其中应提供主要研究方法、重要结果数据、新的见解与结论。以摘要或简报形式在一种刊物发表后,作者还可以全文在他刊发表。

4. 病例报告类

常见的形式有病例报告、个案分析、临床病理(例)讨论等。一般是介绍典型的病例诊治经验。这类文稿要求内容确切、病例资料完整,诊断有科学依据,讨论有针对性。

5. 综述和讲座类

综述是反映某一领域或某一专题研究进展或动态的文稿,综述要求尽可能将收集到的最新文献资料介绍给读者,综述稿内必须将引用的参考文献逐一列出。讲座、教程及继续教育园地稿件是向读者系统介绍某一专业或专题研究方面的基本知识,要求比教科书的内容更深入、更新颖。内容要深入浅出,必要时配合图、表等资料说明。

6. 会议纪要类

会议纪要是医学期刊一种常见的报道形式。包括全国性编委会纪要、重要学术会议纪要。会议纪要基本内容包括会议的基本情况(包括会议召开的具体时间、地点及参会人数)、会议的主要议题、实质性内容、讨论结果、会议收获及其总体评价。

7. 消息动态类

此类文稿强调时间性,具有报道及时、快速、简短扼要等特点。常见栏目有国内外学术动态、科研简讯、医学新闻、时讯、信息、消息、会议预告等。

三、医学论文的结构

医学论著已形成了一种基本固定的"四段式"结构。即前言(Introduction)、材料和方法

(Materials and Methods)、结果(Results)、讨论(Discussion)。

1. 引言(前言、导言、绪言、序言)

主要概述研究的背景、目的、研究思路、理论依据、研究方法、预期结果和意义等。某些研究有必要交代研究开始的时间。前言作为论文的引子,要求点明主题,抓住中心。可以少量引用以往的重要文献并加以分析,但不可长篇幅追溯历史、罗列文献。

2. 方法

常用标题有"材料和方法""对象和方法""资料和方法"等。材料与方法主要是说明研究所用的材料、方法和研究的基本过程,回答了"怎么做"的问题,起承上启下的作用。材料是表现研究主题的实物依据,方法是指完成研究主题的手段。材料与方法是科技论文的基础,是判断论文科学性、先进性的主要依据。它可以使读者了解研究的可靠性,也为别人重复此项研究提供资料。不同类型研究的材料与方法的写作也不完全一样。

实验研究要交待实验条件和实验方法。① 实验条件包括实验动物的来源、种系、性别、年龄、体重、健康状况、选择标准、分组方法、麻醉与手术方法、标本制备过程以及实验环境和饲养条件等。② 实验方法包括所用仪器设备及规格、试剂、操作方法。③ 实验试剂如系常规试剂,则说明名称、生产厂家、规格、批号即可;如系新试剂,还要写出分子式和结构式;若需配制,则应交待配方和制备方法。④ 实验操作方法如属前人用过的,众所周知的,只要交待名称即可;如系较新的方法,则应说明出处并提供参考文献;对某方法进行了改进,则要交待修改的根据和内容;若论文系报道新方法,则应详细地介绍试剂的配制和操作的具体步骤,以便他人学习和推广。

治疗性的临床研究的对象是病人,应说明来自住院或门诊,同时必须将病例数、性别、年龄、职业、病因、病程、病理诊断依据、分组标准、疾病的诊断分型标准、病情和疗效判断依据、观察方法及指标等情况作简要说明。① 对研究新诊断方法的论文,要交代受试对象是否包括了各类不同患者(病情轻重、有无合并症、诊疗经过等),受试对象及对照者的来源(如不同级别的医院某病患病率及就诊率可能不同),正常值如何规定,该诊断方法如何具体进行等等。② 研究疾病临床经过及预后的论文,要注意说明病人是在病程的哪一阶段接受治疗,病人的转诊情况,是否制定了观察疾病结果的客观标准。③ 病因学研究论文则要交代所用研究设计方法(如临床随机试验、队列研究等),是否做剂量—效应观察。④ 对临床疗效观察研究来说,主要说明病例选择标准,病例的一般资料(如年龄、性别、病情轻重等),分组原则与样本分配方法(配对、配伍或完全随机),疗效观察指标和疗效标准。⑤ 治疗方法如系手术,应注明手术名称、术式、麻醉方法等;如系药物治疗则应注明药物的名称(一般用学名而不用商品名)、来源(包括批号)、剂量、施加途径与手段、疗程,中草药还应注明产地与制剂方法。

在材料与方法中,还应简要说明在什么条件下使用何种统计处理方法与显著性标准,必要时应说明计算手段和软件名称。

3. 结果

结果是科研论文的核心部分,科研的成败与否是根据结果来判断的,结论与推论亦由结果导出。结果部分最能体现论文的学术水平和理论与实用价值。论著的学术价值如何,主要取决于这一部分。结果中应将研究过程中所得到的各种原始材料和数据归纳分析,得出相应的结论,然后用文字或图、表进行表达。结果的叙述要求真实和准确。不论结果是阳性还是阴性,肯定还是否定,临床应用是成功还是失败,都应该如实反映。论著中的所有数据都要经过统计学处理。对均数和百分率应进行显著性检验,否则易于造成假象。应注意区别结构指标(比)与强度指标(率)的不同。当统计学的显著性检验显示 P 值<0.05 或 $P<0.01$ 时,应分别写为"差异有显著意义"或"差异有非常显著意义"。

4. 讨论

此段主要是对本研究结果进行评价、阐明和推论。这一部分的内容因文而异,大致包括:阐述本研究工作的原理和机制;说明研究材料和方法的特点及其得失;比较本结果与他人结果的异同,分析各自的优越性和不足;对本研究结果进行理论概括,提出新观点;对各种不同的观点进行比较和评价,提出今后探索的方向和展望等。当然以上问题不可能在每篇文章中面面俱到,要因文制宜,言之有物。讨论要紧扣本研究结果,突出新发现和新观点,避免重复前述内容和以往文献曾报道的内容,但也不能仅仅描述为与他人的报告"相一致""相符合"等。讨论一般不列图和表。

5. 致谢

科研工作的顺利完成离不开他人的帮助,在正文的最后应向对本研究提供过帮助的人致以谢意。致谢的对象包括对研究工作提出指导性建议者,论文审阅者,资料提供者,技术协作者,帮助统计者,为本文绘制图表者,提供样品、材料、设备以及其他方便者。

6. 论文的层次布局

文题:要画龙点睛,高度概括全文主旨。中文文题一般少于 20 个字,英文文题应与中文文题内容一致。

作者姓名和工作单位名称:作者署名表示对论文内容负责,也是对作者著作权的尊重。作者排序按贡献大小。署名人数按杂志要求各不相同。

中、英文摘要:摘要位于正文前,包括 4 大要素,即目的、方法、结果、结论。

关键词:选取反映文章主题概念的词和词组。杂志不同要求不一,一般 3~8 个。

正文:要层次清晰,引言之后为材料与方法、结果、讨论、致谢、参考文献。

参考文献:作者通过引用参考文献反映论文的科学依据,体现尊重他人研究成果的态度。文献著录原则:按杂志要求格式引用,文献应是作者直接阅读的原著,而不是间接转引他人阅读的原文,要以近 3~5 年的文献为主。

四、写作步骤

1. 写作素材的获取
① 认真选题
② 重视查新
③ 严密设计
④ 科学实施
⑤ 合理组材

2. 写作前的准备
① 原始资料的处理
② 材料的表达方法
③ 拟定论文题目
④ 论文构思和拟写提纲

五、论文的发表与交流

医学论文发表与交流有多种形式,包括在国内外公开发行的期刊上发表,或是在国际、国内的学术会议上宣读,以及发表在未公开发行的内部交流期刊上和在部门性学术性会议上交流。论文的发表一般要经过撰写、投稿、审稿、修改、录用及发表等过程。

1. 投稿

投稿主要有3种方式:纸质投稿、EMAIL投稿和网上投稿,目前最常用的投稿方式为后2种。投稿要根据稿件内容和质量找到适合的期刊,在确定多个适合投稿的同类期刊后,要比较期刊的审稿周期、期刊知名度(影响因子)、一年出版多少卷、出版速度如何、国内期刊有无审稿费的发票、期刊编辑服务态度,以便确定适合自己最需要的期刊。确定一个投稿的期刊后,要熟悉这个期刊的投稿要求和流程,一个期刊的投稿流程主要有投稿、编辑处理稿件、审稿、修改、结果。

2. 审稿

作者将文稿投交有关期刊杂志编辑部(会议审稿委员会)后,由编务人员进行登记后转交编辑;编辑对文稿进行初审,衡量其与期刊性质(会议主题)是否相符,以确定是否有外送专家审阅的价值。如无送审价值则退还给作者;对于有送审价值的文稿,一般采用2位审稿人同时审稿。

3. 退稿、修改、录用

审稿专家返回审稿意见,编辑部或编委会根据稿件审查意见,确定稿件的取舍。对不宜刊用的稿件,应及时退给作者或由作者自行处理;对于需要修改的稿件,编辑部给出修改意见和完成时间,并将修改稿返回编辑部;对要刊用的稿件,需认真地进行编辑加工。

4. 送印刷厂付印

包括排版、制版、毛校、作者校样、编者校样、对红、审签付印等。作者在定稿前应完成与编辑交换意见、修改文稿、描图制表及校对清样等工作。

(胡新平)

附录一：MeSH 范畴表主要类目
Medical Subject Heading Categories and Subcategories

A. Anatomy(解剖学)

A01	Body Regions	身体各部位
A02	Musculoskeletal System	肌肉骨骼系统
A03	Digestive System	消化系统
A04	Respiratory System	呼吸系统
A05	Urogenital System	泌尿生殖系统
A06	Endocrine System	内分泌系统
A07	Cardiovascular System	心血管系统
A08	Nervous System	神经系统
A09	Sense Organs	感觉器官
A10	Tissues	组织
A11	Cells	细胞
A12	Fluids and Secretions	体液和分泌物
A13	Animal Structures	动物结构
A14	Stomatognathic System	口颌系统
A15	Hemic and Immune Systems	血液和免疫系统
A16	Embryonic Structures	胚胎结构
A17	Integumentary System	皮肤系统

B. Organisms(生物)

B01	Animals	动物
B02	Algae	藻类
B03	Bacteria	细菌
B04	Viruses	病毒
B05	Fungi	真菌
B06	Plants	植物
B07	Archaea	古(原)生物
B08	Mesomycetozoea	鲈肤孢虫

C. Diseases(疾病)

C01	Bacterial Infections and Mycoses	细菌感染和真菌病
C02	Virus Diseases	病毒疾病
C03	Parasitic Diseases	寄生虫病
C04	Neoplasms	肿瘤
C05	Musculoskeletal Diseases	肌肉与骨骼疾病
C06	Digestive System Diseases	消化系统疾病
C07	Stomatognathic Diseases	口颌疾病
C08	Respiratory Tract Diseases	呼吸道疾病
C09	Otorhinolaryngologic Diseases	耳鼻喉疾病
C10	Nervous System Diseases	神经系统疾病

C11	Eye Diseases	眼疾病
C12	Male Urogenital Diseases	男性泌尿生殖系统疾病
C13	Female Urogenital Diseases and Pregnancy Complications	女性泌尿生殖系统疾病和妊娠并发症
C14	Cardiovascular Diseases	心血管系统疾病
C15	Hemic and Lymphatic Diseases	血液和淋巴疾病
C16	Congenital, Hereditary, and Neonatal Diseases and Abnormalities	先天性、遗传性及新生儿疾病和畸形
C17	Skin and Connective Tissue Diseases	皮肤和结缔组织疾病
C18	Nutritional and Metabolic Diseases	营养和代谢疾病
C19	Endocrine Diseases	内分泌病
C20	Immunologic Diseases	免疫性疾病
C21	Disorders of Environmental Origin	环境诱发的疾病
C22	Animal Diseases	动物疾病
C23	Pathological Conditions, Signs and Symptoms	病理状态、体征和症状

D. Chemicals and Drugs(化学品和药物)

D01	Inorganic Chemicals	无机化合物
D02	Organic Chemicals	有机化合物
D03	Heterocyclic Compounds	杂环化合物
D04	Polycyclic Compounds	多环化合物
D05	Macromolecular Substances	大分子物质
D06	Hormones, Hormone Substitutes and Hormone Antagonists	激素、激素代用品和激素拮抗剂
D08	Enzymes and Coenzymes	酶和辅酶
D09	Carbohydrates	碳水化合物
D10	Lipids	脂类
D12	Amino Acids, Peptides and Proteins	氨基酸、肽和蛋白质
D13	Nucleic Acids, Nucleotides and Nucleosides	核酸、核苷酸和核苷
D20	Complex Mixtures	复合混合物
D23	Biological Factors	生物因子
D25	Biomedical and Dental Materials	生物医学和牙科材料
D26	Pharmaceutical Preparations	药用制剂
D27	Chemical Actions and Uses	化学作用和用途

E. Analytical, Diagnostic and Therapeutic Techniques and Equipment (分析、诊断、治疗技术和设备)

E01	Diagnosis	诊断
E02	Therapeutics	治疗学
E03	Anesthesia and Analgesia	麻醉和镇痛
E04	Surgical Procedures, Operative	外科手术
E05	Investigative Techniques	研究技术

| E06 | Dentistry | 牙科学 |
| E07 | Equipment and Supplies | 设备和供应 |

F. Psychiatry and Psychology(精神病学和心理学)

F01	Behavior and Behavior Mechanisms	行为和行为机制
F02	Psychological Phenomena and Processes	心理现象和过程
F03	Mental Disorders	精神疾病
F04	Behavioral Disciplines and Activities	行为学科和活动

G. Biological Sciences(生物科学)

G01	Biological Sciences	生物科学
G02	Health Occupations	保健事业
G03	Environment and Public Health	环境和公共卫生
G04	Biological Phenomena, Cell Phenomena and Immunity	生物现象、细胞现象和免疫
G05	Genetic Processes	遗传学过程
G06	Biochemical Phenomena, Metabolism, and Nutrition	生化现象、代谢和营养
G07	Physiological Processes	生理过程
G08	Reproductiveand Urinary Physiology	生殖和泌尿生理学
G09	Circulatory and Respiratory Physiology	循环和呼吸生理学
G10	Digestive, Oral and Skin Physiology	消化、口腔和皮肤生理学
G11	Musculoskeletal, Neural and Ocular Physiology	肌肉、骨骼、神经和视觉生理学
G12	Chemical and Pharmacologic Phenomena	化学和药理现象
G13	Genetic Phenomena	遗传现象
G14	Genetic Structures	遗传结构

H. Physical Sciences(自然科学)

| H01 | Natural Sciences | 自然科学 |

I. Anthropology, Education, Sociology and Social Phenomena (人类学、教育、社会学和社会现象)

I 01	Social Sciences	社会科学
I 02	Education	教育
I 03	Human Activities	人类活动

J. Technology, Industry, Agriculture(技术学、工业、农业)

| J01 | Technology, Industry, and Agriculture | 技术学,工业和农业 |
| J02 | Food and Beverages | 食物和饮料 |

K. Humanities(人文科学)
K01　Humanities　　　　　　　　　　　　　　人文科学

L. Information Science(信息科学)
L01　Information Science　　　　　　　　　　信息科学

M. Named Groups(指定群体)
M01　Persons　　　　　　　　　　　　　　　　人

N. Health Care(卫生保健)
N01　Population Characteristics　　　　　　　人口特征
N02　Health Care Facilities, Manpower, and Serv-　卫生保健设施、人力和服务
　　　ices
N03　Health Care Economics and Organizations　卫生保健经济和组织
N04　Health Services Administration　　　　　卫生服务管理
N05　Health Care Quality, Access, and　　　　卫生保健质量、实施和评估
　　　Evaluation

Z. Geographicals(地理学)
Z01　Geographic Locations　　　　　　　　　　地理位置

附录二：MeSH 副主题词等级表
MeSH Topical Subheading Hierarchies

analysis	分析
blood	血液
cerebrospinal fluid	脑脊髓液
isolation & purification	分离和提纯
urine	尿
anatomy & histology	解剖学和组织学
blood supply	血液供给
cytology	细胞学
pathology	病理学
ultrastructure	超微结构
embryology	胚胎学
abnormalities	畸形
innervation	神经支配
chemistry	化学
agonists	激动剂
analogs & derivatives	类似物和衍生物
antagonists & inhibitors	拮抗剂和抑制剂
chemical synthesis	化学合成
diagnosis	诊断
pathology	病理学
radiography	放射照像术
radionuclide imaging	放射性核素成像
ultrasonography	超声检查
education	教育
ethics	伦理学
etiology	病因学
chemically induced	化学诱导
complications	并发症
secondary	继发性
congenital	先天性
embryology	胚胎学
genetics	遗传学
immunology	免疫学
microbiology	微生物学
virology	病毒学
parasitology	寄生虫学
transmission	传播
organization & administration	组织与管理
economics	经济学

- legislation & jurisprudence　　　　立法和法学
- manpower　　　　人力
- standards　　　　标准
- supply & distribution　　　　供应和分配
- trends　　　　发展趋势
- utilization　　　　利用

pharmacology　　　　药理学
- administration & dosage　　　　投药与剂量
- adverse effects　　　　副作用
    - poisoning　　　　中毒
    - toxicity　　　　毒性
- agonists　　　　激动剂
- antagonists & inhibitors　　　　拮抗剂和抑制剂
- contraindications　　　　禁忌证
- diagnostic use　　　　诊断应用
- pharmacokinetics　　　　药代动力学

physiology　　　　生理学
- genetics　　　　遗传学
- growth & development　　　　生长和发育
- immunology　　　　免疫学
- metabolism　　　　代谢
    - biosynthesis　　　　生物合成
    - blood　　　　血液
    - cerebrospinal fluid　　　　脑脊髓液
    - deficiency　　　　缺乏
    - enzymology　　　　酶学
    - pharmacokinetics　　　　药代动力学
    - urine　　　　尿
- physiopathology　　　　病理生理学
- secretion　　　　分泌

statistics & numerical data　　　　统计学和数值数据
- epidemiology　　　　流行病学
    - ethnology　　　　人种学
    - mortality　　　　死亡率
- supply & distribution　　　　供应和分配
- utilization　　　　利用

therapeutic use　　　　治疗应用
- administration & dosage　　　　投药和剂量
- adverse effects　　　　副作用
- contraindications　　　　禁忌证
- poisoning　　　　中毒

therapy　　　　治疗
- diet therapy　　　　饮食疗法

drug therapy	药物疗法
nursing	护理
prevention & control	预防与控制
radiotherapy	放射疗法
rehabilitation	康复
surgery	外科学
transplantation	移植

附录三:BA 主要概念标题等级表
Hierarchical List of Major Concept Headings

Aging	衰老
Agrichemicals	农业化学
Agriculture	农学
Agronomy	农艺学
Animal Husbandry	畜牧学
Horticulture	园艺学
Allied Medical Sciences	相关医学科学
Aerospace Medicine	宇航医学
Audiology	听力学
Biomedical Engineering	生物医学工程
Chiropractic Medicine	按摩医学
Clinical Chemistry	临床化学
Dental Technology	牙科技术
Hospital Administration	医院管理
Medical Genetics	医学遗传学
Nursing	护理
Occupational Health	职业卫生
Optometry	验光学
Osteopathic Medicine	骨疾病
Pharmacy	药剂学
Physical Rehabilitation	物理康复
Podiatry	足病学
Public Health	公共卫生
Serology	血清学
Speech Pathology	语言病理学
Sports Medicine	运动医学
Animal Care	动物保健
Anthropology	人类学
Human Ecology	人类生态学
Aquaculture	水产养殖
Bacteriology	细菌学
Behavior	行为学
Biochemistry and Biophysics	生物化学和生物物理学
Bioenergetics	生物能量学
Enzymology	酶学
Molecular Genetics	分子遗传学
Biodiversity	生物多样性
Biomaterials	生物材料
Bioprocess Engineering	生物加工工程

Biosynchronization	生物同步
Botany	植物学
Business and Industry	商业和工业
Cell Biology	细胞生物学
Membranes	细胞膜学
Chemical Coordination and Homeostasis	化学协调和平衡
Endocrine System	内分泌系统
Immune System	免疫系统
Integumentary System	皮肤系统
Urinary System	泌尿系统
Chemistry	化学
Communication	交流
Linguistics	语言学
Computational Biology	计算生物学
Computer Applications	计算机应用
Mathematical Biology	数学生物学
Models and Simulations	模型和模拟
Conservation	保护
Wildlife Management	野生物管理
Cosmetics	化妆品
Development	发育
Economic Entomology	经济昆虫学
Economics	经济学
Education	教育学
Environmental Sciences	环境科学
Climatology	气候学
Ecology	生态学
Estuarine Ecology	河口生态学
Freshwater Ecology	淡水生态学
Groundwater Ecology	地下水生态学
Marine Ecology	海洋生态学
Subterranean Ecology	地下生态学
Terrestrial Ecology	陆地生态学
Geology	地质学
Equipment and Instrumentation	仪器和设备
Evolution and Adaptation	进化和适应
Exobiology	外空生物学
Foods	食品
Forensics	法学
Forestry	林学
General Life Studies	普通生命研究
Genetics	遗传学
Government and Law	政府和法律

History	历史
Biography	传记
Infection	感染
Information Studies	信息研究
Ingestion and Assimilation	摄食和吸收
Dental and Oral System	牙齿和口腔系统
Digestive System	消化系统
Mathematics	数学
Medical Sciences	医学科学
Anesthesiology	麻醉学
Human Medicine	人体医学
Cardiovascular Medicine	心血管医学
Clinical Endocrinology	临床内分泌学
Clinical Immunology	临床免疫学
Allergy	变态反应
Dental Medicine	口腔医学
Dermatology	皮肤病学
Gastroenterology	胃肠病学
Geriatrics	老年医学
Gynecology	妇科学
Hematology	血液学
Nephrology	肾病学
Neurology	神经病学
Obstetrics	产科学
Oncology	肿瘤学
Ophthalmology	眼科学
Orthopedics	整形外科学
Otolaryngology	耳鼻喉科学
Pediatrics	儿科学
Psychiatry	精神病学
Pulmonary Medicine	肺医学
Rheumatology	风湿病学
Urology	泌尿科学
Radiology	放射医学
Surgery	外科学
Veterinary Medicine	兽医学
Metabolism	代谢
Methods and Techniques	方法和技术
Microbiology	微生物学
Miscellaneous Substances	其他物质
Morphology	形态学
Movement and Support	运动与支持系统
Muscular System	肌肉系统

Skeletal System	骨骼系统
Mycology	真菌学
Neural Coordination	神经协调
Nervous System	神经系统
Nutrition	营养学
Paleobiology	古生物学
Parasitology	寄生虫学
Pathology	病理学
Pest Assessment Control and Management	有害物评估控制和管理
Pesticides	杀虫剂
Pharmacology	药理学
Pharmaceuticals	制药学
Pharmacognosy	生药学
Philosophy and Ethics	哲学和伦理
Phycology	藻类学
Physics	物理学
Physiology	生理学
Pollution Assessment Control and Management	污染评估控制和管理
Population Studies	人口研究
Biogeography	生物地理学
Epidemiology	流行病学
Human Geography	人类地理学
Population Genetics	人口遗传学
Sociology	社会学
Radiation Biology	放射生物学
Reproduction	生殖
Reproductive System	生殖系统
Respiration	呼吸
Respiratory System	呼吸系统
Sanitation	环境卫生
Waste Management	废物处理
Sensory Reception	感觉反应
Sense Organs	感觉器官
Soil Science	土壤科学
Systematics and Taxonomy	系统学和分类学
Toxicology	毒理学
Transport and Circulation	运输和循环
Blood and Lymphatics	血液和淋巴
Cardiovascular System	心血管系统
Tumor Biology	肿瘤生物学
Vector Biology	媒介动物生物学
Virology	病毒学
Zoology	动物学

附录四:美国《高等教育信息素养能力标准》
Information Literacy Competency Standards for Higher Education

信息素养是指个人"能认识到何时需要信息,和有效地搜索、评估和使用所需信息的能力"。信息素养在当代科技迅速发展和信息资源极其丰富的环境下变得越来越重要。由于环境变得愈渐复杂,个人在学习、工作和生活中面临着多样化的、丰富的信息选择。越来越多的未经过滤的信息的出现使得它们失去了真实性、正确性和可靠性。另外,个人很难理解和评估以图片、声像和文本的形式存在的信息。信息的不可靠性和不断增加的数量对社会形成威胁。如果缺乏有效利用信息的能力,大量信息本身并不能使大众从中汲取知识。

信息素养为一生学习奠定基础。它适用于各个学科、各种学习环境和教育水平。它可以让学习者掌握内容,扩展研究的范围,有更多主动性和自主性。有信息素养的人应能做到以下几点:
- 决定所需信息的范围。
- 有效地获取所需信息。
- 严格评价信息及其相关资源。
- 把所选信息融合到个人的知识库中。
- 有效运用信息达到特定目的。
- 运用信息同时了解所涉及的经济、法律和社会范畴,合法和合理地获得和利用信息。

以下的能力中包括5个标准和22个表现指标。这些标准侧重于各个水平高等教育学生的需要。这些标准列出一系列的成果来评估学生在培养信息素养上取得的进展。这些成果为教师和图书管理员根据各个机构不同情况制定衡量学生学习的方法提供了指导准则。

标准一
有信息素养的学生有能力决定所需信息的性质和范围。
表现指标:
1. 有信息素养的学生定义和描述信息需求
成果包括:
(1) 通过与老师交流,参与课堂讨论、学习小组、网上论坛来确定研究课题和所需信息。
(2) 草拟一个主题,根据信息需求列出相关问题。
(3) 通过浏览广泛的信息来源来熟悉课题。
(4) 限定或修改信息需求以抓住重点。
(5) 确定可以描述信息需求的概念和术语。
(6) 认识到现有信息可以结合原有的想法、实验或分析结合起来产生新的信息。
2. 有信息素养的学生可以找到多种类型和格式的信息来源
成果包括:
(1) 了解信息是怎样正式或非正式地产生、组织和散布的。
(2) 认识到把知识按学科分类可以影响获取的信息方式。
(3) 找出以多种格式(例如多媒体、数据库、网页、数据、声像和书籍)存在的潜在资源的价值和不同之处。
(4) 找出潜在资源的目的和用户,例如大众化的或是学术性的,当代的或历史性的。
(5) 区分主要来源和次要来源,并认识到它们在不同学科有不同的用处和重要性。
(6) 认识到信息有时要从主要来源的原始数据综合而来。

3. 有信息素养的学生权衡获取信息的成本和收益
成果包括:
(1) 决定所需信息是否存在,并根据情况扩大信息搜索范围(例如图书馆际互借,利用其他地方的资源,获得图片、音像和文本)。
(2) 研究为了搜集所需信息和理解上下文而学习一种新的语言或技巧(例如外语或学科的)的可行性。
(3) 拟定一个现实的计划和时间表来获取所需信息。
4. 有信息素养的学生重新评估所需信息的性质和范围
成果包括:
(1) 重新评估所需信息来澄清、修改和改进现有问题。
(2) 描述用来做信息决策和选择的依据。

标准二
有信息素养的学生可以有效地获得需要的信息。
表现指标:
1. 有信息素养的学生选择最适合的研究方法或信息检索系统来查找需要的信息
成果包括:
(1) 确定几种适宜的研究方法(例如实验、模拟和实地调查)。
(2) 研究不同研究方法的好处和适用性。
(3) 研究信息检索系统的规模、内容和组织。
(4) 挑选可以有效从研究方法或信息检索系统获取所需信息的方法。
2. 有信息素养的学生构思和实现有效的搜索策略
成果包括:
(1) 草拟一个与研究方法相符的研究计划。
(2) 确定所需信息的关键字、同义词和相关术语。
(3) 挑选适用于学科或信息检索来源的控制性词汇。
(4) 运用恰当的信息检索命令构建搜索策略(例如对搜索引擎要用逻辑算子、截断舍位、接近性;对书籍要用索引)。
(5) 在不同的信息检索系统中实现这个搜索策略。这些信息检索系统拥有不同用户界面和搜索引擎,使用不同的命令语言、协议和搜索参数。
(6) 用适合于学科的研究方法实现搜索。
3. 有信息素养的学生运用各种各样的方法从网上或亲自获取信息
成果包括:
(1) 运用不同的信息检索系统检索格式不同的信息。
(2) 运用不同的分类法和其他系统(例如图书编号码或索引)在图书馆查找信息资源或确定要亲自去查找的地点。
(3) 利用所在机构的专业化的网上或面对面的服务来获取信息(例如图书馆际互借、文件交付、专业组织、研究机构、社区资源、专家和行家)。
(4) 运用调查、写信、采访和其他的查询方式来获取主要的信息。
4. 有信息素养的学生改进现有的搜索策略
成果包括:
(1) 评估搜索结果的数量、质量和相关性来决定是否应该运用其他的信息检索系统或研究方法。
(2) 找出现有信息的不足之处,然后决定是否应该修改现有的搜索策略。
(3) 运用改进后的搜索策略重复以前的搜索。

5. 信息素养的学生摘录、记录和管理信息及它的出处
成果包括：
(1) 在不同的技术中，挑选最适合析取所需信息的技术（例如复制/粘贴软件、复印机、扫描仪、声像设备或探索仪器）。
(2) 建立一个信息组织系统。
(3) 区分引用出处的类型，熟悉不同出处的引用的组成部分和正确语法。
(4) 记录所有相关的引用出处以备将来参考。
(5) 运用不同的技术来管理经过挑选和整理的信息。

标准三
有信息素养的学生评估信息和它的出处，然后把挑选的信息融合到他们的知识库和价值体系中。
表现指标：
1. 有信息素养的学生从收集到的信息中总结要点
成果包括：
(1) 阅读原文，汲取要点。
(2) 用他们自己的语言重述原文思想，然后准确挑选数据。
(3) 确定适合于引用的文字。
2. 有信息素养的学生清晰表达并运用初步的标准来评估信息和它的出处
成果包括：
(1) 检查和对比来自不同出处的信息，旨在评估信息的可靠性、准确性、正确性、权威性、时间性、观点或偏见。
(2) 分析论点或论证方法的结构和逻辑。
(3) 找出偏见、欺诈和篡改。
(4) 找出信息产生时的文化的、物质的或其他背景信息，并认识到上下文对诠释信息的影响。
3. 有信息素养的学生综合主要思想来构建新概念
成果包括：
(1) 认识到概念之间的相关性，初步把它们组合成有论据支持的语句。
(2) 如果可能，扩展初步分析，在更高抽象层次上建立新的假设。新的假设可能需要更多的信息。
(3) 运用计算机和其他技术（例如电子表格、数据库、多媒体和声像设备）来研究新概念和其他现象的相互作用。
4. 有信息素养的学生，通过对比新旧知识来判断信息是否增值，或是否前后矛盾，是否独具特色
成果包括：
(1) 确定信息是否满足研究或其他信息需要。
(2) 运用有意识地选择的标准来决定信息是否抵触或证实来自其他出处的信息。
(3) 在总结所收集的信息的基础上得出结论。
(4) 运用适合学科的方法（例如模拟器和实验）来检验现有的理论。
(5) 通过质疑数据来源，信息收集工具和策略的不足以及结论的合理性决定大概的准确度。
(6) 把以前的信息和知识与新信息融合起来。
(7) 选择可以为主题提供论据的信息。
5. 有信息素养的学生决定新的知识对个人的价值体系是否有影响，并采取措施消除分歧
成果包括：
(1) 研究在文献中遇到的不同观点。
(2) 决定是否接受或摒弃新的观点。

6. 有信息素养能力的学生能够通过与他人或者某一领域的专家、实践者对话,验证对信息的理解和解读

成果包括:

(1) 参与课堂和其他讨论。
(2) 参与以鼓励有关课程的主题讨论为目的的电子论坛(例如电子邮件、电子公告、聊天室)。
(3) 通过多种机制(例如采访、电子邮件、电子邮件清单)征求专家意见。

7. 有信息素养的学生决定是否应该修改现有的查询

成果包括:

(1) 决定信息是否满足原先的需求,还是需要更多的信息。
(2) 评估搜索策略,适当地融合其他的概念。
(3) 评估现有的信息检索出处,如果需要可以包括其他信息来源。

标准四

不管个人还是作为一个团体的成员,有信息素养的学生能够有效地利用信息来实现特定的目的。

表现指标:

1. 有信息素养的学生能够把新旧信息应用到策划和创造某种产品或功能中

成果包括:

(1) 重新组织信息使得它能支持产品或功能的用途和样式(例如提纲、草稿、撮要)。
(2) 清晰明白地说明以往经验中可以帮助策划和创造某种产品或功能的知识和技巧。
(3) 融合新旧信息,包括引用和直译,使得它能支持产品或功能的用途。
(4) 如有需要,修改电子文本、图像和数据的位置和格式,使得它们适合新的上下文。

2. 有信息素养的学生修改产品或功能的开发步骤

成果包括:

(1) 把与信息查询、评估和传播过程有关的活动载入日志。
(2) 总结以往的经验、教训和其他可以选择的策略。

3. 有信息素养的学生能够有效地与别人就产品或功能进行交流

成果包括:

(1) 选择最适合产品或性能和受众的通讯媒体和形式。
(2) 运用一系列的信息技术应用软件来创造产品或功能。
(3) 结合设计和传播的原理。
(4) 采用一种最适合受众的风格与别人清楚地交流。

标准五

有信息素养的学生熟悉许多与信息使用有关的经济、法律和社会问题,并能合理合法地获取信息。

表现指标:

1. 有信息素养的学生了解与信息和信息技术有关的伦理、法律和社会经济问题

成果包括:

(1) 找出并讨论印刷和电子出版环境中与隐私和安全相关的问题。
(2) 找出并讨论与免费和收费信息相关的问题。
(3) 找出并讨论与审查制度和言论自由相关的问题。
(4) 显示出对知识产权、版权和合理使用受专利权保护的资料的认识。

2. 有信息素养的学生遵守与获取和使用信息资源相关的法律、规定、机构性政策和礼节

成果包括:

(1) 按照公认的惯例(例如网上礼仪)参与网上讨论。

(2) 使用经核准的密码和其他的身份证明来获取信息资源。
(3) 按规章制度获取信息资源。
(4) 保持信息资源、设备、系统和设施的完整性。
(5) 合法地获取、存储和散布文字、数据、图像或声音。
(6) 了解什么构成抄袭,不能把他人的作品作为自己的。
(7) 了解与人体试验研究有关的规章制度。

3. 有信息素养的学生在宣传产品或性能时声明引用信息的出处

成果包括:

(1) 始终如一地使用一种适宜的引用格式。
(2) 如有需要,使用受专利权保护的资料时要显示版权及免责声明。

附录五：本书重要名词中英文对照

中文名称	英文名称
《化学文摘》	Chemical Abstracts, CA
《科学会议录索引》	Index to Scientific and Technical Proceedings, ISTP
《生物学文摘》	Biological Abstracts, BA
《医学索引》	Index Medicus, IM
《医学文摘》	Excerpta Medica, EM
Cochrane 图书馆	Cochrane Library, CL
Meta-分析	Meta-analysis
百科全书	Encyclopedia
被引频次	Cited Frequency
被引文献检索	Cited Reference Search
标记记录	Mark Records
标准文献	Standard Document
参考工具书	Reference Book
参考文献	Reference
查全率	Recall Ratio
查准率	Precision Ratio
常见问题回答	Frequently Asked Question, FAQ
超链接	Hyperlink
超媒体	Hypermedia
超文本标注语言	Hypertext Markup Language, HTML
超文本传输协议	Hyper Transfer Protocol, HTTP
城域网	Metropolitan Area Network, MAN
词汇自动转换	Automatic Term Mapping
当前记录	Current Record
德尔菲法	Delphi Method
电子公告牌	BBS
电子图书	Electronic Book
电子型文献	Electronic Document
调制解调器	Modem

续 表

中文名称	英文名称
二次文献	Secondary Document
范畴注释	Scope Note
非对称数字用户环路	Asymmetrical Digital Subscriber Loop, ADSL
分类检索语言	Classification Retrieval Language
副主题词	Subheadings
高级检索	Advanced Search
公用网	Public Network
关键词	Keyword
广域网	Wide Area Network, WAN
国家科技图书文献中心	NSTL
国家知识基础设施	National Knowledge Infrastructure, NKI
核心期刊	Core Journal
会议文献	Conference Literature
机构	Affiliation
基本检索	Basic Search
检索策略	Search Strategy
检索史	Search History
简单邮件传送协议	Simple Mail Transferprotocol, SMTP
局域网	Local Area Network, LAN
开放存取	Open Access, OA
科技报告	Scientific and Technical Report
快速检索	Quick Search
扩展检索	Extensive Search
联机计算机图书馆中心	Online Computer Library Center, OCLC
临床实践	Clinical Practice
浏览器	Browser
轮排索引	Rotated Index
美国国立医学图书馆	National Library of Medicine, NLM
美国科学情报研究所	Institute for Scientific Information, ISI
美国医学信息学会	American Medical Informatics Association, AMIA

续 表

中文名称	英文名称
名录	Directory
目录检索	Content Retrieval
内容分析法	Content Analysis
年鉴	Yearbook 或 Annual
期刊导航	Journals Navigation
全文检索	Full-text Retrieval
全文式搜索引擎	Full-text Search Engine
全文数据库	Full Text Database
三次文献	Tertiary Document
实践指南	Practice Guideline
事实检索	Fact Retrieval
手册	Handbook
数据检索	Data Retrieval
数据库	Database,DB
数字对象标识符	Digital Object Identifier(DOI)
数字图书馆	Digital Library,DL
搜索引擎	Searching Engine
随机对照试验	Randomized Controlled Trial
索引	Index
特种文献	Special Document
统一资源定位器	Uniform Resource Locators,URL
图像检索	Image Search
万维网	World Wide Web,WWW
网络工具书	Tool Books Online
网络文献	Network Document
网络日志	Blog
维基	Wiki
文本词	Text Words
文件传输协议	File Transfer Protocol,FTP
文献	Literature

续 表

中文名称	英文名称
文献标识符	Document Identifier
文献出版类型	Publication Type
文献检索	Document Retrieval
系统评价	Systematic Review
相关度排序	Relevance Ranking
信息	Information
信息分析	Information Analysis
信息检索	Information Retrieval
信息检索系统	Information Retrieval System
信息检索语言	Information Retrieval Language
信息鉴别	Information Authentication
信息聚合	RSS
信息整理	Information Arrangement
信息资源	Information Source
学位论文	Dissertation
循证医学	Evidence Based Medicine, EBM
一次文献	Primary Document
一体化医学语言系统	Unified Medical Language System, UMLS
医学主题词表	Medical Subject Headings, MeSH
以太网	Ethernet
因特网	Internet
引文	Citation
引文分析	Citation Analysis
引文检索	Citation Retrieval
引文索引	Citation Index
影响因子	Impact Factor
语义网络	Semantic Network
预印本	Preprint
域名服务	Domain Name Service, DNS
远程登录	Telnet

续 表

中文名称	英文名称
政府出版物	Government Publication
主题词	MeSH Term
主题索引	Subject Index
著者索引	Author Index
专家词典	Specialist Lexicon
专利文献	Patent Document
专业检索	Expert Search
专用网	Private Network
字段	Field
综述	Review

主要参考文献

[1] 张福炎,孙志挥.大学计算机信息技术教程.6版.南京:南京大学出版社,2013
[2] 董建成.医学信息检索教程.2版.南京:东南大学出版社,2009
[3] 于双成.科技信息检索与利用.北京:清华大学出版社,2012
[4] 刘培兰.现代信息检索与利用教程.杭州:浙江大学出版社,2014
[5] 李晓玲,符礼平.医学信息检索与利用.5版.上海:复旦大学出版社,2014
[6] 方习国.医学信息检索.合肥:安徽大学出版社,2012
[7] 赵文龙.医学信息搜集与处理.北京:人民卫生出版社,2012
[8] 董建成.医学信息学概论.北京:人民卫生出版社,2010
[9] 顾萍,谢志耘.医学文献检索.北京:北京大学医学出版社,2013
[10] 马路.医学数字资源的检索与利用.3版.北京:人民卫生出版社,2013
[11] 李幼平.循证医学.3版.北京:高等教育出版社,2013
[12] 王家良.循证医学.2版.北京:人民卫生出版社,2010
[13] 林玉山.工具书学概论.广州:广东教育出版社,2004
[14] 李道苹.医学信息分析.北京:人民卫生出版社,2009
[15] 姚仁斌.医学论文写作实用教程.合肥:安徽大学出版社,2010
[16] 程维红,任胜利,王应宽,等.国外科技期刊开放存取网络平台.中国科技期刊研究,2009,20(1):36-43
[17] 陈蔚丽,陈如好.国内外三大开放存取期刊资源整合平台的比较分析.图书馆学刊,2013(1):64-67
[18] 王应宽,程维红,吴卓晶.国内外开放存取期刊研究进展综述与发展动态分析.中国科技期刊研究,2012,23(5):715-724
[19] 袁晓园,华薇娜.基于共词分析的我国医学信息学国际发文热点研究.医学信息学杂志,2014,35(4):8-14
[20] 侯云英.自我血糖监测对2型糖尿病非胰岛素治疗患者血糖控制效果的meta分析.中华护理杂志,2014,49(3):261-264
[21] 王树海,常臻,蒋心妍.糖克软胶囊治疗2型糖尿病随机对照双盲多中心临床研究.中成药,2014,36(10):2045-2048
[22] 瞿海燕,肖仙桃,郑文江,等.基于用户需求的参考文献管理软件的竞争力及发展趋向研究.情报理论与实践,2014,37(12):90-94
[23] 邹小筑,李宏芳.参考文献管理软件的比较分析.情报杂志,2010,29(B06):157-159
[24] Anjomshoa M, Mousavi SM. Regional disparities in the distribution of health care facilities: building evidence for evidence-based policy making. Irān J Public Health,2014,43(7):1020-1021
[25] Brown J, Lydecker JA, Turner T, et al. A novel approach to training students in delivering evidence-based obesity treatment. Fam Med,2015,47(5):378-382
[26] Jaeschke R1, Guyatt GH, Schünemann H. Ten things you should consider before you believe a clinical practice guideline. Intensive Care Med,2014 Dec 17[Published online]
[27] http://www.google.com
[28] http://www.medmatrix.org/index.asp
[29] http://www.medscape.com
[30] http://www.hon.ch/HONselect
[31] http://www.nlm.nih.gov/pubmed

[32] http://en.wikipedia.org/wiki/Biological_Abstracts
[33] http://en.wikipedia.org/wiki/BIOSIS_Previews
[34] http://en.wikipedia.org/wiki/Index_Medicus
[35] http://china.elsevier.com/ElsevierDNN/Portals/7/file/Embase_basic%20training.pdf
[36] http://www.sciencedirect.com/
[37] http://www.ebscohost.com/
[38] http://support.epnet.com/tutorials/
[39] http://link.springer.com/
[40] http://onlinelibrary.wiley.com/
[41] http://www.library.fudan.edu.cn/main/list/1247-1-20.htm
[42] http://www.freemedicaljournals.com
[43] http://www.pubmedcentral.nih.gov/pmc
[44] http://highwire.stanford.edu
[45] http://doaj.org
[46] http://www.scielo.org/php/index.php
[47] http://www.socolar.com
[48] http://www.irgrid.ac.cn
[49] http://prep.istic.ac.cn
[50] http://www.opendoar.org
[51] http://www.cochranelibrary.com
[52] http://www.guideline.gov
[53] http://www.nice.org.uk
[54] http://www.nstl.gov.cn
[55] http://zh.wikipedia.org/zh-cn/DOI
[56] http://www.ntis.gov
[57] http://www.cssn.net.cn
[58] http://www.sipo.gov.cn
[59] http://patft.uspto.gov/
[60] http://www.epo.org/searching.html
[61] http://www.online-medical-dictionary.org
[62] http://www.esaurus.org
[63] http://www.medicinenet.com/medterms-medical-dictionary
[64] http://ecph.cnki.net
[65] http://www.drugfuture.com/fda
[66] http://search.credoreference.com
[67] http://avicenna.ku.dk/database/medicine
[68] http://www.inoteexpress.com